Hermann Joseph von Kuhl

Der Marne-Feldzug 1914

EHV
HISTORY

Hermann Joseph von Kuhl

Der Marne-Feldzug 1914

ISBN/EAN: 9783955640866

Auflage: 1

Erscheinungsjahr: 2013

Erscheinungsort: Bremen, Deutschland

@ EHV-History in Access Verlag GmbH, Fahrenheitstr. 1, 28359 Bremen. Alle Rechte beim Verlag und bei den jeweiligen Lizenzgebern.

EHV
HISTORY

Der Marnefeldzug
1·9·1·4

Von

H. von Kuhl
General der Infanterie a. D.
Dr. phil.
1914 Chef des Generalstabes der 1. Armee

Mit 2 Karten und 18 Skizzen im Text

Berlin 1921 / Verlag von E. S. Mittler & Sohn

Vorwort.

Die Gründe, die mich zu dem Versuch einer Geschichte des Marnefeld=
zuges vom Aufmarsch des Heeres bis zum Rückzug nach der Marne=
schlacht veranlaßt haben, sind in der Einleitung dargelegt.

Die Aufgabe ist zur Zeit schwierig. Lücken und Irrtümer sind bei
der Darstellung eines Kampfes von Millionenheeren in einer Ausdehnung
von der oberen Mosel über Verdun bis Paris unvermeidlich.

Zahlreiche Kriegsteilnehmer, insbesondere die Herren Generale
v. Gronau, v. dem Borne, v. Kluge, Telle, v. der Marwitz, Gröner, Sixt
v. Armin, v. Bergmann, v. Stocken, Frhr. v. Hammerstein = Gesmold,
Sydow, Grautoff, die Obersten Auer v. Herrenkirchen, Lindenborn und
v. Caprivi, Oberstleutnant Wetzell, die Majore v. Schütz, Bührmann,
Köppen, Thilo, v. Platen und v. Voß sowie Hauptmann König haben mich
durch Beiträge freundlichst unterstützt.

Allen Lesern, die Ergänzungen oder Berichtigungen zu machen haben,
wäre ich für Zusendung dankbar.

Berlin = Steglitz, November 1920,
Breite Straße 36.

v. Kuhl.

Inhaltsverzeichnis.

6. Die deutschen Operationen bis zur Marneschlacht.

7. Die französischen und englischen Operationen von den August-schlachten bis zur Marneschlacht.

Verzeichnis der Karten und Skizzen.

Abkürzungen.

G. H. Qu.	= Großes Hauptquartier.
O. H. L.	= Oberste Heeresleitung.
A. O. K.	= Armeeoberkommando.
A. H. Qu.	= Armeehauptquartier.
A. K.	= Armeekorps.
R. K.	= Reservekorps.
H. K. K. oder K. K.	= Höherer Kavalleriekommandeur oder Kavalleriekorps.

Die römischen Zahlen bezeichnen Armeekorps, die arabischen bezeichnen Divisionen oder Brigaden.

*) Die auf S. 69 unvollständig wiedergegebene Unterschrift ist hiernach zu berichtigen.

Einleitung.

Durch zahlreiche Veröffentlichungen ist der Marnefeldzug von 1914 in den Vordergrund getreten. Die Anlage des Feldzuges auf deutscher Seite geht auf den früheren Chef des Generalstabes, den Grafen v. Schlieffen, zurück. Ob dessen Feldzugsplan richtig, ob die durch ihn erstrebte schnelle Entscheidung des Krieges möglich war, wird lebhaft umstritten. Infolge der Marneschlacht sollen wir den ganzen Krieg verloren haben. Eine Reihe von Armeeführern hat das Wort ergriffen. Die Darstellungen des Generalfeldmarschalls v. Bülow, der Generaloberften v. Kluck und Frhrn. v. Hausen beziehen sich hauptsächlich auf die Ereignisse bei der eigenen Armee. Vom Standpunkt der Oberften Heeresleitung hat Generalleutnant Tappen Beiträge geliefert. General v. François hat eine Darstellung der Schlacht an der Marne veröffentlicht.

Eine einheitliche, auf den Kriegsakten beruhende Schilderung des gesamten Feldzuges, die sich auch auf die Operationen der Gegner erstreckt und das veröffentlichte Material zusammenfaßt, ist zur Zeit nicht vorhanden. Eine amtliche Geschichte, ein Generalstabswerk, ist nicht sobald zu erwarten. Wir haben keine kriegsgeschichtlichen Abteilungen und keinen Generalstab mehr. Wieweit ein Ersatz dafür durch andere Organisationen geschaffen werden kann, bleibt abzuwarten.

Die Arbeit ist schwierig und umfangreich, ein einzelner vermag sie kaum zu bewältigen. Nur durch ein sorgfältig geregeltes Zusammenarbeiten mehrerer kann das ungeheure Material gesichtet, bewertet und verarbeitet werden. Während des Krieges war dies nicht möglich. Es fehlte auch an den erforderlichen Unterlagen für die Darstellung der Operationen unserer Gegner. Sehr vieles und oft sehr wichtiges, was während der Ereignisse durch Besprechungen oder am Fernsprecher erledigt worden ist, konnte nur durch die Aussagen der Beteiligten festgestellt werden. Es erklärt dies zur Genüge das vom Generaloberst Frhr. v. Hausen in seiner Veröffentlichung beklagte Unterbleiben einer amtlichen Darstellung des Marnefeldzuges während des Krieges und vor der Auflösung des Generalstabes. Von einer absichtlichen Unterlassung, etwa zu dem Zwecke, die Oberfte Heeresleitung nicht zu belasten, bestimmte Persönlichkeiten zu schonen und die Verantwortung zu verschieben, kann keine Rede sein. Der Wahrheit braucht keine „Gasse geöffnet" zu werden, wie in aufsehen-

erregenden Aufschriften neuerer Bücher angekündigt wird. Niemand ver=
sperrt der Wahrheit den Weg.

Bis eine amtliche, erschöpfende Geschichte des Marnefeldzuges er=
scheint, wird jedenfalls längere Zeit vergehen. Inzwischen bilden sich
Legenden und setzen sich fest. In der Sucht, einen Schuldigen zu finden,
wird scharfe Kritik ohne genügende Unterlagen geübt. Manches wird ver=
kleinert, anderes über Gebühr hervorgehoben. Das Große, das wir ge=
leistet haben, verblaßt in der Erinnerung gegenüber dem unglücklichen
Ausgang des Krieges.

Vieles, was für die Geschichtschreibung wichtig ist, geht verloren,
weil es nur auf persönlicher Erinnerung beruht. Die Ereignisse von vier
weiteren Kriegsjahren haben bei den Teilnehmern des Marnefeldzuges
die Erinnerung ohnedies stark verwischt. Es gilt, wichtige Erlebnisse
baldigst festzulegen. Die Geschichtschreibung des Weltkrieges leidet unter
ganz anderen Schwierigkeiten als die früherer Feldzüge. Quellen, wie
sie die Korrespondenz Moltkes 1866 und 1870/71 bieten, haben wir für
den Weltkrieg nicht zur Verfügung. Soviel wie im Kriege zum Entsetzen
der Truppe geschrieben wurde: gerade für die großen, wichtigsten Ent=
schlüsse wird man in den Akten vielfach vergeblich nach erläuternden und
begründenden Schriftstücken suchen. Sie sind häufig auf Grund persön=
licher Besprechungen zustande gekommen. Die zahlreichen Schreiben der
Chefs der Generalstäbe, die wir in den Kriegsakten früherer Feldzüge
finden, fehlen. Das meiste wurde am Fernsprecher verhandelt oder durch
Offiziere, die in Kraftwagen entsendet wurden, erledigt. Es gilt dies aller=
dings mehr für die Zeit des Stellungskrieges, in dem wir über ein aus=
gezeichnetes Fernsprechnetz und alle sonstigen Verkehrsmittel verfügten,
als für den Bewegungskrieg im August und September 1914, in dem
der Funkspruch im Verkehr der Armeen untereinander und mit der
Obersten Heeresleitung meist den Fernsprecher ersetzen mußte. Aber auch
in dieser Zeit ist vieles persönlich erledigt worden.

Aus diesen Gründen mag der Versuch einer zusammenfassenden Dar=
stellung des Marnefeldzuges gerechtfertigt erscheinen. Als Quellen dienten
die erwähnten Veröffentlichungen, die Kriegsakten und persönliche Er=
innerungen der Kriegsteilnehmer.

Die Kriegsakten sind mit Einschränkung verwendet worden. Wie
schon betont, würde es einem einzelnen in Jahren kaum möglich sein, sie
sämtlich durchzuarbeiten. Ich habe mich daher darauf beschränkt, d e n Z u =
s a m m e n h a n g d e r O p e r a t i o n e n , d i e E n t s t e h u n g d e r
e n t s c h e i d e n d e n E n t s c h l ü s s e , d i e F ü h r u n g i m g r o ß e n
in den Vordergrund zu stellen. Auf die taktischen Ereignisse ist nur da,

wo sie von besonderer Bedeutung sind, näher eingegangen worden. Die Hervorhebung der Taten einzelner Korps oder Truppenteile liegt daher außerhalb der Aufgabe des Buches.

Die Kriegstagebücher, die über die Ereignisse bei dem betreffenden Verband oder Truppenteil zusammenhängend berichten, sind mit Vorsicht als Quelle zu benutzen. Sie sind von sehr verschiedenem Wert. Es kommt ganz darauf an, wem der Bericht übertragen war. Sehr oft fehlte dem Bearbeiter die Übersicht, manchmal auch die Zeit. Hier und da sind die Berichte nachträglich verfaßt. Es finden sich merkwürdige Irrtümer darin. So steht z. B. im Kriegstagebuch des 2. Kavalleriekorps am 8. September 1914 vermerkt: „Hier kommt Oberstleutnant Hentsch von der Obersten Heeresleitung zum Stabe und spricht über die Operationen." Tatsächlich ist Oberstleutnant Hentsch bei seiner damaligen Fahrt, die eine so große Bedeutung erlangen sollte, gar nicht beim Stabe des Kavalleriekorps gewesen.

Die ausländischen Werke über den Feldzug sind schwer zu beschaffen. Das französische Werk von Hanotaux ist verworren. Wichtiges und Unwesentliches, Falsches und Richtiges findet sich in bunter Reihenfolge. Die Urteile sind oft laienhaft. Aber es ist eine Menge Material darin zerstreut, viele Befehle sind im Wortlaut wiedergegeben. Klarer und militärisch wertvoller, aber doch nicht ausreichend, ist die französische Darstellung von Palat. Von englischen Werken sind die Veröffentlichungen von French, Maurice, Arthur u. a. benutzt.

Eine erschöpfende Geschichte des Marnefeldzuges kann somit nicht geboten werden, wohl aber eine Darstellung in großen Zügen. Daß dabei die 1. Armee mehrfach in den Vordergrund tritt, liegt sowohl an der großen Bedeutung ihrer Operationen für den gesamten Verlauf, als daran, daß meine persönlichen Erinnerungen damit verknüpft sind. Über viele Fragen, die aus den Kriegsakten nicht zu beantworten sind, konnte auf Grund meiner Aufzeichnungen Auskunft gegeben werden.

1. Die militärische Lage Deutschlands vor Beginn des Krieges.

Am 23. Juli 1914 stellte Österreich der serbischen Regierung ein Ultimatum mit 48stündiger Frist, am 28. erklärte es Serbien den Krieg. Man wollte offenbar schnell handeln und die Welt vor eine vollendete Tatsache stellen, ehe von anderer Seite eingegriffen wurde. Der Kampf mit Serbien, der über kurz oder lang kommen mußte, sollte rasch und endgültig zum Austrag gebracht werden. Es war aber nicht zu erwarten, daß die Schutzmacht Serbiens, Rußland, dem Kampf zusehen würde. In wenigen Tagen war der Weltkrieg entfesselt.

Er stand schon seit Jahren vor der Tür, es handelte sich nur noch um den äußeren Anlaß. Die wahren Gründe liegen klar zutage. Es waren dies in Frankreich der aufs äußerste gestiegene Chauvinismus, der Drang nach Revanche, in Rußland der Panslawismus, das Streben nach der Vorherrschaft auf dem Balkan und nach dem Besitz Konstantinopels, in England die Besorgnis vor der deutschen Flotte, die Eifersucht auf den Mitbewerber im Welthandel und in der Industrie. Der Haß gegen uns vereinigte sie trotz aller Streitpunkte, die zwischen ihnen untereinander bestanden. König Eduard hatte die Einkreisung Deutschlands zuwege gebracht.

Wie war die militärische Lage Deutschlands im Verhältnis zu seinen Gegnern im August 1914? Lange Jahre waren im Großen Generalstabe die feindlichen Kriegsrüstungen beobachtet und unsere Kräfte damit in Vergleich gestellt worden. Der Vergleich fiel für uns ungünstig aus. Die Anspannung der Wehrkraft Deutschlands trug der Schwierigkeit seiner Lage und dem Maße der Rüstungen in den uns feindlich gesinnten Ländern nicht genügend Rechnung. Tausende von Wehrpflichtigen wurden alljährlich nicht eingestellt, auch das Wehrgesetz von 1913 erfaßte noch nicht alle Tauglichen. Die Ersatzreserve erhielt keine Ausbildung. In weitem Abstand blieb Österreich hinter uns zurück.

Es ist bekannt, daß die dringenden Forderungen des Generalstabes in den letzten Jahren vor dem Kriege nicht alle erfüllt wurden. Auch die Heeresverstärkung von 1913 war keineswegs ausreichend. Insbesondere wurden die drei Armeekorps nicht aufgestellt, die der Generalstab für unbedingt nötig hielt. (Generalleutnant Tappen („Bis zur Marne 1914".)

berichtet, daß bei den damaligen Besprechungen die Äußerung gefallen sei:
„Wenn der Generalstab solche Forderungen aufrechterhält, so gehen wir
dem Staatsbankerott oder einer Revolution entgegen."

Demgegenüber hatten Frankreich und Rußland seit ihrer Militär=
konvention von 1892/94 in dauerndem Einvernehmen und nicht ohne
gegenseitigen Druck ihre Kriegsvorbereitungen, man kann wohl sagen ins
Ungeheure, gesteigert.

In Frankreich wurde jeder irgend Taugliche eingestellt. Unter
schweren Kämpfen mit der Volksvertretung hatte die französische Regie=
rung im Jahre 1913 die dreijährige aktive Dienstpflicht wieder eingeführt
und dadurch eine finanzielle und persönliche Belastung des Volkes durch=
gesetzt, die auf die Dauer nicht zu ertragen war. Sie war auf den in
nicht zu ferner Zeit im Bunde mit England und Rußland geplanten Kampf
mit Deutschland berechnet. „Innerhalb von zwei Jahren
wird man auf die dreijährige Dienstzeit verzichten
oder Krieg führen müssen," berichtete 1914 der belgische Ge=
sandte in Paris an seine Regierung. Gewaltige „besondere Rüstungs=
kredite" wurden zur Ergänzung der Kriegsausrüstung bestimmt.

So konnte die Friedensstärke des französischen Heeres, die bisher im
Jahresdurchschnitt etwa 545 000 Mann betragen hatte, im Jahre 1914
auf mindestens 690 000 Mann zum Dienst mit der Waffe und 45 000 Mann
zum Dienst ohne Waffe gesteigert werden. Sie hätte in den folgenden
Jahren nach unseren Annahmen auf 730 000 Mann zum Dienst mit der
Waffe und 46 000 Mann zum Dienst ohne Waffe erhöht werden können.
Voraussichtlich hätte sie sich auch zunächst auf dieser Höhe halten können,
trotzdem die Zahl der jährlichen Geburten in Frankreich seit langem regel=
mäßig zurückging. Rechnete man die Arabertruppen Algeriens und Tune=
siens, die Senegalneger und die Marokkaner hinzu, so betrug die Gesamt=
friedensstärke der französischen Armee einschließlich Offiziere nach der jetzt
vorliegenden amtlichen französischen Berechnung bei Kriegsbeginn 883 500
Mann. Die dieser Zahl entsprechend für den Sommer 1914 berechnete
deutsche Friedensstärke (einschließlich Offiziere) erreichte nur die Höhe von
rund 761 000 Mann. Die französische Friedensstärke einschließlich Marine,
die bis dahin 1,5 v. H. der Bevölkerung betragen hatte, stieg von nun ab
auf 2,10, während sie in Deutschland nach der Steigerung durch das Wehr=
gesetz von 1913 erst 1,20 v. H. erreichte.

Dementsprechend war das Verhältnis der französischen zur deutschen
Kriegsstärke. Es ergab sich die erstaunliche Tatsache, daß Frankreich durch
die äußerste Anspannung seiner Wehrkraft bei einer um 25 Millionen ge=
ringeren Bevölkerung mehr Mannschaften ins Feld stellte als Deutsch-

land. Amtlich wird in Frankreich der bei Kriegsausbruch verfügbare Be=
stand (einschließlich Offiziere) auf 4 900 000 Mann angegeben. Hierzu
mußte man noch die Armée noire rechnen, die aus Afrika herangezogen
werden konnte. Afrika und Indochina stellten im Verlaufe des Krieges
im ganzen rund 545 000 Mann.

Noch weit erstaunlicher waren die Rüstungen R u ß l a n d s. In den
letzten Jahren vor dem Kriege war die Friedensstärke derart erhöht
worden, daß sie sich insgesamt, im Sommer 1914, auf 1 581 000 Mann für
den Sommer, 1 981 000 Mann für den Winter berechnen ließ. Sie mußte
nach der völligen Durchführung der beschlossenen Vermehrung demnächst
die außerordentliche Höhe von 1 803 000 Mann im Sommer, 2 193 000
Mann im Winter erreichen. In der russischen Presse wurde sogar die
Zahl 2 320 000 genannt. Die Mobilmachung war aufs äußerste be=
schleunigt, das Bahnnetz für eine schnelle Versammlung ausgebaut worden.

Unser Operationsplan beruhte auf dem Durchmarsch durch Belgien.
Wir mußten erwarten, auf diesem Wege die e n g l i s c h e u n d b e l g i s c h e
A r m e e auf der Seite unserer Gegner anzutreffen. Es war uns bekannt
und ist später bestätigt worden, daß von englischer Seite im Frieden ein=
gehende Besprechungen mit dem Chef des belgischen Generalstabes statt=
gefunden hatten und genaue Vorbereitungen mit dem französischen Ge=
neralstab vereinbart waren.

Auf I t a l i e n war für uns kein Verlaß. Zwar war die Heran=
führung von fünf italienischen Korps und zwei Kavalleriedivisionen mit
der Bahn unter Umgehung der Schweiz durch Österreich an den Ober=
rhein uns versprochen worden, das Versprechen wurde aber zeitweise zu=
rückgezogen. Im Herbst 1913 wurde das Versprechen erneuert, die Zu=
sage aber auf drei Armeekorps und zwei Kavalleriedivisionen vermindert.
Über deren Transport wurde im März 1914 ein bindendes Abkommen
erreicht. Graf Schlieffen hielt diese Hilfe der Italiener für eine „Illusion".
Auch an der Alpengrenze sei ein italienischer Angriff gegen Frankreich nicht
anzunehmen. Jeder der beiden Gegner werde dort einen Angriff er=
warten, den der andere gar nicht zu unternehmen beabsichtige. Italien
fürchtete England wegen seiner ungeschützten Küste. Sein Verhältnis zu
Frankreich war immer freundschaftlicher, zu Österreich gespannter ge=
worden. Immerhin konnte man hoffen, daß es neutral bleiben würde.

So standen wir denn zunächst mit Österreich=Ungarn allein einer
außerordentlichen Überlegenheit gegenüber.

Die Zusammenstellung ergibt die erdrückende Ü b e r l e g e n h e i t
u n s e r e r G e g n e r mit rund 6 200 000 Mann gegenüber Deutschland
und Österreich=Ungarn mit rund 3 500 000 Mann.

Vergleich der tatsächlichen Friedens- und Kriegsstärken im Sommer 1914

(Kopfstärke einschließlich Offiziere [1]).

	Friedens-stärke	Kriegsstärken [2]		Kopfstärke
		Infanterie-divisionen	Kavallerie-divisionen	
Deutschland	760 908	85 [3]	11	2 019 470
Österreich-Ungarn	477 859	57	11	1 470 000
Zusammen . .	1 238 767	142	22	3 489 470
Rußland	1 581 000	118½ [4]	40 [5]	3 461 750
Frankreich	883 566	75 [6]	10	2 032 820
England	248 000 [7]	6	1 und 2 selbst. Brig.	132 000 [8]
Serbien	51 600	10	1	285 000
Belgien	61 282	6	1	280 000
Zusammen . .	2 825 448	215½	54	6 191 570

Bemerkungen. [1]) bei einem Vergleich mit anderen Zahlen ist zu beachten, daß hier einerseits alle Offiziere zugerechnet, anderseits die in Anmerkung 2 bezeichneten Formationen abgerechnet sind, sowie daß die Angaben sich auf den Sommer 1914 beziehen. [2]) ohne Ersatzformationen, ohne Landwehr und Landsturm in Deutschland, ohne Territorialarmee in Frankreich, ohne Reichswehr in Rußland. [3]) einschließlich 6 mobile Ersatzdivisionen. [4]) es sind die kaukasischen, sibirischen und turkestanischen Korps eingerechnet. [5]) einschließlich 12 Kosakendivisionen. [6]) 48 aktive, 27 Reserve-divisionen, von denen 2 erst im Oktober 1914 aufgestellt wurden. [7]) reguläre Armee in England und in den Kolonien. [8]) nur Expeditionskorps.

Hierbei ist England nur mit seinem Expeditionskorps eingerechnet, einem zwar kleinen, aber ebenbürtigen Gegner. In einem Kampfe, in dem um die Weltstellung Englands und Deutschlands gerungen wurde, mußte man von vornherein annehmen, daß England seine volle Kraft mit äußerster Anspannung zusammenfassen und seine selbständigen Kolo-nien Kanada, Australien, Neuseeland und die Südafrikanische Union zu weitgehender Mitwirkung heranziehen würde.

Wir gingen einem schweren Kampf in unzureichender Rüstung ent-gegen. Nur s c h n e l l e E n t s c h e i d u n g erst gegen den einen, dann gegen den anderen Gegner, k e i n e E r m a t t u n g s s t r a t e g i e , konnte uns helfen.

2. Der deutsche Aufmarsch und Feldzugsplan.

Der Aufmarsch.

Karte 1.

Bis zum Beginn des Krieges Oberquartiermeister im Großen General=
stabe in Berlin, wurde ich durch die Mobilmachungsbestimmung zum Chef
des Generalstabes der 1. Armee ernannt. Das Armee=Oberkommando 1
wurde in Stettin aufgestellt. Am 7. August abends wurde das A. O. K.
mit der Bahn über Lübeck, Hamburg, Münster nach dem ersten Haupt=
quartier Grevenbroich befördert, wo wir am 9. August abends eintrafen.
Erhebend war die Begeisterung, die wir während der langen Fahrt überall
bei der Bevölkerung beobachten konnten. Doch war bereits in Stettin
eine gewisse Nervosität des Volkes aufgefallen, die sich in Spionenfurcht
äußerte. Sogar mehrere Offiziere unseres A. O. K. waren in Stettin als
Spione verfolgt worden. Kraftwagen wurden vielfach angehalten, den In=
sassen wurde mit Verhaftung gedroht.

Der Aufmarsch der 1. Armee, II., III., IV. A. K., III. und
und IV. R. K., vollzog sich in der Zeit vom 7. bis 15. August in der Gegend
von Jülich—Bergheim—Neuß—Krefeld—Erkelenz. Die 10., 11. und
27. Landwehrbrigade traten hinzu. Die 1. Armee befand sich auf dem
rechten Heeresflügel, ihrer harrte eine schwierige Aufgabe. Sie war dem
Generaloberst v. Kluck unterstellt.

Die 2. Armee, Generaloberst v. Bülow, VII., X. und Garde=
korps, VII., X. und Garde=R. K., dazu vorläufig das IX. A. K., ver=
sammelte sich bei Aachen—Eupen—Malmedy—Blankenheim—Schleiden—
Euskirchen—Düren. A. H. Qu. Montjoie.

Die Aufmarschanweisung, die dem A. O. K. 1 bei der Mo=
bilmachung ausgehändigt wurde, besagte folgendes: „Dem deutschen Auf=
marsch gegen Frankreich liegt folgende Absicht zugrunde: die Hauptkräfte
des deutschen Heeres sollen durch Belgien und Luxemburg nach Frankreich
vorgehen. Ihr Vormarsch ist — sofern die über den französischen Auf=
marsch vorliegenden Nachrichten zutreffen — als Schwenkung unter Fest=
halten des Drehpunktes Metz—Diedenhofen gedacht. Maßgebend für das
Fortschreiten der Schwenkung ist der rechte Heeresflügel. Die Bewegungen
der inneren Armeen werden so geregelt werden, daß der Zusammenhang
des Heeres und der Anschluß an Diedenhofen—Metz nicht verlorengeht.
Der Beginn des allgemeinen Vormarsches der Hauptkräfte des deutschen
Heeres wird von der O. H. L. angeordnet werden, sobald der rechte Heeres=
flügel (1. und 2. Armee) in Höhe von Lüttich bereitsteht."

Vorbedingung für den Vormarsch war die Wegnahme von Lüttich
in einem beschleunigten Verfahren. Hierfür erhielt A. O. K. 2 besondere

Anweisung. Die Wegnahme sollte durch den General v. Emmich statt=
finden, dem außer anderen beschleunigt vorausgesandten Brigaden auch
zwei von der 1. Armee unterstellt wurden. Zunächst standen der 2. Armee
alle Straßen südlich der holländischen Grenze zur Verfügung. Das in
Gegend von Aachen befindliche IX. A. K. sollte später zur 1. Armee treten.
Erst wenn es vorgezogen wurde, konnte die 1. Armee auf Aachen vor=
rücken. Sobald Lüttich genommen war, hatte die 2. Armee die für die
1. Armee bestimmten Marschstraßen, die durch Aachen und dann zwischen
der holländischen Grenze und Lüttich über die Maas führten, zu räumen.
Die 1. und 2. Armee hatten sich dann in der Höhe von Lüttich für den
Vormarsch bereitzustellen.

Die 2. Armee sollte sodann mit dem rechten Flügel auf Wawre, mit
dem linken nördlich an Namur vorbei, die 1. Armee auf Brüssel mar=
schieren und die rechte Flanke des Heeres decken. „Ihr Vorgehen wird,
neben dem der 2. Armee, für die Schwenkung des Heeres maßgebend sein."
Bei der 2. Armee befand sich zunächst auch H. K. K. 2, dessen Stab in
Aachen ausgeladen wurde, mit der 2., 4. und 9. Kavalleriedivision. Dieses
Kavalleriekorps sollte beim Beginn des Vormarsches unmittelbar unter
Befehl der O. H. L. treten und nördlich an Namur vorbei gegen die Linie
Antwerpen—Brüssel—Charleroi, vor der Front der 1. und 2. Armee,
vorgehen, um den Verbleib des belgischen Heeres, die Landung der Eng=
länder und ein etwaiges Auftreten französischer Truppen im nördlichen
Belgien festzustellen. Der Führer war angewiesen, auch A. O. K. 1 mit
Meldungen zu versehen.

Die Lage bei Lüttich war nach unserem Eintreffen in Grevenbroich
unklar. Die Feuereröffnung hatte am 5. August, der Angriff in der
Nacht 5./6. stattfinden sollen. Offenbar war er aber nicht so glatt gelungen,
wie anfangs angenommen worden war. Er hatte mit verstärkten Kräften
wieder aufgenommen werden müssen. Die verschiedensten Gerüchte
drangen zu uns, auch die O. H. L. konnte keine sichere Auskunft geben. Die
Ausladung der aktiven Korps, einschließlich Kolonnen und Trains, wurde
am 14., die der Reservekorps am 15. beendet. Am 13. begann die 1. Armee
auf Anordnung der O. H. L. bereits den Vormarsch durch Aachen. Die
Lage bei Lüttich klärte sich rechtzeitig, die 2. Armee machte die Straßen
zwischen Aachen und der Maas nördlich Lüttich für die 1. Armee frei.
II., III., IV. A. K. marschierten in erster Linie, III. und IV. R. K. folgten
in zweiter Linie. Das IX. A. K. trat am 15. August zur 1. Armee.

Der Vormarsch zur und über die Maas war schwierig. Auf drei hart
nebeneinanderher laufenden Straßen marschierten je zwei Armeekorps
hintereinander. Die ganze Armee mußte dicht gedrängt durch die Stadt

Aachen hindurchmarschieren, die Maas auf dem engen Raum zwischen Lüttich und der holländischen Grenze überschreiten und sich jenseits der Maas schnell nach rechts auseinanderziehen. Die Verpflegung erforderte eingehende Maßnahmen. Am 14. wurde die Maas erreicht, am 15. über= schritten.

Das Hauptquartier der 3. A r m e e (Generaloberst Frhr. v. Hausen) ging nach Prüm. Die Armee marschierte mit dem XI., XII., XIX. A. K. und XII. R. K. bei St. Vith—Waxweiler—Neuerburg—Wittlich—Prüm auf. Sie hatte nach beendetem Aufmarsch auf Befehl der O. H. L. den Vormarsch gegen die Maas zwischen Namur und Givet anzutreten. H. K. K. 1, K. H. Qu. zunächst bei Bittburg, sollte sich demnächst in Gegend Laroche—Bastogne bereitstellen, um gegen die Maas südlich Namur, mit der Masse auf Dinant, vorzugehen und vor der Front der 3. Armee und dem rechten Flügel der 4. Armee gegen Namur—Mézières aufzuklären. Mit Beginn des allgemeinen Vormarsches trat es unter den Befehl der O. H. L.

D i e 4. A r m e e, unter dem Herzog Albrecht von Württemberg, mar= schierte bei Diekirch—Luxemburg—Nennig—Wadern—Trier auf, A. H. Qu. Trier. Sie setzte sich aus dem VIII., XVIII., VI. A. K. und dem VIII. und XVIII. R. K. zusammen. Das VIII. A. K. sollte nach Ausspruch der Mobilmachung in das Großherzogtum Luxemburg einrücken, um die dortigen Bahnen zu sichern. H. K. K. 4, dessen K. H. Qu. zunächst in Dieden= hofen war, hatte Befehl, auf Carignan und Damvillers vorzugehen und gegen die Maasstrecke Mézières—Mouzon—Stenay—Verdun—St. Mihiel aufzuklären.

Die 4. Armee sollte, links gestaffelt, mit dem rechten Flügel auf Fumay, mit dem linken über Attert (nördlich Arlon), auf Neufchâteau vorgehen. Im Verlaufe des Vormarsches mußte sie jederzeit bereit sein, zur Unterstützung der einem feindlichen Angriff zunächst ausgesetzten 5. Armee nach Süden gegen die Semois einzuschwenken.

Nach der Aufmarschanweisung für d i e 5. A r m e e hatte sich diese bei Diedenhofen—Metz—Saarbrücken—Lebach—Wallerfangen zu ver= sammeln, A. H. Qu. Saarbrücken. Sie setzte sich aus dem V., XIII., XVI. A. K. und dem V. und VI. R. K. zusammen und unterstand Seiner Kaiserlichen Hoheit dem Kronprinz Wilhelm. Der Armee wurde für den Vormarsch die Aufgabe zugewiesen, den Drehpunkt Metz—Diedenhofen im Anschluß an die 4. Armee festzuhalten. Sie hatte sich dazu zunächst unter Beibehalt der tiefen Staffelung mit den Anfängen etwa in Linie Bettenburg—Diedenhofen bereitzustellen. Der Vormarsch sollte alsdann stark links gestaffelt, mit dem rechten Flügel von Bettenburg über Mamer—

Arlon auf Florenville (südlich Chiny) erfolgen, während der linke Flügel Anschluß an Diedenhofen hielt. Um einen mit starken Kräften aus der Richtung von Verdun unternommenen feindlichen Gegenangriff abzu= wehren, konnte das Einschwenken der 5. Armee in eine Stellung mit der Front nach Südwesten oder Süden jederzeit notwendig werden.

Zur Sicherung der linken Flanke der deutschen Hauptkräfte wurde für den Fall, daß die südlich Metz stehenden Heeresteile (6. und 7. Armee, H. K. K. 3) ausweichen müßten, eine befestigte Feldstellung an der Nied, zwischen Metz und der Saar, durch Armierungsarbeiter ausgebaut und durch sieben Landwehrbrigaden sowie acht 10=cm=Kanonen=Batterien be= setzt. Die „Niedstellung" unterstand dem Gouvernement Metz, dieses und die Kommandantur Diedenhofen waren wiederum dem A. O. K. 5 unterstellt.

Von besonderer Bedeutung waren die Zusammensetzung und die Auf= gaben der 6. u n d 7. A r m e e.

Die 6. Armee (I., II. und III. bayer. A. K., XXI. A. K., I. bayer. R. K.) marschierte in der Gegend Kurzel—Falkenburg—Dieuze—Saarburg i. L.— Saargemünd auf, A. H. Qu. St. Avold.

Die 7. Armee (XIV., XV. A. K., XIV. R. K.) wurde, abgesehen vom XV. A. K., in Müllheim und Freiburg ausgeladen und marschierte bei Straßburg und am Oberrhein auf, A. H. Qu. Straßburg.

Diesen beiden Armeen sowie dem H. K. K. 3 fiel, neben den Festungen Diedenhofen und Metz, der Schutz der linken Flanke der Hauptkräfte des Heeres zu. Die Armeen sowie H. K. K. 3 sollten hierzu unter den ge= meinschaftlichen Oberbefehl des Führers der 6. Armee, Seiner Königlichen Hoheit des Kronprinzen Rupprecht von Bayern, treten. Die Aufgabe des gemeinschaftlichen Oberbefehlshabers war es, „gegen die Mosel unterhalb Frouard und die Meurthe — unter Wegnahme des Forts Manonviller — vorzugehen, um die hier versammelten französischen Kräfte festzuhalten und ihren Abtransport nach dem linken französischen Heeresflügel zu ver= hindern. Diese Aufgabe konnte dadurch hinfällig werden, daß die Fran= zosen ihrerseits zwischen Metz und den Vogesen mit überlegenen Kräften zum Angriff vorgingen. Wurden die Heeresteile in den Reichslanden dadurch zum Ausweichen genötigt, so waren ihre Bewegungen so einzu= richten, daß eine Bedrohung der linken Flanke der deutschen Hauptkräfte — durch Umfassung der Niedstellung seitens der Franzosen — verhindert wurde. Die 6. Armee hatte daher auch im Bedarfsfalle Kräfte zur Ver= stärkung der Besatzung der Niedstellung abzugeben."

Trafen die 6. und 7. Armee nicht auf überlegene französische Kräfte, so konnte das Eingreifen von Teilen der 6. Armee und des H. K. K. 3 über

Metz oder südlich in Kämpfe auf dem linken Moselufer in Frage kommen. Inwieweit diese Möglichkeit bei der Gliederung zum Vormarsch gegen Mosel und Meurthe berücksichtigt werden konnte, war dem gemeinsamen Oberbefehlshaber überlassen.

Dehnte sich eine französische Offensive in das Oberelsaß aus, so wurde dies für die Gesamtoperationen nicht für ungünstig gehalten, solange der Gegner nicht über die Linie Feste K. W. II—Breuschstellung—Straßburg vordrang. Diese Linie zu halten und ihre Umgehung westlich der Feste K. W. II zu verhindern, war vornehmlich Aufgabe des Gouvernements Straßburg.

Der Schutz des Oberelsaß und des südlichen Baden war während der Aufmarschbewegung Sache des Oberbefehlshabers der 7. Armee. Diese Aufgabe war jedoch nur eine vorübergehende. Der gemeinschaftliche Ober= befehlshaber der Truppen in den Reichslanden hatte darauf Bedacht zu nehmen, „möglichst starke Teile der 7. Armee zu einem unmittelbaren Zu= sammenwirken mit der 6. Armee zu bringen". Die Deckung des Oberelsaß durfte nicht dazu führen, die Armee einer französischen Übermacht zu opfern. Ein frühzeitiger französischer Vormarsch von Belfort wurde in Verbindung mit einer Offensive zwischen Metz und Vogesen für möglich gehalten. Ein schwacher Vorstoß war zurückzuwerfen, „damit das Land nicht schutzlos jeder feindlichen Unternehmung preisgegeben wird". Gegen= über überlegenen Kräften, die in das Oberelsaß vorgingen, sollte die 7. Armee auf Straßburg und auf das rechte Rheinufer zurückgehen. „Spätestens jetzt war die 7. Armee mit möglichst starken Teilen für ein unmittelbares Zusammenwirken mit der 6. Armee freizumachen. In welcher Richtung dies zu geschehen hatte, ob mit Fußmarsch oder Eisenbahn= transport, mußten die Verhältnisse bei der 6. Armee entscheiden."

Diesen vielseitigen Aufgaben lag der Gedanke zugrunde, daß ein starker französischer Angriff zwischen Metz und Vogesen, verbunden mit einem Vorstoß schwächerer Kräfte von Belfort aus nach dem Oberelsaß zu erwarten sei. Man nahm an, daß in diesem Falle die in Elsaß=Lothringen verwendeten deutschen Truppen sich bezahlt machen, die französischen dem Gegner auf seinem linken Flügel fehlen würden. Das Ausweichen vor einem überlegenen französischen Angriff in Lothringen dachte man sich etwa so, daß die 6. Armee auf die Saar zurückging, so daß der nachdrängende Gegner von Metz und aus der Niedstellung von Norden, aus den Nord= vogesen durch die herangezogene 7. Armee von Süden angegriffen werden konnte. Es mußte fraglich erscheinen, ob der Gegner die ihm hierbei zu= gedachte Rolle übernehmen würde.

Die „vorübergehende" Aufgabe der 7. Armee war keineswegs leicht.

Ob der Gegner mit starken oder schwachen Kräften von Belfort vorging, war nicht immer gleich zu erkennen. Ein Vorgehen der 7. Armee auf Mülhausen konnte zu einem Luftstoß führen und das rechtzeitige Zusammenwirken mit der 6. Armee für die Hauptaufgabe in Frage stellen. Das Zusammenwirken der Festungen Metz—Diedenhofen, der Niedstellung und der beiden Armeen zum Schutz der linken Heeresflanke wurde durch die verschiedenen Befehlsstellen erschwert. Nach den im Kriege gemachten Erfahrungen würden wir sie heute sämtlich zu einer Heeresgruppe mit besonderem Oberkommando zusammenfassen.

Die aus der Anweisung für die 6. und 7. Armee sich ergebende Stärke der Armeen und die Aufgabe, die dem gemeinschaftlichen Oberbefehlshaber gestellt war, haben sich nicht als günstig erwiesen. Der Schwerpunkt der gesamten Heeresoperation lag auf dem rechten Flügel, mit dem die große Umgehung durch Belgien ausgeführt werden sollte. Dieser Flügel konnte nicht stark genug sein. Seine Schwächung zugunsten einer Nebenaufgabe in Elsaß-Lothringen war nachteilig. General v. Moltke beabsichtigte, unter Verwendung stärkerer Kräfte in Lothringen, den Gegner durch Vorgehen festzuhalten oder, falls er seinerseits zwischen Metz und Vogesen vorging, wenn möglich zu schlagen. Eine spätere Kräfteverschiebung vom linken nach dem rechten Heeresflügel war wohl ins Auge gefaßt. Man glaubte jedoch, erst einen Erfolg erreichen und dann noch verschieben zu können. Es mußte schwierig werden, die Kräfte rechtzeitig auf den rechten Heeresflügel zu bringen, wenn die 6. und 7. Armee gegen die Meurthe und Mosel vorgingen. Festhalten konnten sie den Feind nur durch Angriff, auch wenn dieser nur demonstrativ gedacht war.

Der Moltkesche Plan konnte vielleicht zu einem Erfolge in Elsaß-Lothringen führen. Der Grundgedanke der Umgehung durch Belgien mit möglichst starkem rechten Flügel mußte aber unbeirrt festgehalten, alles Entbehrliche rechtzeitig vom linken auf den rechten Heeresflügel geschoben werden. Es durfte nicht dazu kommen, daß stärkere deutsche Kräfte in Lothringen von schwächeren französischen gefesselt wurden. Alles kam auf die Ausführung an. Sie war schwierig. Napoleon hat einmal gesagt: „Man kann immer nur eines tun." Hier wollte man zweierlei.

Es hätte sich empfohlen, von vornherein die Kräfte mehr auf dem entscheidenden rechten Flügel zusammenzuhalten, die 6. und 7. Armee unter Einschränkung ihrer Aufgabe zu schwächen, um so mehr als wir im ganzen den vereinigten Gegnern im Westen nicht unbeträchtlich unterlegen waren.

Freilich war hierbei eine Schwierigkeit zu überwinden. Der Aufmarsch unseres rechten Flügels mußte bei voller Ausnutzung unserer Eisenbahnlinien nach Norden bis Krefeld ausgedehnt werden. Um nach Belgien

zu gelangen, mußte die auf dem rechten Flügel befindliche 1. Armee nach
Aachen zusammengezogen werden, durch Aachen hindurchmarschieren und
zwischen Lüttich und der holländischen Grenze die Maas überschreiten. Die
Neutralität Hollands sollte unter allen Umständen geachtet werden. Vor=
bedingung für die ganze Bewegung war, daß wir im Besitz Lüttichs waren.
Es sollte, wie erwähnt, durch einen überraschenden Handstreich vor Beginn
der Operationen in Besitz genommen werden. Ein kühner Gedanke. Er
gelang bekanntlich. Von der 1. und 2. Armee sind die Schwierigkeiten
überwunden worden. Generalleutnant Tappen (a. a. O. S. 7) meint aber,
mehr als die zwölf Korps der 1. und 2. Armee hätten nördlich der Maas
nicht verwendet werden können. In erster Linie allerdings nicht, das ist
zuzugeben. Um so notwendiger war es, eine starke Staffel im Aufmarsch
dahinter bereitzustellen, die in zweiter Linie folgte. In dritter Linie
mußten Landwehr, Landsturm und die Ersatzdivisionen nachgeführt
werden, um die Beobachtung und Belagerung der Festungen, die Sicherung
der Verbindungen und den Etappendienst zu übernehmen. Um die Ver=
sorgung sicherzustellen, waren unsere Kraftwagentransportmittel auf dem
rechten Flügel zusammenzuziehen und für diesen Zweck besonders zu
organisieren. Die Verpflegungsfrage war im Frieden eingehend studiert
worden.

Die Entstehung und Entwicklung des Operationsplanes.

Der Aufmarsch des Heeres im Jahre 1914 wich von
dem Operationsplan, den der Graf Schlieffen seiner=
zeit als Chef des Generalstabes der Armee entworfen
hatte, ab. Die Entstehung und allmähliche Entwick=
lung unseres Feldzugsplanes in einem Zweifrontenkrieg
gegen Frankreich und Rußland kann hier nur kurz berührt werden.

Feldmarschall Graf v. Moltke war noch der Ansicht gewesen, daß
man gegen Rußland offensiv werden und sich gegen Frankreich verteidigen
müsse. Seitdem die französische Armee reorganisiert und die Nordostgrenze
Frankreichs befestigt worden war, konnte auf eine schnelle Entscheidung des
Kampfes im Westen nicht mehr gerechnet werden. Es war daher vorzu=
ziehen, die großen Vorteile, die der Rhein und unsere damals mächtigen
Festungen der Defensive boten, gegen Westen auszunutzen und alle nicht
unbedingt dort nötigen Streitkräfte für die Offensive im Osten zu ver=
wenden. Die weite, offene Ostgrenze war für eine Verteidigung ungünstig
und nur angriffsweise zu schützen. Allem Anschein nach beabsichtigten die
Russen eine große Offensive nach Deutschland oder nach Österreich=Ungarn
hinein. Wir konnten hoffen, durch eine konzentrische Operation der

deutschen und österreichisch-ungarischen Truppen auf dem rechten Weichsel=
ufer dem russischen Angriff zuvorzukommen.

Auch Graf Waldersee, der im Jahre 1888 der Nachfolger
Moltkes wurde, verblieb im wesentlichen bei dieser Ansicht.

Erst Graf Schlieffen kam, bald nachdem er das Amt als Chef
des Generalstabes der Armee angetreten hatte, zu der Überzeugung, daß
die Franzosen der stärkere und gefährlichere Feind seien, der möglichst mit
Überlegenheit angegriffen werden müsse. Die Wehrkraft Frankreichs war
so erstarkt, sein Offensivgeist so gewachsen, daß man mit einem frühzeitigen
Angriff der Franzosen rechnen mußte. Sie mußten vorgehen, um die
verlorenen Provinzen wiederzuerobern. Hier war eine schnelle Ent=
scheidung möglich, während eine Verteidigung so starke Kräfte erfordert
hätte, daß es fraglich erschien, ob man dann noch für eine große Offensive
im Osten stark genug wäre. Der Angriff im Osten war zudem durch die
russischen Befestigungen sehr erschwert worden, die Russen konnten einer
Entscheidung durch den Rückzug in das weite Innere des Landes aus=
weichen.

So entschloß sich der Graf Schlieffen, die Entscheidung im Westen zu
suchen und sich im Osten auf die Abwehr mit möglichst geringen Kräften
zu beschränken. Die Entscheidung gegen Frankreich mußte so schnell als
möglich erstrebt werden. Die starke französische Festungsfront konnte daher
nicht angegriffen, sie mußte durch Belgien umgangen werden. Es war ein
Gebot der Not, ein anderes Mittel gab es nicht. Fast die gesamten Kräfte
sollten unter Anlehnung des linken Flügels an Metz die große Umgehung
und Schwenkung ausführen, die wie eine gewaltige Walze durch Belgien
und Nordfrankreich hindurch jede in Betracht kommende Stellung der
Franzosen umfassen sollte, um sie in östlicher Richtung gegen ihre Mosel=
festungen, gegen den Jura und gegen die Schweiz zu drängen. Der rechte
Flügel unseres Heeres mußte hierzu von vornherein so stark als irgend
möglich gemacht und durch Nachschub dauernd ergänzt werden. Graf
Schlieffen forderte daher die Heranziehung des sofort aufzubietenden Land=
sturms und der in den heimatlichen Festungen verbleibenden Landwehr für
die Besetzung des Etappengebietes und die Sicherung der Eisenbahnen,
ferner gleich im Anschluß an die Mobilmachung die Aufstellung von acht
Armeekorps aus Ersatztruppen, die hinter den rechten Flügel gebracht
wurden, sobald die Eisenbahnen es erlaubten.

Stärke und Aufgabe des linken Heeresflügels sollten demgegenüber
erheblich zurücktreten. In Lothringen wollte Graf Schlieffen zum Schutz
der linken Heeresflanke, rechts von der Mosel, nur 3½ Armeekorps, 1 Re=
servekorps, 3 Kavalleriedivisionen belassen, wovon zwei Korps aber sobald

als irgend möglich mit der Bahn nach dem rechten Heeresflügel nach=
befördert werden sollten. In Metz verblieb außer der Kriegsbesatzung eine
Reservedivision, am Oberrhein 3½ Landwehrbrigaden, im Unterelsaß
1 Landwehrbrigade. Die Aufgabe der Lothringer Kräfte war, möglichst
viele französische Truppen mit möglichst wenig deutschen zu fesseln. Es
war möglich, daß die Franzosen einen Gegenangriff machten. Das konnte
nur erwünscht sein. Die große Schwenkung durch Belgien sollte unbeirrt
fortgesetzt werden; Graf Schlieffen nahm an, daß die Franzosen in
Lothringen umkehren würden.

In diesem Kräfteverhältnis zwischen rechtem und linkem Heeresflügel
war unter General v. Moltke, dem Nachfolger des Grafen Schlieffen, all=
mählich e i n e V e r s c h i e b u n g eingetreten. General v. Moltke hatte
Bedenken getragen, das Elsaß gegenüber einem mit aller Wahrscheinlichkeit
erfolgenden französischen Einbruch ungeschützt zu lassen. Das Land sollte
nicht sogleich bei eintretendem Kriegsfalle geräumt und jeder feindlichen
Bewegung preisgegeben werden. Zunächst wurde das XIV. A. K. mit der
Deckung des Oberelsaß beauftragt, später wurden im ganzen acht Korps,
außer den Kriegsbesatzungen von Metz und Straßburg und einer Anzahl
von Landwehrbrigaden, in Elsaß=Lothringen vorgesehen. Die Aufgaben
der 6. und 7. Armee wurden dementsprechend erheblich erweitert.

Der Schlieffensche Plan war vorzuziehen. Er war von großer Ein=
fachheit. Der Hauptgedanke wurde mit größter Schärfe durchgeführt, alle
anderen Rücksichten traten demgegenüber zurück. Der Verlauf der Ereig=
nisse im August und September 1914 hat dem Grafen Schlieffen recht
gegeben.

Beurteilung des Schlieffenschen Planes.

Nachdem unser Operationsplan 1914 mißlungen war und die erstrebte
schnelle Entscheidung im Westen nicht hatte erreicht werden können, setzte
bei uns in und nach dem Kriege eine scharfe Kritik des sogenannten
„Schlieffenschen Planes" ein, obwohl den meisten Kritikern der Unterschied
zwischen dem vom Grafen Schlieffen beabsichtigten und dem 1914 tatsächlich
ausgeführten Aufmarsch damals offenbar nicht bekannt war.

Es wurde behauptet, der Schlieffensche Plan habe für die Verhältnisse
des modernen Krieges nicht mehr gepaßt, er sei nicht mehr durchführbar
gewesen. Andere gingen weiter: es sei von vornherein für uns unmöglich
gewesen, eine militärische E n t s c h e i d u n g d e s K r i e g e s zu er=
reichen, unsere Kriegführung habe auf falscher Grundlage beruht. Bei
der grundsätzlichen Bedeutung dieser Frage soll sie hier näher geprüft
werden. Insbesondere muß untersucht werden, ob die von anderer Seite
als wirksamer vorgeschlagenen Methoden hätten zum Ziele führen können.

In einem Aufsatz („Falkenhayn und Ludendorff" in den „Preußischen Jahrbüchern", Maiheft 1920) äußert Professor Dr. Hans Delbrück starke Zweifel, ob es für uns möglich gewesen sei, den Krieg durch Niederwerfen der Gegner zu gewinnen.

Bekanntlich hat er seit langem die Lehre entwickelt, daß es zwei Grundformen der Kriegführung gebe, eine Niederwerfungs= und eine Er=mattungs= oder Zermürbungsstrategie. Allerdings könne man nicht alle Kriege in dieses Schema einpassen, vielmehr könnten diese Grundformen eine wechselnde Gestalt annehmen und sich gegenseitig annähern. Die beiden Haupttypen blieben aber doch bestehen. Von den großen Feld=herren der Kriegsgeschichte teilt Professor Dr. Delbrück einen Teil der einen, einen der anderen Schule zu.

Dieser Unterschied trete auch im Weltkriege hervor. Falkenhayn und Ludendorff seien zwar aus derselben militärischen Schule hervorgegangen und ständen sich in der Anschauung nahe, daß der Angriff der Verteidigung vorzuziehen sei. Aber in der Strategie bestehe doch zwischen beiden Feld=herren ein Zwiespalt. Falkenhayns Ideen über die Kriegführung seien keine anderen als die der friderizianischen Ermattungsstrategie. Das Ziel, den Feind so niederzuwerfen, daß er um Frieden bitten müsse, habe er angesichts der feindlichen Übermacht für unerreichbar erklärt. Man habe nur danach streben dürfen, den westlichen Gegnern die Aussicht abzu=schneiden, sie könnten uns durch Ermattung niederwerfen, ehe sie selbst unheilbaren Schaden erlitten. Nur in diesem bedingten Sinne sei es zu verstehen, wenn Falkenhayn davon spreche, die „Entscheidung" sei im Westen zu suchen. Die große Operation im Osten 1915 sei nur dazu be=stimmt gewesen, die Stoßkraft der Russen für längere Zeit zu lähmen und uns den Rücken für den Kampf im Westen zu decken. Die Vorstellung, daß man in Rußland „ganze Arbeit" machen müsse und könne, habe er verworfen. Das weitere Eindringen in Rußland hätte ins Uferlose ge=führt. Dem Plan Ludendorffs, über Kowno—Wilna gegen die Rückzugs=linie der Russen vorzugehen, habe er nicht zugestimmt. Der Angriff auf Verdun oder genauer „an der Maas" 1916 war nur dazu bestimmt, den Feind zum „Ausbluten" zu bringen, nicht die Franzosen bis zur Ent=scheidung zu schlagen. Gerade in diesem Unternehmen sieht Professor Dr. Delbrück eine „Spezies der Ermattungs= oder Zermürbungs=strategie".

Ludendorff dagegen kennt nur Sieg oder Niederlage, er will den „Krieg gewinnen" und verwirft den Verständigungsfrieden. An der Ost=front sollte erst ganze Arbeit getan werden, um 1918 die Entscheidung im Westen durch einen Angriff in Frankreich unter Mitwirkung des U.=Boot=

krieges zu erstreben, falls dieser allein die erhoffte Wirkung noch nicht er=
zielt haben sollte.

Auf wessen Seite Professor Dr. Delbrück steht, geht aus seinen eigenen
Vorschlägen darüber, wie wir den Krieg hätten führen müssen, klar hervor:
„Die Hauptsache war, daß wir standhielten, daß wir durch möglichst starke
und schwere Einzelschläge dem Feinde unsere Kraft und die Größe seines
eigenen Einsatzes zum Bewußtsein brachten und gleichzeitig unsere Bereit=
willigkeit zu einem Verständigungsfrieden kundgaben.“ Er meint, es habe
neben der Offensive in Frankreich noch eine andere Angriffsmöglichkeit ge=
geben, die, je geringer die Aussichten in Frankreich waren, um so mehr in
Betracht gezogen werden mußte: „Das war der Angriff auf die englische
Heimatfront.“ In England habe es neben der herrschenden Kriegspartei
auch eine sehr beachtenswerte Partei für einen Verständigungsfrieden ge=
geben, der man die Oberhand zu verschaffen hätte versuchen müssen.

Wenn wir uns im Generalstabe das Wesen der friderizianischen Er=
mattungsstrategie eindringender klargemacht hätten, wäre unsere Vor=
bereitung für den Weltkrieg vielleicht anders gewesen, meint Professor
Dr. Delbrück. Die Möglichkeit einer langen Kriegsdauer wäre erwogen,
der politische Gedanke gemäßigter Kriegsziele mehr beachtet worden. Selbst
wenn wir 1914 über die Franzosen und Engländer gesiegt hätten, wäre
es doch nicht zu einem Frieden gekommen, weil wir übertriebene Bedin=
gungen gestellt haben würden. Das Unternehmen, Frankreich völlig nieder=
rennen zu wollen, ehe die Russen uns zurückrissen, sei nicht viel anders
gewesen als die Herausforderung des Schicksals und die Überspannung der
Kräfte, an der Friedrich der Große 1757 scheiterte.

Ich bin der Ansicht, daß e i n e E n t s c h e i d u n g w o h l m ö g l i c h
war. Der Durchmarsch durch Belgien war keineswegs ein „Verzweiflungs=
mittel“. Die Verzweiflung war dem Gegner recht nahe. General Joffre
ist nicht, wie vielfach angenommen wird, im August 1914 der Entscheidungs=
schlacht ausgewichen. Er hat im Gegenteil die Entscheidung durch eine
große Offensive auf der ganzen Front ausdrücklich erstrebt. Die Offensive
scheiterte, der allgemeine Rückzug war keineswegs freiwillig, sondern die
Franzosen waren auf der ganzen Front, ebenso wie die Engländer, ge=
schlagen. Man lese in den französischen und englischen Berichten die
Wirkung der Niederlage und des Rückzuges auf das Heer und auf die
Staatsmänner der Gegner. Daß es für uns später zu dem Rückschlag an
der Marne kam, hatte seine besonderen Gründe. Die Fehler der Führung,
die uns um den Erfolg des Marnefeldzuges gebracht haben, lagen gerade
darin, daß der ursprüngliche Vernichtungsgedanke nur in abgeschwächter
Form zur Ausführung kam. Der Erfolg an der Marne im September

wäre uns sonst sicher gewesen. Ich hoffe, daß sich dies aus der Darstellung der Ereignisse ergeben wird.

Auch daß wir gegen Rußland eine Entscheidung herbeiführen und hier mit geschickter Politik und unter Ermäßigung unserer Kriegsziele einen endgültigen Abschluß 1915 oder 1916 erreichen konnten, halte ich für durch= aus im Bereiche der Möglichkeit. Die von Feldmarschall v. Hindenburg und General Ludendorff 1915 erstrebte Umfassung des russischen Nord= flügels war doch wohl ausführbar. ·

Die Absicht, hier und da mit beschränkten Zielen anzugreifen, dem Gegner einen Schlag zu versetzen, konnte niemals zum Ziele führen. Zu gleicher Zeit 1916 die Franzosen bei Verdun anzugreifen, während die Österreicher die Offensive gegen die Italiener ergriffen, war eine Zer= splitterung der Kräfte. So vieles auch gegen jede der beiden Unter= nehmungen einzuwenden war, eines oder das andere wäre immer noch besser gewesen, wie auch Professor Dr. Delbrück bemerkt. Der Kampf bei Verdun, an dem die Franzosen „ausbluten" sollten, führte zu unserem eigenen Ausbluten und hinderte die Franzosen nicht an einer sehr wirkungs= vollen Teilnahme an der Sommeschlacht. Professor Dr. Delbrück bezeichnet selbst die Absicht des Ausblutens als eine Überspannung des Ermattungs= gedankens.

Unser großer Angriff im Frühjahr 1918 konnte sehr wohl Erfolg haben. Ich bin damals durchaus für eine Offensive gewesen und kann auch jetzt noch dem General Ludendorff darin nur recht geben, wenn ich auch in bezug auf die Wahl der Angriffsstelle anderer Ansicht war. Der Durch= bruch war gewiß schwer. Aber unsere Vorbereitungen, die die O. H. L., insbesondere General Ludendorff, mit einer erstaunlichen Tatkraft getroffen hatte, waren glänzend. Niemand konnte den Ausgang vorher wissen, aber versucht mußte der Angriff werden. Die Alliierten kamen in äußerste Be= drängnis, nur die Amerikaner haben sie schließlich gerettet. Immer klarer tritt dies jetzt hervor, seitdem wir die Dinge durch die Veröffentlichungen unserer Feinde auch von der Gegenseite kennenlernen.

Die scharfe Waffe des U=Bootkrieges haben wir selbst abgestumpft. Wäre er möglichst spät und überraschend, nachdem die Vorbereitungen in aller Stille getroffen und eine genügende Zahl von U=Booten hergestellt war, eröffnet, dann aber mit aller Kraft und ohne Schwanken durchgeführt worden, so hätte er in Verbindung mit der Frühjahrs=Offensive 1918 eine entscheidende Wirkung haben können.

Freilich, nachdem die ersten großen, mit unseren besten Angriffskräften und Mitteln ausgestatteten Angriffe im Frühjahr 1918 nicht zum Ziele ge= führt hatten, konnte die ständige Fortsetzung der Angriffe an dieser und

2*

jener Stelle die Entscheidung nicht mehr erreichen. Sie konnten auch nicht
den Gegner mürbe machen. Dazu verstärkte er sich zu sehr von Tag zu Tag
durch das Eintreffen der Amerikaner, während unser Ersatz zu Ende ging
und die Stärken der Truppenteile hinschwanden. Jetzt war der Augenblick
gekommen, wo man sich mit einer hinhaltenden Kriegführung begnügen
mußte. Ich möchte aber auch diese nicht als Ermattungsstrategie bezeichnen.
Daß die Gegner eher ermatteten oder mürbe wurden als wir, war nicht
zu erhoffen.

Die Gegenvorschläge, die Professor Dr. Delbrück macht, sind erwähnt:
Standhalten, Einzelschläge, Kundgebung der Bereitwilligkeit zum Ver=
ständigungsfrieden, Angriff auf die englische Heimatsfront. Am aller=
wenigsten hätte ich mir von letzterem versprechen können. Das heißt doch
die Zähigkeit des englischen Siegeswillens erheblich unterschätzen. Man
lese nur in der Lebensbeschreibung Kitcheners von Sir George Arthur nach,
mit welchem großen Zuge, weitem Ausblick und äußerster Energie der
Krieg in England alsbald nach seinem Beginn angefaßt worden ist. In
Kitchener hat England einen Kriegsorganisator ersten Ranges, in Lloyd
George einen Staatsmann von äußerster Willenskraft gefunden. Ich
glaube, der Angriff auf die englische Heimat wäre gescheitert. Er hätte
auch die Frage des französischen Kriegszieles, das in der Erwerbung Elsaß=
Lothringens bestand, nicht ohne weiteres gelöst.

Die Friedensresolutionen konnte der Gegner nur als Zeichen der
Schwäche auffassen. Mit einzelnen Schlägen, die nicht ausgenutzt werden
konnten, war gegenüber dem festen Siegeswillen unserer Gegner nichts
zu erreichen. Eine Ermattungsstrategie mußte angesichts der unermeß=
lichen Hilfsquellen unserer Gegner und bei unserer Absperrung zu einem
Dauerkrieg und zu unserer eigenen Ermattung führen. Die Zeit war gegen
uns, die Hungerblockade brach die Widerstandskraft des Volkes.

In einigen Punkten stimme ich Professor Dr. Delbrück zu: unsere ge=
samte Lage war derartig, daß wir uns von vornherein vor einer Über=
spannung der Kriegsziele hüten und jede günstige Gelegenheit ergreifen
mußten, um zu einem annehmbaren Frieden zu kommen. Hierüber mußte
man sich an den entscheidenden Stellen einig sein, ohne daß es nötig war,
der ganzen Welt fortgesetzt unsere Friedensbereitschaft zu verkünden. Nur
über die Rückgabe Belgiens hätte man bei geeigneter Gelegenheit eine
offene Erklärung abgeben können.

Es ist zuzugeben, daß wir uns über die Dauer des Krieges getäuscht
haben. Wir teilten diesen Irrtum mit dem französischen Generalstab und
dem Marschall Foch vor dem Kriege, und auch England war nicht im
geringsten auf einen solchen Krieg zu Lande vorbereitet, wie sich später

erweisen wird. Wir haben uns ferner getäuscht über die ganze Bedeutung eines Krieges mit Millionenheeren, eines Wirtschaftskrieges, einer völligen Absperrung. Daß wir gerade aus einer eingehenderen Beachtung der fride=
rizianischen Ermattungsstrategie für den Weltkrieg einen Hinweis auf die Möglichkeit einer langen Dauer hätten entnehmen können, trifft aber doch wohl nicht ganz zu. Die gesamten Grundlagen und Verhältnisse des Krieges zur Zeit Friedrich des Großen gestatten in dieser Beziehung keinen Vergleich mit dem Weltkriege. Hätten wir die Tragweite einer Absperrung geahnt, so hätte uns dies zu einer ganz anderen wirtschaftlichen Vorbereitung des Krieges veranlassen, zugleich aber in dem Bestreben bestärken müssen, eine möglichst schnelle Entscheidung herbeizuführen.

Es ist ein alter Streit um die Ermattungs= und Vernichtungsstrategie. Wir Soldaten halten es nun einmal mit Moltke und sehen nach wie vor in der Strategie ein System der Aushilfen. Moltkes System bestand nach dem Ausspruch des Grafen Schlieffen darin, daß er kein System hatte. Die Strategie kann ihr Streben nur auf das höchste Ziel richten, das die ge=
botenen Mittel überhaupt erreichbar machen, sagt Moltke. Einfacher und klarer kann man es nicht ausdrücken. Die einzelnen Feldherren waren nicht von vornherein Vertreter entweder der Ermattungs= oder der Ver=
nichtungsstrategie, sie gehörten nicht der einen oder der anderen „Schule" an, sondern sie handelten, wenn sie wirkliche Feldherren waren, nach den Umständen. Sie strebten von vornherein die Vernichtung des Feindes an, wenn ihre Kräfte dazu reichten. War dies nicht der Fall, mußten sie sich bescheiden. Sie wechselten im Verlaufe des Krieges ihr Verfahren, je nach der Lage. „Für jeden Fall muß das Zweckmäßigste gesucht werden" (Graf Schlieffen).

Es soll dabei nicht übersehen werden, daß der eine Feldherr seiner ganzen Anlage nach mehr zur rücksichtslosen Offensive, der andere mehr zu einem vorsichtigeren Verfahren neigte, und daß dies in der Kriegführung deutlich zum Ausdruck kam. Fabius Cunctator, Daun, Gyulai, Schwarzenberg, Kuropatkin führten den Krieg anders als Su=
worow und Napoleon. Immer aber ist zu beachten, daß eine hinhaltende Kriegführung nur dann Aussicht auf den Enderfolg hat, wenn die Hoff=
nung auf Änderung der Umstände, auf Ausscheiden eines der Gegner, auf Unterstützungen oder auf irgendeine Wendung besteht, oder wenn zu er=
warten ist, daß der Gegner die Fortsetzung des Krieges nicht im Einklang mit den Opfern hält oder mindestens in gleichem Maße ermattet.

Bei Beginn des Zweiten Schlesischen Krieges hatte sich Friedrich der Große die Niederwerfung Österreichs zum Ziele gesetzt. Durch rücksichts=
lose Offensive in Feindesland hinein wollte er die Entscheidung herbei=

führen und auf Wien vordringen, um dem Gegner „den Fuß auf die Kehle zu setzen". Der Plan scheiterte, der König zog hieraus und aus späteren Ereignissen die Lehre. Es war ihm nicht möglich, die Fesseln abzustreifen, die seine Kriegführung hemmten, er mußte sich später auf die strategische Defensive beschränken. Er konnte nicht, wie Napoleon 1812 zu dem Abgesandten Kaiser Alexanders, sagen: „Ihr könnt mich nicht hindern, überhaupt keinen Widerstand leisten! Ich gebe monatlich 30 000 Menschen aus."

Die Frage war für uns 1914 die, ob es möglich war, eine Entscheidung zu erstreben, oder ob der Krieg hinhaltend und verteidigungsweise zu führen war. In letzterem Fall war er voraussichtlich für uns verloren.

Man hat behauptet, der Schlieffensche Plan habe 1914 nicht mehr gepaßt. Die Verwendung von Stacheldraht und Spaten, die moderne Waffen- und Sprengstofftechnik hätten eine ganz neue Kriegführung zur Folge gehabt. Eine schnelle Entscheidung sei unwahrscheinlich geworden. Die zur Umfassung weitausholenden Marschsäulen wären rechtzeitig von Fliegern entdeckt worden. Nachdem im Osten wie im Westen der Krieg zum Stellungskampf erstarrt war, sei der Schlieffensche Plan erledigt gewesen. Ich hoffe den Nachweis zu bringen, daß eine schnelle Entscheidung doch möglich war. Die Bedeutung von Stacheldraht und Spatenarbeit war uns allerdings 1914 in ihrem ganzen Umfang nicht bekannt, ebensowenig aber auch unseren Gegnern. Man kann sich davon in den französischen und englischen Darstellungen des Krieges leicht überzeugen. Die Stärke und Ausdehnung unserer, zur Umgehung nördlich der Maas im August 1914 vorgehenden, zahlreichen, bei Tage marschierenden Kolonnen ist vom Gegner keineswegs rechtzeitig erkannt worden. Es ist erwiesen, daß der Gegner durch unsere Umgehung überrascht und daß sein ganzer Plan umgeworfen wurde.

Graf Schlieffen hatte uns den einzig richtigen Weg gewiesen: nur in der Bewegung war der Sieg für uns zu erringen, nur durch den Sieg eine Entscheidung des Krieges zu erreichen. Eine Ermattungsstrategie mußte zum Stellungskrieg führen. Sobald wir durch ihn die operative Freiheit verloren, trat die Technik an die Stelle der Führungskunst, die Materialschlacht an die Stelle von Cannä. In der Technik und im Material mußten wir unseren Gegnern ebenso unterliegen, wie in der Ernährung, nachdem wir wirtschaftlich eingekreist waren. Deutschland wurde eine belagerte Festung, unsere Kämpfe wurden zu Ausfällen der Festungsbesatzung, um das Fortschreiten der Belagerung hinzuhalten, bis wir 1918 noch einmal den Ring gewaltsam zu sprengen versuchten. Als dies mißglückte, war der Krieg verloren.

3. Die deutschen Operationen bis zum Scheitern der französischen Offensive am 23. August.

Der 16. August. Bereitstellung der Armeen. Nachrichten vom Feind.

Am 15. August stand die 1. A r m e e vorwärts der Maas in der allgemeinen Linie Bilsen—Tongres und südlich. Die erste, schwierige Aufgabe war ohne Reibungen gelöst. Die beiden Reservekorps gelangten in zweiter Linie bis an die belgische Grenze. Das IX. A. K. trat an diesem Tage zur 1. Armee über. Das A. H. Qu. befand sich seit dem 13. in Aachen und blieb dort bis zum 16. Generaloberst v. Kluck entschloß sich, die Armee am 16. in der erreichten Linie stehenzulassen. Der Ausgang aus der Enge von Lüttich war in schnellen Märschen erreicht, die Armee mußte sich für den weiteren Vormarsch ordnen und die Trains und Kolonnen dementsprechend gruppieren. Die Reservekorps hatten unmittelbar nach der Ausladung starke Märsche leisten müssen, unter den des Marschierens ungewohnten Reservisten traten große Marschverluste ein. Das III. R. K. zählte am 14. 1100 Fußkranke, allerdings meist leichter Art. Im übrigen waren Haltung und Marschordnung aller Truppen und Kolonnen glän= zend, wo wir sie erblickten. Sie flößten uns volle Siegeszuversicht ein. H. K. K. 2 ging mit 4. und 9. Division in Richtung Jodoigne vor, während die 2. Division am 16. die Gegend südlich Haffelt erreichte.

Die letzten Forts von Lüttich sowie die Feste Huy fielen am 16. in unsere Hand.

Der rechte Flügel der 2. A r m e e erreichte, durch Lüttich marschierend, am 16. die Gegend von Lantin, nordwestlich Lüttich. Die Armee stellte sich an den über Lüttich sowie vom Durthe auf Hermalle und Huy zur Maas führenden Straßen zum Vormarsch bereit, wollte aber am 17. noch stehenbleiben. Das A. H. Qu. ging am 16. nach Spa. Die Korps zweiter Linie näherten sich dem Durthe.

Die 3. A r m e e verblieb am 16. in der Linie Malempré (nordwestlich Houffalize)—Houffalize—Noville (südlich Houffalize). H. K. K. 1, der auf Dinant vorging, meldete, daß die Linie Namur—Dinant stark vom Feinde besetzt sei.

Über d e n F e i n d waren beim A. O. K. 1 bis zum 16. einschließlich zahlreiche Nachrichten eingegangen.

Am 11. schien es, daß d i e b e l g i s c h e A r m e e in der Linie Ant= werpen—Louvain—Namur aufmarschierte. In den nächsten Tagen wurden etwa 3 bis 4 Divisionen in der Gegend Louvain—Wawre, Vor= truppen bei Diest—Tirlemont, je eine Division in Antwerpen und Namur angenommen. Am 16. besagten die Meldungen, daß die Belgier sich hinter der Gette in Linie Diest—Tirlemont—Jodoigne verschanzten, Reserven schienen bei Louvain zu stehen. Südlich Tirlemont waren rückgängige Be= wegungen auf Wawre festgestellt, die in Linie Tirlemont—Melin—Wawre zum Stehen gekommen seien. Zweifellos standen also die Belgier hinter der Gette bereit, den rechten Flügel vielleicht gegen eine Umfassung zurück= gebogen. Wir nahmen an, daß sie in dieser Stellung das Herankommen der Franzosen und Engländer erwarten wollten.

Über den Anmarsch von F r a n z o s e n in Belgien lagen zahlreiche Nachrichten vor. Bereits am 9. sollten französische Truppen in Brüssel eingetroffen sein. Am 13. wurden ebenfalls Franzosen im Marsch auf Brüssel, aber auch auf Givet—Namur angenommen. Hier wurde das französische I. und II. A. K. am 16. genannt. Mehrere französische Ka= valleriedivisionen waren, von der französischen Maas her vorgehend, schon am 13. vor dem linken Flügel der 3. Armee festgestellt worden. Es hieß, daß die Franzosen Verstärkungen aus südwestlicher Richtung nach ihrem linken Heeresflügel heranzögen, offenbar gegen die durch Belgien drohende Umfassung.

Widersprechend lauteten die Nachrichten über die E n g l ä n d e r. Bald sollten sie bei Zeebrügge, bald bei Ostende, Dünkirchen und Calais landen. Es hieß, sie wollten auf Brüssel zur Vereinigung mit den Belgiern marschieren. French sollte am 12. schon in Brüssel gewesen sein. In bezug auf die Engländer waren wir auf falscher Fährte.

Am 11. war bei uns bekannt geworden, daß die Franzosen einen Vor= stoß aus der Richtung von Belfort in das Oberelsaß unternommen hätten, aber zurückgeschlagen worden seien.

Das Oberkommando der 1. Armee faßte seine A u f g a b e dahin auf, daß die Belgier möglichst bald geworfen werden mußten, ehe ihre Ver= einigung mit französischen und englischen Verstärkungen vollzogen werden konnte. Ob die Belgier den Angriff annehmen oder auf Antwerpen aus= weichen würden, mußte dahingestellt bleiben. Kamen die Franzosen und Engländer nicht rechtzeitig zur Unterstützung heran, so war anzunehmen, daß die Belgier auf Antwerpen zurückgehen würden. Es mußte versucht werden, sie möglichst schnell zum Kampfe zu stellen und an einem Aus= weichen zu verhindern. In Antwerpen konnten sie uns in der Flanke störend werden. Für den 17. wurde auf Grund dieser Erwägungen der Vormarsch in die Linie Kermpt (westlich Hasselt)—St. Trond beschlossen, während sich die beiden Reservekorps der Maas näherten. Obwohl die 2. Armee am 17. noch stehenbleiben wollte, konnte irgendeine Gefahr für die 1. Armee mit diesem Vorgehen nicht verbunden sein. Wir waren so schneller bereit, die Belgier durch Angriff festzuhalten. Es mußte damit gerechnet werden, daß die Stärke unseres über Aachen—Lüttich vormar= schierenden Heeresflügels bei der Nähe der holländischen Grenze dem Gegner nicht entgangen war. Durch ein Versehen waren beim Durch= marsch durch Aachen die verschiedenen Marschstraßen für die einzelnen Korps durch Veröffentlichung mit Angabe der Korpsnummern bezeichnet worden.

Lebhaft wurde im Oberkommando die Frage erörtert, welche O p e r a = t i o n v o n d e n F r a n z o s e n zu erwarten sei. Wo waren sie auf= marschiert und wie würden sie unserer großen Umgehung durch Belgien begegnen?

In den letzten Jahren vor dem Kriege war deutlich zu erkennen, daß die Absichten der Franzosen offensiver wurden. Man mußte damit rechnen, daß sie nach beendetem Aufmarsch auf der ganzen Linie zum Angriff vor= gehen würden. Hierzu schienen sie mit je einer Armee bei Epinal, Toul und Vouziers—Rethel aufmarschieren zu wollen, während eine starke Armee in zweiter Linie sich etwa in und westlich der Linie Neufchâteau— Ste. Menehould versammelte. Auf beiden Heeresflügeln wurde je eine Gruppe von Reservedivisionen vermutet. Wir nahmen an, daß etwa bei Maubeuge Truppen (ein bis zwei Armeekorps und vielleicht einige Reservedivisionen) bereitgestellt würden, die zum Vorgehen an die Linie Givet—Namur bestimmt seien. Etwa am 13. Mobilmachungs= tage konnten nach unserer Annahme die Feld= und Reservetruppen operationsbereit sein.

Wohin sich der Hauptangriff richten würde, ob nach Lothringen oder nach Luxemburg und dem südlichen Belgien oder nach beiden Richtungen, war unsicher. Den Hauptangriff aus der allgemeinen Richtung von Verdun nach dem südlichen Belgien und nach Luxemburg hielt ich vor dem Kriege für wahrscheinlicher. Die O. H. L. neigte mehr der Ansicht zu, daß ein starker Angriff in Lothringen erfolgen würde.

Auf dem rechten französischen Flügel war der Einbruch in das obere Elsaß von Belfort aus, der inzwischen bereits erfolgt war, von uns mit Sicherheit erwartet worden. Er sollte deutsche Kräfte von der in Lothringen oder Belgien erfolgenden Hauptoperation abziehen. Von den voraussicht= lichen ersten Bewegungen auf dem feindlichen nördlichen Flügel hatten wir uns folgendes Bild gemacht: Ein Vorgehen der Franzosen gegen die Maas= linie Namur—Givet auf dem linken Flügel stand vermutlich in Verbindung mit einer Bereitstellung der Belgier nördlich Namur—Lüttich und einem Anmarsch der Engländer nach der Maas, um den rechten deutschen Flügel, dessen Vorgehen südlich der Maas erwartet wurde, aufzuhalten. Daß über die einheitliche Verwendung der Belgier, Engländer und Franzosen auf dem Nordflügel Vereinbarungen stattgefunden hatten, ist erwähnt (S. 6).

Das englische Expeditionskorps in Stärke von 6 Infanteriedivisionen und 1 Kavalleriedivision, im ganzen rund 132 000 Mann, konnte nach unserer Annahme in Dünkirchen, Calais oder Boulogne etwa am 15. Mobilmachungstage ausgeschifft sein.

Traf dies Bild, das wir uns im Frieden von den mutmaßlichen Operationen unserer Gegner gemacht hatten, annähernd zu, so mußte die 1. Armee am 16. August 1914 mit der Möglichkeit rechnen, außer auf die Belgier bald auch auf Engländer, kaum aber auf Franzosen zu stoßen. Die bis zu diesem Tage vorliegenden Nachrichten schienen zunächst unsere Friedensannahmen zu bestätigen.

Der 17. August.
Anordnungen der O. H. L. Unterstellung der 1. Armee unter die 2.
Verbindung der O. H. L. mit den Armeen.

Während die 1. Armee am 17. August den Marsch bis in die Linie Kermpt—S. Trond ausführte und sich der feindlichen Aufstellung an der Gette näherte, begab sich das A. O. K. von Aachen nach Glons, einem kleinen Ort nordwestlich Lüttich. Unser Weg führte über Lüttich, das uns das bewegte kriegerische Bild einer soeben in Besitz genommenen Stadt bot. In dem Hotel, das ich aufsuchte, traf ich eine Menge Offiziere, darunter den bekannten, später gefallenen Fußartilleristen General Steinmetz, alle in gehobener Stimmung über die gelungene Einnahme von Lüttich und die überraschende Wirkung unserer schwersten Geschütze. In Lüttich erreichte uns die Nachricht, es sei ein grundlegender Befehl der O. H. L. für das A. O. K. 1 eingegangen.

Der Befehl der O. H. L. an A. O. K. 1 und 2 lautete:

„Seine Majestät befehlen: 1. und 2. Armee und H. K. K. 2 werden für das Vorgehen nördlich der Maas dem Oberbefehlshaber der 2. Armee unterstellt. Der Vormarsch ist am 18. anzutreten.

Es kommt darauf an, die in Stellung zwischen Diest—Tirlemont—Wawre gemeldeten feindlichen Kräfte, unter Sicherung der eigenen linken Flanke gegen Namur, von Antwerpen abzudrängen. Die spätere Verwendung der beiden Armeen ist aus der Linie Brüssel—Namur unter Sicherung gegen Antwerpen beabsichtigt.

Für die Fortnahme von Namur durch den linken Flügel der 2. Armee und den rechten Flügel der 3. Armee werden noch Befehle ergehen. Die der 2. Armee unterstellte Artillerie ist für diesen Angriff vorzuführen.

Die 3. Armee wird mit rechtem Flügel im Anschluß an den linken

Flügel der 2. Armee über Durbuy gegen die Südostfront von Namur vorgehen."

Ich begab mich sofort zu dem in Lüttich befindlichen A. O. K. 2. Die 2. Armee schloß am 17. westlich Lüttich auf, die 3. blieb noch stehen. Der Chef des Generalstabes der 2. Armee, Generalleutnant v. Lauenstein, war dafür, die Armeen zunächst einheitlich zum Angriff bereitzustellen, da die 2. Armee noch abhing. Inzwischen sollte aber bereits die Umfassung des Gegners über Beeringen—Pael eingeleitet werden. Es war dagegen geltend zu machen, daß der Gegner die Ausführung dieses Planes nicht abwarten, sondern sich rechtzeitig der Umfassung entziehen werde. Es komme darauf an, mit der zunächst hierzu bereitstehenden 1. Armee sofort anzugreifen. Das A. O. K. 2 willigte ein, bestand aber auf einer gleich= zeitigen Umfassung in der bezeichneten Richtung. Diese Bewegung führte in sehr schwieriges Gelände, konnte leicht aufgehalten werden und legte dem auf dem rechten Flügel marschierenden II. A. K. große Anstrengungen auf. Das Oberkommando der 1. Armee hätte es vorgezogen, schnell und gerade= aus den Gegner anzufassen.

Die Maßnahme der O. H. L., eine Armee der anderen zu unterstellen, war nicht glücklich. Solche Unterstellungen haben sich im ganzen Kriege als unzweckmäßig erwiesen und führten oft zu Reibungen. So auch bei der Unterstellung der 1. unter die 2. Armee in der Somme= schlacht 1916. Die Ansichten der Oberkommandos gehen häufig, wie es in der Natur der Sache liegt, auseinander. Eine Armee, die selbst im Kampfe steht, kann sich schwer völlig in die Lage der neben ihr kämpfenden Armee versetzen und gleichmäßig abwägend über dem Ganzen stehen. Die Ein= richtung der Heeresgruppen kannten wir damals noch nicht. Ebenso wie auf dem linken Flügel, wie bereits erörtert, eine Heeresgruppe in Elsaß=Lothringen nötig gewesen wäre, hätte auch der rechte Flügel einer solchen Kommandobehörde bedurft. Wir hatten uns wohl im Frieden, ge= stützt auf die heutigen Verkehrsmittel, die Verbindung der Armeen mit der O. H. L. zu leicht gedacht, vielleicht auch verführt durch die Gewohnheit der Großen Generalstabsreisen und großen operativen Kriegsspiele, in denen der oberste Führer anstandslos abends seine Befehle und Direktiven in beliebiger Ausführlichkeit an die entferntesten Armeen ausgeben konnte. So sorgfältig der Generalstab sich auf den Krieg vorbereitet hatte, in der Technik der Leitung eines Millionenheeres waren wir 1914 nicht zu einer ausreichenden Organisation gelangt. Solche Massen können nicht von einer Stelle aus mit so knappen Befehlen bewegt werden, wie es dem älteren Moltke 1866 und 1870/71 möglich war.

Wir litten im August und September 1914 dauernd unter der

schlechten Verbindung zwischen der O. H. L. und den Armee=Oberkommandos. Die Fernsprechtruppe war viel zu schwach und nicht hinreichend mit neuem Gerät ausgerüstet. Nur aus= nahmsweise gelang es beim A. O. K. 1, über die Leitung der Etappen= telegraphie eine Fernsprechverbindung mit der O. H. L. herzustellen. Bei dem schnellen Vormarsch war es nicht immer möglich, das A. O. K. recht= zeitig an die vorderste Station der Etappenleitung anzuschließen. Man konnte dann allenfalls versuchen, diese Station durch Kraftwagen zu er= reichen. Aber dann war wieder innerhalb des Etappenbereichs die Leitung zerstört oder riß gerade ab, oder die Verständigung war unmöglich, weil die Leitung zu flüchtig ausgebaut war.

Der Verkehr der 1. Armee fand daher während des Marnefeldzuges fast ausschließlich durch Funkspruch statt. Das A. O. K. 1 verfügte über zwei Stationen verschiedener Systeme, von denen die eine die Verbindung mit der O. H. L. unmittelbar, die andere aber nur durch Vermittlung des A. O. K. 2 herstellen konnte. In letzterem Falle entstanden erhebliche Verzögerungen. Aber auch bei unmittelbarer Verbindung mit der O. H. L. mußte oft stundenlang gewartet werden, ehe der Funkspruch abgehen konnte, weil die O. H. L. nur über eine Empfangsstation verfügte, auf der sich die Meldungen aller Armeen zusammendrängten. Gewitterstörungen, die an den heißen Tagen öfters vorkamen, unterbrachen den Verkehr. Störungen durch den Eiffelturm kamen hinzu. Manchmal mußte ein Funkspruch drei= bis viermal wiederholt werden, ehe er einwandfrei durch= gegeben war. Hierzu war dann noch die zum Entziffern erforderliche Zeit hinzuzurechnen. So ist es zu erklären, daß in entscheidenden Augenblicken wichtige Meldungen 24 Stunden brauchten. Eine Aussprache war aus= geschlossen.

Sehr erschwerend trat der Umstand hinzu, daß die O. H. L. gerade in den entscheidenden Tagen viel zu weit entfernt war. Lange, umgedruckte Direktiven, die uns mittels Kraftwagen von Koblenz oder von Luxemburg, wohin sich die O. H. L. am 30. August von Koblenz aus begab, ab und zu nach dem äußersten Heeresflügel überbracht wurden, waren bei der An= kunft vielfach überholt. Die vereinzelte Entsendung von Offizieren aus dem G. H. Qu. zu den Armeen konnte keinen Ersatz für die fehlende un= mittelbare Verständigung bieten.

Weder der Chef des Generalstabes des Feldheeres, noch der Chef der Operationsabteilung der O. H. L., noch der Generalquartiermeister sind während der ganzen Operation bis zum Ende der Marneschlacht jemals beim A. O. K. 1 gewesen. Es fehlte jede Aussprache. Man vergleiche damit in der weiteren Darstellung die rastlose persönliche Tätigkeit des Generals

Joffre. In den französischen und englischen Berichten findet man ihn jeden Augenblick erwähnt. Wo eine wichtige Entscheidung zu treffen ist, wo ein Einklang zwischen den Armeen hergestellt werden muß, ist er zur Stelle, hier treibend, dort zurückhaltend, überall aufklärend. Er ist von einer er= staunlichen Beweglichkeit, ohne daß die Stetigkeit der Führung leidet. Freilich setzt dies einen unter dem Generalissimus mit sicherer Hand wirkenden, mehr an das Hauptquartier gebundenen Chef des Stabes vor= aus, der die ruhig und stetig arbeitende Maschine des Stabes leitet und im Gange hält. Es gehören ferner dazu die tadellosen Eisenbahn= und Fern= sprechverbindungen, über die der französische Oberbefehlshaber dauernd verfügte.

Oberbefehlshaber war bei uns Seine Majestät der Kaiser, General= oberst v. Moltke war Chef des Generalstabes des Feldheeres, Chef der Operationsabteilung Oberstleutnant Tappen. Der Oberste Kriegsherr hielt sich in der Ausübung der Befehlsgewalt zurück und erteilte nur die wichtigsten Befehle. Der Chef des Generalstabes des Feldheeres war be= rechtigt, im Namen des Kaisers operative Befehle zu erlassen, befand sich somit mit einer gewissen Einschränkung tatsächlich in der Stellung eines Oberbefehlshabers. Um die nötige Freiheit der Bewegung, wie sie dem französischen Generalissimus eigen war, zu haben, hätte er einen mit der erforderlichen Autorität versehenen, die eigentlichen Aufgaben eines Chefs des Generalstabes erfüllenden und mit keinen anderen Aufgaben be= lasteten General unter sich haben müssen. Der Generalquartiermeister, wenn er auch als Stellvertreter des Chefs des Generalstabes des Feldheeres gedacht sein mochte, hatte doch auch wesentlich andere Aufgaben zu erfüllen. Es liegt mir fern, ein Urteil über Persönlichkeiten aussprechen zu wollen, die im Stabe der O. H. L. arbeiteten. Es handelt sich hier lediglich um eine Frage der Organisation.

Im Gegensatz zum französischen Oberbefehlshaber hatte der Chef des deutschen Generalstabes den Krieg von vornherein auf zwei, später sogar auf weiteren Fronten zu leiten. Die Lage des Großen Haupt= quartiers in Koblenz, Luxemburg, Mézières, Pleß und Spa ist da= durch beeinflußt worden. Es fragt sich, ob die O. H. L. 1914 nicht in Berlin hätte verbleiben und einen Oberbefehlshaber West ernennen sollen, wie es später einen Oberbefehlshaber Ost gab. Es hätte darin eine Entsagung gelegen. Im Westen sollte die Entscheidung fallen. Man wird es be= greifen, daß der Chef des Generalstabes hier die Leitung selbst über= nehmen wollte. Er zog es auch vor, nachdem die Entscheidung in der Marneschlacht vorläufig gefallen war, die Leitung der Operationen im Osten und Westen zunächst in der Hand zu behalten.

Wenn die O. H. L. im August und September 1914 in Koblenz und Luxemburg verblieb, so hätte sie wenigstens Nachrichtenoffiziere dauernd zu den einzelnen Armeen entsenden müssen. Es mußte ferner eine Zwischen-stelle als Meldesammel- und Befehlsübermittlungsstelle von ihr vor-geschoben und mit ihr gut verbunden werden. Von dort konnte man durch Kraftwagen die Verbindung mit den Armeen aufrechterhalten. Von Luxem-burg aus war es so, wie es versucht wurde, unmöglich, die Leitung der ein-zelnen Armeen fest in der Hand zu behalten.

Eine solche straffe Zügelführung war aber geboten. Dieser Notwendig-keit werden wir bei der Betrachtung der weiteren Operationen auf Schritt und Tritt begegnen. Graf Schlieffen hatte sie stets betont. Die Armeeführer müßten sich den Plan des Höchstkommandierenden zu eigen machen. Ein Ge-danke müsse das ganze Heer durchdringen. Er tadelte wohl bei den General-stabsreisen: es fehle am Exerziermäßigen, es müsse sein wie beim Bataillons-exerzieren. Insbesondere bei der großen, umfassenden Heeresbewegung durch Belgien und Nordfrankreich, meinte er öfters, müßten die Armeen ausgerichtet wie die Bataillone vorgehen. Daß dies ohne das Zwischenglied von Heeresgruppenkommandos nicht zu ermöglichen war, hatten wir nicht erkannt. Wir werden sehen, daß wir 1914 stark aus der Richtung kamen. Es war ganz gewiß kein Bataillonsexerzieren.

Der französische Generalstab kannte 1914 auch keine Heeresgruppen. Ihr Fehlen machte sich, wie die Darstellung ergeben wird, ebenso nachteilig bemerkbar, wie bei uns.

Spät abends kam ich am 17. August von Lüttich in Glons an. Dort vorliegende Zeitungsnachrichten sprachen von einem Vormarsch der Fran-zosen über Charleroi in Richtung auf Gemblour. Recht spät konnte erst der Armeebefehl für die Generalkommandos ausgegeben werden. Trotz aller guten Absichten kam es von nun an öfter so. Es war dies eine schwere Belastung der Truppe, die vom A. O. K. sehr bedauert wurde. Wir waren im Frieden im Generalstab dahin erzogen worden, sobald der Entschluß für den anderen Tag feststand, den unterstellten Kommandobehörden sofort durch Fernsprecher kurz das Nötigste über ihre Aufgabe mitzuteilen, so daß sie das Antreten der Truppen regeln konnten. Ein zusammenfassender Armee-befehl, der allerdings für durchaus nötig befunden wurde, sollte nach seiner Fertigstellung übersandt oder auch durch den Fernsprecher diktiert werden. Die Versammlung der Befehlsempfänger im Hauptquartier galt als ver-altet, ihr langes Warten auf die Befehlsausgabe als Fehler.

Wir gaben uns die größte Mühe, danach zu handeln. Aber es gelang bei der reißend fortschreitenden Bewegung der Armee und bei der ständig, oft mehrmals an einem Tage, wechselnden Lage nur zeitweise. Bereits am 17. August schrieb mir der Chef des Generalstabes des II. A. K. im Auftrage seines Kommandierenden Generals einen Brief, den ich hier wiedergebe:

„Die taktischen Befehle kamen bisher erst in den Nachtstunden an. Die so willkommene vorherige kurze Orientierung über die Absichten für den folgenden Tag ging in den letzten Tagen nicht mehr ein. Da bei der Lage nicht feststand, ob marschiert wurde oder nicht, war das einfache Mittel, frühmorgens zu einer bestimmten Stunde die Truppen zum Vor= marsch bereitzustellen, nicht anwendbar. Die Drahtverbindung des Ge= neralkommandos zum Armee=Oberkommando funktioniert nicht. Benzin fehlt unseren Kraftwagen, für die notwendige Ergänzung wurde vom Ober= kommando noch nichts angeordnet. Dieses Hilfsmittel kann somit nicht benutzt werden. Die frühzeitige Einholung der Befehle des Armee=Ober= kommandos kann somit von hier aus nicht bewirkt werden. Seine Ex= zellenz der Kommandierende Herr General bittet unter diesen Umständen um eine allgemeine, für den nächsten Zeitraum des bevorstehenden Kampfes gegen die belgische Armee gültige Anweisung, in deren Rahmen er den Absichten des Oberkommandos entsprechend handeln kann. Andern= falls ist die gesicherte Ausführung der Befehle der Armee zeitlich und räumlich nicht gewährleistet."

Daß die Erfüllung dieser Wünsche leider nicht immer möglich war, geht bereits aus der Schilderung der Begebenheiten im Verlaufe des 17. August hervor. Die Armee wurde plötzlich einem anderen A. O. K. unterstellt und mußte dessen Befehle einholen. Über die bevorstehenden Operationen gegen die Belgier bestanden Meinungsverschiedenheiten, die erst geklärt werden mußten. Bei meiner Ankunft in Glons hatte ich die Entscheidung des Oberbefehlshabers einzuholen, ehe der Armeebefehl ausgegeben werden konnte. Die Nachteile einer späten Befehlsausgabe mußten in den Kauf genommen werden. Mehrfach ersieht man in der Folgezeit aus den Akten der Armeekorps, daß sie die befohlenen Abmarschzeiten nicht einhalten konnten.

Am 20. August machten wir die unterstellten Generalkommandos darauf aufmerksam, daß bei dem schnellen Fortschreiten der Bewegung der Bedarf für den Betrieb der Nachrichtenmittel vielfach nicht rechtzeitig bis zu den Stäben herangebracht werden konnte. Die Verbindung mit Fernsprechern und Kraftwagen habe daher in den letzten Tagen häufig versagt, zumal die Einwohner die hergestellten Verbindungen fortdauernd zerstörten. Wir mußten daher zu dem alten Mittel greifen und täglich zu einer bestimmten Zeit von jedem Generalkommando einen Befehls= empfänger bestellen, der über die Lage des betreffenden Armeekorps genau unterrichtet sein mußte und die letzten Nachrichten vom Feinde mitbrachte. Ein kurzer Vorbefehl sollte außerdem gegeben werden, wenn eine Leitung vorhanden war.

Der 18. August.
Beginn des allgemeinen Vormarsches. Vorgehen gegen die Belgier.

Am 18. begann nach dem Befehle der O. H. L. der a l l g e m e i n e V o r m a r s ch der Hauptkräfte des deutschen Heeres.

Die 1. A r m e e ging an diesem Tage zum Angriff gegen den in Linie Diest—Tirlemont—Jodoigne gemeldeten Feind vor, die Korps in zwei Kolonnen. Das II. A. K. versuchte den Feind über Beeringen zu umfassen, der Marsch war sehr weit und anstrengend. Rechtzeitig wich der Feind dem Angriff aus, nur bei Diest und Tirlemont leistet er hart= näckigen Widerstand. Er ging über Rillaer (östlich Aerschot) und Winghe St. Georges sowie westlich Tirlemont zurück. Die 1. Armee folgte in der allgemeinen Richtung auf Löwen bis in die Linie Herffelt—Tirlemont. Die 2. Kavalleriedivision, die der 1. Armee unterstellt wurde, sollte über Beerle gegen die feindlichen Rückzugsstraßen vorgehen. Das A. H. Qu. wurde nach Stevoort (westlich Hasselt) verlegt.

D i e 2. A r m e e gelangte durch einen starken Marsch in die Gegend östlich Jodoigne bis Opheyliffem—Wansin—Wasseiges, A. H. Qu. Mar= linne (südöstlich St. Trond). Der linke Flügel (Garde= und Garde=Reserve= korps) deckten gegen Namur.

D i e 3. A r m e e erreichte den oberen Durthe bei Barvaur—La= roche—Erneuville, A. H. Qu.: Vielsalm.

Das rechte Flügelkorps d e r 4. A r m e e gelangte bis Wiltz.

D i e 5. A r m e e marschierte mit dem rechten Flügel auf Arlon, während der linke Anschluß an den Drehpunkt Diedenhofen hielt.

Der 19. und 20. August.
Die Belgier weichen vor der 1. Armee auf Antwerpen aus. Vorbereitung des Angriffs der 2. und 3. Armee gegen die Franzosen bei Namur.

D i e 1. A r m e e setzte ihren Vormarsch am 19. bis westlich Louvain, am 20. bis in die Linie westlich Brüssel—Waterloo fort. Der rechte Flügel, das II. A. K., konnte nach den starken Anstrengungen, die ihm der Um= gehungsversuch in schwierigem Gelände auferlegt hatte, nicht mitkommen, sondern gelangte nur bis Vilvorde (nordöstlich Brüssel).

Das A. H. Qu. wurde am 19. nach Louvain verlegt, wo es bis zum 21. einschließlich verblieb. Das A. O. K. war am 19. zu früh morgens auf= gebrochen, ehe die Truppen weit genug vormarschiert waren und unseren Weg gesichert hatten. Es ist dies nicht empfehlenswert, wir wurden durch

Schaden belehrt. Von Stevoort wollten wir über Diest nach Louvain fahren, gerieten aber auf dem Wege Diest—Winghe St. Georges vor eine offenbar besetzte Sperre. Der Stab entwickelte sich zum Fußgefecht, und unter diesem Schutz wurde die lange Kraftwagenkolonne zurückgezogen. Wir mußten einen weiten Umweg über St. Trond—Tirlemont machen. Als wir unter= wegs kurze Zeit Halt machten und uns im Freien zur Arbeit einrichteten, fielen Schüsse dicht in der Nähe, Einwohner schossen auf unsere Husaren. Man konnte damals nur mit dem Karabiner oder Revolver in der Hand fahren und gehen, nirgendwo war man vor den tückischen Überfällen der Einwohner sicher, an denen sich selbst die Weiber beteiligten. Aus jedem Busch, aus jedem Hause konnte plötzlich ein Schuß fallen. Daß die Truppe sich hiergegen sichern und scharfe Gegenmaßnahmen ergreifen mußte, liegt auf der Hand. Die Tatsache ist so offenkundig, daß man über die Dreistigkeit unserer Gegner staunen muß, die sie einfach ableugnen. General Mangin z. B. bestreitet in seinem Aufsatz „Comment finit la guerre" („Revue des deux mondes", Aprilheft und ff. 1920) ohne weiteres die Organisation eines bewaffneten Widerstandes der belgischen Einwohner. Wir seien daher für alle Grausamkeiten, die bei den Gegenmaßnahmen vorgekommen seien, allein verantwortlich.

In Louvain bot sich mir ein Anblick, der mich noch jetzt in der Er= innerung mit Freude und Stolz erfüllt. Ich sah dem Durchmarsch des IV. A. K. zu. Vor dem an einer Straßenecke haltenden, allgemein ver= ehrten Kommandierenden General, Sixt von Armin, marschierten die Truppen nach angestrengtem Marsch in einer glänzenden Haltung vorbei. Man mußte die Truppe bewundern, mit ihr mußte man siegen. So dachten wir alle.

Der Gegner war weiter ausgewichen und hatte auch die Dyle nach leichten Gefechten geräumt. Am 20. abends war es klar, daß die B e l g i e r a u f A n t w e r p e n z u r ü c k g e g a n g e n waren. Es war uns nicht gelungen, sie abzudrängen. Eine ausgezeichnete Fliegermeldung vom 20. August vormittags besagte, daß alle Straßen im Raume Louvain— Brüssel—Aloft—Termonde—Antwerpen vom Feinde frei seien, nur eine von Wolverthem nach Norden marschierende Kolonne sei noch festgestellt worden. Bei Termonde schien eine Division zu stehen. Nach einer weiteren Fliegermeldung vom 20. waren die Straßen in Gegend Brüssel— Aloft—Gent—Oftende völlig leer. Auf der Bahn Bilvorde—Malines (Bahn Brüssel—Antwerpen) fand starker Zugverkehr in nördlicher Richtung statt.

Nun aber gingen die ersten Nachrichten über den bevorstehenden A n m a r s c h d e r E n g l ä n d e r ein. Presseangaben machten es wahr=

scheinlich), daß die Landung des englischen Expeditionskorps am 18. in fran=
zösischen Häfen beendet worden sei. Über seine Anmarschrichtung war
nichts bekannt, doch schien es noch in einiger Entfernung zu sein. Auffallend
war, daß nach beschlagnahmten Briefen der Feldpost einer belgischen Di=
vision das Eingreifen der Engländer auf dem linken Flügel der Belgier
erwartet wurde.

Am 20. teilte aus Aachen der dortige Regierungspräsident durch
Fernspruch mit, er habe soeben „von anscheinend zuverlässiger Seite" er=
fahren, daß vorgestern die Engländer in Frankreich gelandet seien,
um in Belgien einzurücken. Der König und die Königin von Belgien
seien in Antwerpen, dort befänden sich anscheinend größere Truppen=
massen. In bezug auf die Franzosen war hinzugesetzt, daß eine fran=
zösische Armee zwischen Namur und Dinant stehe. Die Nachricht war auf=
fallend richtig.

Die der Armee zugewiesene 2. K a v a l l e r i e d i v i s i o n war am
19. noch hinter dem rechten Flügel und an diesem Tage, bereits unter
Hafermangel leidend, bis Aerschot gelangt. Erst am 20. gelang es ihr
bei Wolverthem auf den rechten Flügel zu kommen. Es wird sich aus der
weiteren Darstellung ergeben, daß ein Wechsel in der Unterstellung der
Heereskavallerie meist zu veränderter Verwendung und zu einem Hin=
und Herschieben führt, das ihre Leistung sehr beeinträchtigt. Der Division
wurde die Aufgabe gestellt, zwischen Antwerpen und Brüssel vorgehend,
den Anmarsch der Engländer festzustellen.

D i e 2. A r m e e erreichte am 19. zwischen Wawre und Namur die
Linie Sart Risbart—Perwez—Mehaigne. Der Angriff auf Namur wurde
dem General von Gallwitz übertragen, dem dazu auffallend starke Angriffs=
truppen, das Garde=Reservekorps von der 2. und das XI. A. K. von der
3. Armee unterstellt wurden. In der Gegend nördlich Charleroi wurden
Teile der 1., 3. und 5. französischen Kavalleriedivision festgestellt (K. K.
Sordet).

Am 20. setzte die 2. Armee die Linksschwenkung um Namur fort.
H. K. K. 2 erreichte die Gegend von Marbais (südöstlich Nivelles). Im
A. H. Qu. Jodoigne ging am Abend des 20. August folgender B e f e h l
d e r O. H. L. ein:

„Seine Majestät befehlen: 1. und 2. Armee haben in der am
20. August erreichten Linie aufzuschließen unter Sicherung gegen Ant=
werpen. Angriff gegen Namur ist sobald wie möglich zu beginnen. Den
b e v o r s t e h e n d e n A n g r i f f g e g e n d e n w e s t l i c h N a m u r
b e f i n d l i c h e n F e i n d in Übereinstimmung zu bringen mit dem An=
griff der 3. Armee gegen die Maaslinie Namur—Givet, muß den Verein=

barungen beider Armee-Oberkommandos überlaffen bleiben. Bei den
weiteren Operationen des rechten Flügels ift Verwendung ftarker Ka=
vallerie weftlich der Maas erforderlich. H. K. K. 1 hat daher nach Mit=
teilung an 3. und 4. Armee die Front diefer Armeen freizumachen und die
Bewegung nördlich Namur herum einzuleiten. Mit Eintreffen auf dem
nördlichen Maasufer wird H. K. K. 1 dem Oberbefehlshaber der 2. Armee
unterftellt. H. K. K. 1 wird von der 3. Armee benachrichtigt.

von Moltke."

A. O. K. 2 wies daraufhin H. K. K. 2 an, alle drei Divifionen, alfo auch
die bisher der 1. Armee zugeteilte 2. Divifion, wieder unter feinem Befehl
zu vereinigen und fich über Ath vor den rechten Flügel der 1. Armee zu
fetzen, um auf Thourout—Lille—Condé aufzuklären. Er erreichte am
22. die Gegend von Ath.

H. K. K. 1 mußte öftlich und nördlich um Namur herummarfchieren,
um die Gegend von Nivelles zu erreichen und auf Condé—Maubeuge—
Philippeville aufzuklären.

So traten bald nach Beginn der Bewegungen ftarke Anforderungen
an die Heereskavallerie heran.

Die 3. Armee war am 18. in der allgemeinen Richtung auf Dinant
angetreten und hatte fich am 20. mit Vortruppen in der Linie Spontin—
Ciergnon der Maas genähert. Auch hier war man zu der Anficht ge=
kommen, daß weftlich der Maaslinie Namur—Givet und füdlich der Sambre
in Gegend von Charleroi nicht nur das I. und II. franzöfifche A. K., fondern
wohl eine Armee ftehe. Die 3. Armee ftieß fomit im weiteren Vorgehen
auf den an fich fehr ftarken und mit beträchtlichen Kräften befetzten Maas=
Abfchnitt. Nach Abgabe des XI. A. K. war fie in vorderer Linie nur noch
zwei Korps (XII. und XIX.) ftark, denen in zweiter Linie das XII. R. K.
mit dem Korps-H. Qu. am 20. bis Crezée folgte. A. H. Qu. Marche.

Die 4. Armee erreichte am 19. Baftogne—Fauvillers—Arlon,
am 20. Amberloup—Léglife—Ste. Marie.

Die 5. Armee fetzte den Vormarfch in Richtung auf Longwy fort.

Auffaffung der Lage bei der 1. Armee am 20. abends.

Nach den bisherigen Anweifungen des Generaloberft von Bülow hatten
die 1. und 2. Armee in die Linie Ninove—Gembloux einfchwenken follen.
Nach meinen Aufzeichnungen faßte das A. O. K. 1 die Lage am 20. fol=
gendermaßen auf:

Belgier, Franzofen und Engländer handelten offenbar nach einem
vereinbarten Plan. Die Belgier hatten auf franzöfifche und englifche

3*

Unterstützung gewartet und waren vor unserem Angriff hinter Gette und Dyle zunächst in westlicher Richtung, etwa auf Brüssel, ausgewichen. Den Anmarsch der Franzosen hatten sie anscheinend auf ihrem rechten Flügel aus der Richtung Charleroi—Gembloux, das Eingreifen der Engländer vielleicht von Alost her auf ihrem linken Flügel erwartet. Nach dem Ab= marsch hinter die Dyle hätte die Fortsetzung des Rückzuges in westlicher Richtung den Verlust der Verbindung mit Antwerpen bedeutet. Die Belgier mußten sich daher entschließen, auf Antwerpen zurückzugehen. Unser schneller Vormarsch hatte die Vereinigung unserer Gegner verhindert.

Die Engländer hatten anscheinend am 18. bereits die Landung beendet und waren zur Zeit im Antransport mit der Eisenbahn begriffen. Aber wohin? Wir nahmen die Landung und den Vormarsch der Engländer weiter nördlich an, als tatsächlich der Fall war. Wenn unser rechter Flügel bis Ninove vorging, stand er zu weit vorwärts und konnte von den Eng= ländern flankiert werden.

Das A. O. K. 1 hielt es daher für besser, am 21. nur einen kurzen Marsch vorwärts zu machen und sich rechts und links stark zu staffeln, um für alle Aufgaben bereit zu sein. Es empfahl sich, die Armee nicht schon in einer bestimmten Richtung festzulegen. Vor allem durfte nicht zu früh links geschwenkt werden. Wir mußten in der Lage bleiben, weit genug aus= zuholen. Die befohlene Schwenkung konnte erst fortgesetzt werden, wenn erkannt war, daß der englische Anmarsch uns nicht flankierte. Die Eng= länder sollten unter Umfassung ihres linken Flügels angegriffen, auf die Franzosen geworfen und von den Häfen abgedrängt werden. Dieser Ge= danke wurde schon jetzt als bestimmend für die weiteren Operationen fest= gelegt. Gelang diese Absicht, so wurde dadurch zugleich auch in wirksamster Weise die Umfassung des französischen linken Flügels eingeleitet.

Unsere beiden Reservekorps waren nach Anweisung des General= obersten von Bülow für eine Verwendung gegen Antwerpen bereitzuhalten. Schon drohte eine beträchtliche Absplitterung der Kräfte für Nebenauf= gaben, für die rückwärts folgende Truppen zweiter Linie hätten verfügbar sein müssen. Es entstanden Bedenken, ob unsere Kräfte auf dem rechten Heeresflügel zu der weit ausholenden Umgehung, wie sie der Graf Schlieffen geplant hatte, ausreichen würden, während der linke Flügel der Haupt= kräfte, die 5. Armee, die Verbindung mit Diedenhofen festhalten mußte. Wir nahmen jedoch an, daß bald eine Staffel hinter unserem rechten Flügel folgen würde.

Am 20. August wurden die gegen ein Vorschieben unseres rechten Flügels nach Ninove bestehenden Bedenken gegenüber dem vom A. O. K. 2 zu uns geschickten Hauptmann Brinckmann zur Geltung gebracht. Nach=

mittags traf auch der Oberquartiermeifter der 2. Armee, General Ludendorff, in Louvain ein, der der Anficht des A. O. K. 1 beitrat.

So ift der Befehl zu verftehen, den Generaloberft von Kluck für den 21. erteilte: „Um für ihre weiteren Aufgaben bereit zu fein, macht die 1. Armee am 21. einen kurzen Marfch vorwärts, unter Deckung gegen Ant=werpen." Der Befehl entfprach den am 20. abends beim A. O. K. 2 ein=gehenden Weifungen der O. H. L.

Der 21. Auguft. Nachrichten vom Feind. Abfichten des Generaloberften v. Bülow für den Angriff gegen den Feind bei Namur. Vereinbarungen zwifchen 2. und 3. Armee.

D i e 1. A r m e e marfchierte am 21. Auguft in die Linie Caftre—Hal—Braine le Château, während der rechte Flügel (II. A. K.) nur bis Ganshoren (dicht nordweftlich Brüffel) gelangte, alfo ftark geftaffelt war. Unfere Abficht der Staffelung ftimmte mit dem Wunfche des Komman=dierenden Generals des II. A. K. überein, der gebeten hatte, nach den ftarken Marfchleiftungen der letzten Tage nicht mehr als 15 km zurücklegen zu dürfen. Das III. R. K. deckte in Gegend füdlich Aerfchot—Werchter (nordöftlich Brüffel) gegen Antwerpen, das IV. R. K. kam bis Louvain. Die 2. Kavalleriedivifion hatte in Richtung auf Aloft die Engländer auf=fuchen follen, trat aber, wie erwähnt, aus unferem Befehlsbereich.

Am 21. abends traf von der O. H. L. durch Fernfpruch über das Gou=vernement Lüttich eine Zufammenftellung der in Koblenz am 20. vor=liegenden N a c h r i c h t e n   ü b e r   u n f e r e   G e g n e r ein.

Danach wurden an der Maas zwifchen Namur und Givet das I. und II., vielleicht auch das X. franzöfifche Armeekorps angenommen. Südlich der Sambre, zwifchen Namur und Maubeuge, feien feindliche Kräfte im Anmarfch begriffen, davon heute (alfo am 20.) ein, höchftens zwei Korps in der Nähe der Sambre. Weftlich der Linie Charleroi—Fumay feien etwa drei Armeekorps im Anmarfch nach Norden, darunter wahrfcheinlich Refervedivifionen. Sie hätten die Linie Philippeville—Avesnes vorausfichtlich am 20. noch nicht erreicht.

Vor der Mitte unferes Heeres fchienen zwifchen Fumay und Charle=ville gar keine oder nur fchwache Kräfte zu ftehen. Von Charleville bis Verdun ftanden nach Anficht der O. H. L. etwa vier Armeekorps, hinter denen vielleicht vier Refervedivifionen herangezogen wurden.

In bezug auf die E n g l ä n d e r war gefagt, daß mit ihrer Landung bei Boulogne und ihrer Verwendung aus Richtung Lille gerechnet werden müffe. „Es befteht hier jedoch die Anficht, daß L a n d u n g e n in größerem Umfang n o c h   n i c h t   e r f o l g t   s i n d."

Die Angaben über die Franzosen stimmten mit unserer Annahme einer starken, z w i s c h e n M a a s u n d S a m b r e a n m a r s c h i e r e n = d e n f r a n z ö s i s c h e n A r m e e überein. Es entsprach dies auch der Wirklichkeit, während, wie wir später sehen werden, zwischen der Gegend nördlich Verdun und Charleville sich zwei französische Armeen bereitstellten, um am 21. aus der Linie Longwy—Mézières zum Angriff auf Arlon, Neufchâteau und westlich vorzugehen. (Skizze 1 und 2, S. 43 und 53.)

Dagegen waren wir in bezug auf die Engländer durchaus anderer Meinung. Nach einem zu unserer Kenntnis gekommenen Leitartikel des Militärschriftstellers Repington in den „Times" vom 20. August war die englische Armee bereits auf französischem Boden gelandet. Die Armee müsse sich aber instand setzen und die Trains ordnen, um den Vormarsch sodann anzutreten. Im Zusammenhang mit den übrigen vorliegenden Nachrichten r e c h n e t e n w i r i n d e n n ä c h s t e n T a g e n m i t d e m A u f t r e t e n d e r E n g l ä n d e r.

Flieger meldeten am 21. das Gelände bis Gent—Audenarde—Tournai frei. H. K. K. 2 meldete am 21. abends: „Gelände bis Grammont—Ath— St. Ghislain bisher frei. Morgen Vereinigung zwischen Ath und Renaix."

Abends erreichte uns noch ein Funkspruch: „In Lothringen 6. Armee großer Sieg. Tausende von Gefangenen."

Nach meinen Aufzeichnungen vom 21. wurde die Lage bei A. O. K. 1 folgendermaßen aufgefaßt:

Die 2. Armee beginnt mit dem linken Flügel den Angriff auf Namur und bereitet ihre Schwenkung nach Süden vor, um der 3. Armee den Übergang über die Maas zu öffnen. Die Engländer sind sicher gelandet, aber nicht aus der Richtung Gent—Courtrai—Audenarde zu erwarten. Eine Gefahr für unsere rechte Flanke besteht nicht mehr. Nach dem Rückzug der Belgier nach Antwerpen ist nicht anzunehmen, daß die Engländer in einer, von dem linken französischen Flügel so weit abliegenden Richtung vorgehen werden. Sie werden weiter südlich, mehr im Anschluß an die Franzosen, zu erwarten sein. Jetzt können wir in der angegebenen Richtung mit dem rechten Flügel über Ninove und morgen etwa auf Ath vorgehen, um den Zusammenhang mit der 2. Armee zu wahren, bereit, nötigenfalls nach Süden einzuschwenken, also links gestaffelt.

D i e 2. A r m e e schloß am 21. August auf und bereitete die Schwen= kung nach Süden vor, indem der linke Flügel bereits die Front dorthin nahm. Es erreichten an diesem Tage das VII. A. K. Nivelles, dahinter das VII. R. K., das X. R. K. Frasnes les Gosselies (nördlich Charleroi), das X. A. K. die Sambre bei Pont de Loup und Tamines, das Gardekorps bei Auvelais und Jemeppe. Der Gegner war über die Sambre zurückgewichen,

die genannten Übergänge wurden vom X. und Gardekorps in Besitz ge=
nommen.

Generaloberst v. Bülow wollte zuvor mit der 1. und 2. Armee
die Schwenkung in südlicher Richtung fortsetzen, um dann
erst möglichst einheitlich, auch mit der 3. Armee, den
„Schlag gegen die südlich der Sambre und westlich
der Maas gemeldeten feindlichen Kräfte auszu=
führen".

Beim A. O. K. 1 entstanden Bedenken gegen eine unmittelbar südliche
Richtung der 1. Armee. Ein solches Einschwenken des rechten Heeresflügels
konnte den großen Plan der Umfassung gefährden. Nach der Ansicht des
Grafen Schlieffen mußte die Bewegung durch Belgien und Nordfrankreich
so weit ausholen, daß nicht nur die erste Aufstellung der Franzosen, sondern
jede weitere Stellung, sei es hinter der Aisne und Somme, sei es hinter
der Oise oder der Seine, umfaßt wurde.

Die O. H. L. hatte die Ausführung des Angriffes gegen die Franzosen,
die in dem Winkel zwischen Sambre und Maas sich befanden (es handelte
sich tatsächlich um die 5. französische Armee des Generals Lanrezac), der
gegenseitigen Verständigung der 2. und 3. Armee überlassen.
Erfahrungsmäßig kommen solche Verständigungen meist nur unvoll=
kommen und mit Zeitverlust zustande. Jede Armee hat ihre eigenen Inter=
essen und ihre eigene Auffassung der Lage. Sie können restlos nur durch
höheren Befehl in Einklang gebracht werden.

Dies zeigte sich auch hier. Nach Eintreffen des erwähnten Befehls
der O. H. L. am 20. sandte Generaloberst Frhr. v. Hausen einen General=
stabsoffizier zur 2. Armee. Nach Abgabe des XI. A. K. zum Angriff auf
Namur verfügte er nur über zwei Armeekorps in vorderer Linie und
mußte daher das XII. R. K. aus der zweiten Linie in die erste vorziehen,
ehe er zum Angriff gegen den besetzten, starken Maasabschnitt vorging.
Frühestens am 21. abends war daher nach seiner Ansicht die planmäßige
Feuereröffnung möglich. Auf dieser Grundlage gelangte man erst am 21.
zu einer Einigung dahin, daß die 2. Armee am 23. früh den Angriff, mit
dem linken Flügel über Jemeppe auf Mettet, beginnen sollte.—

Am 21. erreichte die 3. Armee die Linie Spontin—Furfooz—
Ciergnon, das XII. R. K. noch hinter dem rechten Flügel.

Wir werden später sehen, daß die Vereinbarung zwischen der 2. und
3. Armee nicht eingehalten werden konnte. Es kann keinem Zweifel
unterliegen, daß am 21. eine feste Hand auf dem rechten Heeresflügel ein=
greifen mußte. Die Zügel der O. H. L. wurden bereits locker. Es war aus=
geschlossen, von Koblenz aus das taktische Zusammenwirken der 2. und

3. Armee beim Angriff über die Sambre und Maas und die Mitwirkung der 1. Armee hierbei im einzelnen zu regeln. Nur das Oberkommando einer Heeresgruppe war dazu imstande. Sache der O. H. L. wäre dann nur gewesen, die leitenden Gesichtspunkte für den Fortgang der großen Operation zu geben und den Zusammenhang mit den Bewegungen des gesamten Heeres zu wahren.

Stieß die 2. Armee westlich Namur in der Gegend von Charleroi über die Sambre nach Süden vor, während die 3. Armee bei Dinant in west=lichter Richtung die Maas überschritt, so konnten leicht beide Armeen in dem Winkel zwischen Sambre und Maas sich zusammendrängen. Ein zu dichtes Heranhalten und Einschwenken der 1. Armee nach Süden war ebenfalls unerwünscht. Es handelte sich nicht allein um einen „einheitlichen Schlag" gegen die 5. französische Armee, sondern auch darum, diese Armee einzu=treisen und die anmarschierenden Engländer zu umfassen. Wie ungünstig für die Fortführung der Operationen ein zu enges Zusammenziehen der Armeen ist, hatte schon Prinz Friedrich Karl 1866 bei Münchengrätz er=fahren. Die Maßnahmen der 3. Armee erscheinen etwas umständlich, waren aber mit Rücksicht auf die schwierige Aufgabe des Maasübergangs bei Dinant doch wohl gerechtfertigt. Der Armee hätte daher von vorn=herein die Richtung auf Givet statt auf Dinant angewiesen werden müssen, um dem Gegner in Flanke und Rücken zu gehen, während die 2. Armee gegen die Sambre einschwenkte, um ihn frontal anzugreifen. Die 1. Armee mußte weit genug ausholen, um auf alle Fälle den äußersten feindlichen Flügel umfassen zu können.

Freilich war die O. H. L. der Ansicht, daß vorläufig noch nicht mit den Engländern gerechnet zu werden brauchte. Der Schleier sollte bald ge=lüftet werden.

D i e 4. A r m e e gelangte am 21. August bis Resteigne—Libin Bas—Ste. Marie.

D i e 5. A r m e e erreichte die Linie Etalle—Chatillon—Arsweiler.

Die Operationen der Belgier bis zum Rückzug nach Antwerpen.

Über die Vorgänge auf seiten der Belgier während der bisher ge=schilderten deutschen Operationen sind wir durch den amtlichen belgischen Bericht unterrichtet. („L'action de l'armée belge. Rapport du comman-dement de l'armée.")

Hiernach wurden Anfang August von den sechs belgischen Divisionen vier angeblich nach den bedrohten Richtungen vorgeschoben, eine nach Flandern gegen England, eine nach Lüttich gegen Deutschland, zwei gegen einen französischen Angriff auf Namur und aus der Richtung von Mau=

beuge—Lille. Jede dieser Divisionen hatte die Aufgabe, den ersten Wider=
stand zu leisten, bis die fünf anderen Divisionen Zeit hatten, heranzu=
kommen. Ob diese Aufstellung nach allen Fronten wirklich zustande ge=
kommen ist und ob sie ernst gemeint war, muß bezweifelt werden. Es sollte
wohl nur der Schein gewahrt werden. Die vielen Verhandlungen, die
zwischen Frankreich, England und Belgien vor dem Kriege geführt worden
waren, bezweckten alle nur ein gemeinschaftliches Vorgehen gegen die
Deutschen.

Nachdem in der Nacht 3./4. August die Gewißheit erlangt war, daß
die Deutschen in Belgien einmarschierten, wurde die 3. Division bei Lüttich
beauftragt, dem allgemeinen Plan entsprechend zu verfahren, während
im Laufe des 4. und 5. August die 1. nach Tirlemont, die 5. von Mons
nach Perwez, die 6. von Brüssel nach Wawre, die 2. von Antwerpen nach
Louvain herangezogen wurden. Die 4. Division in Namur verblieb dort.
Die um Gemblour versammelte Kavalleriedivision ging auf Waremme vor.

Am 6. August stand die Armee mit vier Divisionen an und hinter der
Gette, mit je einer Division in Lüttich und Namur, im ganzen rund
117 000 Mann stark, bereit. Der Operationsplan schrieb der Armee vor,
den Feind in guten Stellungen aufzuhalten. Die Armee sei als Vorhut
der französischen und englischen Armeen zu betrachten. Die Vereinigung
mit diesen sei daher abzuwarten. Wenn diese Vereinigung aber vor Ein=
treffen der feindlichen Massen noch nicht möglich gewesen sei, dürfe die
Armee sich nicht einer Niederlage aussetzen, sondern müsse einem verein=
zelten Kampfe ausweichen. Dabei sei aber die demnächstige Vereinigung
mit den Franzosen und Engländern zum Zwecke einer gemeinschaftlichen
Operation im Auge zu behalten.

Nachdem der Angriff auf Lüttich begonnen hatte, wurde die 3. Di=
vision von dort ebenfalls hinter die Gette zurückgezogen, so daß fünf Divi=
sionen im Raume Tirlemont—Louvain—Wawre—Perwez versammelt
standen, eine Division in Namur verblieb. Die Gette wird als die natür=
liche Verteidigungslinie bezeichnet, die sich links an den Démer anlehnte
und nach rechts ihre Verlängerung in der Maaslinie Namur—Givet fand.
Hier sollte „abgewartet werden, bis die Streitkräfte der garantierenden
Mächte den Zwischenraum zwischen der Gette und Namur sowie die Maas
oberhalb Namur besetzten, falls sie zur Zeit kämen". Gleichzeitig konnte so
die Verbindung mit der Operationsbasis Antwerpen aufrechterhalten
werden, von der sich die Armee unter keinen Umständen abdrängen lassen
durfte.

Die Armee stellte sich in der Linie Jodoigne—Tirlemont auf, drei Di=
visionen in erster Linie, zwei dahinter bei und südlich Louvain. Die Ka=

valleriedivision ging von Waremme auf St. Trond, dann auf den linken Flügel in Linie Tirlemont—Diest zurück. Eine gemischte Brigade sicherte Huy.

Am 18. August wurde die ganze Front angegriffen, die Kavallerie= division auf dem linken Flügel mußte von Diest auf Winghe St. Georges zurückgehen, Tirlemont und Gegend wurde unter schweren Verlusten ge= räumt. Die Lage wurde kritisch. Die umfassende Bewegung der Deutschen über Diest auf Aerschot drohte die Belgier von Antwerpen abzuschneiden. Bei Huy und unterhalb gingen immer neue deutsche Massen vor. Die Franzosen waren noch weit entfernt: ein Armeekorps hatte die Maas= übergänge von Namur bis Hastière besetzt, ein anderes die Sambre in der Mitte zwischen Namur und Charleroi, während drei weitere erst am 19. die Gegend von Philippeville erreichen sollten. Es war aber bekannt, daß eine deutsche Armee hiergegen am 17. auf Dinant vorging. Ebensowenig konnten die Engländer rechtzeitig zur Stelle sein.

Unter diesen Umständen war ein Verbleiben in der eingenommenen Stellung, um eine gemeinschaftliche Operation mit den Verbündeten durch= zuführen, nicht mehr möglich. Am 19. wären die Belgier in Front und Flanke mit bedeutender Überlegenheit angegriffen worden. Der Rückzug in nordwestlicher Richtung wurde daher am 18. nachmittags beschlossen. Am 19. stand die Armee hinter der Dyle beiderseits Louvain, setzte aber mit Rücksicht auf die über Aerschot drohende Umfassung den Rückzug auf Antwerpen fort, wo sie am 20. eintraf. Sie sah nunmehr ihre neue Aufgabe darin, die Alliierten dadurch zu unterstützen, daß sie starke deutsche Kräfte fesselte. In Namur war zunächst die 4. Division verblieben, die Brigade von Huy war dorthin herangezogen worden. Nachdem am 21. der Angriff auf Namur begonnen hatte, wurde am 23. die Division herauszogen, sie erreichte über Mariembourg auf einem großen Umweg in zwölf Tagen Antwerpen.

Der 22. August.
Auftreten der Engländer vor der 1. Armee.

Auf Grund der dargelegten Auffassung der Lage war der Ober= befehlshaber der 1. Armee entschlossen, am 22. den Marsch in südwestlicher Richtung, mit dem linken Flügel westlich an Maubeuge vorbei, fortzusetzen, als am 21. folgender Befehl des Generalobersten von Bülow eintraf:

Vieux Sart, 21. 8. 14.

„Die 2. Armee geht 22. 8. bis in Linie Binche—Jemeppe vor, um am 23. 8. durch Vorgehen über die Sambre der 3. Armee den Übergang über die Maas zu öffnen.

Die 1. Armee hat sich unter Sicherung gegen Antwerpen und Besetzt=
haltung von Brüssel dieser Bewegung soweit anzuschließen, daß sie gege=
benenfalls u n t e r   A b s c h l i e ß u n g   d e r   N o r d =   u n d   N o r d o s t =

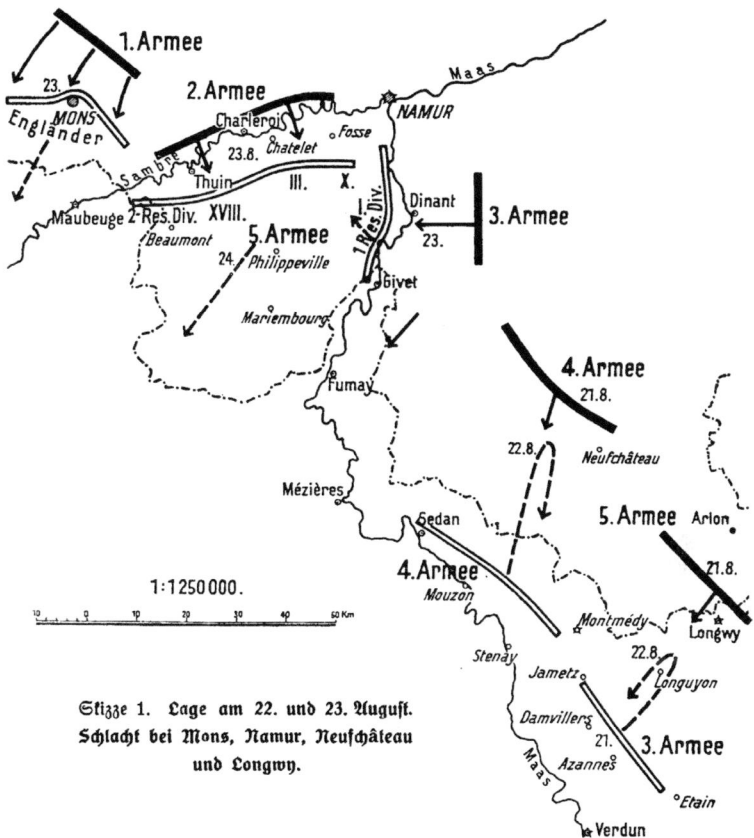

Stizze 1. Lage am 22. und 23. August.
Schlacht bei Mons, Namur, Neufchâteau
und Longwy.

f r o n t   v o n   M a u b e u g e   westlich dieser Festung   z u r   U n t e r =
s t ü t z u n g   d e r   2.   A r m e e   e i n g r e i f e n   kann."
	Das A. O. K. 1 schickte den Hauptmann v. Brauchitsch mit schriftlicher
Anweisung nach Vieux Sart, um seine abweichende Ansicht zur Geltung zu
bringen. Es wurde betont, daß noch immer die Richtung des englischen

Anmarsches nicht feststehe. Die Armee habe ihre Marschziele derart ge=
wählt, daß sie in der Lage sei, nach Süden, Westen oder auch Nordwesten
Front zu machen. Sie wolle den Zusammenhang wahren, aber zunächst
Spielraum behalten und verhindern, daß beim weiteren Vorgehen die 1.,
2. und 3. Armee sich zusammendrängten. Die anbefohlene Schwenkung er=
fordere zudem äußerst starke Marschleistungen von dem ohnedies schon
sehr in Anspruch genommenen rechten Flügel der 1. Armee.

Der Chef des Generalstabes der 2. Armee, Generalleutnant von Lauen=
stein, blieb aber dabei, daß die 1. Armee die Front mehr nach Süden
nehmen müsse, um Maubeuge abzuschließen und die 2. Armee unterstützen
zu können. Das Ergebnis der Verhandlung wurde zum Schluß dahin zu=
sammengefaßt: „Unter Abschließung von Maubeuge den
Angriff der 2. Armee unterstützen, daher näher
herankommen.“

So mußte Generaloberst v. Kluck für den 22. befehlen: „Die 1. Armee
biegt links ab zur Unterstützung der 2. Armee.“ Die Armee marschierte
am 22. mit dem IV., III. und IX. A. K. bis in die allgemeine Linie Silly—
Soignies—Mignault. Das II. A. K. auf dem rechten Flügel hing stark
ab und kam nur bis Ninove. Das III. R. K. ging beiderseits des Dyle=
Kanals Louvain—Malines in Stellung zur Sicherung gegen Antwerpen,
K. H. Qu.: Thildonck (nördlich Louvain). Das IV. R. K. erreichte Brüssel,
wo nur zwei Bataillone als Besatzung zurückgelassen wurden. Es war
dies ein Wagnis, aber wir wollten die Kräfte der Armee nach Möglichkeit
zusammenhalten, nachdem schon ein Korps gegen Antwerpen abgeschwenkt
war. Die Marschleistungen der Truppe waren bedeutend, an einen Ruhetag
konnte nicht gedacht werden. H. K. K. 2 vereinigte seine Divisionen in
Gegend von Ath.

Das A. O. K. 1 begab sich am 22. mittags über Brüssel nach Hal. Es
war für uns ein denkwürdiger Augenblick, als wir auf dem herrlichen, mit
so vielen geschichtlichen Erinnerungen verknüpften Marktplatz von Brüssel
hielten, um mit dem vorläufig zum Gouverneur der Stadt bestimmten
General v. Jarotzky seine Aufgabe zu besprechen.

Um 11 Uhr vormittags meldete die Heereskavallerie durch Funkspruch:
„Patrouille Feuer am Kanal 6 Kilometer östlich Mons. Roeulx (nord=
östlich Mons) frei. Frei Gelände bis zur Schelde.“ Von größter Bedeutung
war der um 11 Uhr 50 Minuten vormittags eingehende Funkspruch: „Durch
Patrouille Kür. 4 zweifellos eine Schwadron Engländer bei Casteau nord=
östlich Mons festgestellt.“ Die 4. Kavalleriedivision meldete durch Funk=
spruch (ab 4 Uhr 40 Minuten nachmittags): „Engländer Maubeuge.“
Das IX. A. K. berichtete 3 Uhr nachmittags: „Nach Aussage von Ein=

wohnern soll Mons von englischen Truppen besetzt sein." Um 9 Uhr 50 Mi=
nuten abends ergänzte das Korps die Meldung: „18. Infanteriedivision
meldet, daß die Übergänge des Kanals du Centre zwischen Nimy und Ville
fur Haine von Engländern besetzt sind."

Die Engländer waren also plötzlich uns gegen=
über. Jeder Zweifel wurde ausgeschlossen, als von der 5. Infanterie=
division bei Enghien ein englischer Flieger abgeschossen wurde, der, zum
5. Geschwader gehörig, von Maubeuge gekommen war und auf Ninove
hatte erkunden sollen. Aber wo standen die Engländer? Eine um 9 Uhr
45 Minuten abends in Hal eingehende Fliegermeldung besagte: „Im
Abschnitt St. Ghislain—Mons keinerlei kriegerische Tätigkeit." Über die
übrigen Fronten wurde im Laufe des Tages bekannt, daß Audenarde—
Renaix—Grammont, ebenso die Richtung Ath—Tournai vom Feinde frei
seien und die Bahnen um Lille keinen besonderen Verkehr zeigten.

Wie das Oberkommando die Lage auffaßte, ergibt sich aus meinen
Aufzeichnungen: Unsere Annahme, daß die Engländer längst gelandet und
im Anmarsch seien, bestätigte sich. Wir vermuteten sie in der Gegend
zwischen Valenciennes und Maubeuge, vielleicht aber noch weiter zurück.
Sie traten also im Anschluß an die Franzosen auf. Die Richtung Lille—
Tournai war vom Feinde frei. Immerhin war keine volle Klarheit vor=
handen. Ein scharfes Heranziehen der 1. Armee an die 2. Armee war
untunlich. Wir mußten seitwärts der 2. Armee vorgehen; die Armee, in
sich rechts und links gestaffelt, bereit dorthin einzudrehen, woher der Gegner
kam. Der Befehl des Generalobersten von Bülow vom 21., wonach die
1. Armee die Nord= und Nordostfront von Maubeuge abschließen sollte,
erschien der neuen Lage nicht entsprechend.

Es entstanden Zweifel, ob die 1. Armee überhaupt noch dem A. O. K. 2
unterstände. Der Befehl Seiner Majestät des Kaisers hatte diese Unter=
stellung nur für die Operationen nördlich der Maas angeordnet. Durch
Vermittlung eines Generalstabsoffiziers der O. H. L. in Lüttich gelang es
diesem, mit dem Oberstleutnant Tappen von der O. H. L. in Koblenz Fern=
sprechverbindung herzustellen. Dieser sagte, daß die 1. Armee der 2. weiter
unterstände und daß Generaloberst von Moltke mit den Anordnungen der
2. Armee einverstanden sei, nach denen unser linker Flügel Maubeuge ab=
schließen sollte. Für den Angriff gegen die Sambre=Linie sollte enge Ver=
bindung aufrechterhalten werden. Erst wenn der Feind geschlagen sei,
könnte weiter ausgeholt werden.

Nach Auffassung des A. O. K. 1 war es zum Ausholen zu spät, wenn
gewartet wurde, bis der Feind an der Sambre geschlagen war. Haupt=
mann v. Schütz wurde zum A. O. K. 2 gesandt, um unsere Bedenken vor=

zubringen: „Gehe die 3. Armee zwischen Namur und Givet in westlicher, die 2. zwischen Binche und Namur in südlicher Richtung vor, und werde auch die 1. Armee in östlicher Richtung herangezogen, so müsse im Laufe der Bewegungen schon in den nächsten Tagen ein solches Zusammenballen von Truppenmassen eintreten, daß die ungehinderte Fortführung der Operationen äußerst erschwert, sicher aber verzögert werde. Es liege die Gefahr vor, daß der linke Flügel der 1. Armee, das IX. A. K., vor Maubeuge festgelegt werde und bei den Entscheidungskämpfen fehle. Ausschlaggebend aber sei das Bedenken, daß die 1. Armee von ihrem großen Ziele — Umfassen des feindlichen nördlichen Flügels einschließlich der Engländer — abgezogen werde. Dies falle um so mehr ins Gewicht, als am 22. zum ersten Male die Engländer in die Erscheinung getreten wären."

Generalleutnant von Lauenstein stimmte unserem Vorschlag, die 1. Armee mit dem linken Flügel über Mons vorzuführen, nicht zu, sah aber von einer Abschließung wenigstens der Nordostfront von Maubeuge ab und begnügte sich mit Bereitstellung einer Division bei Givry (nördlich Maubeuge) zur Unterstützung des linken Flügels der 2. Armee. Er begründete dies mit den bevorstehenden schweren Kämpfen der 2. Armee an der Sambre und der 3. Armee an der Maas. Schon am Abend des 23., hoffe er, würden der 1. Armee weiter westlich gelegene Marschstraßen angewiesen werden können. Die große Aufgabe der 1. Armee würde nicht aus dem Auge verloren.

Ein 7 Uhr 55 Minuten abends abgehender Funkspruch der 2. Armee besagte: „1. Armee erreicht mit dem linken Flügelkorps am 23. Givry, nordöstlich Maubeuge."

Während der Armeebefehl für den 23. in Hal entworfen wurde, ging aus einem Ferngespräch mit dem Chef des Generalstabes des II. A. K. um 8 Uhr abends hervor, daß Flieger dieses Korps große Biwaks zwischen Lede und Grootenberge (nord- und südwestlich Alost) beobachtet hatten. Es konnten dies Belgier sein, die unsere Verbindungen bei Brüssel bedrohten. Brüssel war nur äußerst schwach besetzt. Trotzdem wurde beschlossen, von besonderen Maßnahmen Abstand zu nehmen. Am 23. um 7 Uhr 35 Minuten vormittags traf ein Fernspruch vom II. A. K. in Hal ein: „Biwakfeuer bei Grootenberge nur Scheinfeuer ohne Truppe."

Um 9 Uhr 30 Minuten abends konnte der Armeebefehl für den 23. in Hal fertiggestellt werden. Auch aus diesen Vorgängen mag ersehen werden, daß es nicht immer möglich war, den berechtigten Klagen der Armeekorps über das späte Eintreffen der Armeebefehle gerecht zu werden. Auch kurze Vorbefehle konnten unter solchen Umständen, wie sie am 22. vorlagen, nicht gegeben werden.

Generaloberst von Kluck befahl, daß die Armee am 23. unter Deckung gegen Maubeuge den **Vormarsch in die Gegend nordwestlich Maubeuge** fortsetzen solle. Das IV. A. K. sollte die Gegend nordöstlich Condé (Basècles und Stambruges), das III. A. K. St. Ghislain und Jemappes erreichen. Die Höhen auf dem südlichen Kanalufer waren in Besitz zu nehmen. Auf dem rechten Flügel vermochte das II. A. K. der Schwenkung von Ninove über Grammont nur bis La Hamaide (westlich Lessines) zu folgen. Das IX. A. K. auf dem linken Flügel hatte die Bewegung gegen Maubeuge zu decken und ging hierzu über die Linie Mons—Thieu gegen die Nord- und Nordwestfront von Maubeuge vor, Hauptkräfte auf dem rechten Flügel. Das IV. R. K. folgte über Hal bis Bierghes (südwestlich Hal). Die Aufgabe des III. R. K. war, wie bisher, die Deckung der rechten Flanke und der Verbindungen der Armee gegen Antwerpen.

Über H. K. K. 2 konnten wir nicht verfügen. Auf seine Mitteilung, daß er gegen Courtrai vorzugehen beabsichtige, konnte nur geantwortet werden, daß das A. O. K. 1 damit nicht einverstanden sei. Die 1. Armee gehe mit dem rechten Flügel auf Condé gegen die nordwestlich Maubeuge anzunehmenden Engländer vor. Das Eingreifen des H. K. K. sei in Richtung auf Valenciennes erforderlich. Von einem Vorgehen auf Courtrai konnten wir uns keinen Erfolg versprechen. In dieser Richtung war nach allen Fliegermeldungen kein nennenswerter Feind anzutreffen. Die Engländer waren vor unserer Front festgestellt. Wenn auch die Hauptaufgabe des Kavalleriekorps in der strategischen Aufklärung und Flankensicherung bestand, so durfte es sich doch nicht so weit entfernen, daß seine Mitwirkung bei großen Entscheidungen zur Umfassung und Verfolgung ausgeschlossen war.

So ging am 23. August die 1. Armee den Engländern entgegen, ohne ihre tatsächliche Aufstellung zu kennen. Sie wurde weiter südlich angenommen. Ein Angriffsbefehl konnte daher am 22. nicht gegeben werden. Die Engländer standen aber tatsächlich bei Mons. Hier kam es am 23. zur Schlacht, in der die Engländer zurückgeworfen wurden. Leider stießen wir durch die uns vorgeschriebene Marschrichtung des linken Flügels auf Maubeuge **frontal auf die englische Stellung.**

Die 2., 3., 4. und 5. Armee am 22. August. Beginn der französischen Offensive.

Unterdessen hatte **die 2. Armee** bereits am 22. den **Angriff gegen die Sambre** begonnen, der erst für den 23. früh mit der 3. Armee vereinbart war. Während bisher, auch nach der Mitteilung der

O. H. L. (S. 37), bereits mit der Anwesenheit starker französischer Kräfte südlich der Sambre gerechnet worden war, gewann Generaloberst von Bülow am 22. mittags den Eindruck, daß außer den drei schon festgestellten französischen Kavalleriedivisionen zunächst nur schwächere Infanterie sich südlich der Sambre befände. Er beschloß, die Gunst des Augenblicks auszunützen und noch am 22. vor Eintreffen weiterer Verstärkungen des Feindes mit dem linken Flügel den äußerst schwierigen Sambre-Abschnitt zu überschreiten. Die Armee sollte noch am 22. die Linie Binche—Mettet erreichen. Der Entschluß entsprach der taktischen Lage. Die 3. Armee wurde durch Funkspruch aufgefordert, ebenfalls schleunigst vorzugehen.

Tatsächlich gelang es der 2. Armee am 22., auf dem rechten Sambre-Ufer festen Fuß zu fassen. Der Angriff wurde am 23. über Fontaine Valmont—Mettet unter Sicherung des rechten Flügels gegen Maubeuge fortgesetzt.

Dem Ersuchen, sich bereits am 22. dem Angriff der 2. Armee anzuschließen, hatte die 3. Armee nicht nachkommen können. Um 11 Uhr abends traf diese Aufforderung durch Funkspruch erst im A. H. Qu. ein, wonach schleuniges Vorgehen der 3. Armee mit rechtem Flügel auf Mettet „dringend erwünscht sei". Die Befehle für den vereinbarten Beginn des Angriffs am 23. um 5 Uhr früh waren längst durchgegeben, eine Änderung war jetzt nicht mehr möglich. Nur wurde das XIX. A. K. angewiesen, noch in der Nacht 22./23. durch die 40. Infanteriedivision den Übergang bei Hastière—Lavaux in Besitz zu nehmen, um zur Verfolgung bereit zu sein, falls der Gegner durch das Vorgehen der 2. Armee zum Rückzug veranlaßt werde. Das enge Heranziehen der 3. Armee auf Mettet war ungünstig.

Die 4. Armee hatte inzwischen am 22. ihre Kolonnen nach Süden drehen müssen gegen einen starken Feind, der aus südlicher Richtung mit seinem linken Flügel über Bouillon vorging. Die 5. Armee entschloß sich zum Angriff gegen starke, aus der Richtung Montmédy—Etain im Anmarsch gemeldete Kräfte. Also auch hier schritten die Franzosen zum Angriff. Wir standen offensichtlich vor einer großen französisch-englischen Offensive.

Die Oberbefehlshaber der 2. und 3. Armee waren nach ihren Berichten am 22. beide nicht recht miteinander zufrieden. Generaloberst von Bülow hat vergebens auf die erbetene Mitwirkung der 3. Armee gehofft, Generaloberst Freiherr von Hausen verstand nicht, warum plötzlich die Vereinbarung für den Zeitpunkt des Angriffs umgestoßen wurde. Beides erklärt sich nach Kenntnis der Gesamtlage.

Der 23. und 24. August.
Die Schlachten bei Namur, Neufchâteau und Longwy.

D e r   23. A u g u s t war der Hauptkampftag der S c h l a c h t   v o n
N a m u r oder, wie die Franzosen sie nennen, der Schlacht von Charleroi.
Die Annahme der 2. A r m e e vom 22., daß sie nur schwachen Feind vor
sich habe, hatte sich nicht bestätigt; sie war auf einen starken Feind gestoßen
und am 23. abends nach schweren Kämpfen bis Merbes le Château—Thuin—
St. Gérard gekommen. B e i d e   N a c h b a r a r m e e n   s o l l t e n   z u r
u n m i t t e l b a r e n   U n t e r s t ü t z u n g   h e r a n g e z o g e n   w e r d e n.
Die 1. Armee erhielt Befehl, das IX. A. K. westlich um Maubeuge herum
am 24. zum Angriff gegen die linke Flanke der 5. französischen Armee ein=
zusetzen und ein weiteres Armeekorps gestaffelt folgen zu lassen. Die
1. Armee stand aber am 23. bei Mons mit dem englischen Expeditionskorps
im Kampf und war nicht imstande, den Befehl auszuführen.

D i e   3. A r m e e faßte angesichts der großen Schwierigkeit, die Maas
bei Dinant zu überschreiten, die nach der operativen Lage durchaus richtige
Absicht, eine mehr südwestliche Richtung einzuschlagen. Ein Funkspruch
der O. H. L. empfahl am 23., die verfügbaren Teile der 3. Armee s ü d l i c h
G i v e t   ü b e r   d i e   M a a s zu führen, um dem gegenüberstehenden
Feind den Rückzug zu verlegen. Nicht nur die verfügbaren Teile, sondern
die Masse der Armee hätte diese Richtung von vornherein einschlagen
müssen. Jetzt war es zu spät. A. O. K. 3 setzte noch am 23. die verfügbaren
Teile des XIX. A. K. vom linken Flügel auf Fumay in Marsch. Am 24.
beabsichtigte es, nachdem mit den Hauptkräften beiderseits Dinant der Über=
gang erzwungen war, die Richtung auf Philippeville—Mariembourg ein=
zuschlagen. Bereits am Nachmittag des 23. erhielt die 3. Armee jedoch
einen Ruf der 2. Armee: „Vorgehen 3. Armee über Maas noch heute
dringend erwünscht." Am 24. 4 Uhr früh trat ein Generalstabsoffizier der
2. Armee beim Generaloberst Freiherrn v. Hausen ein, der es als
„d r i n g e n d   g e b o t e n" bezeichnete, den Angriff der 2. Armee durch
V o r g e h e n   i n   o s t w e s t l i c h e r   R i c h t u n g zu unterstützen. Die
2. Armee schätzte den ihr gegenüberstehenden Feind auf 5 Armeekorps. Der
Oberbefehlshaber der 3. Armee glaubte aus der zweimaligen dringenden
Aufforderung entnehmen zu müssen, daß die 2. Armee sich in einer Notlage
befände. Schlug er eine südwestliche Richtung ein, während vielleicht bei
der 2. Armee ein Rückschlag eintrat, so konnte eine weite Trennung beider
Armeen voneinander erfolgen. Er beschloß, dem Ersuchen Folge zu leisten.
Am 24. nahm dementsprechend die Armee nach dem Übergang über die
Maas in der Gegend von Dinant die Richtung nach Westen, konnte aber,
nachdem die Flieger schon am frühen Vormittag den Abzug des Gegners

in breiter Front über die Linie Beaumont—Philippeville—Givet ge=
meldet hatten, noch rechtzeitig auf Philippeville abgedreht werden. Abends
erreichte die Armee Florennes—Romerdenne, der linke Flügel der
2. Armee kam ebenfalls bis Florennes, der rechte bis Beaumont. So wurde
noch eben verhindert, daß die beiden Armeen ineinander marschierten.
Das Unternehmen auf Fumay war nicht geglückt.

Nach dem Bericht des Generalfeldmarschalls v. Bülow gelang es der
2. Armee am 24., ohne Unterstützung der Nachbararmeen, aus eigener
Kraft, unter schweren Kämpfen den Feind entscheidend zu schlagen. Nach
den französischen Darstellungen hatte sich General Lanrezac einer Umklam=
merung durch einen bereits am Abend des 23. beschlossenen und in der
Frühe des 24. angetretenen Rückzug entzogen.

Unseren Operationen an der Sambre, an der
Maas und bei Mons fehlte die höhere Leitung. Das
erklärliche Bestreben der 2. Armee, die 1. und 3. Armee zur unmittelbaren
Unterstützung bei der bevorstehenden großen Schlacht heranzuziehen, wirkte
nicht günstig auf die Operationen ein. Wäre der 3. Armee von vornherein
die Richtung mit den Hauptkräften auf Givet—Fumay zugewiesen worden,
während die 1. Armee weiter westlich zur Umfassung des linken englischen
Flügels ausholte, so konnte eine große Entscheidung erreicht werden. Die
zusammenhanglosen französischen Angriffe hatten Lanrezac in eine äußerst
gefährdete Lage gebracht. Hier lag schon die Möglichkeit vor, den linken
feindlichen Flügel zu vernichten und das französische Heer nach Südosten
gegen die Moselfestungen abzudrängen, wie es Graf Schlieffen gewollt
hatte.

Der ungenannte Verfasser der „Kritik des Weltkrieges" (Verlag von
Köhler, 1920, S. 88) tadelt es, daß die 2. Armee bereits am 22. August den
Gegner an der Sambre angriff. Sie hätte verhalten müssen, bis die
1. Armee weit genug vorgekommen war und die 3. Armee sich die Maas=
übergänge geöffnet hatte. Der Gegner, in der Front verfrüht angefaßt,
habe die drohende beiderseitige Überflügelung erkannt und sich ihr durch
den Rückzug entzogen. Ich glaube, daß umgekehrt die Niederlage der
Engländer bei Mons am 23. und ein Vorgehen der 3. Armee auf Givet—
Fumay den General Lanrezac sehr wohl veranlassen konnten, den Angriff
Bülows nicht mehr abzuwarten. Er hatte stets große Besorgnis für seine
Flanken. Durch den Angriff am 22. gelang es der 2. Armee wenigstens,
ihn zu schlagen, wenn auch nicht zu vernichten. Eine Umklammerung wird
selten dadurch zu erreichen sein, daß die Mitte verhält, bis die Flügel den
Ring geschlossen haben. Graf Schlieffen sagte bei solchen Versuchen, daß
der Gegner die ihm dabei zugedachte Rolle nicht zu übernehmen pflege.

Der Nachteil der Operation lag in ihrer Anlage, in dem zu dichten Heran=
ziehen der 1. und vor allem der 3. Armee an die 2.

Inzwifchen hatten fchwere Kämpfe auch bei der 4. und 5. Armee ftatt=
gefunden.

D i e 4. A r m e e hatte gegen die über die Semois in Richtung auf
Neufchâteau und weftlich vorgehende 4. franzöfifche Armee einfchwenken
müffen und fie in der S c h l a c h t b e i N e u f c h â t e a u am 22. und
23. Auguft gefchlagen. Der Gegner wurde in Richtung auf die Maaslinie
Sedan—Mouzon—Pouilly verfolgt, wo es demnächft nochmals zu heftigen
Kämpfen kam.

D i e 5. A r m e e ftieß auf die aus der Gegend nördlich Verdun auf
Longwy—Arlon vorgehende 3. franzöfifche Armee, die in der S c h l a c h t
b e i L o n g w y am 22. und 23. zurückgeworfen wurde. Die Kämpfe
feßten fich b e i L o n g u y o n u n d a m O t h a i n bis zum 27. fort.

4. Die franzöfifchen Operationen bis zum 23. Auguft.

Der franzöfifche Aufmarfch und Operationsplan.

Die franzöfifche Armee marfchierte mit 44 Infanteriedivifionen, 1 ma=
rokkanifchen Divifion, 3 Divifionen des Kolonialkorps, 25 Refervedivifionen
(einfchließlich der Hauptreferven der Feftungen), 13 Territorialdivifionen
und 10 Kavalleriedivifionen auf. Die Alpenarmee wurde, wie wir voraus=
gefeßt hatten, fofort herangezogen.

über den f r a n z ö f i f c h e n A u f m a r f c h ift neuerdings Näheres
bekanntgeworden. Der Bericht der franzöfifchen Kommiffion, die die Ur=
fachen des für die franzöfifche Induftrie fo empfindlichen Verluftes der
Gegend von Brien unterfucht hat, ift im „Journal officiel" veröffentlicht
worden. Er enthält ausführliche Angaben über die Abfichten und An=
ordnungen der franzöfifchen Oberften Heeresleitung im Auguft 1914.
Ferner hat der Marfchall Joffre eine für diefe Unterfuchungskommiffion
beftimmte Denkfchrift („La préparation de la guerre et la conduite des
opérations jusqu'à la bataille de la Marne") veröffentlicht („Les archives
de la grande guerre". November 1919). Auch eine Schrift von de Tho=
maffon („Le revers de 1914") behandelt den franzöfifchen Aufmarfch und
die Operationen im Auguft 1914. Wenn auch manche Vorkommniffe noch
ungeklärt find und einzelne Widerfprüche zwifchen den verfchiedenen Dar=
ftellungen beftehen, fo läßt fich doch nunmehr im großen und ganzen ein
ausreichendes Bild gewinnen.

4*

Dem französischen Aufmarsch und den ersten Operationen lag der „M o b i l m a ch u n g s p l a n 17" vom Frühjahr 1913 zugrunde. Während vor dem Plan 16 der linke französische Flügel nur bis Verdun reichte, wurde der Aufmarsch im Plan 16 und noch mehr im Plan 17 nach Norden ver= schoben. Ausdrücklich wurde vom General Berthelot vor der genannten Untersuchungskommission erklärt, daß auch im Plan 17 der linke Flügel nicht über Mézières hinausreichte. Es sei dies in der Absicht geschehen, selbst den Schein zu vermeiden, als ob die Franzosen hätten nach Belgien einmarschieren wollen.

In erster Linie marschierten vier Armeen mit zusammen 18 Armee= korps und acht Reservedivisionen, die auf die Armeen verteilt waren, zwischen Belfort und Mézières auf:

1. Armee in Gegend Belfort—Epinal, 2. Armee in Gegend Toul—Nancy, 3. Armee in Gegend Verdun, 5. Armee nordwestlich Verdun bis Mézières.

Sieben Kavalleriedivisionen waren auf die Armeen verteilt, drei zu dem Kavalleriekorps Sordet vereinigt, das nördlich Sedan sich versammelte.

In zweiter Linie sollte die 4. Armee, drei Armeekorps stark, im Raume Ste. Ménehould—Bar le Duc—Vitry le François—Suippes bereitgestellt werden.

Je eine Gruppe von Reservedivisionen versammelte sich auf den beiden Flügeln, die 1. Gruppe bei Vesoul, die 4. Gruppe östlich Laon zwischen Vervins und der Aisne.

Im allgemeinen entsprach somit dieser Aufmarsch dem Bilde, das wir uns davon gemacht hatten, nur daß die Kräfte weniger tief, sondern von vornherein mehr in einer Linie entwickelt waren. Die Reservearmee war mehr nach Norden zusammengezogen und beträchtlich schwächer als die von uns angenommene Manövriermasse. Die Aufstellung war somit weniger eine tiefgegliederte Bereitstellung zum Gegenangriff, als auf die unmittelbare strategische Offensive zugeschnitten, wie wir es auch vor dem Kriege vermutet hatten. Tatsächlich entsprach dies den französischen Ab= sichten. S o b a l d   a l l e s   v e r s a m m e l t   w a r,   s o l l t e   u n v e r = z ü g l i ch   a n g e g r i f f e n   w e r d e n:

1. und 2. Armee mit den Hauptkräften zwischen Vogesen und Mosel, 1. Armee in Richtung Saarburg, 2. Armee auf Mörchingen, während das VII. Armeekorps mit der 8. Kavalleriedivision von Belfort und den Vo= gesen auf Kolmar vorgehen sollte, so daß der äußerste rechte Flügel sich an den Rhein anlehnen konnte.

5. Armee und das Kavalleriekorps nördlich der Linie Verdun—Metz. Die Armee hatte hierzu nach rechts zusammenzuschließen und zwischen Verdun und der belgischen Grenze auf Diedenhofen vorzugehen.

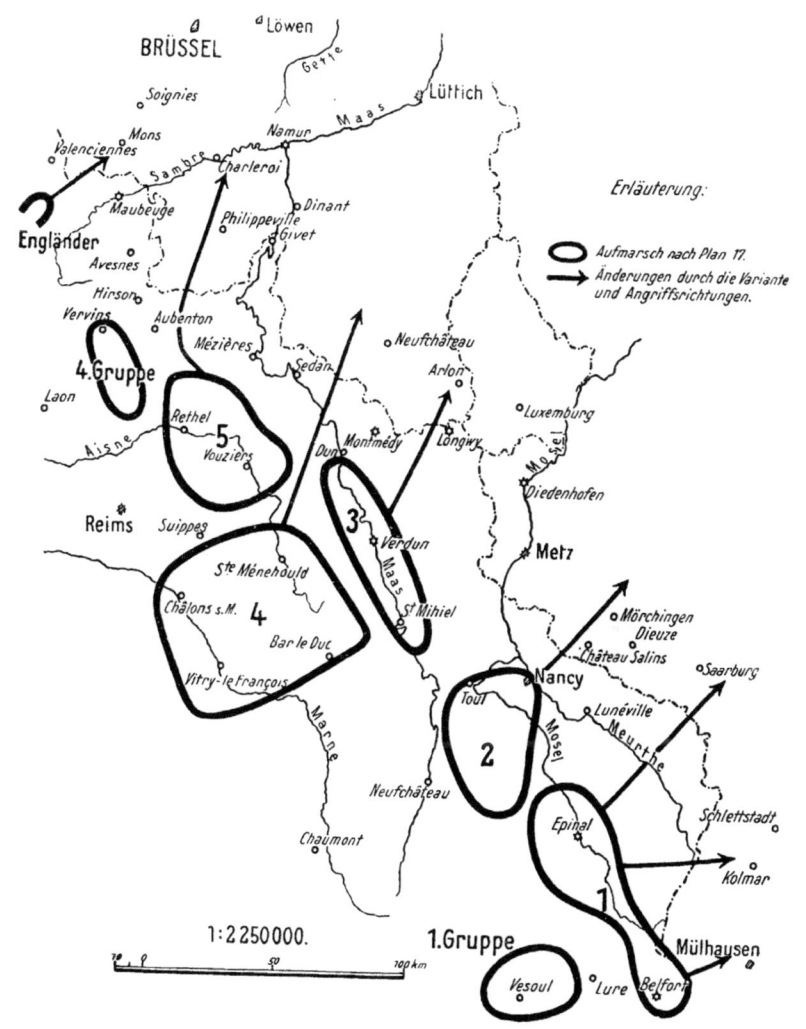

Erläuterung:

Aufmarsch nach Plan 17.

Änderungen durch die Variante
und Angriffsrichtungen.

1:2250000.

Skizze 2. Der franzöſiſche Aufmarſch 1914.

In der Mitte war die 3. Armee dazu bestimmt, die Verbindung zwischen den beiden Angriffsrichtungen herzustellen, den etwa aus Metz vorgehenden Feind zurückzuwerfen und später Metz einzuschließen. Die 4. Armee sollte folgen.

Die 1. Gruppe der Reservedivisionen sollte entweder gegen eine Ver= letzung der Schweizer Neutralität decken, oder die 1. Armee in der rechten Flanke sichern und zur Einschließung von Straßburg und Neubreisach mit= wirken.

Die Verwendung der 4. Gruppe der Reservedivisionen war zur Unter= stützung einer der Armeen der Mitte oder des linken Flügels vorbehalten.

Das allgemeine Operationsziel war, unter Einschließung von Metz gegen den Rhein vorzugehen.

Zu diesem Aufmarsch und den daran anschließenden Operationen sollte es jedoch nicht kommen. Von vornherein war eine Variante des Aufmarsches vorgesehen, angeblich für den Fall, daß die Deutschen die belgische Neutralität verletzten. In diesem Falle war beabsichtigt, die 5. Armee so weit nach links auf Mézières zusammenzuziehen, daß sie östlich der Maas in Belgien einmarschieren konnte. In die entstandene Lücke sollte die 4. Armee zwischen 3. und 5. Armee eingeschoben werden, so daß sie etwa auf Arlon vorgehen konnte. Das Kavalleriekorps Sordet war dazu bestimmt, sich östlich Mézières zu versammeln, in Richtung Neufchâteau vorzugehen, gegen die durch das südliche Belgien vorgehenden deutschen Kolonnen aufzuklären und sie aufzuhalten. Ein Infanterieregiment sollte unter seinen Befehl treten, beschleunigt auf Dinant vorgehen und die Maas= brücken zwischen Namur und Givet besetzen.

Bereits am 2. August trat diese Variante in Kraft, nachdem an diesem Tage die deutsche Aufforderung in Brüssel abgegeben worden war, die den deutschen Durchmarsch durch Belgien ankündigte. Die Ausladung der 4. Armee wurde entsprechend nach Norden verlegt, so daß sie sich zwischen 3. und 5. Armee nördlich Verdun einschieben konnte. Am 5. August wurde Dinant in der beabsichtigten Weise besetzt. Da die Aufmarschtransporte planmäßig erst am 5. August begannen, so ist von einer Umleitung der Transporte und einer Verschiebung des bereits begonnenen Aufmarsches auf Grund der Variante auf die Nachricht vom Einmarsch deutscher Truppen in Belgien keine Rede. Die Transporte vollzogen sich von vorn= herein lediglich auf Grund der Variante. Man gewinnt den Eindruck, daß der Aufmarsch nach Plan 17 nur auf dem Papier gestanden hat und haupt= sächlich politischen Zwecken diente. Man wollte uns die Schuld der Ver= letzung der belgischen Neutralität zuschieben und konnte sich hierzu darauf berufen, daß der Plan 17 die belgische Neutralität achtete und auf ein

frontales Vorgehen der Franzosen beiderseits Metz gegen die deutsch=
französische Grenze berechnet war. Die erwähnte Aussage des Generals
Berthelot deutet auch darauf hin. Daß ein solcher Angriff, wie er nach
Plan 17 beabsichtigt gewesen sein soll, sehr wenig Aussicht gehabt hätte,
wird der französische Generalstab wohl auch erkannt haben. Diese Offen=
sive zerfiel in zwei frontale, durch den Festungsabschnitt Metz—Dieden=
hofen völlig voneinander getrennte Angriffe, der nördliche Angriff hatte
keinen Raum zur Entwicklung, der südliche stieß zwischen Metz und Vogesen
auf große Schwierigkeiten.

Der eigentliche Aufmarsch war also von vornherein sicher der in der
Variante vorgesehene. Er erstreckte sich mit dem linken Flügel so weit
nördlich und befand sich hier derart vor der belgischen Grenze, daß eine
Verwendung des linken Heeresflügels nur unter Einmarsch nach Belgien
und Luxemburg denkbar war. Ausdrücklich war aber auch bei der Variante
beabsichtigt, unmittelbar nach beendeter Versammlung die Offensive zu
ergreifen.

Ob in den französischen Veröffentlichungen über den Aufmarsch und
die ersten operativen Absichten alles enthalten ist, was darüber zu sagen
wäre, oder ob nicht mancherlei verschwiegen ist, muß dahingestellt bleiben.

Offenbar nahm man bei den geplanten Maßnahmen an, daß der
Vormarsch des deutschen rechten Flügels nur auf dem rechten Maasufer,
nicht weiter nördlich erfolgen würde. Immerhin standen zu einer etwa
notwendig werdenden Verlängerung des linken französischen Flügels außer
der englischen und belgischen Armee weitere Kräfte zur Verfügung, die
von der Alpengrenze, aus Algier und Marokko herangezogen wurden.

Marschall Joffre hat vor der Untersuchungskommission ausgesagt, daß
die Mitwirkung der e n g l i s c h e n Armee, ihre Ausschiffung, Ver=
sammlung und Verwendung auf dem linken Flügel des französischen Heeres
bis in die Einzelheiten vorbereitet war. Ein geheimer Anhang zum Plan 17
war hierzu ausgearbeitet worden, in dem die englische Armee als „Armee
W" bezeichnet war. Die Engländer sollten sich hiernach in der Gegend
von Avesnes versammeln. Es ist nicht ersichtlich, welche andere Verwen=
dung die englische Armee bei einer sofort an den Aufmarsch anschließenden
Offensive haben konnte, als nach Belgien einzumarschieren.

Über die b e l g i s c h e n M a ß n a h m e n im Falle einer Verletzung
der Neutralität durch die Deutschen behaupten die Franzosen im unklaren
gewesen zu sein. French hat dies in seinen Erinnerungen bestätigt. Man
habe angenommen, daß Belgien sich dem deutschen Einmarsch widersetzen
würde, über ein Zusammenwirken sei aber nichts bestimmt worden. Mit
der Tatsache, daß im Frieden eingehende Besprechungen zwischen Eng=

ländern, Belgiern und Franzosen über eine gemeinschaftliche Verwendung der Streitkräfte stattgefunden hatten, ist das schwer zu vereinigen (S. 26). Die Maßnahmen der Belgier sind bereits erörtert (S. 40).

Es klang sehr einfach, klar und bestimmt, daß sofort nach beendeter Versammlung auf der ganzen Linie zum Angriff vorgegangen werden sollte. Es war aber durchaus nicht einfach, solange man nicht wußte, was der Gegner vorhatte. Man war sich nicht klar darüber, wie weit der rechte deutsche Flügel sich nach Norden ausdehnte und wie stark er war. Es ist interessant zu verfolgen, wie, je nach den allmählich über die Deutschen ein= treffenden Nachrichten, die Absichten und Anordnungen des französischen Oberbefehlshabers wechselten.

Die französische Offensive.

Am 8. August nahm General Joffre noch an, daß die deutschen Hauptkräfte sich in der Gegend von Metz, Diedenhofen und Luxemburg ver= sammelten, während eine Armee von fünf Armeekorps sich anschickte, in Belgien einzudringen. Er unterschätzte also den deutschen Umfassungs= flügel bedeutend. Seine Absichten in bezug auf den Angriff der 1. und 2. Armee, des VII. Armeekorps und der 8. Kavalleriedivision sowie in bezug auf die Verwendung der 1. Gruppe der Reservedivisionen blieben dieselben, wie im Plan 17 vorgesehen. In der Mitte und auf dem linken Flügel sollten sich die 4. Armee westlich Verdun (beiderseits Clermont en Argonne), die 5. Armee zwischen Vouziers und Aubenton (östlich Vervins), die 4. Reservegruppe bei Vervins versammeln. General Joffre nahm an, daß gegen die etwa nördlich der Maas vorgehenden schwachen deutschen Kräfte die Engländer genügen würden. Die 3. Armee hatte sich, wie bisher, gegenüber Metz aufzustellen, sich aber auch bereitzuhalten, unter Sicherung gegen Metz mit dem linken Flügel über Damvillers nach Norden anzutreten.

Am 13. August lagen Nachrichten über deutsche, nördlich der Maas vorgehende Truppen vor. Noch hielt aber General Joffre die hier drohende Gefahr einer Umfassung nicht für groß und glaubte, daß hiergegen die nach Hirson vorgezogene 4. Gruppe der Reservedivisionen und weiterhin die Engländer und Belgier ausreichen würden. Sein Plan war, während der äußerste rechte deutsche Flügel seine weit ausholende Um= gehung durchführte, die deutsche Mitte zu durchbrechen.

Dieser Hauptangriff sollte durch den linken Flügel geführt werden, der hierzu verstärkt wurde: die 3. Armee durch Reservedivisionen, die 5. Armee durch zwei afrikanische Divisionen, durch die 4. Gruppe der Reservedivisionen und ein Armeekorps (XVIII.) von der 2. Armee, die

4. Armee durch zwei Divisionen (eine Division vom IX. Armeekorps von der 2. Armee und eine marokkanische Division). Die 4. und 5. Armee sollten zu diesem Angriff sich hinter der Maaslinie Dun—Mézières bereit= stellen. Der Angriff war als Gegenangriff gedacht. Die Abhängigkeit vom Gegner wurde schon bemerkbar; von der sofort an den Aufmarsch an= schließenden Offensive war keine Rede mehr. Nur wenn der Gegner noch weit entfernt sei, sollten beide Armeen nach Belgien hinein vorgehen. Die Aufgabe der 3. Armee wurde nicht verändert.

Vor Beginn des Hauptangriffs sollten durch den Vorstoß von Belfort nach dem Elsaß und durch den Nebenangriff der 1. und 2. Armee in Loth= ringen möglichst starke deutsche Kräfte gefesselt und von dem Schauplatz des Entscheidungskampfes abgelenkt werden. Die 1. und 2. Armee er= hielten daher den Befehl zum Angriff, der am 14. August beginnen sollte. Der Vorstoß des VII. Armeekorps im Sundgau hatte schon am 7. eingesetzt.

Der Führer der 5. Armee auf dem linken Flügel, General Lanrezac, hielt aber im Gegensatz zum Oberbefehlshaber die Gefahr einer dem linken Flügel drohenden Umfassung für viel größer und wurde vorstellig. Schritt= weise wurde General Joffre zu einer weiteren Linksschiebung gedrängt, als die bedeutende Stärke des deutschen rechten Flügels nördlich der Maas all= mählich erkannt wurde. General Lanrezac wurde zunächst ermächtigt, das I. Armeekorps nach links zur Sicherung der Maas nach Dinant zu schieben, später aber mit seiner Armee links abzumarschieren, um westlich der Maas gegen die Sambre vorzugehen.

Am 15. und 18. August wurden die der neuen Lage entsprechenden Befehle gegeben. Danach sollte am 21. August nach Beendigung des Auf= marsches der Hauptangriff beginnen, von dem die Oberste Heeresleitung die Entscheidung erhoffte.

Die 5. Armee hatte links der Maas auf Philippeville vorzugehen und im Verein mit den Belgiern und Engländern dem zwischen Givet und Brüssel vorgehenden Gegner entgegenzutreten. Das Kavalleriekorps Sordet und die 4. Gruppe der Reservedivisionen wurden ihr unterstellt.

Die 4. Armee hatte sich bereitzustellen, um rechts der Maas aus der Linie Montmédy—Sedan in der Richtung auf Neufchâteau und westlich anzugreifen.

Die Aufgabe der 3. Armee wurde jetzt offensiver, ihre Hauptaufgabe war, an dem Angriff teilzunehmen. Es wurde am 17. eine Armeeabteilung Durand von ihr abgezweigt und am 18. an deren Stelle eine Armée de Lorraine unter dem General Maunoury gebildet, um die Sicherung gegen Metz und dessen spätere Einschließung zu übernehmen. So konnte die

3. Armee sich bei Jametz—Etain (nördlich Verdun) bereitstellen, um in Richtung Longwy—Arlon anzugreifen.

Die Engländer wurden ersucht, nördlich der Sambre auf Soignies vorzumarschieren.

Der französische Oberbefehlshaber verblieb also bei der Absicht, die deutsche Mitte mit der 3. und 4. Armee zu durchbrechen, während die 5. Armee im Verein mit den Engländern weiter nördlich den Feind auf= hielt und die Belgier nebst dem Kavalleriekorps gegen die Flanke des deutschen rechten Flügels vorstießen. Von diesem Flügel nahm General Joffre an, daß er südlich Brüssel vorgehen würde. Die englische Versamm= lung wurde aber erst am 23. August beendet, und die Belgier beschlossen am 18., auf Antwerpen zurückzugehen. Dadurch war der Plan schon durch= brochen, das schnelle Vorgehen der deutschen 1. Armee hatte ihn durchkreuzt.

Die am 14. August begonnene Offensive der 1. und 2. Armee scheiterte bereits am 20. Trotzdem blieb General Joffre auf seiner Absicht bestehen. Am 20. wurden die letzten Befehle für das Antreten zum entscheidenden Angriff gegeben, der am 21. aus der Linie Longwy—Mézières beginnen sollte. Auch jetzt erkannte er noch nicht die tatsächliche Stärke und Aus= dehnung des nördlich der Maas vorgehenden rechten deutschen Flügels, wenn er noch immer glaubte, ihm durch die Engländer und Belgier be= gegnen zu können. Nach Ansicht des Berichterstatters der genannten Unter= suchungskommission vermutete man nördlich der Maas nur deutsche Truppen, die den zurückgehenden Belgiern nachdrängten, so daß man südlich der Sambre und Maas den Gegner zwischen 5. und 4. Armee in die Zange nehmen konnte. Eine schwere Täuschung!

Plötzlich lichtete sich das Dunkel. Am 21. kamen zutreffende Nach= richten: starke feindliche Kräfte waren nördlich der Sambre im Vormarsch nach Westen, sie gingen auf Charleroi, Nivelles, Waterloo, von Brüssel auf Ninove und Hal vor. Die Belgier meldeten, daß sie aus Antwerpen, wohin sie zurückgegangen seien, im geeigneten Augenblick vorbrechen würden. General Joffre ließ sich nicht beirren. Er glaubte, wie er noch am 23. nach Paris meldete, die Überlegenheit zu besitzen. Das strategische Manöver sei beendet, die Masse der feindlichen Kräfte werde an der empfindlichsten Stelle getroffen, nun komme es nur noch auf die Ausführung durch die Unterführer an. Die 4. Armee hatte ihre Bewegung nach Norden fortzu= setzen und jeden Feind anzugreifen, den sie antraf. Das Ziel war, alle feindlichen Kräfte, auf die sie in dieser Gegend stieß, zwischen Dinant, Namur und dem Ourthe gegen die Maas zu drängen. Die 3. Armee sollte gestaffelt folgen und die Flanke der 4. Armee gegen den Feind, der sich in Luxemburg befinden konnte, decken. So befahl General Joffre am 21.

Offenbar glaubte er, die in westlicher Richtung nach Belgien hinein=
marschierenden Deutschen durch den in allgemein nördlicher Richtung ge=
führten Angriff überraschend und mit Überlegenheit in der linken Flanke
treffen zu können.

Bald sollte sich dies als ein völliger Irrtum herausstellen.

Die 3. und 4. französische Armee stießen am 22. auf einen ihnen ent=
gegenkommenden Feind, der viel stärker war, als vermutet. Sie wurden
zurückgeschlagen.

Noch hoffte General Joffre auf einen Erfolg der 5. Armee. Am 23.
scheiterte in der Schlacht bei Charleroi gegen die 2. deutsche Armee auch
das Vorgehen der 5. Armee völlig. Die Engländer wurden bei Mons von
der deutschen 1. Armee zurückgeworfen und gingen auf Maubeuge—Valen=
ciennes zurück.

Die Schlacht bei Namur.

Der Verlauf der S ch l a ch t b e i　N a m u r auf französischer Seite
zeigt, wie schwierig die Lage war, in die General Lanrezac (5. Armee)
geraten war. (Skizze 1, S. 43.)

Am 21. August verfügte General Lanrezac, als er die Offensive be=
ginnen sollte, in vorderer Linie nur über zwei Armeekorps südlich der
Sambre bei Fosse (X.) und südlich Chatelet—Charleroi (III.). Das
I. A. K. sicherte an der Maaslinie Givet—Namur die rechte Flanke. Es
sollte durch eine Reservedivision der Gruppe Valabrègue abgelöst werden,
die aber erst am 22. abends eintraf. An den Kämpfen des 22. war das
Korps daher nicht beteiligt. Auf dem linken Flügel der Armee versammelte
sich am 21. in der Gegend südlich Thuin das XVIII. A. K., das von der
2. Armee aus der Gegend von Toul heranbefördert und vom 18. bis 20.
ausgeladen wurde. Noch weiter links wurden die beiden anderen Reserve=
divisionen der Gruppe Valabrègue von Vervins her herangezogen, um
die Sambre westlich Thuin an der belgischen Grenze zu verteidigen und
die Verbindung mit den Engländern herzustellen.

Von den beiden Bundesgenossen, mit denen Lanrezac zusammen=
wirken sollte, waren die Belgier am 19. auf Antwerpen zurückgegangen,
die Engländer nicht vor dem 23. bereit. Die 4. Armee ging weit getrennt
von ihm vor, seine rechte Flanke war durch den Anmarsch der deutschen
3. Armee stark gefährdet. Nichtsdestoweniger beschloß er, sich am 22.
bereitzustellen, um am 23. anzugreifen. Aber der deutsche Angriff kam ihm
am 22. zuvor und warf ihn am 23. zurück.　Insbesondere erlitt das
III. A. K. eine Niederlage. Nach den französischen Angaben (Palat, La
grande guerre sur le front occidentale, Band III, S. 304) fluteten die
Massen am 23. abends in unbeschreiblicher Unordnung zurück, ihr Halt

war erschüttert. Auch das XVIII. A. K. hatte stark gelitten. Lanrezac selbst gibt zu, daß einige Truppenteile eine „abscheuliche Schwäche" gezeigt hätten.

Am 23. abends faßte Lanrezac, „um ein zweites Sedan zu ver= meiden", selbständig den Entschluß zum Rückzug über die Linie Philippe= ville—Beaumont—Maubeuge. Zwischen 11 und 12 Uhr nachts wurden die Befehle gegeben. Vor Tagesanbruch am 24. sollte die Armee den Rückzug hinter die genannte Linie antreten. Es wird dem General Lanrezac von französischer Seite das Verdienst zugesprochen, die Armee durch den rechtzeitigen Rückzug vor der gänzlichen Umfassung gerettet zu haben. General Joffre scheint zunächst keineswegs einverstanden gewesen zu sein, hat aber am 24. den Entschluß gebilligt. Von unserem Standpunkt ist der eilige Rückzug zu bedauern. Die 4. Armee war am 22. geschlagen worden und ging auf die Maas zurück, Lanrezac stand also vereinzelt und weit vorgeschoben, dem konzentrischen Angriff der 2. und 3. Armee aus= gesetzt. Die letzten Forts von Namur fielen am 25. August. Die Engländer waren seit dem 24. im vollen Rückzug.

Es ist bedauerlich, daß die 3. Armee veranlaßt wurde, in gerader Richtung auf Dinant vorzugehen und die Maas gerade dort zu über= schreiten, wo sie am schwierigsten zu überwinden und am stärksten ver= teidigt war, statt in südwestlicher Richtung vorzuhalten. Allerdings wurde Lanrezac am 23. gezwungen, Teile des abgelösten I. A. K. wiederum Front gegen die Maas machen zu lassen, um sich des Angriffs der 3. deutschen Armee bei Dinant zu erwehren, aber der Zweck wurde doch erreicht. Lan= rezac wurde „von einer tödlichen Gefahr errettet" (de Thomasson a. a. O., S. 215).

Immerhin, wenn die Niederlage auch nicht entscheidend war, bemerkt Palat (a. a. O. S. 213), so war es doch eine Niederlage.

Lehrreich ist die Verwendung des Kavalleriekorps Sordet (1., 3. und 5. Kavalleriedivision). Es hatte bereits am 6. August von der Maas her die belgische Grenze überschritten und war weit nach Belgien einmarschiert, kehrte aber nach sehr anstrengendem Ritt zurück, ohne wesentlichen Nutzen gebracht zu haben. Vor der Schlacht befand es sich zunächst vorwärts des linken Flügels der 5. Armee, erhielt aber am 23. Befehl, sich möglichst schnell auf den linken englischen Flügel zu begeben, der durch den Vor= marsch der deutschen 1. Armee gefährdet erschien. Obwohl die Pferde von dem belgischen Unternehmen noch ermattet waren, sollte das Kavallerie= korps abends noch Maubeuge erreichen. Während des Marsches teilte der Kommandant von Maubeuge mit, daß das Kavalleriekorps innerhalb der Festung nicht unterkommen könne, „weil sein angemessener Platz im freien

Felde jei". Mitten in der Nacht gelangte es bis Beaufort (füdlich Mau=
beuge), wo biwakiert wurde. Trotz äußerfter Ermüdung wurde am 24.
auf Avesnes weitermarfchiert, um auf den linken englifchen Flügel zu ge=
langen. Aber die Pferde waren jo müde, daß man nicht mehr vorwärts
kam. Erft am 25. erreichte das Kavallerieforps nach einem anftrengenden,
mit vielen Störungen verbundenen Marfch mitten durch die zurückgehende
englifche Armee die Gegend von Walincourt (füdöftlich Cambrai).

Es zeigte fich wiederum, wie fchwer es ift, die Heereskavallerie auf
die richtige Stelle zu bringen, wenn fie einmal in anderer Richtung an=
gefetzt war. Die Anweifungen für fie bedürfen forgfältigfter Erwägung.
Verfchiebungen find viel zeitraubender, als man anzunehmen geneigt ift,
und verurfachen leicht einen vorzeitigen Verbrauch. Wir werden dies bei
der Verwendung unferer Heereskavallerie beftätigt finden.

Dem franzöfifchen Generaliffimus blieb nichts anderes mehr übrig, als
den einzelnen Armeen ihre Rückzugsrichtung anzugeben. General
Maunoury follte die Linie Verdun—Toul halten, die 3. Armee auf Mont=
médy — Damvillers — Azanne, die 4. Armee auf Mouzon —Stenay, die
5. Armee nach Givet—Beaumont—Maubeuge zurückgehen, während die
Engländer zwifchen Valenciennes—Maubeuge den Feind aufhielten und
nötigenfalls auf Cambrai zurückgingen.

Die Ereigniffe in Elfaß-Lothringen.

Am 7. Auguft bereits begann der Vorftoß des VII. A. K. und der
8. Kavalleriedivifion auf Mülhaufen. Am 8. konnten die Franzofen
in Mülhaufen einmarfchieren, ein Anfangserfolg fchien gefichert und be=
lebte die Stimmung. Ein fchneller Gegenftoß warf fie am 9. zurück, in der
Nacht 9./10. traten fie wieder den Rückzug nach Belfort an.

Die Offenfive follte mit verftärkten Kräften wieder aufgenommen
werden, um im Zufammenhang mit den Operationen der übrigen Armeen
möglichft ftarke deutfche Kräfte zu feffeln und um die rechte Flanke der
1. Armee zu fichern. Der bereits verabfchiedete General Pau erhielt den
Oberbefehl über die Armée d'Alsace, die aus dem VII. A. K., der
44., aus Afrika kommenden Divifion, der 1. Gruppe Refervedivifionen
(58., 63., 66.), der Hauptreferve von Belfort (57. Refervedivifion), der
8. Kavalleriedivifion und fünf in den Vogefen verwendeten Alpenjäger=
bataillonen beftand. Am 15. begannen die Bewegungen, Mülhaufen
wurde am 19. von neuem befetzt. Die deutfche 7. Armee war inzwifchen
an die 6. Armee herangezogen worden, im Oberelfaß befanden fich nur
Landwehr= und Erfatztruppen, die vergeblich verfuchten, die Franzofen
zurückzuwerfen. Unterdeffen vollzogen fich die Ereigniffe bei den übrigen

französischen Armeen, die zu deren Rückzug führten. Dies, und die schwie=
rige Lage auf dem linken französischen Heeresflügel, wo die Entscheidung
zu liegen schien, veranlaßte die französische O. H. L. am 26., das besetzte
Gebiet im Oberelsaß wieder größtenteils aufzugeben und am 28. die Auf=
lösung der Elsässer Armee anzuordnen. Das VII. A. K. (14. Infanterie=
division und 63. Reservedivision) wurde zu der neu zu bildenden 6. Armee
nördlich Paris befördert, die 44. Division trat zur 1. Armee. An die Stelle
der Elsässer Armee traten die Vogesengruppe, die der 1. Armee unterstellt
wurde, und die Gruppe Belfort.

Die Offensive im Oberelsaß war nutzlos gewesen, die Entscheidung lag
anderswo. Auch von französischer Seite wird die Operation scharf
verurteilt.

Der Angriff des linken Flügels der 1. Armee und
der 2. Armee begann am 14. August in der allgemeinen Richtung auf
Saarburg und Saarbrücken. In der großen Schlacht in Loth=
ringen am 20. bis 22. August wurden die Franzosen vom Kronprinzen
von Bayern geschlagen und gingen, wie Palat zugibt, in Unordnung hinter
die Meurthe zurück. Die Franzosen hatten aber, wie wir später sehen
werden, ihren Zweck, starke deutsche Kräfte zu binden, erreicht.

Rückblick. Die Lage nach dem Scheitern der Offensive.

Auch auf französischer Seite waren, wie bei uns, mannigfache Rei=
bungen bei den Bewegungen der Armeen während der geschilderten Ope=
rationen vorgekommen. Nachdem die Armée de Lorraine unter dem
General Maunoury am 19. August gebildet worden war, wußte General
de Castelnau, der Führer der 2. Armee, nichts von deren Bestehen, während
auf der anderen Seite der Oberbefehlshaber der 3. Armee, General Ruffey,
sich in dem Glauben befand, daß General Maunoury ihm unterstände.
Dieser wiederum war über die Aufgaben der 2. und 3. Armee nicht hin=
reichend unterrichtet. Infolgedessen blieb die Armée de Lorraine während
der heftigen Kämpfe der 3. Armee am 22. bis 25. untätig.

Völlig unzureichend war die Verbindung zwischen der 3., 4. und
5. Armee gewesen. Zwischen der 4. und 5. Armee bestand überhaupt kein
Zusammenhang, die 5. Armee stieß vereinzelt vor, rechts und links be=
denklich gefährdet. Wie bei uns, wird auch auf französischer Seite geklagt,
die O. H. L. sei zu weit entfernt gewesen. Sie hatte sich bei Vitry le
François befunden.

Die französische Führung war keineswegs glänzend gewesen. General
Joffre mußte dem Kriegsminister melden, die Offensive sei ge=
scheitert: „Unsere Armeekorps haben trotz der zahlen=

mäßigen Überlegenheit, die wir besaßen, im freien Felde nicht die offensiven Eigenschaften gezeigt, die wir nach den anfänglichen Teilerfolgen erwartet hatten. Wir sind daher zur Defensive gezwungen, gestützt auf unsere Festungen und auf starke Geländeabschnitte." Der Berichterstatter der genannten Untersuchungskommission bemerkt: „Die Deutschen hatten auf ihrem rechten Flügel ihre ganze Offensivkraft zusammengefaßt und verfügten dort über ihre besten Armeekorps. Gegenüber diesem rechten Flügel, der Auswahl des deutschen Heeres, war der linke französische Flügel zusammengerafft, ungleich, ohne einheitlichen Befehl und in einer unhaltbaren Lage. So vollzog sich das Unvermeidliche."

Die Legende, als ob Joffre im letzten Drittel des August planmäßig einer Entscheidungsschlacht ausgewichen sei, um uns hinter sich herzulocken, bis wir umstellt waren, ist zerstört. Wir hatten von Mülhausen bis Mons einen großen Sieg in den von beiden Seiten erstrebten Entscheidungskämpfen errungen. Die Franzosen geben die „schwere Niederlage" zu, auf Grund deren „der Rückzug auf der ganzen Front nötig wurde" (General Mangin a. a. O.).

Es war gekommen, wie es der Graf Schlieffen vorausgesehen hatte. Den Gegenangriff hatte er erwartet. Er konnte uns nur erwünscht sein, meinte er. Unsere Korps marschieren geschlossen. Ihr linker Flügel ist tunlichst gut angelehnt, ihr rechter ist stark. Es war nicht wahrscheinlich, daß die Franzosen, die ihre Korps erst zusammenziehen mußten, das gesamte Heer so gut geordnet hatten, wie unseres war.

Es handelte sich nun darum, ob er auch weiterhin recht behalten sollte. Die Franzosen werden in eine neue Stellung ausweichen, hinter die Somme oder die Oise, sogar hinter die Marne und Seine, so hatte er vorausgesagt. Es muß durchaus versucht werden, die Franzosen durch Angriff auf ihre linke Flanke in östlicher Richtung gegen ihre Moselfestungen, gegen den Jura und gegen die Schweiz zu drängen. Das französische Heer muß vernichtet werden. Das Wesentliche für den Verlauf der ganzen Operation ist, einen starken rechten Flügel zu bilden, mit dessen Hilfe die Schlachten zu gewinnen und in unausgesetzter Verfolgung den Feind mit eben diesem starken Flügel immer wieder zum Weichen zu bringen.

Die Lage war Ende August durchweg günstig für uns. Der Berichterstatter der französischen Untersuchungskommission schließt seinen Bericht mit den Worten, daß nach dem allgemeinen Rückzug der Franzosen der Weg nach Paris für die Deutschen offen lag. In der Nacht 24./25. August forderte der Kriegsminister den General Joffre auf, eine Armee von mindestens drei aktiven Armeekorps zum Schutze der Hauptstadt nach Paris zu entsenden.

Aber eine Entscheidung des Feldzuges, eine Ver= nichtung des Feindes, hatten wir noch nicht erreicht. Der Umklammerung hatte er sich entzogen. Der zweite Teil des Schlieffenschen Planes blieb noch auszuführen.

Waren wir auf dem rechten Flügel stark genug für die neue Aufgabe, waren wir auf dem richtigen Wege und holten wir weit genug aus? Nahm der Feind hinter der Somme erneut Stellung, so wollte der Graf Schlieffen mit dem rechten Flügel auf Amiens, nötigenfalls auf Abbeville marschieren. Ging der Gegner hinter die Oise, hinter die Marne oder Seine zurück, so mußte seine Stellung westlich um Paris herum umgangen werden. Sieben Armeekorps hielt er zur Umgehung westlich von Paris für erforderlich.

Schon konnten nach den Augustschlachten 1914 Bedenken entstehen. Der rechte Heeresflügel war von vornherein zu schwach. Noch wäre es eben Zeit gewesen, ihm Kräfte nachzuführen.

---

5. Der Kampf der 1. Armee gegen die Engländer bei Mons und Le Cateau.
Kitchener und French.
Transport und Aufmarsch des englischen Expeditionskorps.

Nachdem sich die englische Regierung zum Kriege gegen Deutschland entschlossen hatte, wurde der Oberbefehl über das englische Expeditions= korps dem Marschall French übertragen, während Lord Kitchener zum Staatssekretär des Krieges ernannt wurde.

Kitchener war zufällig im Juli 1914 aus Ägypten nach England gekommen. In ihm sollte England einen Mann finden, der den Krieg mit einem erstaunlichen Weitblick und einer rücksichtslosen Willenskraft organi= sierte. Uns erwuchs in ihm der gefährlichste Gegner. Wie Sir George Arthur (a. a. O.) von ihm sagt, hatte er Indien für den Krieg vorbereitet, die Stimmung in Südafrika für England gewonnen, Australien und Neu= seeland verdankten ihm ihre militärische Organisation, Ägypten war ge= sichert. Er erkannte sofort die große Aufgabe, „Großbritannien in eine Militärmacht ersten Ranges umzuwandeln". Flotte und Expeditionskorps waren bereit; die Verpflichtung gegen Frankreich, 6 Divisionen und später 1 bis 2 weitere zu schicken, konnte erfüllt werden. Aber an eine gänzliche Umgestaltung der militärischen Organisation, wie sie für einen Krieg von

solcher Dauer und von einer Ausdehnung auf die entferntesten Schau=
plätze des britischen Weltreiches nötig war, hatte man nicht gedacht. Sir
George Arthur bezeugt, man sei ziemlich sorglos in den Krieg gegangen,
ohne sich über dessen Dauer Gedanken zu machen. Die erste Bemerkung
Kitcheners, als er das Kriegsamt betrat, war: „Es ist ja gar keine Armee
da!" Für die riesige Aufgabe war das winzige Expeditionskorps gänzlich
unzureichend. Ein Heer mußte erst geschaffen werden. Sofort stellte er
seinen Plan auf, 70 Divisionen zu bilden, die ihre höchste Stärke während
des dritten Kriegsjahres erreichen sollten, zu einer Zeit, wo die Kräfte
des Gegners nachlassen würden. „Kitchener dachte in Millionen, wo die
anderen in Tausenden dachten." Er sei der einzige Staatsmann gewesen,
meint Sir George Arthur, der den Mut hatte zu erklären, England müsse
sich bereit machen, „bis zum Tode zu kämpfen".

Es wurde beschlossen, zunächst zwei Divisionen der Sicherheit halber
in der Heimat zurückzubehalten, bis die Territorialarmee genügend aus=
gebildet war, und 4 I n f a n t e r i e d i v i s i o n e n u n d 1 K a =
v a l l e r i e d i v i s i o n n a c h F r a n k r e i c h zu schicken, im ganzen
rund 100 000 Mann. Am 10. August kam eine Abordnung französischer
Offiziere nach London, um für die Verwendung Vereinbarungen zu treffen.
Joffre wünschte die Versammlung auf dem linken Flügel zwischen Mau=
beuge und Le Cateau. General Douglas Haig wollte die Ausschiffung ver=
schieben, bis der Krieg begonnen hätte und man beurteilen könne, wo die
Mitwirkung der Engländer am günstigsten sei. Kitchener hielt die Ver=
sammlung bei Maubeuge für zu weit vorgeschoben. Er befürchtete einen
Rückschlag, wenn die Deutschen, wie zu erwarten sei, den linken Flügel der
Verbündeten zu umfassen suchten. Es würde auf die Truppe ungünstig
wirken, wenn sie, zum ersten Male seit fünfzig Jahren mit einem euro=
päischen Gegner zusammenstoßend, gleich zurückgehen müsse. Er trat daher
für eine Versammlung bei Amiens ein. Schließlich fügte er sich aber doch
dem dringenden französischen Vorschlag, dem auch French beitrat.

F r e n c h erhielt vor der Abreise von der Regierung eine A n =
w e i s u n g , in der er mit Rücksicht auf die geringe Stärke seiner Armee
dringend ermahnt wurde, unnötige Verluste zu vermeiden und seine
Truppen nicht mehr als nötig aufs Spiel zu setzen. Träten zu weitgehende
Aufgaben an ihn heran, solle er rechtzeitig bei der Regierung anfragen.
Er sei völlig unabhängig und unterstehe unter keinen Umständen einem
anderen Befehl.

Über den T r a n s p o r t d e r e n g l i s c h e n A r m e e auf den
belgischen Kriegsschauplatz sind wir durch das Erscheinen des ersten Teiles
der amtlichen englischen Seekriegsgeschichte genauer unterrichtet. Die beiden

Divisionen, die zum Schutz des Landes zurückgelassen wurden, waren die
4. und die in Irland stehende 6. Division, die zu diesem Zwecke nach Eng=
land befördert wurde. Alle Maßnahmen für den Transport und die
Landung in Frankreich waren im Frieden sorgfältig vorbereitet worden.
Haupteinschiffungsplatz für die von England ausgehenden Transporte war
Southampton. Von hier ging die Masse der Transporte nach Le Havre,
einige Transporte auch nach Rouen, wenige nach Boulogne. Von dort
wurden die Truppen mit der Bahn in Richtung auf Le Cateau befördert.
Bei dem Seetransport wandte man ein neues Verfahren an. Man mußte
den Transport beginnen, bevor man die entschiedene Überlegenheit in den
heimatlichen Gewässern erkämpft hatte. Trotzdem nahm man von einem
Konvoi , einer unter dem Schutzgeleit der Kriegsflotte fahrenden Trans=
portflotte, Abstand. Die Transportschiffe sollten einzeln oder paarweise
fahren. Die Sicherheit beruhte in den Anordnungen, die die Gesamtheit
des Transportes zu decken hatten. Der ganze Transportraum wurde
durch den Abschluß beider Eingänge des Kanals gegen Angriffe gesichert,
im Osten durch Zerstörer und U=Boote, im Westen durch das französisch=
englische Kreuzergeschwader. Die Flotte blieb während des ganzen Trans=
portes in See und nahm eine Aufstellung ein, aus der sie die deutschen
Hochseestreitkräfte sofort angreifen konnte, wenn sie vorgehen sollten.

Am 9. August begannen die Transporte. In den ersten drei Tagen
wurden Vorkommandos, vom 12. bis 18. die Masse der Truppen befördert.
Am 20. sollten alle Transporte beendet sein. Inzwischen hatte man sich
entschlossen, eine weitere Division, die 4., zu befördern. Deren Transport
schloß sich gleich an und war am 23. beendet. Die 6. Division folgte erst
im September.

French erreichte sein Hauptquartier Le Cateau am 17. August.

Seine Armee setzte sich zusammen aus:

I. A. K., General Douglas Haig, 1. und 2. Infanteriedivision.

II. A. K., General Grierson, der jedoch vor Beginn der Operationen
starb und durch General Smith=Dorrien ersetzt wurde. 3. und 5. Infan=
teriedivision.

Kavalleriedivision, General Allenby.

Hierzu trat noch die 19. Infanteriebrigade, später die 4. Infanterie=
division, die am 25. bei Le Cateau ausgeladen wurde und demnächst mit
der 19. Brigade das III. A. K. bildete. Erst an der Aisne trat die 6. Di=
vision hinzu.

Der Aufmarsch der Engländer südlich Maubeuge
war am 20. beendet. General Maurice („Forty Days in 1914",
London 1919) gibt ihre Stärke zu niedrig, auf rund 70 000 Mann, an. Die

Zahl 100 000 (S. 65) wird wohl richtiger fein. Ihre Aufgabe im Zu=
fammenhang mit den franzöfifchen Operationen ift bereits erwähnt. (S. 58).
Die Belgier waren inzwifchen auf Antwerpen zurückgegangen, ihre Mit=
wirkung nördlich von den Engländern fiel fomit aus. Kitchener war be=
forgt, ob der englifche Aufmarfch genügend gefichert fei, und frug wieder=
holt bei French an. Er wies dabei auf die drohende deutfche Umfaffungs=
bewegung hin und meinte, die Franzofen müßten fich auf dem linken
Flügel verftärken, um einen Durchbruch zwifchen Lille und Maubeuge zu
verhindern. French antwortete beruhigend. Das franzöfifche Kavallerie=
korps, das nördlich der Sambre fei, werde auf feinen linken Flügel ge=
zogen werden. Der franzöfifche Generalftab fei ruhig und voller Ver=
trauen. Am 22. berichtete er, fein Aufmarfch fei beendet, die 5. franzöfifche
Armee fei rechts von ihm zum Angriff bereit; man hoffe, den Deutfchen
überlegen zu fein.

Auf dem linken Flügel der Engländer befanden fich aber tatfächlich
nur einige franzöfifche Territorialdivifionen, die auf dem weiten Raum
von Valenciennes über Lille bis Dünkirchen zerfplittert waren.

Am 21. Auguft marfchierte die englifche Armee nach der Gegend von
Maubeuge, am 22. nach Mons.

Die Schlacht bei Mons am 23. Auguft.

Am 22. kam F r e n ch nach feiner Angabe (Lord French, „1914") zu
der Anficht, daß drei deutfche Armeekorps auf ihn zu marfchierten, von
denen das am weiteften weftlich befindliche Ath erreicht habe. Die Lage
des Generals Lanrezac fchien ungünftig zu fein, er wünfchte, daß French
gegen die Flanke der ihn angreifenden Deutfchen vorgehe. French lehnte
ab und erklärte, noch 24 Stunden feine Stellung behaupten zu wollen,
dann aber mit Rückficht auf die drohende Umfaffung den Rückzug auf
Maubeuge in Erwägung ziehen zu müffen. Seine Aufftellung fei fo weit
vorgefchoben wie möglich. Vor dem 23. fei er zu einer Offenfive nicht
bereit. Wie erwähnt, verlangte er, daß das K. K. Sordet auf feinen linken
Flügel gezogen werde.

Am Morgen des Schlachttages von Mons ftand das II. A. K. hinter
dem Kanal von Condé über Mons bis Obourg, der rechte Flügel nach
Villers=St. Ghislain zurückgebogen. Das I. A. K. wurde rechts geftaffelt
hinter dem rechten Flügel bereitgehalten. Die 19. Infanteriebrigade war
noch im Anmarfch von Valenciennes. Die Maffe der Kavallerie befand
fich auf dem linken Flügel, eine Brigade bei Binche zur Verbindung mit
den Franzofen.

Es war ein trüber, regnerifcher Tag, als die 1. A r m e e am

5*

23. August ihrem erſten Kampfe mit den Engländern entgegenmarſchierte. Wir befanden uns in ziemlicher Unſicherheit. Die Flieger hatten die als Ausladeſtellen der Engländer in Betracht kommenden Orte Avesnes, Le Cateau und Cambrai erkunden ſollen, konnten aber nicht fliegen. H. K. K. 2 ging nach Anweiſung des A. O. K. 2 von Ath auf Courtrai vor, ſehr gegen den Wunſch des A. O. K. 1.

Das Oberkommando war noch in Hal, als eine Meldung vom H. K. K. 2, ab Ath 6 Uhr 30 Minuten vormittags, an 9 Uhr 20 Minuten vormittags, eintraf, daß ſtarke Truppenausladungen ſeit dem 22. in Tournai ſtatt- fänden. Patrouillen bekämen Feuer. Wie ſollte dies gedeutet werden? Was ſollte daraufhin geſchehen? Nach meinen Aufzeichnungen erwog das A. O. K., ob etwa doch Engländer bei Tournai ausgeladen würden. Lediglich bei Tournai konnten ſie wohl nicht ausladen. War Tournai nun die Mitte oder der rechte oder linke Flügel der Ausladungen? Aller Wahrſcheinlichkeit nach befanden ſich aber Engländer bei Maubeuge. Sollten ſie außerdem bei Tournai auftreten? Es war nicht wahrſcheinlich. Eine Ausladung ſo weit vorwärts angeſichts unſeres Kavalleriekorps erſchien zu gewagt. Vielleicht war es die Beſatzung von Lille. Auf jede Meldung hin ſofort eine Änderung der Armeebewegung anzuordnen, ver- bietet ſich. Wenn wir einer Gefährdung unſerer rechten Flanke durch unſere rechte Staffelung zu begegnen in der Lage waren, ſo konnte aber doch eine Fortſetzung unſeres Marſches uns der Möglichkeit berauben, die Engländer zu umfaſſen. Das Oberkommando befahl daher um 9 Uhr 30 Mi- nuten vormittags, daß zunächſt die Bewegung angehalten und die Straße Leuze—Mons—Binche nicht überſchritten werden ſollte. An H. K. K. 2 erging um 10 Uhr vormittags durch Funkſpruch die Aufforderung, den Nordflügel der Ausladungen feſtzuſtellen: „Werden Engländer oder Fran- zoſen ausgeladen?"

Um 11 Uhr vormittags begab ſich das Oberkommando nach Soignies. Dort lagen Nachrichten vor, daß nach Angaben von Einwohnern geſtern 30 000 Mann über Dour (ſüdlich St. Ghislain) auf Mons marſchiert ſeien. Nach einem aufgefangenen Brief war eine andere Kolonne durch Bla- regnies (ſüdöſtlich Dour) marſchiert. Auf der Straße über Genly (ſüdlich Mons) ſollten 40 000 Mann anmarſchieren. Es war ſomit mit Sicherheit mit der Anweſenheit ſ t a r k e r e n g l i ſ c h e r T r u p p e n b e i M o n s zu rechnen. Dagegen traf die Meldung der Heereskavallerie ein, daß Tournai vom Feinde frei ſei, eine franzöſiſche Infanteriebrigade ſei auf Lannoy (nordöſtlich Lille) zurückgegangen. Unſere Vermutung, daß es ſich um franzöſiſche Truppen von Lille gehandelt habe, ſchien ſich zu be- ſtätigen. Der Vormarſch der Armee konnte fortgeſetzt werden.

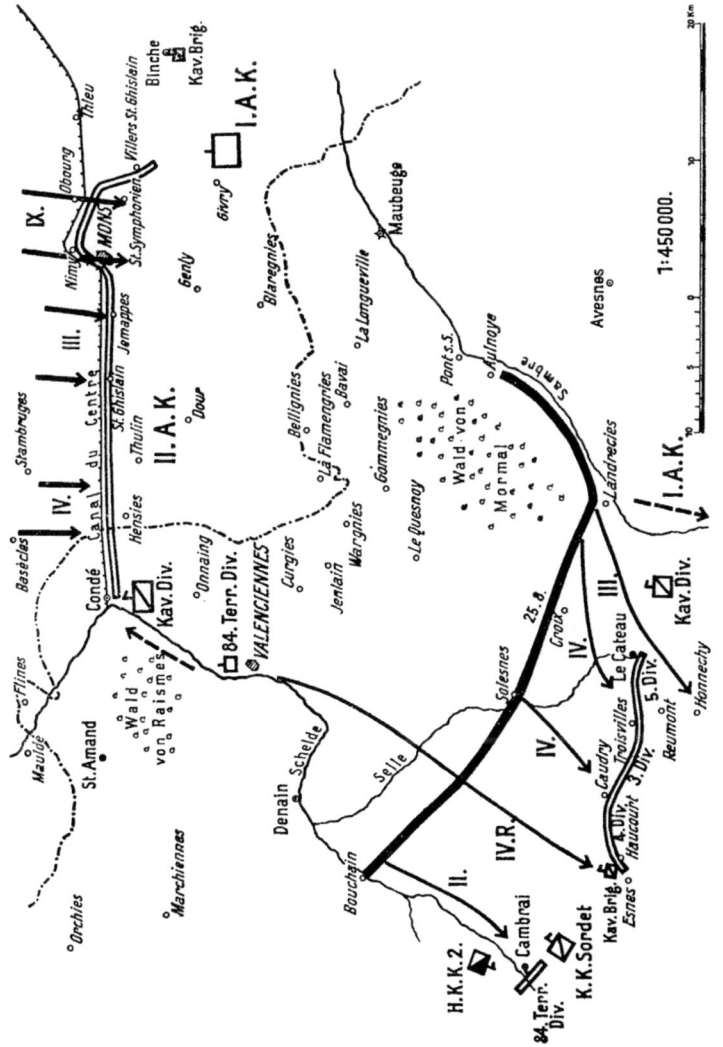

Skizze 3. Schlacht bei Mons und bei Le Cateau am 23. August 1914.

Zunächst trat das IX. A. K. mittags an dem Kanalbogen bei Nimy—
Obourg ins Gefecht. Das III. A. K. wurde daraufhin um 1 Uhr 15 Mi=
nuten nachmittags angewiesen, über St. Ghislain—Jemappes zum Angriff
vorzugehen, das IV. A. K. erhielt Befehl, zur Unterstützung des III. A. K.
den Marsch auf Thulin—Hensies fortzusetzen. Die Übergänge über den
Kanal sollten heute noch in Besitz genommen werden. Das IV. R. K. heran=
zuziehen, erschien mit Rücksicht auf die Entfernung nicht angängig, aber
auch nicht nötig.

Das IV. A. K. konnte erst sehr spät eintreffen. Nach heftigen Kämpfen
des III. und IX. A. K. war die Armee abends zwischen Condé und St. Ghis=
lain bis zum Kanal gekommen und bei Jemappes—Mons—St. Symphorien
über den Kanal vorgedrungen. Der Angriff über den ein starkes Hindernis
bildenden Kanal hatte sich in dem unübersichtlichen, mit vielen Gräben
und Drahtzäunen durchzogenen Gelände sehr schwierig gestaltet. Das
II. A. K. hing noch immer stark ab und kam bis La Hamaide (westlich
Lessines), das IV. R. K. verblieb bei Bierghes (südwestlich Hal).

Die Auffassung der Lage am 23. abends ging beim
A. O. K. 1 dahin, daß nach dem starken Widerstand, den der Feind heute
geleistet hatte, die Fortsetzung des Angriffs am 24. erforderlich
sei. Zunächst mußte auch auf dem rechten Flügel der Übergang über den
Kanal erzwungen werden. Beim weiteren Vorgehen sollte durchaus ver=
mieden werden, daß die Armee sich auf Maubeuge zusammenballte. Wenn
irgend möglich, wurde erstrebt, den Gegner am Rückmarsch nach Westen
zu verhindern und nach Maubeuge hineinzuwerfen.

Dementsprechend wurde vom Generaloberst v. Kluck für den 24. an=
geordnet, daß die Armee den Angriff um 5 Uhr vormittags fortsetzen solle.
Für das weitere Vorgehen wurde dem linken Flügel des III. A. K. die
Richtung westlich an Bavai vorbei angewiesen, während das IX. A. K. den
Gegner auf Maubeuge zurückwerfen und die Nord= und Nordwestfront der
Festung abschließen sollte. Durch Nachtmarsch wurde das II. A. K. auf
Condé vorgezogen und das IV. R. K. an dessen Stelle als Staffel auf dem
rechten Flügel nach Ligne in Marsch gesetzt.

Am 23. um 12 Uhr 30 Minuten nachmittags war der Funkspruch
der O. H. L. eingegangen, daß die Sicherung gegen Antwerpen bis zum
Eintreffen des im Antransport befindlichen IX. R. K. durch das III. und
IV. R. K. zu erfolgen habe. Brüssel sei bis auf weiteres stark besetzt zu
halten. Das IV. R. K. war gerade heute von Brüssel nach Bierghes mar=
schiert. Schweren Herzens mußte sich das A. O. K. daraufhin entschließen,
die Besatzung von Brüssel durch weitere Bataillone des IV. R. K. auf eine
Infanteriebrigade zu erhöhen. Diese Brigade war zu Beginn der Schlacht

am Durcq noch nicht wieder zur Stelle, als das IV. R. K. am 5. September in schweren Kampf trat.

Wiederholt und dringend wurde H. K. K. 2 am Abend des 23. durch Funkspruch aufgefordert, in Richtung auf Denain heranzukommen, um auf unserem rechten Flügel mitzuwirken und dem Gegner den Rückzug nach Westen abzuschneiden. In der Meldung an die O. H. L. am 23. abends über unsere weiteren Absichten wurde zugesetzt: „Mitwirkung von H. K. K. 2 auf Denain erbeten, der leider Courtrai gehen will." Daraufhin wurde H. K. K. 2 dem A. O. K. 1 unterstellt und kam dessen Aufforderung nach.

Eine bedenkliche Störung unserer Maßnahmen drohte ein unmittelbar an das IX. A. K. ergehender, bereits erwähnter (S. 49) Befehl des Generalobersten von Bülow zu bringen, der außerdem gegen Mitternacht beim A. O. K. 1 eintraf: „2. Armee setzt morgen (24.) Angriff rechter Flügel von Merbes le Château fort. IX. A. K. ist sofort westlich Maubeuge zum umfassenden Angriff gegen feindliche linke Flanke vorzuführen. III. A. K. schließt sich dem IX. gestaffelt an. Falls durch die 1. Armee noch keine entsprechende Weisung ergangen, ist das IX. A. K. sofort zu alarmieren und der Vormarsch in der befohlenen Richtung anzutreten." Der Befehl war nach der taktischen Lage unausführbar. Operativ hätte uns eine solche Bewegung in eine ungünstige Richtung gebracht. Die Angelegenheit wurde durch die Antwort des IX. A. K. an A. O. K. 2 erledigt, daß es mit Gewehr im Arm dem Feind gegenüberliege und daher die befohlene Bewegung nicht ausführen könne.

Die 1. deutsche Armee am 24. und 25. August.

Frühmorgens am 24. wurden Offiziere des A. O. K. 1 zu allen Generalkommandos entsandt, um dauernd dahin zu wirken, daß die Armee sich nicht auf Maubeuge zusammenziehe, vielmehr alles halbrechts vorhalte.

H. K. K. 2 war über Tournai—Orchies auf Marchiennes abgebogen und wollte in der Nacht 24./25. Denain erreichen. Unterwegs zersprengte er bei Tournai und Orchies die nach seiner Meldung „erst gestern von Paris anbeförderte" 88. und Teile der 82. Territorialdivision. An mehreren Punkten in unserer rechten Flanke waren nunmehr französische Territoriale festgestellt. Besondere Bedeutung konnte ihnen zunächst nicht beigemessen werden.

Man erwäge die Anstrengung, die dem von Ath auf Courtrai angesetzten Kavalleriekorps durch den Doppelmarsch auf Denain auferlegt wurde. Es ist erstaunlich, was das Kavalleriekorps von der Marwitz im August und September geleistet hat. Keine geforderte Aufgabe war ihm

zu groß. Für die operative Lage hatte der Führer weitgehendes Ver=
ständnis. Die Tätigkeit des Kavalleriekorps in diesen Tagen verdient eine
eingehende besondere Bearbeitung. Sie würde den Beweis erbringen,
welche Bedeutung große Kavalleriekörper auch im modernen Kriege ge=
winnen können, zugleich aber auch eindringliche Lehren für ihre zweck=
mäßige, schonende Verwendung durch die ihnen übergeordneten Kom=
mandobehörden ergeben.

Der im Abzug befindliche Gegner leistete am 24. heftigen Widerstand
mit Nachhuten, so daß wir nur langsam vorwärts kamen. Es gelang der
Armee im Laufe des Tages auch zwischen Jemappes und Condé den Über=
gang über den Kanal zu erzwingen und bis zur Linie Maulde— Condé—
Onnaing—Givry vorzudringen. Wo die Masse des Feindes verblieben war,
war nicht klar zu ersehen.

Die Auffassung der Lage, die sich am Abend des 24.
beim A. O. K. 1 gebildet hatte, geht aus der von Soignies, wo das Ober=
kommando am 24. verblieben war, um 9 Uhr abends an die O. H. L. erstatteten
Meldung hervor: „1. Armee warf 2 bis 3 englische Divisionen nach heftigen
Kämpfen in Richtung Curgies—Bavai zurück. Feindliche Hauptstellung
in Linie Bavai—Valenciennes vermutet. 1. Armee greift diese
25. unter Umfassung linken feindlichen Flügels an.
H. K. K. 2 gegen Rücken des Feindes.“ Wir glaubten somit auf den Wider=
stand der englischen Hauptkräfte erst weiter südlich zu stoßen.

Nach dem um 8 Uhr 30 Minuten abends ausgegebenen Befehle des
Generaloberst v. Kluck sollten daher am 25., während das IX. A. K. die
Deckung gegen Maubeuge übernahm, das III. und IV. A. K. zwischen Va=
lenciennes und Bavai vorgehen. Dem II. A. K. wurde befohlen, durch den
zwischen Condé und St. Amand liegenden Wald von Raismes zu mar=
schieren, um den Gegner zu umfassen. Das IV. R. K. wurde nach Condé
herangezogen.

Bis zum 25. früh verschob sich das Bild. Noch am 24.
abends, nachdem der Armeebefehl ausgegeben worden war, meldete das
II. A. K., daß nach aufgefangenen feindlichen Befehlen zwischen Condé und
Mons vier englische Infanteriedivisionen und eine Kavalleriedivision uns
gegenübergestanden hätten. Von Condé bis Flines habe eine französische
Territorialbrigade gestanden.

Wichtige Fliegermeldungen waren im Laufe der Nacht eingetroffen.
Am Nachmittag des 24. waren Kolonnen im Marsch von Norden und
Nordwesten auf Bavai und von Bavai nach Pont s. S. beobachtet worden.
Nach einer anderen Fliegermeldung waren feindliche Kolonnen am 24.
abends im Rückzug, außer von Nordwesten, auch von Westen her (von

Bellignies, La Flamengrie, Wargnies und Gommegnies) auf den nach Bavai führenden Straßen beobachtet worden. Die von Le Quesnoy nach Südwesten und Süden sowie alle durch den großen, von Bavai bis Landrecies sich erstreckenden Wald von Mormal führenden Straßen seien frei. „Gesamteindruck: a l l g e m e i n e r R ü c k z u g a u f M a u b e u g e." Es schien hiernach, als ob die Engländer über Bavai auf Maubeuge auswichen. Ein n e u e r A r m e e b e f e h l wurde um 8 Uhr 15 Minuten morgens gegeben und schnell mit Kraftwagen zu allen Korps befördert. Die Kolonnen des II., IV. und III. A. K. wurden auf Le Cateau—Landrecies—Aulnoye in südlicher Richtung abgedreht, H. K. K. 2 nach der Gegend nordwestlich Guise befohlen. So konnte man hoffen, den Feind abzuschneiden und dann gegen den linken französischen Flügel vorzugehen.

Das A. O. K. begab sich um 10 Uhr vormittags nach der Gegend von Condé, wo mittags die überraschende Fliegermeldung eintraf, daß vormittags „lange Kolonnen aller Waffen im Marsche von Bavai auf der großen Straße nach Le Cateau," Ende 9 Uhr 30 Minuten vormittags in Bavai, Vorhut 1 Kilometer nordöstlich Croix (nordöstlich Le Cateau), beobachtet worden seien. „Zahlreiche kleinere Kolonnen, einzelne Kompagnien, Estadrons, Batterien, Automobile überschritten den Abschnitt des La Selle-Baches südlich und nördlich Solesmes auf den nach Südwesten führenden Straßen." Also marschierte der Feind in fast entgegengesetzter Richtung, als heute morgen angenommen wurde. Wiederum wurde eiligst ein n e u e r E n t s c h l u ß erforderlich, sollte uns nicht der Feind entkommen. Es kam darauf an, den Feind im Abmarsch anzugreifen und ihm durch Vorhalten den Rückzug zu verlegen. H. K. K. 2 sollte sich der feindlichen Kolonne vorlegen, das IV. A. K. mit dem rechten Flügel auf Solesmes—Le Cateau, das II. A. K. westlich davon marschieren, das III. A. K. den Schwerpunkt auf seinen rechten Flügel legen. Die Aufgabe des IX. A. K. blieb nach wie vor die Deckung der Bewegungen gegen Maubeuge.

D i e A r m e e e r r e i c h t e a b e n d s nach starkem Marsche die Linie Bouchain—Solesmes—Landrecies—Aulnoye. Bei Solesmes und Landrecies stieß das IV. A. K. abends noch auf heftigen Widerstand. Kavalleriekorps von der Marwitz warf bei Bouchain französische Territoriale zurück.

Das A. O. K. wollte sich nachmittags nach Solesmes begeben. Der Punkt war zu weit vorn gewählt. Als wir uns Solesmes näherten, wurde noch um den Ort gekämpft. Wir mußten uns in einem kleinen Häuschen an der Chaussee nördlich Solesmes äußerst notdürftig zur Arbeit einrichten. Verbindungen waren nicht vorhanden, die Befehlsempfänger fanden uns nicht gleich. Erst gegen Mitternacht konnte der Armeebefehl für den 26. ausgegeben werden. Am 26. vormittags begaben wir uns nach Solesmes.

Der Armeebefehl ordnete die Fortsetzung der Verfolgung an. Wiederum mußten große Marschleistungen gefordert werden. Der Marsch sollte über die Linie Cambrai—Le Cateau in südwestlicher Richtung fort= gesetzt werden. Das IV. R. K. hatte nach einem bedeutenden Marsch in die vordere Linie einzurücken. Das IX. A. K. sollte die Deckung gegen die Süd= und Südwestfront von Maubeuge übernehmen und mit den übrigen Teilen hinter dem III. A. K. auf Landrecies folgen.

Am 26. setzte sich die Armee den Befehlen entsprechend in Marsch. Um 10 Uhr vormittags traf beim A. O. K. 1 die Meldung der 9. Kavallerie= division ein: „H. K. K. in sehr schwerem Gefecht mit Gegner bei Solesmes und Le Cateau, der teilweise angriffsweise vorgeht. Unterstützung er= beten.“ Wir hatten den Gegner nochmals erreicht, die Schlacht bei Le Cateau begann.

Die Engländer am 23. bis 26. August.

Am 23. mittags war French in der geschilderten Weise angegriffen worden. Das II. A. K. mußte nachmittags den ausspringenden Kanal= bogen bei Mons und demnächst die Stadt räumen, der linke Flügel be= hauptete sich am Kanal bis zur Dunkelheit und ging dann ebenfalls in eine rückwärtige Stellung. Ein Druck auf Condé war noch nicht erfolgt, eine Gefahr der Umfassung noch nicht vorhanden. Abends traf die Mit= teilung vom General Joffre ein, daß mindestens drei deutsche Armeekorps und 2 Kavalleriedivisionen gegen die englische Armee im Anmarsch seien. Eine Umgehungsbewegung über Tournai sei zu erwarten. Die Deutschen hätten gegenüber der 5. französischen Armee sich der Übergänge über die Sambre bemächtigt.

Der englische Oberbefehlshaber entschloß sich zum Rückzug in die schon vorher erkundete Stellung Jenlain—Maubeuge. Das I. A. K. sollte in einer Stellung bei Givry den Abmarsch des II. A. K. auf Bavai, der in der Nacht beginnen sollte, decken. General Allenby, dem die 19. Infanteriebrigade unterstellt war, sicherte den Rückzug auf dem linken Flügel. Das II. A. K. wurde beim Rückzug am 24. hart bedrängt. Am 24. abends erreichte die Armee die Gegend beiderseits von Bavai (La Longueville—Bavai— Jenlain).

French begab sich am 24. nach Avesnes in das Hauptquartier des bei Maubeuge befindlichen französischen 1. Kavalleriekorps, um General Sordet zu bitten, er möge auf seinen linken Flügel rücken. Sordet erklärte, seine Pferde seien völlig abgetrieben, vor 24 Stunden könne er nicht antreten (S. 61).

In Le Cateau begann die Ausladung der 4. englischen Division.

French hatte die deutsche Absicht, seinen linken Flügel zu umfassen und ihn auf Maubeuge zurückzuwerfen, richtig erkannt. Einen Augenblick erwog er, ob er sich in den Schutz der Festung begeben sollte. Die Er= innerung an das Schicksal Bazaines in Metz bewahrte ihn vor diesem Fehler. Er entschloß sich, den Rückzug fortzusetzen.

Vor Morgengrauen des 25. trat die Armee an und marschierte beider= seits des großen Waldes von Mormal mit dem I. A. K. auf Landrecies, mit dem II. A. K. auf Le Cateau. Bei Solesmes und Landrecies kam es noch zu Kämpfen. Insbesondere wurde das I. A. K. bei Landrecies vom deut= schen IV. A. K. bei Dunkelheit heftig angegriffen. Der schwere Kampf dauerte bis in die Nacht hinein. General Maurice erkennt die Energie dieses Angriffs besonders an. Hätten die Deutschen, meint er, überall so heftig angegriffen, so wäre die englische Armee in eine schlimme Lage ge= kommen.

Wie von englischer Seite zugegeben wird, übte der Rückzug auf die Truppe eine erhebliche Wirkung aus. Die großen Anstrengungen der Märsche, die Hitze, Schlaflosigkeit, die ständigen Gefechte, das stete Ein= graben in Stellungen ermüdeten die Truppen aufs äußerste. Durch die ständige Bedrohung, das bedrückende Gefühl des Rückzuges, dessen Not= wendigkeit die Truppe nicht erkannte, sank die Stimmung tief hinab.

Die französischen Truppen auf dem linken Flügel der Engländer.

Auf dem linken Flügel der Engländer befanden sich zwischen Dün= kirchen und Maubeuge zur Zeit der Schlacht bei Mons nur minderwertige Streitkräfte, die 81., 82. und 84. Territorialdivision, zu denen am 22. noch die bisher zur Besatzung von Paris gehörige 88. trat. Ihre Aufgabe konnte nur in einer Sperre gegen Kavalleriepatrouillen und Kraftwagen zum Schutze der Verbindungen bestehen. Um der deutschen 1. Armee in deren rechten Flanke gefährlich zu werden, reichte ihre Kraft nicht aus. Zu diesen, dem General d'Amade unterstehenden Truppen traten noch die Be= satzungen von Lille und Maubeuge. Hanotaur ("Histoire illustrée de la guerre de 1914") berechnet die Stärke der Besatzung von Lille und Mau= beuge auf je 40 000, die Territorialtruppen d'Amades, wohl sehr hoch, auf 60 000 Mann.

Es standen hiervon am 23. die 84. Territorialdivision bei Valen= ciennes, die 82. in der Gegend von Lille, die 81. weiter nördlich bis Dün= kirchen, während die 88. südlich Lille ausgeladen wurde. Vortruppen der Territorialen waren nach Condé und Tournai vorgeschoben. Es waren dies die französischen Truppen, mit denen wir, wie erwähnt, in Berührung getreten waren. Insbesondere waren Teile der 82. und 88. Division am 23. und 24. von der deutschen Heereskavallerie bei Tournai und Orchies auseinandergesprengt und die auf Condé vorgegangenen Teile der 84. Division am 24. und 25. vom II. deutschen Korps und vom Kavalleriekorps von der Marwitz in Richtung auf Cambrai zurückgeworfen worden.

Rückblick auf die englischen und deutschen Operationen von Mons bis Le Cateau.

Der ursprüngliche Gedanke der 1. Armee, mit dem linken Flügel in der Richtung Mons—Bavai vorzugehen, war richtig gewesen. Das nahe H e r a n z i e h e n a n d i e 2. A r m e e und der Marsch des linken Flügels auf Maubeuge erwiesen sich als u n g ü n s t i g. Die 1. Armee stieß auf diese Weise am 23. f r o n t a l a u f d i e s t a r k e K a n a l s t e l l u n g der Engländer, während das zur Umfassung anmarschierende II. A. K. infolge der vorhergegangenen Operationen viel zu spät ankam und das Kavalleriekorps von der Marwitz nicht zur Stelle war. French befürchtete stets die Umfassung seines linken Flügels.

Am 24. August war die 1. Armee auf dem richtigen Wege, als sie für das weitere Vorgehen dem linken Flügel des III. A. K. die Richtung westlich an Bavai vorbei anwies und das II. A. K. durch Nachtmarsch heranzog. Leider kamen wir an diesem Tage nur wenig vorwärts. Es zeigte sich die große Kraft, die dem planmäßigen Widerstand von Nachhuten infolge der Wirkung der modernen Waffen, besonders in schwierigem, unübersichtlichem Gelände innewohnt. Die Rückzugsrichtung und die in Aussicht genommene neue Stellung des Gegners wurden von uns annähernd richtig erkannt. Wenn inzwischen, wie wir annahmen, das ganze englische Expeditionskorps eingetroffen war, konnte mit einem erneuten Widerstand des Gegners gerechnet werden.

Auch für den 25. war die 1. Armee richtig angesetzt. Das Abdrehen am Morgen des 25. auf Le Cateau—Landrecies—Aulnoye dagegen war ungünstig. Der Gegner ging an diesem Tage auf Landrecies—Le Cateau zurück. Wir wären im weiteren Verlauf wiederum frontal auf den Gegner gestoßen, der linke Flügel stieß ins Leere hinein. Die Meldung der Flieger, daß der Gegner auf Maubeuge zurückgehe, war irrig. Es war auch unwahrscheinlich, daß der Gegner einen so schweren Fehler machte, sich in die Festung zu begeben. Die 1. Armee hätte trotz der Fliegermeldung in der am Abend vorher befohlenen Richtung verbleiben müssen. Ging der Gegner wider Erwarten doch nach Maubeuge, so war noch Zeit, dagegen einzuschwenken. Die Schwenkung wurde noch wirkungsvoller.

Die Flieger machten ihren Fehler wieder gut. Die Mittagsmeldung über den Marsch des Gegners von Bavai auf Le Cateau war richtig. Die 1. Armee konnte noch rechtzeitig nach Südwesten abdrehen.

Drei Armeebefehle sind für die Bewegungen am 25. ge= geben worden, zweimal wurde im Laufe des Tages die Richtung gewechselt. Die Marschleistungen für das III. und IV. A. K. wurden erhöht, insbeson= dere für das III. A. K., dessen Weg durch den schwierigen Wald von Mormal führte. Die Bewegung der Kolonnen und Trains wurde erschwert.

Der Festung Maubeuge, die noch mehr veraltet war, als wir angenommen hatten, legte das A. O. K. 1 keine große Bedeutung bei. Eine Abschließung mit starken Kräften hielten wir nicht für nötig, eine Beob= achtung genügte. Es galt, die Truppen für die Operationen zusammenzu= halten. Wir waren in dieser Beziehung nicht ganz in Übereinstimmung mit A. O. K. 2. Tatsächlich hat eine unmittelbare Einwirkung der Be= satzung von Maubeuge auf die Operationen der 1. Armee nicht stattge= funden. Wohl aber engte die Festung unsere Bewegungen ein, während sie der rechten Flanke der Engländer einen gewissen Schutz bot. Eine voll= ständige Abschließung der Festung und eine Belagerung, die mit Rücksicht auf die Eisenbahnverbindung nötig wurde, mußte rückwärtigen Heeres= staffeln vorbehalten bleiben.

Auffallend ist die große Unklarheit über den Gegner, in der sich beide Parteien trotz aller modernen Nachrichtenmittel befanden. Kavallerie war in Masse vorhanden. Aber das K. K. Sordet war ver= braucht, das K. K. von der Marwitz in anderer Richtung vorgeschickt. Ge= neral Maurice (a. a. O.) tadelt, daß die deutsche Heereskavallerie dazu ver= wendet worden sei, weit nach Westen hin die Flanke der Alliierten zu suchen, statt daß sie für die Aufgabe bereitgehalten wurde, die zur Hand lag. Die Kavallerie Allenbys hat aber anscheinend auch mehr am Kanal Condé—Mons geklebt, statt den Gegner aufzusuchen. Seine Kenntnis vom Feinde scheint French hauptsächlich von Joffre bezogen zu haben.

General Maurice hat an den Entschließungen des General= obersten v. Kluck mehrfach Kritik geübt. Aus dem Verlaufe der Schlacht bei Mons sei kein klarer Plan auf deutscher Seite zu erkennen. General= oberst v. Kluck habe seine nächsten Truppen in den Kampf geworfen, obwohl die Hälfte seiner Korps noch so weit entfernt war, daß sie nicht vor dem 23. abends ins Gefecht treten konnten. Somit habe er angegriffen, ehe er dazu bereit war und hinreichende Kräfte zur Stelle hatte, um den Erfolg sicherzustellen. Er verließ sich auf die Umfassung durch Truppen, die noch zu weit entfernt waren. Statt dessen hätte er die Armee so heran= führen müssen, daß er in der Lage gewesen wäre, auch mit den anderen Armeekorps anzugreifen. Bis 5 Uhr nachmittags sei eine Überraschung des

Gegners noch für ihn möglich gewesen, danach nicht mehr, nachdem French die Nachricht Joffres über die große Stärke der anmarschierenden Deutschen erhalten hatte.

Gerade der letztere Umstand spricht aber durchaus gegen den Vor= schlag, die Armee erst geschlossen heranzuführen. Hätte der deutsche Führer am 23. noch gewartet, die anderen Korps erst herangezogen und sich zum planmäßigen Angriff bereitgestellt, so hätte die Kenntnis davon, die French nicht entgehen konnte, in Verbindung mit der Nachricht Joffres, den eng= lischen Oberbefehlshaber zweifellos zum eiligen Rückzug veranlaßt, zu dem er ohnedies neigte (S. 67).

Wir kennen die deutsche Auffassung vom Gegner beim Vormarsch am 23. Generaloberst v. Kluck handelte richtig, als er den Gegner, sobald er ihn erreichte, sofort angriff, um ihn festzuhalten.

Die Schlacht bei Le Cateau am 26. August.

Am 25. abends gelangte das I. englische A. K. nach Landrecies, das II. nach Le Cateau mit Ausnahme der Brigade, die durch den deutschen Angriff bei Solesmes aufgehalten war und erst spät in der Nacht eintraf. Das A. H. Qu. wurde nach St. Quentin verlegt, sehr weit zurück. F r e n ch stand vor der Frage, ob er bei Le Cateau den Kampf annehmen oder den Rückzug fortsetzen sollte. Die Franzosen auf seinem rechten Flügel waren dauernd im Rückzug begriffen, die linke englische Flanke wurde mit Um= fassung bedroht und durch die französischen Territorialtruppen unge= nügend geschützt, die Verbindungen mit Le Havre konnten verlorengehen. Um die Stellung zur Verteidigung einzurichten, fehlte es an Zeit. So ent= schloß sich der englische Oberbefehlshaber, den R ü c k z u g i n R i c h t u n g a u f S t. Q u e n t i n — N o y o n fortzusetzen, um die Armee hinter der Oise und Somme aufzustellen. Dahinter hoffte er den Truppen Ruhe ge= währen und sie für die weiteren Operationen bereithalten zu können.

Tatsächlich setzte das I. A. K. am 26. den Rückzug von Landrecies auf Guise fort, während das II. A. K. in einer Stellung bei Le Cateau—Caudry stehenblieb, verstärkt durch die gerade angekommene 4. Infanteriedivision und unterstützt durch die Kavalleriedivision Allenby. G e n e r a l S m i t h = D o r r i e n war in der Nacht 25./26. zur Überzeugung gekommen, daß seine, zum Teil erst spät in der Nacht nach äußerst anstrengenden Kämpfen und Märschen angekommenen Truppen den Rückzug nicht bei Morgen= grauen fortsetzen könnten. Zudem stand der Feind dicht vor der Front. E r b e s c h l o ß d a h e r, d e n K a m p f a m M o r g e n d e s 26. a n = z u n e h m e n. Cambrai war nach den vorliegenden Nachrichten in der Nacht 25./26. noch von Franzosen besetzt. (Die 84. Territorialdivision war nach der Schlacht bei Mons dorthin zurückgegangen.) French hatte sich am 26. zu einer Besprechung mit Joffre und Lanrezac nach St. Quentin be= geben, vorher aber auf die Nachricht von einem beginnenden Gefecht.beim II. A. K. einen Generalstabsoffizier zum General Smith = Dorrien mit dem bestimmten Befehl, den Kampf abzubrechen und den Rückzug anzu= treten, gesandt. Nach seiner Darstellung erfuhr er abends die schlimme Lage, in die das II. A. K. geraten war.

So war dem General oberst v. Kluck zum zweiten Male die Gelegenheit gegeben, die Engländer zum Kampfe zu stellen.

Zunächst griff das K. K. von der Marwitz, das rechtzeitig zur Stelle war, den linken englischen Flügel an, um den Gegner festzuhalten, und führte das Gefecht dort mit vollem Erfolg bis zum Eintreffen des IV. R. K. und II. A. K. durch.

Nach der ihm vorgeschriebenen Marschrichtung auf die Gegend von Caudry und Reumont traf das IV. A. K. zuerst auf den Gegner und griff ihn um 9 Uhr vormittags an. Rechts und links davon sollten nach den Ab= sichten des Oberbefehlshabers das IV. R. K. und III. A. K. so weit in der ihnen vorgeschriebenen Marschrichtung vorgehen, daß sie die feindliche Flanke trafen. Die Absicht der Umklammerung kam jedoch nicht zur Aus= führung. Das IV. R. K. traf nach einem außerordentlich weiten Anmarsch von Valenciennes her bei Esnes und Haucourt auf den Gegner. Es wurde dunkel, ehe das Gros der Divisionen eingesetzt werden konnte. Der Gegner zog in der Nacht ab. Das III. A. K. gelangte nur bis Honnechy. Das II. A. K. stieß bei Cambrai auf Franzosen und warf sie zurück. So fiel die Hauptlast des Kampfes dem IV. A. K. zu. Der Kommandierende General des III. A. K., General von Lochow, traf nachmittags auf dem Gefechtsfelde des IV. A. K. ein und bot dem General Sixt von Armin seine Unterstützung an. Eine unmittelbare Unterstützung hielt dieser aber mit Recht nicht für erforderlich. Die beste Hilfe mußte der Weitermarsch des III. A. K. auf sein Marschziel bringen. Das III. A. K., das am 25. nach Südosten auf Aulnoye abgedreht worden war, am 26. nach Süd= westen über Landrecies vormarschieren sollte, hatte seine beiden Divisionen in einer Kolonne hintereinander setzen müssen. Der Vormarsch und die Entfaltung nahmen soviel Zeit in Anspruch, daß das Korps erst spät zum Eingreifen auf dem linken Flügel der Armee kam.

Auf englischer Seite befand sich am 26. morgens der größte Teil der Kavallerie Allenbys auf dem rechten Flügel zwischen der Sambre und Le Cateau, von Le Cateau bis Troisvilles stand die 5. Infanterie= division, bei ihr anscheinend die 19. Infanteriebrigade, die 3. Division bei Caudry, weiter links bei Haucourt die eben angekommene 4., eine Ka=

valleriebrigade auf dem linken Flügel. Nach der englischen Darstellung wurde General Smith-Dorriens Lage mittags gefährlich. Seiner rechten Flanke drohte nach dem Abzug des I. A. K. die Umfassung. Er mußte sich nachmittags entschließen, den B e f e h l z u m R ü c k z u g mitten aus dem Kampf heraus zu geben. Daß der Rückzug unter diesen Umständen über= stürzt wurde und keineswegs mehr freiwillig war, geben auch die eng= lischen Darstellungen zu. Bei der 5. Division traf der Befehl zum Rückzug ein, als sie gerade heftig angegriffen wurde. Der Befehl drang nicht durch, es entstand Verwirrung. Mit anderen Worten: Smith-Dorrien erlitt eine schwere Niederlage.

Der Rückzug ging über St. Quentin hinter die Somme bei Ham, wo die Truppen am 28. früh eintrafen. Die Kavallerie suchte den Abmarsch zu decken. Tag und Nacht wurde marschiert, vielfach ohne Verpflegung; nur kurze Halte wurden eingelegt.

General French bemerkt, nur die Tapferkeit der Truppen, die Unter= stützung durch die Kavallerie Allenbys und das französische Kavalleriekorps Sordet sowie durch die Truppen des Generals d'Amade hätten das II. A. K. gerettet. Sonst wäre es eingekesselt worden. Die Verluste gibt French auf 15 000 Mann, 80 Geschütze und viel Material an. „Der Zu= stand der Armee", sagt French, „war beklagenswert. Die weittragenden Folgen unserer Verluste in der Schlacht von Le Cateau machten sich bis zur Schlacht an der Marne und bis zu den ersten Operationen an der Aisne fühlbar." Der weitere Rückzug sei nunmehr viel schwieriger ge= worden. Hinter Somme und Oise oder überhaupt nördlich der Marne hätte nun nicht mehr gehalten werden können.

Zunächst wurde vom englischen Oberbefehlshaber am Abend des 26. der Rückzug der Armee auf La Fère—Noyon befohlen. Das A. H. Qu. begab sich nach Noyon. Am 28. abends befand sich das I. A. K. südlich La Fère zwischen dem Wald von St. Gobain und der Oise, das II. bei Noyon.

Von f r a n z ö s i s c h e r S e i t e hatte an den Kämpfen bei Cambrai die 84. Territorialdivision teilgenommen, die von Valenciennes auf Cam= brai zurückgegangen war. Dem Kavalleriekorps Sordet (S. 61) war es endlich gelungen, durch die Marschstraßen der englischen Armee hindurch auf deren linken Flügel in die Gegend von Cambrai zu gelangen und dort einzugreifen. Es ging demnächst auf Peronne zurück. Zur Armee des Ge= nerals d'Amade waren zwei bisher zur Besatzung von Paris gehörige Reservedivisionen, die 61. und 62., gestoßen, die am 25. August bei Arras ausgeladen wurden. Eine Brigade der 62. Division soll am 26. bei Cam= brai eingegriffen haben. Die Divisionen gingen nach dem 26. über Ba= paume ebenfalls auf Peronne zurück, wurden aber unterwegs am 27.

und 28. in der Gegend von Combles vom II. A. K. angegriffen und völlig geschlagen. Die 61. Reservedivision flüchtete größtenteils auf Bapaume und Arras zurück, die Reste wurden mit Mühe in St. Pol gesammelt. Die 62. entkam über Amiens und wurde später nach Pontoise (nordwestlich Paris) zurückgezogen. Die 61. und 62. Reservedivision traten später zur Besatzung von Paris. Die Territorialdivisionen des Generals d'Amade wurden über Abbeville hinter die untere Somme zurückgezogen.

Betrachtungen.

Der Entschluß des Generals Smith = Dorrien, den Kampf am 26. August anzunehmen, ist in England sehr verschieden be= urteilt worden. French selbst hat in seinem Bericht 1914 unmittelbar nach den Ereignissen das Verhalten des Generals anerkannt, in seinem später erschienenen Buch aber getadelt. General Smith=Dorrien hat sich nach Angabe Hanotaux (a. a. O. Band 7, S. 294) im Jahre 1917 einem eng= lischen Zeitungsberichterstatter gegenüber verteidigt: er hätte befürchten müssen, daß die Fortsetzung des Rückzuges mit den übermüdeten Mann= schaften zu einem Zusammenbruch führte. Man habe den Feind nur auf= halten können, indem man ihm die Zähne zeigte. General Maurice tritt lebhaft für den General Smith=Dorrien ein. Er habe durch seinen Entschluß die Engländer vor einer Katastrophe bewahrt. Vor Beginn des feindlichen Angriffs frühmorgens abzumarschieren, sei unmöglich gewesen. Da er über drei Infanteriedivisionen, eine Infanteriebrigade und eine Kavallerie= division in einer starken, vorbereiteten Stellung verfügte, habe er hoffen können, bis zum Abend standzuhalten und unter dem Schutze der Dunkelheit zurückzugehen.

Dem ist entgegenzuhalten, daß General Smith=Dorrien nach dem Ab= marsch des I. A. K. in die größte Gefahr kam, auf beiden Seiten umfaßt zu werden. Wenn er geglaubt hat, vor Beginn des feindlichen Angriffs nicht antreten, nach dessen Beginn aber nicht mehr abmarschieren zu können, so ist er schließlich doch gezwungen worden, bei Tage unter viel schwierigeren Verhältnissen gerade im Augenblick eines starken feindlichen Angriffs den Kampf abzubrechen. Seinen Truppen mußte er nach dem schweren Kampfe weit größere Marschleistungen auferlegen, als wenn er unter dem Schutze von Nachhuten vor Tagesanbruch aufgebrochen wäre. Die unheilvolle Wirkung der Schlacht von Le Cateau wird von den Eng= ländern selbst hervorgehoben. Leicht hätte der Kampf einen Verlauf nehmen können, wie bei Wörth 1870.

Wo blieb aber die englische Oberste Führung an diesem Tage? Ein Armeekorps marschiert ab, das andere bleibt entgegen dem

Befehle stehen und nimmt einen ungleichen Kampf an. Der Oberbefehls=
haber befindet sich in St. Quentin und erfährt abends die traurige Lage
des II. A. K.

Der englischen Truppe wird man die Anerkennung nicht ver=
sagen können, daß sie sich tapfer gehalten und den Rückzug mitten aus dem
Gefecht heraus, wenn auch unter großen Verlusten, zustande gebracht hat.
Freilich war ihre Unterlegenheit durchaus nicht so groß, wenn man bedenkt,
daß starke Teile der deutschen 1. Armee nicht eingriffen. Das Entscheidende
war die Gefahr der Umfassung.

So hatte auch die zweite Schlacht gegen die Engländer zwar zu ihrer
schweren Niederlage, aber nicht zu der erstrebten Vernichtung geführt. Erst
an der Marne sollte es wieder zu einer größeren Kampfhandlung gegen
die Engländer kommen.

Nach der am 26. an die O. H. L. erstatteten Meldung war das
Oberkommando der 1. Armee der Ansicht, daß sich jetzt das
ganze englische Expeditionskorps, sechs Infanteriedivisionen und eine Ka=
valleriedivision, sowie drei französische Territorialdivisionen ihr gegenüber=
befänden.

Die 1. Armee stand abends südwestlich Cambrai—Le Cateau in Linie
Hermies—Crèvecoeur—Caudry—Honnechy. Eine Verfolgung fand somit
in der Mitte und auf dem linken Flügel nicht statt, wohl aber war der
rechte Flügel über Cambrai weit überholend in starkem Marsche vorge=
drungen.

Noch immer machte uns die Festung Maubeuge zu schaffen.
Sie sollte nunmehr angegriffen werden. Je eine Division des VII. A. K.
und VII. R. K. der 2. Armee wurde dazu bestimmt, die 1. Armee sollte
eine Division zur Verfügung stellen. In Solesmes wurde darüber am 26.
mit einem Nachrichtenoffizier der 2. Armee verhandelt. Die 1. Armee ver=
trat den Standpunkt, ein bis zwei Reservedivisionen genügten gegenüber
Maubeuge. Auch war die Halbierung eines Armeekorps unerwünscht. Wir
mußten uns aber doch dazu verstehen, eine Division des IX. A. K. zur Ver=
fügung zu stellen, obwohl dies eine wesentliche Schwächung der Armee
mitten in den Operationen bedeutete.

Es wird neuerdings aus dem Verlaufe des Weltkrieges vielfach der
Schluß gezogen, daß die Bedeutung der Festungen hinfällig
sei und ein Festungsbau in Zukunft sich erübrige. Man beachte demgegen=
über, welche Störungen und Schwierigkeiten uns bisher die französischen
Festungen bereitet und welche Kräfte sie auf sich gezogen hatten, die für
die Operationen ausfielen. Die Einnahme von Lüttich war geradezu eine
Vorbedingung für das Gelingen des Vormarsches unseres rechten Heeres=

flügels. Gegen Antwerpen, wo sich allerdings die belgische Armee befand, mußte sich die 1. Armee bald nach Beginn der Bewegungen durch das III. R. K. decken, das endgültig für uns ausfiel. Je ein Armeekorps der 2. und 3. Armee, das Garde-Reservekorps und das XI. A. K., griffen zur Zeit Namur an. Erst am 25. wurde die Festung genommen, das XI. A. K. konnte wieder der 3. Armee zur Verfügung gestellt, das Garde-Reserve= korps zur 2. Armee herangezogen werden. Nun kam Maubeuge an die Reihe. Wir werden später sehen, daß die kleine Sperrfeste Givet der 3. Armee wiederum eine Division entzog. Die Rolle, die Laon und La Fère, obwohl gänzlich veraltet, spielen sollten, wird ebenfalls noch zu erörtern sein, ganz abgesehen von Paris. Der Einfluß selbst mangelhafter Festungen auf die Operationen liegt auf der Hand. Viele mußten wir in unseren Besitz bringen, um die Eisenbahnsperre zu beseitigen. Daß hierzu nicht genügend Formationen zweiter und dritter Linie dem Feldheer folgten, war ein Mangel des Aufmarsches.

Selbst Festungen, die von uns gar nicht angegriffen worden sind, haben einen großen Einfluß auf die Operationen gehabt. Hat uns doch allein das Vorhandensein der Festungslinie Verdun—Toul—Epinal—Belfort ver= anlaßt, die große Umgehung durch Belgien zu unternehmen.

---

6. Die deutschen Operationen bis zur Marneschlacht.

Die 2. und 3. Armee am 25. und 26. August.

Fortsetzung der Bewegung nach Südwesten. Beförderung von zwei Korps nach dem Osten.

Die Abgabe einer Division an die 2. Armee zum Angriff auf Maubeuge veranlaßte das A. O. K. 1 zu folgender Anfrage bei der O. H. L.: „A. O. K. 2 will Maubeuge angreifen mit drei Divisionen und verlangt eine Division von der 1. Armee. Besteht Unterstellung unter 2. Armee noch?" Am 27. morgens antwortete die O. H. L.: „Unterstellung 1. Armee unter 2. Armee wird aufgehoben. Maubeuge ist von der 2. Armee allein einzuschließen."

Die Operationen an der Sambre und Maas hatten dazu geführt, daß die 2. und 3. Armee fast im rechten Winkel aufeinander zumarschierten. Es war nun nötig, in scharf südwestlicher Richtung abzudrehen, um ein Zusammenballen der Armeen zu verhindern und den Zusammen= hang mit der zur Umfassung ausholenden 1. Armee zu wahren.

Die 2. Armee, die am 24. abends östlich Maubeuge mit der Front nach Süden in der allgemeinen Linie Beaumont—Florennes gestanden hatte, verfolgte den Gegner am 25. und 26. in südwestlicher Richtung und erreichte am 26. die Linie Aulnoye—Boulogne (südlich Avesnes)—Ohain. H. K. K. 1 und die auf dem rechten Flügel marschierende 14. Infanterie= division (die 13. war vor Maubeuge verblieben) sollten die Richtung über Aulnoye—Le Cateau einschlagen, um den Engländern in den Rücken zu kommen.

Die 3. Armee folgte der Bewegung der 2. Armee nicht ganz, sondern marschierte in mehr südlicher Richtung am 25. bis in die Gegend von Mariembourg, am 26. bis in die Gegend von Rocroi (in Linie Régnio= wez—Rocroi—Les Mazures). Zwischen 2. und 3. Armee drohte eine Lücke zu entstehen.

Die Belagerung von Maubeuge wurde dem General v. Zwehl übertragen, dem das VII. R. K. und die 13. Infanteriedivision zur Verfügung gestellt wurden. Letztere wurde aber demnächst der 2. Armee nachgesandt und beließ nur eine verstärkte Infanteriebrigade vor Mau= beuge.

Am 26. traf ein verhängnisvoller Befehl der O. H. L. bei der 2. und 3. Armee ein: „Zur möglichst baldigen Abbeför= derung nach dem Osten sind am 26. August in Marsch zu setzen: verfügbare Teile Garde=Reservekorps in zwei Marschkolonnen, nach Infanteriedivisionen getrennt, nach Aachen, verfügbare Teile der Infanteriedivisionen XI. A. K. nach Malmedy bzw. St. Vith.“

Die Stärke der 3. Armee sank dadurch auf zweieinhalb Armeekorps hinab, nachdem die 24. Reservedivision vom 26. August ab zur Belagerung von Givet verwendet worden war.

Der 27. bis 29. August.
Die 1. Armee schlägt die Richtung auf Péronne ein. Französischer Gegen= angriff gegen die 2. Armee bei St. Quentin. 4. und 5. Armee kämpfen um die Maasübergänge.

Über die Rückzugsrichtung der Engländer herrschte nach der Schlacht bei Le Cateau keine volle Klarheit. Es lagen zwar am 27. Meldungen vor über den Marsch starker feindlicher Kolonnen von Landrecies auf Guise (tatsächlich marschierte hier am 26. das I. englische A. K.) und den Marsch einer Kolonne über Estrées (nordwestlich St. Quentin) auf St. Quentin (hier marschierte am 26./27. das II. englische A. K.). Nach Aussagen von Gefangenen, die am 28. vorlagen, war French bis zum 27. in Noyon ge= wesen. Dort sollten 4000 bis 5000 Mann, stärkere Kräfte in St. Quentin gestanden haben. Doch war nach der ganzen Lage möglich, daß die Eng=

länder eine mehr südwestliche Richtung einschlagen würden, um sich nicht von der Verbindung mit den Häfen abschneiden zu lassen. Aus diesem Grunde und um die durch die Schlacht bei Namur unterbrochene Um= fassungsbewegung des rechten Heeresflügels nach Südwesten fortzusetzen, schlug die 1. A r m e e am 27. die R i c h t u n g a u f P e r o n n e ein. Das vor Maubeuge zurückgehaltene IX. A. K. wurde auf dem linken Flügel in starken Märschen nachgezogen. Dem rechten Flügel, dem II. A. K. und dem H. K. K. 2, wurde die Aufgabe gestellt, über Combles vorzugehen und ein Entkommen des Feindes nördlich der Somme, von Peronne somme= abwärts, zu verhindern. Die Armee erreichte am 27. abends die Linie Combles—Joncourt (nördlich St. Quentin) und setzte sich am 28. in Besitz des Somme=Abschnittes von Braye bis nördlich Nesle. Das A. O. K. begab sich nach Villers=Faucon.

Am 29. gelangte die 1. Armee bis in die Linie Villers=Bretonneux— Chaulnes—Nesle. (Skizze 4, S. 89.)

In diesen Tagen verstärkte sich zusehends der bisher nur schwache und minderwertige f r a n z ö s i s c h e G e g n e r i n d e r r e c h t e n F l a n k e d e r A r m e e. Am 27. und 28. hatten Zusammenstöße mit der 3. fran= zösischen Kavalleriedivision, der 61. und 62. Reservedivision und einer Terri= torialdivision in der Gegend von Combles stattgefunden, bei denen die Franzosen geschlagen wurden. Am 29. traf das II. A. K. bei Proyart auf starke Teile des französischen VII. A. K. sowie Reserve=Alpenjägerbataillone, die völlig geschlagen und über Villers=Bretonneux zurückgeworfen wurden. Auch südwestlich Chaulnes fanden Zusammenstöße statt.

Wir gewannen den Eindruck, daß der Gegner alle noch verfügbaren Truppen der 1. Armee entgegenwarf, um ihren Vormarsch aufzuhalten. Im ganzen wurden bisher festgestellt: Die 61. und 62. Reservedivision, die anscheinend von Arras her nach Peronne marschiert waren, um sich an der Somme vorzulegen, ferner (wie bisher) die 81., 82., 84. und 88. Terri= torialdivision, das Kavalleriekorps Sordet (1., 3. und 5. Kavalleriedivision), eine Anzahl Reserve=Alpenjägerbataillone, die nach Aussage von Gefan= genen in Amiens ausgeladen worden waren, die 14. Division des VII. A. K., die von Mülhausen über Paris nach Amiens befördert, am 27. ausgeladen und auf Proyart vormarschiert war. Bei Amiens, Moreuil und weiter südlich schienen am 29. Truppenausladungen stattgefunden zu haben. Roye wurde vom Feinde besetzt gemeldet. Nach aufgefangenen Befehlen bildeten die genannten Truppen die Armeeabteilung des General d'Amade, der, in dieser Weise verstärkt, die Aufgabe hatte, die linke Flanke der Eng= länder zu decken.

H. K. K. 2 hatte daher Befehl, auf Montdidier vorzugehen und auf

Amiens, Paris und die Oise aufzuklären. Zur Deckung der Flanke und
der Verbindungen der Armee wurde das IV. R. K. nach der Gegend von
Combles entsandt. Es ging nach Albert vor und vertrieb dort schwachen
Feind. Das Korps verfügte über keine Flieger und zur Zeit nur über drei
Reserveeskadrons, da die drei anderen anderweitig verwendet waren. Die
Aufklärung in der Flanke konnte daher nur unzureichend sein. Es hätte
sich empfohlen, eine Division von H. K. K. 2 auf dem rechten Flügel zu be-
lassen.

Das A. O. K. 1 begab sich am 29. morgens nach Peronne. Starke
Teile der genannten französischen Truppen waren bereits empfindlich geschlagen worden. Es bestand die Absicht, zunächst die sich „sammelnde
französische Gruppe" völlig zu zersprengen, ehe weitere Verstärkungen
herankamen. Dann aber mußte sich das A. O. K. über die weiteren Operationen schlüssig werden. Die Engländer schienen über St. Quentin in südlicher und südwestlicher Richtung zurückgegangen zu sein. Die Fortsetzung
der bisher von der 1. Armee eingeschlagenen scharf südwestlichen Richtung
war daher untunlich. Das Heer konnte dadurch auseinandergerissen
werden. Die Gesamtoperationen gegen die Franzosen traten jetzt in den
Vordergrund. Sie wurden im Rückzug in eine Stellung angenommen, die
sich hinter der Aisne, dann über Reims—Laon—La Fère nach der Somme
zu erstreckte. Diese Stellung mußte umfaßt werden.

Es war daher am 28. nachmittags ein Offizier des Oberkommandos zur
2. Armee mit dem V o r s c h l a g geschickt worden, g e g e n d i e O i s e e i n -
z u s c h w e n k e n, rechter Flügel der 2. Armee auf Quierzy und Chauny,
1. Armee auf Compiègne—Noyon, gegen Paris stark rechts gestaffelt, die
Heereskavallerie teils gegen Paris, teils auf Soissons. Auf diese Weise
würden zugleich die Engländer am wirksamsten abgeschnitten. Der 2. Armee
wurde dabei mitgeteilt, daß nach Ansicht von A. O. K. 1 die Befestigungen
von Laon, La Fère und Fourdrain aufgelassen, sehr minderwertig, ohne
Offensivkraft und wahrscheinlich nicht armiert seien.

Ob der Zeitpunkt für die 1. Armee gekommen war, links einzuschwenken,
vermochte nur die O. H. L. zu beurteilen und zu bestimmen. Die augenblicklich eingeschlagene Richtung auf Amiens—Roye konnte allerdings von
der 1. Armee wohl kaum beibehalten werden. Daß für ein so weites Ausholen die Kräfte nicht ausreichen würden, ließ sich schon jetzt übersehen. Ein
so scharfes Einschwenken gegen die Oise, wie es die 1. Armee vorschlug,
konnte aber wohl nicht ins Auge gefaßt werden. Gingen die Engländer
tatsächlich über St. Quentin etwa auf Chauny—Noyon zurück, so war anzunehmen, daß die Franzosen den linken Flügel ihrer Stellung bei Laon—
La Fère in Verbindung mit den Engländern über Chauny auf Compiègne

an der Oise zurückbiegen, oder aber den Rückzug fortsetzen würden. Für beide Fälle empfahl sich ein Einschwenken gegen die Oise für uns zur Zeit noch nicht. Wenn die an der Somme neu aufgetretenen französischen Heeresteile auseinandergetrieben waren, wäre es daher besser gewesen, zunächst die allgemeine Richtung über Roye gegen die Linie Montdidier—Noyon einzuschlagen. Das Weitere mußte vorbehalten bleiben.

Am 28. abends trafen jedoch ausführliche Weisungen der O. H. L. ein, die der 1. Armee eine ganz andere Richtung gaben, anderseits kam am 29. abends folgender Funkspruch der 2. Armee in Peronne an: „2. Armee steht in Linie Essigny le Grand—Mont d'Origny—Boulpaix—Haution (also südlich St. Quentin bis in Gegend von Vervins) in schwerem Kampf mit anscheinend überlegenen Kräften. Frühzeitige Unterstützung durch Teile 1. Armee in Richtung Essigny dringend erwünscht." Bald darauf traf ein Offizier des A. O. K. 2 ein, der den Kampf der 2. Armee als besonders schwer und die Hilfe durch das IX. A. K. in Richtung auf Mont d'Origny als dringend erforderlich bezeichnete. Das IX. A. K. sei bereits benachrichtigt.

Die Schlacht bei Namur hatte also noch nicht die Entscheidung gebracht, der Gegner griff wieder an.

Die 2. Armee hatte ihren Marsch am 27. in südwestlicher Richtung mit ihrem rechten Flügel über Landrecies fortgesetzt und die Gegend von St. Souplet—südlich La Capelle erreicht, A. H. Qu.: Avesnes. Hier wollte die 2. Armee am 28. stehenbleiben, um das Herankommen der 3. Armee abzuwarten, die den Anschluß zu verlieren drohte.

Die 3. Armee war am 26. bis in die Gegend von Rocroi, am 27. bis Girondelle—L'Echelle—Lonny gelangt. Im Laufe des 27. wurde sie von der 4. Armee, die mit dem rechten Flügel südlich Sedan, mit dem linken bei Stenay kämpfte und nicht vorwärts kam, dringend um Unterstützung gebeten. Generaloberst Freiherr v. Hausen wollte daraufhin noch am 27. auf Signy l'Abbaye—Thin le Moutier marschieren, um westlich an Mézières vorbei dem rechten Flügel der 4. Armee Hilfe zu bringen, und verlangte seinerseits Rückendeckung durch die 2. Armee. Das mußte diese ablehnen. Da die 1. Armee am 28. mit dem linken Flügel auf Nesle marschieren wollte, so drohte die Operation auseinanderzufallen. Die 2. Armee war tatsächlich in einer schwierigen Lage. Ihr Verhalten war nicht „eigenartig und wohl vornehmlich von Sonderinteressen bestimmt", wie Generaloberst Freiherr v. Hausen meint (a. a. O., S. 150).

Generaloberst v. Bülow beschloß daher, am 28. seinen linken Flügel (X. A. K. und Gardekorps) gegenüber der Oise bei Guise und östlich stehenzulassen, deren Südufer noch vom Feinde besetzt war, den rechten

aber auf St. Quentin vorzuschieben, um wenigstens den Anschluß an die
1. Armee nicht zu verlieren. Gewiß ein recht unerwünschtes Auseinander=
ziehen der Armee. Als daher die 3. Armee im Laufe des 28. meldete,
daß sie auf Befehl der O. H. L. nicht in südöstlicher Richtung abbiegen,
sondern südwestlich vormarschieren werde, erhielt der linke Flügel der
2. Armee (X. A. K. und Gardekorps) den Befehl, die Oise zu überschreiten.
Der Gegner südlich der Oise schien nur schwach zu sein. Abends kam jedoch
die Nachricht, daß um die Oise=Übergänge noch gekämpft würde. Man hielt
dies für Nachhutgefechte. Die Armee wollte sich daher am 29. zum Angriff
auf La Fère bereitstellen.

Am 29. wurde sie aber durch einen kräftigen G e g e n s t o ß d e r
F r a n z o s e n i n R i c h t u n g a u f St. Q u e n t i n angegriffen.

Tatsächlich hatte die 3. A r m e e den erwähnten Befehl der O. H. L.
erhalten, „den Vormarsch in allgemein südwestlicher Richtung fortzusetzen".
Generaloberst Freiherr v. Hausen hatte daher am 27. von dem geplanten
Weitermarsch auf Signy l'Abbaye—Thin le Moutier Abstand genommen,
entschloß sich aber trotzdem am 28. auf ein erneutes Hilfsgesuch der
4. Armee, am 29. auf Vendresse—Louvergny abzubiegen, als bei Mont=
cornet—Rethel ihr gegenüber neuer Feind auftrat. Der Linksabmarsch
wurde bis zur Klärung der Lage aufgeschoben. Nachdem diese erfolgt,
wurde am 29. mittags der Abmarsch auf Vendresse eingeleitet, als
um 4 Uhr nachmittags auch bei der 3. Armee die Mitteilung von der
2. Armee eintraf, daß sie in der Linie Guise—Étréaupont in heftigem
Kampf stehe und um Eingreifen der 3. Armee in der Richtung Vervins
bitte. A. O. K. 3 konnte nicht nochmals seine Maßnahmen ändern
und blieb bei seinem Entschlusse, die 4. Armee zu unterstützen, als
diese am 29. abends mitteilte, der vor ihr befindliche Gegner habe den
Abmarsch über Vendresse—Sauville angetreten. Die 3. Armee ging nun
am 30. auf Château Porcien—Rethel—Attigny vor, um den abmar=
schierenden Gegner anzugreifen, und stand abends in dieser Linie im
Kampfe.

Eine nachträgliche Kritik wird zu dem Ergebnis kommen, daß die
3. Armee sowohl die 2. Armee in der Schlacht bei St. Quentin—Guise, wie
auch die 4. Armee in ihren Kämpfen um den Maasübergang unterstützt haben
würde, wenn sie weder rechts noch links eingeschwenkt, sondern den Vormarsch
unbeirrt nach Südwesten fortgesetzt hätte. So hatte es Graf Schlieffen
in solchen Fällen gelehrt. Dem A. O. K. 3, das die Gesamtlage nicht über=
sehen konnte, kann man keinen Vorwurf machen. Hier fehlte die Leitung
von oben.

D i e 4. A r m e e hatte nach dem Siege bei Neufchâteau (22. und

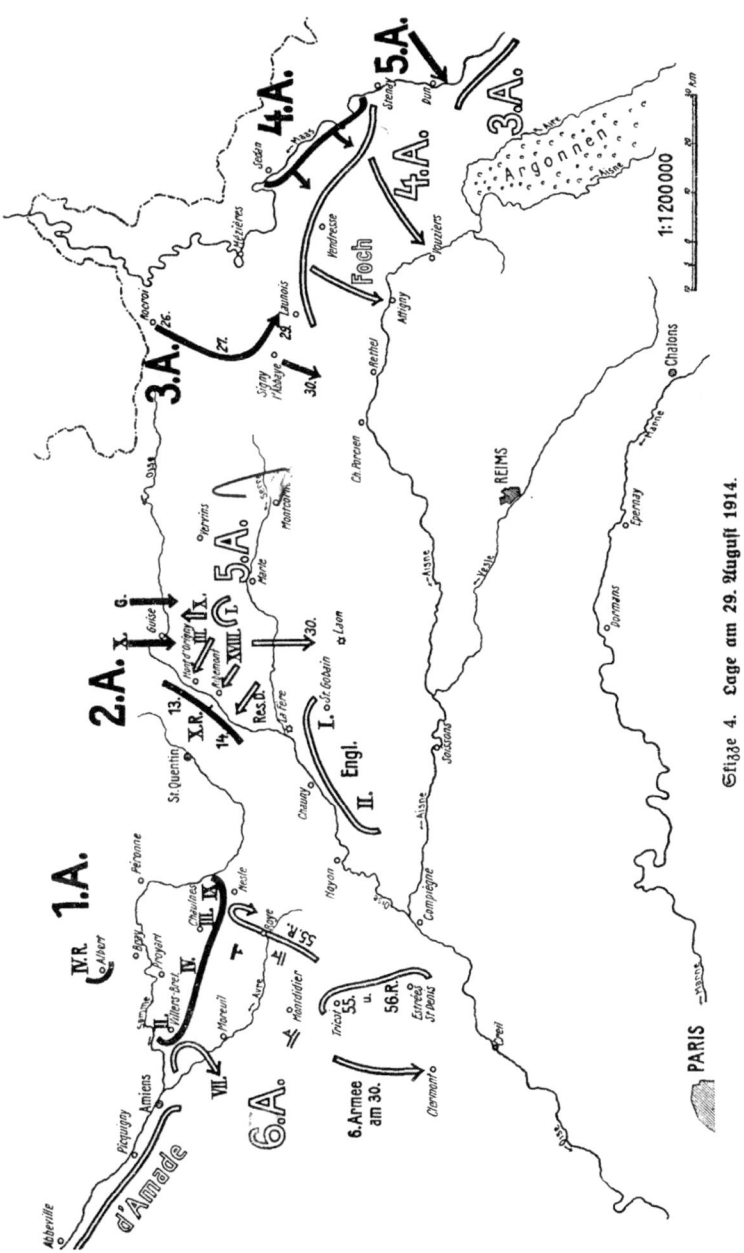

Skizze 4. Lage am 29. August 1914.

23. August) die Richtung auf Sedan—Stenay eingeschlagen, stieß aber
an der Maas auf hartnäckigen Widerstand. Der Feind machte heftige
Gegenangriffe. Vom 26. bis 29. kämpfte die Armee schwer um
den Maasübergang, erzwang ihn aber dann zwischen Sedan und
Stenay.

Vor der 5. Armee war der Gegner nach der Schlacht bei Longwy—
Longuyon und am Othain-Abschnitt (22. bis 27. August) auf die Maas
zurückgegangen. Nachdem der Armee die nötige Ruhe gewährt worden
war, setzte sie sich in Richtung auf Dun gegen die Maas in Bewegung. Der
linke Flügel wurde zur Deckung gegen Verdun auf Consenvoye—Azannes
zurückgebogen. Die Hauptreserve von Metz schloß die Ostfront von Verdun
ab. Auch die 5. Armee mußte vom 28. August bis 1. September schwer
um den Maasübergang bei Dun kämpfen, bevor der
Gegner langsam zurückwich.

**Die Anweisung der O. H. L. vom 27. August. Der Vormarsch auf Paris
wird fortgesetzt. Die 1. Armee geht gegen die Seine unterhalb Paris vor.**

Die 1. Armee hatte von den geschilderten Verhältnissen bei der
2., 3. und 4. Armee in den letzten Tagen Kenntnis. Teils wurde sie von der
2. Armee benachrichtigt, teils hörte sie Funksprüche mit. Meldungen über
„entscheidende Siege" folgten dringende Hilferufe. Die Lage erschien uns
dort ziemlich verworren und unklar. Die befohlene Abgabe zweier Korps
nach dem Osten hatten wir erfahren.

Unter diesen Umständen hatte das Oberkommando die am 28. abends
durch einen Offizier der O. H. L. überbrachte schriftliche, sehr ausführliche
Anweisung der O. H. L. vom 27. im Laufe des 29. zu prüfen und über die
weiteren Operationen sich schlüssig zu machen.

Die „Allgemeine Anweisung an die 1. bis 7. Armee
für den Fortgang der Operationen" vom 27. August
lautete:

„Der Gegner hat, in drei Gruppen gegliedert, die deutsche Offensive
zu verhindern gesucht. Auf dem Nordflügel, unserer 1., 2. und 3. Armee
gegenüber, hat er sich, unterstützt durch die englische und Teile der belgischen
Armee, zwischen Maubeuge—Namur und Dinant hauptsächlich defensiv
verhalten. Sein Plan, den rechten deutschen Flügel zu flankieren, ist durch
die ausholende Bewegung unserer 1. Armee mißglückt.

Zwischen Mézières und Verdun stand der Feind mit einer mittleren
Gruppe. Ihr linker Flügel hatte die Offensive ergriffen und war unserer
4. Armee über den Abschnitt der Semois entgegengegangen. Als diese
Offensive mißglückte, versuchte diese Mittelgruppe durch einen Angriff von

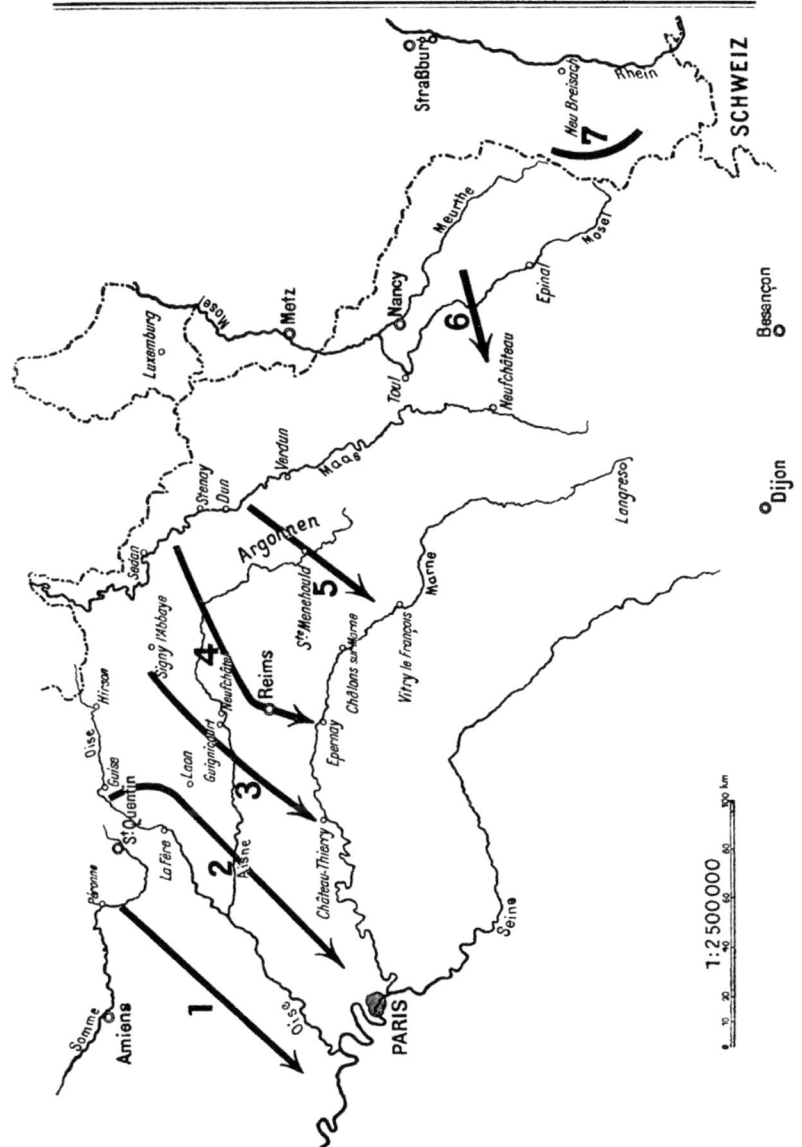

Verdun her den linken Flügel unſerer 5. Armee von Metz abzudrängen. Auch dieſer Verſuch mißlang.

Eine dritte ſtarke feindliche Gruppe hat den Verſuch gemacht, in Loth= ringen und im oberen Rheintal durchzubrechen, um beiderſeits Straßburg vorbei gegen Rhein und unteren Main vorzudringen. Unſerer 6. und 7. Armee iſt es gelungen, dieſen Verſuch ſiegreich in ſchweren Kämpfen ab= zuweiſen.

Alle aktiven franzöſiſchen Armeekorps, einſchließlich zweier neugebil= deter Diviſionen (44. und 45.) haben bereits gefochten und anſehnliche Ver= luſte erlitten; auch der größte Teil der Reſerve=Diviſionen hat ſchon im Kampf geſtanden und iſt ſchwer erſchüttert. Wie hoch die Widerſtandsfähig= keit der franzöſiſch=engliſchen Armee augenblicklich einzuſchätzen iſt, läßt ſich hier noch nicht überſehen.

Die belgiſche Armee iſt in der Auflöſung begriffen, an eine Offenſive im freien Felde iſt wohl nicht mehr zu denken. In Antwerpen können ſich gegen 100 000 Mann belgiſcher Feld= und Beſatzungstruppen befinden. Sie ſind ſtark erſchüttert und zu offenſiven Unternehmungen wenig fähig.

Die Franzoſen befinden ſich — wenigſtens mit der nördlichen und mitt= leren Gruppe — im vollen Rückzug in ſüdweſtlicher und weſtlicher Richtung, alſo auf Paris. Sie werden auf dem Wege dahin vorausſichtlich erneuten und hartnäckigen Widerſtand leiſten. Alle aus Frankreich eingehenden Nachrichten beſtätigen, daß man um Zeitgewinn kämpft, daß es ſich darum handelt, den größten Teil der deutſchen Kräfte vor der franzöſiſchen Front zu feſſeln, um eine Offenſive der Ruſſen zu erleichtern.

Die Nord= und mittlere Gruppe der Franzoſen und Engländer kann, nachdem die Maas=Linie verloren iſt, erneuten Widerſtand hinter der Aisne leiſten, äußerſter linker Flügel vielleicht vorgeſchoben bis St. Quen= tin—La Fère—Laon, rechter Flügel weſtlich der Argonnen etwa bei Ste. Menehould. Die nächſte Linie würde vorausſichtlich die Marne mit Flügel= anlehnung an Paris bilden. Möglich iſt auch, daß ſich Kräfte an der un= teren Seine zuſammenziehen. Auf dem franzöſiſchen Südflügel ſind die Verhältniſſe noch ungeklärt. Es iſt nicht ausgeſchloſſen, daß der Gegner, um ſeinen Nordflügel und die Mitte zu entlaſten, erneut zur Offenſive in Lothringen ſchreiten wird. Sollte dieſer Flügel der Franzoſen zurück= gehen, ſo wird er, geſtützt auf das Feſtungsdreieck Langres—Dijon—Be= ſançon, dauernd verſuchen, die deutſchen Armeen von Süden zu flankieren oder Kräfte für eine erneute Offenſive bereitzuſtellen.

Mit Neubildungen und Ergänzungen des franzöſiſchen Heeres muß gerechnet werden. Wenn ihm augenblicklich außer den ſchwachen Erſatz= truppen auch nur das diesjährige Rekrutenkontingent zur Verfügung ſteht,

ſo iſt doch anzunehmen, daß man auf den nächſten Rekrutenjahrgang zurück=
greift und alle in Nordafrika verfügbaren Heeresteile ſowie Marinemann=
ſchaften heranzieht. Die Bildung von Franktireurbanden wird wahr=
ſcheinlich bald von der franzöſiſchen Regierung angeordnet werden.

Auch England iſt eifrig bemüht, ein neues Heer aus Freiwilligen und
Territorialen zuſammenzuſtellen. An eine Verwendung innerhalb der
nächſten vier bis ſechs Monate iſt allerdings kaum zu denken.

Es kommt darauf an, d u r c h   b a l d i g e n   V o r m a r ſ c h   d e s
d e u t ſ c h e n   H e e r e s   a u f   P a r i s   d i e   f r a n z ö ſ i ſ c h e   A r m e e
n i c h t   z u r   R u h e   k o m m e n   z u   l a ſ ſ e n ,   Neubildungen zu ver=
hindern und dem Lande möglichſt viele Streitmittel zu entziehen.

Belgien wird als General=Gouvernement unter deutſche Verwaltung
geſtellt. Es ſoll der 1., 2. und 3. Armee als Hinterland für Verpflegung
dienen und ſo die rückwärtigen Verbindungen unſeres rechten deutſchen
Flügels weſentlich abkürzen.

Seine Majeſtät befehlen den V o r m a r ſ c h   d e s   d e u t ſ c h e n
H e e r e s   i n   R i c h t u n g   a u f   P a r i s.

Die 1. A r m e e   mit unterſtelltem H. K. K. 2 marſchiert weſtlich der
Oiſe gegen die untere Seine. Sie muß bereit ſein, in Kämpfe der 2. Armee
einzugreifen. Ihr fällt außerdem der Flankenſchutz des Heeres zu. Neu=
bildungen des Gegners hat ſie in ihrem Operationsgebiet zu verhindern.
Die zur Abſchließung von Antwerpen zurückgelaſſenen Teile (III. R. K.,
IX. R. K.) werden der O. H. L. unmittelbar unterſtellt. Das IV. R. K.
ſteht der Armee wieder zur Verfügung.

Die 2. A r m e e   mit unterſtelltem H. K. K. 1 geht über die Linie La
Fère—Laon auf Paris vor. Ihr fällt die Einſchließung und Wegnahme
von Maubeuge und ſpäter von La Fère ſowie im Einvernehmen mit
3. Armee die von Laon zu. H. K. K. 1 klärt vor der Front der 2. und
3. Armee auf. 3. Armee iſt mit Nachrichten zu verſehen.

Die 3. A r m e e   ſetzt den Vormarſch fort über die Linie Laon—
Guignicourt weſtlich Neuſchâtel auf Château=Thierry. Hirſon iſt wegzu=
nehmen, ebenſo Laon mit Fort de Condé im Einvernehmen mit der
2. Armee. H. K. K. 1, vor der Front der 2. und 3. Armee, wird die 3. Armee
mit Nachrichten verſehen.

Die 4. A r m e e   marſchiert über Reims auf Epernay. H. K. K. 4, der
5. Armee unterſtellt, wird auch an 4. Armee melden. Das zur Wegnahme
von Reims erforderliche Belagerungsgerät wird zur Verfügung geſtellt
werden. VI. A. K. tritt zur 5. Armee.

Die 5. A r m e e, der das VI. A. K. zugewieſen wird, geht gegen die
Linie Châlons ſ. Marne—Vitry le François vor. Sie hat durch Staffelung

links rückwärts für den Flankenschutz des Heeres zu sorgen, bis die 6. Armee diesen westlich der Maas übernehmen kann. H. K. K. 4 bleibt der 5. Armee unterstellt, klärt vor der Front der 4. und 5. Armee auf und hat auch an 4. Armee zu melden. Verdun ist abzuschließen. Außer den fünf Landwehr=brigaden der Nied=Stellung werden noch die 10. und 8. Ersatz=Division überwiesen, sobald sie bei der 6. Armee entbehrlich sind.

Die 6. A r m e e mit 7. Armee und H. K. K. 3 hat zunächst im Anschluß an Metz ein Vordringen des Gegners in Lothringen und das Oberelsaß abzuwehren. Die Festung Metz wird der 6. Armee unterstellt. Geht der Gegner zurück, so überschreitet die 6. Armee mit unterstelltem H. K. K. 3 die Mosel zwischen Toul und Epinal und nimmt die allgemeine Richtung auf Neuschâteau. Der Armee fällt dann der Schutz der linken Flanke des Heeres zu. Nancy—Toul sind abzuschließen, gegen Epinal ist ausreichend zu sichern. Für diesen Fall wird die 6. Armee durch Teile der 7. Armee (XIV., XV. A. K., eine Ersatz=Division) verstärkt, dagegen sind die 10. und 8. Ersatz=Division an die 5. Armee abzugeben. Die 7. Armee wird alsdann selbständig.

Die 7. A r m e e bleibt zunächst der 6. Armee unterstellt. Geht diese über die Mosel vor, so wird die 7. Armee selbständig. Die Festung Straß=burg und die Oberrhein=Befestigungen mit den zugehörigen Truppen bleiben ihr unterstellt. Die Armee verhindert dann ein Vorbrechen des Gegners zwischen Epinal und der Schweizer Grenze. Es wird sich empfehlen, gegen=über Epinal und von dort bis zum Gebirge sowie im Rheintal im Anschluß an Neu=Breisach starke Befestigungen auszubauen und die Hauptkräfte hinter dem rechten Flügel bereitzustellen. XIV. und XV. A. K. sowie eine Ersatz=Division treten alsdann zur 6. Armee.

T r e n n u n g s l i n i e n usw.

Alle Armeen haben im gegenseitigen Einvernehmen zu handeln und sich im Kampfe an den einzelnen Abschnitten zu unterstützen. Starker Widerstand, der an der Aisne und später an der Marne geleistet wird, kann ein Eindrehen der Armeen aus südwestlicher in südlicher Richtung erforderlich machen.

Baldiges Vorgehen ist dringend erwünscht, um den Franzosen keine Zeit zu lassen, sich neu zu gliedern und ernsten Widerstand zu leisten. Die Armeen haben daher zu melden, wann sie mit dem Vormarsch beginnen können."

Der Befehl zum A b t r a n s p o r t d e s XI. A. K. u n d d e s G a r d e = R e s e r v e k o r p s war bei der 2. und 3. Armee am 26. August eingetroffen. Am 28. kam die Anweisung vom 27. bei den Armeen an. Die Befehle folgten also dicht aufeinander und gehen offenbar von derselben Anschauung von der gesamten Lage aus.

Generalleutnant Tappen (a. a. O.) hat hierüber berichtet, daß die überaus günstigen Nachrichten, die täglich bis zum 25. August einliefen, i m G. H. Qu. den Glauben erweckt hätten, die große Entschei= dungsschlacht im Westen sei zu unseren Gunsten aus= gefallen. Unter dem Eindruck dieses „entscheidenden Sieges" habe sich der Chef des Generalstabes des Feldheeres zur Abgabe von sechs Armeekorps nach dem Osten entschlossen. Eine solche Verschiebung war allerdings von jeher vorgesehen, sobald die Entscheidung im Westen endgültig gefallen war. Daß die Annahme, dieser Zeitpunkt sei jetzt gekommen, ein großer Irrtum war, braucht heute, nachdem der Verlauf der Ereignisse bekannt ist, nicht weiter erörtert zu werden. Es hätte damals bedacht werden müssen, daß der Feind im wesentlichen nur frontal zurückgeworfen war. Die große Entscheidung, die Umklammerung der 5. französischen Armee, ein Abdrängen des französischen Heeres nach Süd= osten wären durch die großen Augustschlachten, wie nachgewiesen wurde, sehr wohl möglich gewesen. Dieses Ziel, das Graf Schlieffen den Opera= tionen gesteckt hatte, war aber nicht erreicht worden. Daß wir uns hierüber getäuscht haben, hat den Verlust der Marne=Schlacht herbeigeführt.

Generalleutnant Tappen erklärt ausdrücklich, daß nicht die mißliche Lage im Osten die Veranlassung zu dem Entschlusse des Generaloberst v. Moltke gegeben habe. Es würde sonst auch nicht der Transport von vollen sechs Korps in Aussicht genommen worden sein. Am 26. waren auch bereits hoffnungsvolle Nachrichten, am 27. die ersten Meldungen über große Erfolge vom Osten eingetroffen. Die O. H. L. wäre also sehr wohl imstande gewesen, die zuerst zum Abtransport bestimmten Korps, das XI. A. K. und das Garde=Reservekorps, anzuhalten. Diese Korps mar= schierten nach Aachen, Malmedy und St. Vith, wo sie erst am 30. eintrafen.

Generaloberst v. Moltke begründet in einer 1915 verfaßten Denkschrift die Entsendung der beiden Korps abweichend von den Angaben des General= leutnants Tappen. (Foerster, „Graf Schlieffen und der Weltkrieg", 1. Teil, S. 34. Berlin 1921, E. S. Mittler & Sohn.) Er sagt: „Während die 1. bis 5. Armee in siegreichem Vorgehen über die Maas und Sambre waren, machten die Verhältnisse im Osten, wo die Russen gegen Erwarten schnell in Preußen eingedrungen waren, eine Entsendung von Verstärkungen dorthin nötig, bevor eine endgültige Entscheidung im Westen hatte erreicht werden können."

Die Absendung der beiden Korps gerade vom rechten Flügel wird damit begründet, daß sie nach der Einnahme von Namur sofort ver= fügbar waren. Man habe schnelle Hilfe im Osten bringen müssen. Die dortige mißliche Lage erforderte also doch eilige Unterstützung. Es ist be=

dauerlich, daß die Korps gerade vom rechten Flügel genommen wurden,
der umgekehrt mit allen Mitteln hätte verstärkt werden müssen. Mit Rück=
sicht auf den weiten Fußmarsch der beiden Korps zu den Einladestellen
kann auch nicht zugegeben werden, daß sie am frühesten transportbereit
waren. Schneller konnten Korps von der 6. Armee entnommen werden,
die viel günstiger zum Verladen bereitstanden. Generaloberst Freiherr
v. Hausen hat sich gegen die Angabe des Generalleutnants Tappen verwahrt,
daß er das XI. A. K. als verfügbar bezeichnet habe.

Es ist zuzugeben, daß die Meldungen der Armeen vielfach von „ent=
scheidenden Siegen" sprachen, obwohl dieser Ausdruck keineswegs der Lage
immer entsprach. Man versteht unter einem entscheidenden Sieg etwas
anderes, als ein frontales Zurückwerfen des Feindes oder die siegreiche
Abwehr eines Angriffs. Der Chef des Generalstabes einer unserer Armeen
hatte nach dem Scheitern der französischen Offensive gemeldet, daß „der
Feind vor der ganzen Front der Armee zertrümmert sei!" Solche Mel=
dungen mögen zu der irrtümlichen Anschauung der O. H. L. vom Feinde
erheblich beigetragen haben. Auch ist daran zu erinnern, daß der Feind
tatsächlich die Entscheidung auf der ganzen Heeresfront erstrebt, aber überall
eine schwere Niederlage erlitten hatte (S. 63).

Derselbe Gedankengang, der zur Absendung der beiden Korps geführt
hatte, lag auch der ausführlichen A n w e i s u n g d e r O. H. L. v o m 27.
zugrunde.

Die Anschauung vom Feinde war dieselbe. Alle französischen aktiven
Korps hatten gefochten und ansehnliche Verluste erlitten, der größte Teil der
Reserve=Divisionen war angeblich erschüttert. Die belgische Armee sollte
in der Auflösung begriffen sein. Die Franzosen kämpften um Zeitgewinn,
sie wollten unsere Hauptkräfte fesseln und warteten auf die Wirkung der
russischen Offensive. Zu dem Zwecke würden sie an geeigneten Abschnitten
Widerstand leisten. Es wurde angenommen, daß die Franzosen in süd=
westlicher und westlicher Richtung auf Paris zurückgingen. In Lothringen
wurde zwar immer noch mit der Möglichkeit einer französischen Offensive
gerechnet. Es wurde aber offenbar angenommen, daß die Franzosen auch
hier den Rückzug antreten würden, wenn die 5. deutsche Armee links von
der Maas in südwestlicher Richtung vorging. Man vermutete, daß die
Lothringer Kräfte dann auf Langres—Dijon—Besançon, also nach der
Flanke, ausweichen würden.

Auf Grund dessen wurde als Aufgabe der Armeen bezeichnet, die Fran=
zosen nach den Niederlagen nicht zur Ruhe kommen zu lassen, ihnen keine
Zeit zu lassen, sich neu zu gliedern, ernstlichen Widerstand zu leisten und
Neubildungen vorzunehmen.

Nachdem einzelne Armeen durch die Kämpfe in eine mehr südliche Richtung abgelenkt worden waren, sollte nun die große Schwenkung des rechten Heeresflügels nach Südwesten in weitester Ausdehnung wiederaufgenommen werden. Die 1. Armee sollte sogar gegen die Seine unterhalb Paris vorgehen. Es schien also, als ob der Schlieffensche Plan im vollen Umfang ausgeführt werden sollte. Ein so weites Ausholen des rechten Flügels war aber bei der Kräfteverteilung, wie sie nun einmal durch den Aufmarsch entstanden war, nur möglich, wenn der Drehpunkt bei Diedenhofen oder später bei Verdun freigegeben wurde. Dies war offenbar auch beabsichtigt. Die 5. Armee sollte Verdun abschließen und links gestaffelt auf Châlons—Vitry le François vorgehen. Ein solcher Vormarsch war aber nur angängig, wenn auch die Franzosen den Anschluß an Verdun und die Maas mit ihrem rechten Flügel aufgaben und auch aus Lothringen, unter dem Druck des Vormarsches der 5. Armee links der Maas und infolge des Rückzuges der Masse ihres Heeres auf Paris, zurückgingen. Dann sollte die 6. Armee über die Mosel in Richtung auf Neufchâteau folgen und den Schutz der linken Flanke übernehmen.

Der Vormarsch, wie er nach der Anweisung der O. H. L. gedacht war, bot nur äußerlich das Bild der Schlieffenschen Operation. Die Kräfteverteilung entsprach ihr keineswegs. Während die 5. Armee verstärkt wurde, blieb der rechte Flügel viel zu schwach. Wenn die 2. Armee auf Paris marschierte, traf die 1. Armee mit nur fünf Korps auf die untere Seine. Mit diesen Kräften das starke Stromhindernis zu überwinden, war kaum zu erwarten, falls der Gegner tatsächlich, wie angenommen, mit seinen Hauptkräften auf Paris zurückgegangen war und somit beiderseits davon an der Seine zur Verteidigung bereitstand. Graf Schlieffen glaubte zum Vorgehen gegen eine französische Stellung Aisne—Oise—Paris 25 Armeekorps, 2½ Reservekorps und 6 neugebildete Armeekorps verwenden zu müssen. Davon wurden sieben Korps zur westlichen Umgehung von Paris, sechs neue Korps zur Einschließung der Festung auf der West- und Südfront in Ansatz gebracht.

Demgegenüber blieb der linke Heeresflügel nach wie vor viel zu stark. Er sollte auf Châlons—Vitry le François—Neufchâteau vorgehen. Der 6. und 7. Armee fielen als Nebenaufgabe der Flankenschutz in Richtung auf Dijon, die Abschließung von Nancy und Toul, die Sicherung gegen Epinal sowie zwischen Epinal und der Schweiz zu. Im wesentlichen stieß man somit mit einem verhältnismäßig schwachen rechten und starken linken Flügel frontal hinter dem auf Paris weichenden Feinde nach, wenn sich die Annahme von seiner Rückzugsrichtung bestätigte. Die große Umgehung mit einem überwältigend starken rechten Flügel, ein Abdrängen des Gegners nach Südosten wurden nicht erreicht.

Immerhin ist der Entschluß unter den gegebenen Verhältnissen und Voraussetzungen durchaus erklärlich. Eine Verschiebung von Kräften vom linken auf den rechten Heeresflügel erschien jetzt nicht mehr durchführbar, nachdem der Gegner auf der ganzen Front im Rückzug begriffen war und, wie angenommen wurde, auch von der Moselfront weichen würde. Dann war es am besten, mit der 6. und 7. Armee geradeaus über die Mosel nachzustoßen.

Aber die Annahmen waren irrig. Der Gegner ging nicht in west= licher und südwestlicher Richtung auf Paris, sondern in südwestlicher und südlicher Richtung zurück. Er gab den Anschluß an Verdun nicht auf und wies die 1. und 2. Armee an, sich an der Mosel zu behaupten. Der Feind kam den Absichten des Grafen Schlieffen entgegen. Welche glänzenden Aussichten hätte unsere Operation gehabt, wenn sie von vornherein völlig in dessen Sinne angelegt und durchgeführt worden wäre. Unter Festhalten des Drehpunktes Verdun brauchte bloß die Schwenkung fortgesetzt zu werden, um das große Ziel, Abdrängen des Feindes nach Südosten, zu erreichen, während wir uns in Lothringen defensiv verhielten. Voraussetzung war, daß der rechte Flügel von vornherein so stark als möglich war und durch Nachschub andauernd verstärkt wurde, während der linke Flügel in Loth= ringen mit schwachen Kräften sich defensiv verhielt.

Diese Voraussetzungen trafen aber nicht zu. Man hätte sich noch einigermaßen helfen können, wenn man unmittelbar nach der Schlacht in Lothringen, also etwa am 23. August, sich auf diesem Kriegsschauplatz auf die Defensive beschränkt und eine Anzahl der Korps mit der Bahn in Richtung auf Aachen befördert hätte, um sie als starke Staffel dem rechten Heeresflügel nachfolgen zu lassen. Leermaterial hielt der Chef des Feld= eisenbahnwesens für eine Verschiebung von fünf bis sechs Armeekorps bereit.

Mußte aber ohne eine solche Verstärkung die Schwenkung fortgesetzt und der Drehpunkt Verdun dabei festgehalten werden, so stieß der rechte Flügel mit unzulänglichen Kräften gerade auf Paris. Wie wollte man sich dann mit der großen Festung abfinden? Das ist nun gerade der Fall, der in Wirklichkeit eintrat.

Nun kam noch ein Umstand hinzu, der in der Anweisung vom 27. merkwürdigerweise gar nicht vorgesehen war: der Gegner schwächte sich, gestützt auf seine Festungen und starken Abschnitte, auf seinem Defensiv= flügel an der Moselfront, verstärkte sich mit Hilfe seiner auf Paris laufenden Eisenbahnlinien bei Paris und bildete dort einen starken Offensivflügel, mit dem er uns überraschend angriff. Statt daß wir ihn umfaßten, wollte er uns umfassen, während unsere 6. und 7. Armee vor der Mosel festlagen und der linke Flügel der 5. Armee vor Verdun hängenblieb. So wirkte die ungünstige Kräfteverteilung des Aufmarsches bis zum Schluß des Marnefeldzuges weiter.

Es fragt sich, ob es, nachdem eine Verschiebung der Kräfte am 23. nicht vorgenommen worden war, am 27., als die Anweisung der O. H. L. erlassen wurde, nicht noch Zeit dazu gewesen wäre. Die Herstellung der zerstörten belgischen Bahnen war noch nicht soweit gediehen, daß große Transporte durch Belgien möglich gewesen wären. Für einen Bahntransport nach Aachen und Fußmarsch von dort aus war es wohl zu spät. Wohl aber konnten die Korps mit der Bahn nach Luxemburg befördert werden und von dort marschieren. Es war nicht nötig, sie unmittelbar auf den äußersten rechten Flügel zu bringen. Die Verstärkung des rechten Flügels konnte durch eine Rechtsschiebung innerhalb der Heeresfront erreicht werden, indem die nachgeführten Korps an passender Stelle eingeschoben wurden.

Heute wird man wohl zugeben, daß ein solches Verfahren am 27. und selbst am 30., als man die Unmöglichkeit eines Durchbruches über die obere Mosel zu erkennen begann, besser gewesen wäre als der in Wirklichkeit gefaßte Entschluß.

Schon wenige Tage nach ihrem Erlaß war die Anweisung vom 27. hinfällig. Ohne daß sie aufgehoben wurde, schob sich das Heer, einem natürlichen Zwange folgend, von selbst südwärts.

Der Befehl der O. H. L. verweist wiederum die Armeen auf gegenseitiges Einvernehmen. Beachtenswert ist die Bedeutung der französischen Festungen, die in dem Befehl hervortritt. Maßnahmen gegen Maubeuge, La Fère, Laon, Hirson, Verdun, Nancy—Toul und Epinal werden für erforderlich gehalten.

Man muß von der Kenntnis der Begebenheiten absehen, wenn man sich den Eindruck vergegenwärtigen will, den der Befehl vom 27. September auf das Oberkommando der 1. Armee machen mußte. Schnelles, rücksichtsloses Nachdrängen hinter dem überall weichenden Gegner erschien erforderlich, um ihn nicht zum Halten kommen zu lassen. Während wir der unteren Seine zustrebten, um zu umfassen, mußten wir nach der Anweisung mit dem Vordringen unseres linken Flügels über die obere Mosel rechnen. So konnte die Einkreisung des Gegners von beiden Seiten gelingen. Irgendeine Aussprache mit der O. H. L. fand nicht statt. Aus der Unterhaltung mit dem Überbringer der Anweisung, einem älteren Generalstabsoffizier der O. H. L., ging hervor, daß diese über die bisherigen Er-

7*

eigniſſe bei der 1. und 2. Armee nur unvollkommen unterrichtet war.
Traf dies auch für die anderen Armeen zu, ſo wären. einige Zweifel
gerechtfertigt geweſen, ob die Anweiſung vom 27. auf genügend ſicheren
Unterlagen beruhte.

Der 30. Auguſt.
Einſchwenken der 1. Armee gegen die Oiſe. Der rechte Heeresflügel nimmt die Richtung nach Süden.

Nach Eingang der Anweiſungen der O. H. L. vom 27. Auguſt war
A. O. K. 1 a m 29. a b e n d s der Anſicht, daß die in der rechten Flanke
aufgetretenen franzöſiſchen Truppen erſt zurückgetrieben werden müßten,
bevor die 1. Armee in der befohlenen Richtung nach Südweſten weiter=
marſchieren konnte. In dieſem Augenblick traf abends die B i t t e d e r
2. A r m e e um U n t e r ſ t ü ß u n g ein, durch die die Armee nach der
entgegengeſetzten Richtung hingezogen werden ſollte (S. 87). Die Lage ſchien
dort ernſt. Der Sieg des II. A. K. bei Proyart über das VII. franzöſiſche
Armeekorps war am 29. abends in Peronne noch nicht in ſeiner ganzen
Bedeutung erkannt. Wir ſtanden vor einer ſchwierigen Frage. Inwieweit
die 2. Armee einer Unterſtützung bedurfte, war nicht zu überſehen. Vielleicht
war ſie nicht ſo bringlich. Je mehr und je länger die 2. Armee an der
oberen Oiſe auf Widerſtand ſtieß, um ſo ausſichtsvoller wurde die Fort=
ſetzung des Vormarſches der 1. Armee weſtlich der Oiſe, etwa auf Mont=
didier—Noyon, um dem Gegner in Flanke und Rücken zu kommen. Es
mußte dies viel wirkſamer werden, als eine unmittelbare taktiſche Unter=
ſtützung. Generaloberſt v. Kluck hielt es daher für beſſer, ſeine Kräfte
zuſammenzuhalten und zunächſt in der eingeſchlagenen Richtung zu ver=
bleiben. Nur die 17. Infanteriediviſion wurde A. O. K. 2 zur Verfügung
geſtellt, die anfänglich vor Maubeuge zurückgehalten worden war und nun=
mehr auf dem linken Flügel der Armee nachmarſchierte. A. O. K. 2 hatte
ſich der Eile halber unmittelbar an das zunächſt befindliche IX. A. K. ge=
wendet und gebeten, die 17. Diviſion über St. Quentin auf Origny St. Be=
noite in Marſch zu ſetzen, die 18. bei St. Quentin zur Verfügung des Ober=
befehlshabers bereitzuſtellen. Die 17. Diviſion wurde vom Generalkom=
mando ſofort alarmiert und in Marſch geſetzt, die Entſendung der 18. vom
A. O. K. 1 durch Ferngeſpräch verhindert.

Erſt um 11 Uhr 45 Minuten abends konnte in Peronne der Armee=
befehl für den 30. ausgegeben werden. Generaloberſt v. Kluck ordnete an,
daß der Gegner in der Front durch Angriff feſtgehalten und auf beiden
Flügeln umfaßt werden ſollte. Die Armee ſollte in breiter Front g e g e n
d e n A v r e von der Mündung in die Somme bis ſüdlich Roye vorgehen.

Nördlich der Somme marschierte das IV. R. K. von Albert auf Amiens. H. K. K. 2 wurde auf den linken Flügel geschickt und ging am 30. aus der Gegend südlich Chaulnes über Roye in südlicher Richtung vor. Es konnte fraglich erscheinen, ob diese Verwendung der Heereskavallerie richtig war.

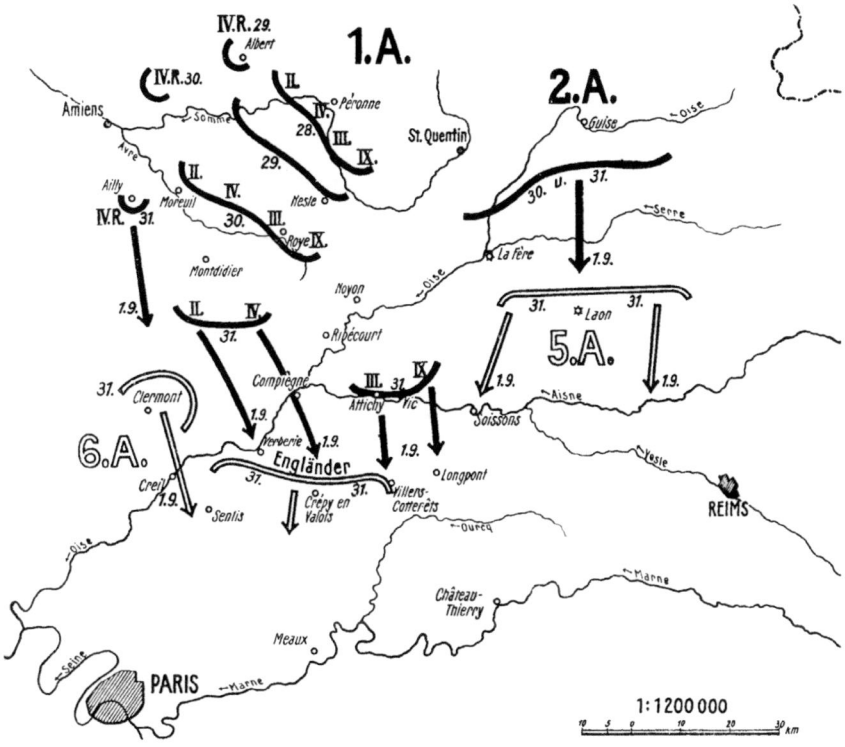

Skizze 6. Lage am 30. und 31. August 1914.

Es wäre erwünscht gewesen und hätte der Regel entsprochen, wenn sie auf den äußersten rechten Flügel nördlich Amiens hätte gebracht werden können. Frontal gegen den Avre vorgehend, wäre sie voraussichtlich nur langsam vorwärts gekommen. Auf dem linken Flügel klaffte eine weite Lücke zwischen 1. und 2. Armee. Die Lage an der Oise war höchst unsicher. Ein feindlicher Angriff aus dieser Richtung war nicht ausgeschlossen, Noyon war besetzt gemeldet. Hier war vor allem für den Fall eines Sieges der 2. Armee ein Feld der Tätigkeit. Hierhin führte voraussichtlich auch der Fortgang der Operationen die 1. Armee. Aus diesem Grunde entschied sich das Oberkommando für die Richtung über Roye. Unsere Heeres= kavallerie war zweifellos zu schwach, allen notwendigen Aufgaben konnte nicht genügt werden. Wie schon erwähnt (S. 86), wäre vielleicht doch besser eine Kavalleriedivision auf dem äußersten rechten Flügel belassen worden. Das A. H. Qu. verblieb am 30. in Peronne. Fortgesetzt wechselte an diesem Tage das Bild von der Lage und veranlaßte neue Entschlüsse.

Zunächst wurde a m 30. m o r g e n s beim A. O. K. bekannt, daß das II. A. K. bei Proyart einen vollen Sieg errungen und das VII. fran= zösische A. K. in die Flucht geschlagen hatte. Auch vor dem IV. R. K. war der Gegner zurückgewichen. Es war anzunehmen, daß auch auf der übrigen Front der Gegner nach den vielen Niederlagen nicht standhalten würde. Allzu hoch brauchte er, abgesehen von einer aktiven Division des VII. A. K., nach den bisherigen Erfahrungen nicht eingeschätzt zu werden. Allzu weit über den Avre hinaus zu folgen, führte uns von unserem Wege ab und verhinderte ein operatives Zusammenwirken mit der 2. Armee, wenn es sich darum handeln sollte, dem ihr gegenüberstehenden Feind in Flanke und Rücken zu stoßen. Kamen wir in den Besitz des Geländes von Roye, Montdidier und des unteren Avre, so mußte dies genügen. Es empfahl sich daher, die A r m e e r e c h t z e i t i g a n z u h a l t e n u n d f ü r e i n A b s c h w e n k e n n a c h S ü d e n v o r z u b e r e i t e n.

Diese Maßnahme mitten im Vormarsch durchzuführen, war nicht leicht. Eine einzige Fernsprechverbindung, zum IX. A. K., war verfügbar. Zu allen anderen Korps mußten Offiziere des Oberkommandos mit den neuen Befehlen um 9 Uhr 30 Minuten morgens im Kraftwagen eilen: falls der Feind hinter die Linie Montdidier—untere Avre zurückgeht, schiebt sich die Armee links in Richtung auf Montdidier—Roye und staffelt sich links.

Bald trat eine neue Wendung ein. Die Fernsprechverbindung mit dem IX. A. K. kam uns zustatten. In einem Ferngespräch mit einem Offizier des Generalkommandos erfuhren wir um 11 Uhr vormittags, daß nach Mitteilung des A. O. K. 2 an das IX. A. K. die 2. Armee gestern nach= mittag von mindestens zehn französischen Divisionen in einer Front von westlich Vervins bis in Gegend von La Fère angegriffen worden sei. Die Kämpfe wären sehr erbittert gewesen, aber der feindliche Angriff sei nicht geglückt. Aus den Papieren des gefangenen Chefs des Generalstabes eines französischen Korps habe man entnommen, daß der Angriff der Fran= zosen auf St. Quentin beabsichtigt gewesen sei, während die 1. deutsche Armee in der Front durch Engländer und Franzosen festgehalten werden sollte. In Noyon ständen 1½ feindliche Brigaden. Generaloberst v. Bülow bedaure, daß die 1. Armee nicht seinem Wunsche entsprechend eingeschwenkt sei. Die 17. Infanteriedivision werde baldigst wieder zur Verfügung gestellt werden. Der Feind scheine zurückzugehen.

Es erschien hiernach an der Zeit, die Mitte und den linken Flügel der Armee die bereits vorbereitete D r e h u n g   n a c h   S ü d e n ausführen zu lassen, um z u r A u s n u t z u n g e i n e s E r f o l g e s d e r 2. A r m e e bereit zu sein. Durch neue Befehle wurden daher das IV., III. und IX. A. K. so gruppiert, daß sie aus der Gegend von Roye in der Richtung auf die Oise antreten konnten.

Eine Fülle von Nachrichten lag abends in Peronne vor, worauf der E n t s c h l u ß f ü r d e n 31. a u f g e b a u t werden mußte.

Zunächst kam ein Funkspruch vom A. O. K. 2 (ab 5 Uhr 10 Minuten, an 5 Uhr 55 Minuten nachmittags) an: „Feind heute e n t s c h e i d e n d geschlagen. Starke Teile weichen La Fère zurück." Ein weiterer Funk= spruch, anscheinend von 3. Armee an O. H. L., wurde mitgehört: „Feind vor 4. Armee Rückzug in südwestlicher Richtung. 3. Armee stößt 30. über Château=Porcien—Attigny vor."

Vom A. O. K. 2 traf um 6 Uhr 35 Minuten nachmittags ein weiterer Funkspruch ein: „Zur vollen Ausbeutung des Erfolges ist E i n = s c h w e n k e n 1. A r m e e mit Drehpunkt Chauny g e g e n L a F è r e — L a o n d r i n g e n d e r w ü n s c h t. 17. Division heute Abend Straße Origny—St. Quentin. Tritt morgen zum IX. A. K. zurück. A. O. K. St. Quentin. Dank für geleistete Hilfe."

So war die Lage geklärt: die 2. wie auch die 4. Armee hatten gesiegt, der Gegner vor der 2. Armee wich mit starken Teilen auf La Fère zurück, die 3. Armee stieß dem vor der 4. Armee zurückgehenden Feind in den Rücken. Es war nicht anzunehmen, daß vor der 1. Armee der Gegner an dem Avre standhalten würde. Er war überall geworfen worden oder aus= gewichen. Bei Amiens war er — anscheinend Territorialdivisionen — in südwestlicher Richtung zurückgegangen. In der Front war der Gegner über den Avre gewichen. Fliegermeldungen besagten abends, daß der Gegner auf der Straße Montdidier—St. Just en Chaussée in Unordnung zurückging. Auch vor dem II. A. K. wich der Feind über Moreuil. Die Gefahr in der Flanke schien beseitigt, ein Abmarsch nach Süden möglich.

Über den Feind an der Oise meldeten abends unsere Flieger, daß etwa eine Division im Abmarsch von Bailly und Carlepont (südlich Noyon) in Richtung auf Attichy sei. H. K. K. 1 erreichte Noyon. Die Engländer schienen hiernach im Abmarsch nach Süden begriffen.

W o h i n s o l l t e s i c h d i e 1. A r m e e n u n w e n d e n? Ein

Entschluß von großer Tragweite war zu fassen. Die ganze weitere Heeresbewegung mußte dadurch beeinflußt werden. Es wurde angenommen, daß
die 2. Armee dem Feind nach Süden folgen würde. Auch die 3. Armee
stieß nach Süden vor. Der Erfolg mußte ausgebeutet werden. Dazu stand
die 1. Armee am 30. abends in der Gegend von Roye bereit, während das
II. A. K. bei Moreuil, das IV. R. K. gegenüber Amiens deckten. In dem
gehobenen Gefühl, daß große Siege errungen seien, wurde abends beschlossen, den A b m a r s ch a u f d i e O i s e anzutreten. Die Richtung
auf die untere Seine wurde aufgegeben.

Keinesfalls aber konnte der dringenden Aufforderung der 2. Armee
stattgegeben werden, auf La Fère—Laon einzuschwenken. Ehe wir dort
ankommen konnten, waren die Engländer und Franzosen nach Süden
entkommen. Hinter ihnen wären 1. und 2. Armee zusammengestoßen. Der
Gedanke einer Mitwirkung zum Angriff auf die wertlosen, nach unserer Annahme voraussichtlich gar nicht ernstlich verteidigten Befestigungen von Laon
und La Fère wurde von der Hand gewiesen. Wir konnten daher nur durch
eine überholende Verfolgung aus der Linie Moreuil—Roye—Guiscard nach
Süden den Erfolg der 2. Armee ausbeuten. Die Armee durfte sich nicht, wie
bei Maubeuge, zu nahe heranziehen lassen, um zur taktischen Unterstützung
zu dienen. Der Fortgang der Operationen mußte im Auge behalten werden.

Abends traf der vom A. O. K. 1 zur 2. Armee entsandte Hauptmann
Bührmann in Peronne mit der Meldung ein, daß die 2. A r m e e a m
31. „h a l t e n u n d r u h e n" werde. Generaloberst v. Bülow hatte ihm
mitgeteilt, daß der Zustand der Truppe nach den starken Märschen und
schweren Kämpfen ihm leider nicht ermögliche, die Verfolgung sofort mit
allen Kräften aufzunehmen. Wir hatten sicher mit einer Verfolgung gerechnet. Die 1. Armee vereinzelt allzu scharf in südlicher Richtung vorzuführen, erschien nunmehr untunlich. Der Abstand von der 2. Armee wurde
zu groß, wir standen in der Luft.

Auf dieser Grundlage wurde 9 Uhr 30 Minuten abends der A r m e e -
b e f e h l f ü r d e n 31. gegeben. Generaloberst v. Kluck entschloß sich, die
R i ch t u n g a u f C o m p i è g n e — N o y o n einzuschlagen. Durch
außergewöhnliche Marschleistungen sollte versucht werden, den vor der
2. Armee in der allgemeinen Richtung auf Laon—La Fère z u r ü c k -
g e h e n d e n G e g n e r n o ch i n d e r F l a n k e z u f a s s e n. Das
IX. A. K. sollte über Guiscard—Quierzy auf Coucy le Château, das
III. A. K. bis Bailly und Cuts, das IV. bis in die Gegend von Mareuil,
das II. bis in die Gegend von Tricot, das IV. R. K. über Amiens nach Ailly
marschieren. H. K. K. 2 hatte oberhalb Compiègne gegen den französischen
linken Flügel in Richtung auf Soissons vorzugehen. H. K. K. 1 wurde

ersucht, über Noyon mitzuwirken. Alle Vorbereitungen wurden getroffen, um schnell die Übergänge über die Oise in Besitz zu nehmen oder herzustellen. Als neuer Feind waren am 29. und 30. Marokkaner in der Gegend von Rosières (westlich Chaulnes) von H. K. K. 2 und III. A. K. festgestellt worden.

Der O. H. L. wurde 10 Uhr 30 Minuten abends gemeldet: „1. Armee ist in Richtung auf Oise abgeschwenkt und geht 31. über Compiègne—Noyon vor, um Erfolg der 2. Armee auszubeuten. IV. R. K. rückt durch Amiens nach Süden zur Deckung rechter Armeeflanke." Der 2. Armee wurde Mitteilung gemacht.

Eine bedeutsame Wendung in den Operationen hatte sich vollzogen. Ob sie richtig war, mußte sich zeigen.

Die Meldung an die O. H. L. war nicht genau. Nur das III. und ½ IX. A. K. überschritten am 31. die Oise. Das IV. und II. A. K., das IV. R. K. und das ½ IX. A. K. standen am 31. abends westlich der Oise derartig bereit, daß sie auf Befehl in der von der O. H. L. befohlenen Richtung auf die untere Seine, nördlich der Oise, hätten weitermarschieren können. Oberstleutnant Hentsch vom Stabe der O. H. L. hat mir kurze Zeit darauf gesagt, daß die O. H. L. durch unsere Meldung in den Glauben versetzt worden sei, die ganze Armee sei bereits auf die Oise abgeschwenkt. Sie habe sich dadurch in ihren weiteren Maßnahmen beeinflussen lassen.

Wie dem auch sei: noch in derselben Nacht, am 31. um 2 Uhr 13 Minuten früh, ging die Antwort der O. H. L. durch Funkspruch ein: „3. Armee nach Süden gegen Aisne eingeschwenkt. Greift über Rethel—Semuy an und wird in südlicher Richtung verfolgen. Die von der 1. und 2. Armee eingeleiteten Bewegungen entsprechen den Absichten der O. H. L. Zusammenwirken mit 3. Armee. Linker Flügel der 2. in ungefährer Richtung Reims."

Die O. H. L. hatte sich am 30. von Koblenz nach Luxemburg begeben. Es war ihr die Möglichkeit gegeben, noch rechtzeitig die von der 1. und 2. Armee getroffenen Maßnahmen zu ändern, wenn sie nicht einverstanden war. Ihre Anordnungen standen aber im Zusammenhang mit dem Verhalten der übrigen Armeen. Der ganz rechte Heeresflügel, 1., 2. und 3. Armee, drehte nach Süden ab.

Generaloberst v. Bülow hat in seinem „Bericht zur Marneschlacht" mit Bezug auf die an die 1. Armee am 30. ergangene dringende Aufforderung zum Einschwenken bemerkt, er habe hierbei nur an eine vorübergehende taktische Unterstützung, nicht an eine völlige Änderung in der operativen Richtung gedacht. Ihm sei damals von stärkeren feindlichen Kräften vor Front und Flanke der 1. Armee noch nichts bekannt gewesen. Anscheinend habe auch die O. H. L., als sie ihre Zustimmung erteilte, nichts von den schon am 29. August bei Amiens, Montdidier, Moreuil und Roye statt= gefundenen Ausladungen und von dem starken Angriff von Villers=Bre= tonneux her gegen den rechten Flügel gewußt.

Vom A. O. K. 1 war der O. H. L. außer dem Vorhandensein der Territorialdivisionen nach den vorliegenden Meldungen seit dem 29. das Auftreten des französischen Kavalleriekorps an der Somme, der Kampf der 61. und 62. Reservedivision mit dem II. A. K., später das Vorgehen des Feindes von Amiens—Moreuil her, das Auftreten der Reserve=Alpen=jäger und das Vorgehen des VII. A. K. gemeldet. Diese letzte Meldung ging am 30. 1 Uhr 10 Minuten vormittags aus Peronne ab. Am 30. um 10 Uhr 30 Minuten abends wurde gemeldet, daß der Feind (VII. A. K.) zurückgeworfen worden sei, auch Marokkaner seien festgestellt. Bei Amiens seien Territorialdivisionen in südwestlicher Richtung zurückgegangen. Diese Meldung ging gleichzeitig mit der Ankündigung ab, daß die Armee auf die Oise abschwenke, worauf die O. H. L. am 31. früh zustimmend antwortete. Die O. H. L. war somit genau unterrichtet.

Mit dem A. O. K. 2 wurde in diesen Tagen durch gegenseitige Ent=sendung von Offizieren gute Verbindung gehalten. Der am 30. von uns zum A. O. K. 2 entsandte Hauptmann Bührmann (S. 104) nahm, wie dies meist geschah, eine schriftliche Anweisung vom 30. 2 Uhr nachmittags mit, die er nach einem Aktenvermerk um 4 Uhr 35 Minuten nachmittags über=geben hat. Sie lautet:

„Gestern in Linie Amiens—Moreuil—Montdidier—Roye überall Aus=ladungen gemeldet, bei Noyon 1½ Brigaden. Starker Feind griff von Villers=Bretonneux an. Festgestellt außer bisherigen Truppen (61. und 62. Reservedivision, vier Territorialdivisionen, 3. und 5. Kavalleriedivision, aus Depots gebildete starke Neuformationen): das VII. A. K., die Reserve=Alpenjägerdivision, 1 Kavalleriedivision, Marokkaner, bei Noyon Engländer. Armee warf heute Feind mit rechtem Flügel über Avre zurück, schwenkte mit linkem auf Guiscard ein, Mitte Gegend Roye, bereit nötigenfalls durch Nachtmarsch einzugreifen Richtung Ham, Jussy, Chauny, Noyon, Com=piègne, je nach Lage des Kampfes der 2. Armee. . . . . Während heute Feind geworfen wurde, drehten Mitte und linker Flügel bereits gegen die Oise ab und sind nun verfügbar. Rechter Flügel (IV. R. K. und II. A. K.) werden zur Deckung der rechten Flanke gegen Amiens—Avre nötig bleiben. Bei Amiens sammelt sich heute nachmittag ein feindliches Armeekorps."

v. S. d. A.

v. Kuhl.

In den Akten des A. O. K. 2 findet sich eine daraufhin gemachte Zu=
sammenstellung der am 29./30. vor der 1. und 2. Armee festgestellten
feindlichen Truppen.

Daß ein Einschwenken der 1. Armee gegen Noyon—Compiègne oder
gar auf Laon—La Fère nur in Form einer vorübergehenden taktischen
Unterstützung ausführbar war, muß bezweifelt werden. Es mußte ein=
schneidende operative Bedeutung gewinnen.

Betrachtungen.

General Maurice meint, Generaloberst v. Kluck habe am 31.
denselben Fehler gemacht, wie am 27., als er die Engländer nicht verfolgte,
sondern nach Südwesten marschierte. So habe er jetzt die französischen
Kräfte am Avre (es handelte sich tatsächlich um die in der Bildung be=
griffene 6. Armee Maunoury) gefaßt, sich dann aber nach Südosten ge=
wendet.

Tatsächlich stand der Oberbefehlshaber der 1. Armee vor dem Entschluß,
den Gegner am Avre in der bisherigen Richtung weiter zu verfolgen
und dabei die vorgeschriebene Richtung auf die untere Seine beizubehalten,
oder gegen die Oise einzuschwenken, um den Erfolg der 2. Armee auszu=
beuten, die zum zweiten Male einen entscheidenden Sieg gemeldet hatte,
und um den linken Flügel der französischen Hauptkräfte zu umfassen. Im
ersteren Falle waren entscheidende Erfolge nicht zu erreichen. Während
man dem zurückweichenden Gegner über den Avre folgte, konnten die fran=
zösischen Hauptkräfte über La Fère ungestört den Rückmarsch fortsetzen, da
die 2. Armee am 31. ruhen wollte. Schwenkte die 1. Armee aber gegen die
Oise ein und ließ von dem Gegner am Avre ab, so blieb eine gewisse
Gefahr, zum mindesten eine Unsicherheit in der Flanke des Heeres bestehen.
Eine einwandfreie Lösung vermag ich auch heute noch nicht
zu finden. Es fehlte eben eine rückwärtige Heeres=
staffel. Den tatsächlichen Entschluß halte ich immer noch für den besseren.
Nur durfte die Fühlung mit dem bisherigen Gegner nicht aufgegeben
werden, wenn er auch größtenteils minderwertig, geschlagen und im
Rückzug war. Er blieb doch immerhin in unserer Flanke und konnte ver=
stärkt werden. Wir nahmen freilich an, daß der Gegner auf unserer ganzen
Heeresfront, auch an der oberen Mosel, durch unsere siegreichen Angriffe so
gebunden war, daß er wesentliche Verschiebungen nicht vornehmen konnte.
Immerhin hätte es sich empfohlen, eine Division des Kavalleriekorps westlich
der Oise dem Gegner folgen zu lassen, um die Flanke des Heeres vor Über=
raschungen zu sichern, so wichtig und aussichtsreich auch der Vorstoß über
Compiègne auf Soissons gegen die Flanke der französischen Hauptkräfte

sein mochte. Welche Bedeutung eine starke Heereskavallerie im Bewegungs=
kriege hat, zeigen die Operationen in dieser Zeit täglich.

Nachdem die O. H. L. in der Nacht 30./31. unseren Entschluß gebilligt
hatte, war die am 28. abends bei uns eingetroffene Anweisung vom 27. völlig
umgestoßen. Die 1. Armee, die auf die untere Seine vorgehen sollte,
marschierte über Compiègne—Noyon über die Oise. Die 2. Armee nahm
die Richtung auf Reims statt auf Paris, die 3. Armee auf Rethel statt auf
Château=Thierry. Woher dieser Umschwung? Zum Teil erklärt er sich
aus der starken feindlichen Gegenwirkung, hauptsächlich aber aus dem
Umstand, daß der Gegner an der oberen Mosel und bei Verdun sich be=
hauptete. Wenn die 5., 6. und 7. Armee hier gefesselt waren, wurde es
für uns unmöglich, mit dem rechten Flügel bis an die untere Seine aus=
zugreifen. So bahnte sich allmählich ein neuer Entschluß der O. H. L. an,
den wir in dem Befehle vom 2. September kennenlernen werden, wonach
der ganze rechte Heeresflügel links einschwenken und den Feind von Paris
abdrängen sollte.

Jedenfalls wäre nach dem kurzen zustimmenden Funkspruch der
O. H. L. in der Nacht 30./31. alsbald ein neuer Befehl und eine Verstän=
digung über die weiteren Absichten notwendig gewesen.

Der 31. August und 1. September.
Die 1. Armee erreicht die Franzosen und Engländer nicht mehr.

Das A. O. K. 1 hatte sich am 31. mittags nach Lassigny begeben. Die
im Laufe des Vormittags eingegangenen Fliegermeldungen hatten ergeben,
daß die Gegend an der Oise zwischen Noyon—Chauny—Coucy le Châ=
teau—Carlepont vom Feinde frei war, daß dagegen starke Kolonnen von
Vic nach Süden (etwa ein Armeekorps) und von Compiègne auf Verberie
(etwa eine Division), beides vermutlich Engländer, marschierten, während
eine von Coucy le Château auf Soissons marschierende Kolonne anscheinend
Franzosen waren. Es wurde daher in Lassigny um 2 Uhr nachmittags den
Armeekorps anheimgestellt, den Marsch soweit als möglich in Richtung auf
Soissons—Verberie fortzusetzen, um den abziehenden Gegner noch zu er=
reichen. Kavallerie mit Artillerie und Infanterie auf Wagen sollten voraus=
gesandt werden. H. K. K. 1 wurde gebeten auf Soissons vorzugehen,
H. K. K. 2 wurde die Richtung auf Villers=Cotterêts vorgeschrieben.

Das A. H. Qu. wurde nachmittags nach Noyon verlegt. Die Armee
erreichte am Abend mit den Spitzen des linken Flügels (½ IX. und
III. A. K.) Bezaponin (nordwestlich Soissons)—Vic s. A.—Attichy, mit dem
rechten Flügel Mareuil=Lamotte—Maignelay, das IV. R. K. kam bis Ailly.
Die Truppen auf dem linken Armeeflügel legten Märsche von über 50 km

zurück. Wenn man bedenkt, daß die Armee seit Beginn des Vormarsches ohne einen Ruhetag marschiert war und gekämpft hatte, so muß man diese Marschleistung am 31. als erstaunlich bezeichnen. In der Truppe lebte der Gedanke, der feindliche Flügel müsse erreicht und geschlagen werden.

Auf starken Druck hin wurde endlich die in Brüssel zurückgelassene Brigade von Lepel des IV. R. K. vom dortigen Gouvernement freigegeben und in Richtung auf Peronne in Marsch gesetzt.

Der glänzende Sieg bei Tannenberg wurde bekannt. Alle Kräfte spannten sich an, um auch an der Oise einen großen Erfolg zu erreichen.

Die 2. Armee hatte unterdessen nach dem uns bekanntgegebenen Armeebefehl vom 30. für den 31. („Die Armee hält morgen und ruht") an diesem Tage gehalten und die Vorbereitungen für den Angriff auf La Fère getroffen. Der rechte Armeeflügel, VII. A. K. und X. R. K., wurden für den Angriff bestimmt und schoben im Laufe des Tages Infanterie gegen die Festung vor, unter deren Schutze die Artilleristen und Pioniere erkundeten. Am 1. September sollte das Feuer eröffnet werden. Am 31. abends kam Hauptmann Brinckmann vom A. O. K. 2 nach Noyon. Nach meinen Aufzeichnungen teilte er mit, daß die 2. Armee nach der Schlacht bei St. Quentin erschöpft gewesen sei und nicht habe verfolgen können. Sie wolle am 1. September antreten, aber erst La Fère und Laon angreifen. Ich betonte, „daß diese Befestigungen wertlos, vielleicht gar nicht armiert seien. Die 2. Armee würde aufgehalten und bliebe zurück. Die Franzosen gingen anscheinend mit linkem Flügel über Soissons, die Engländer von der Oiselinie Noyon—Verberie nach Süden zurück. Wir würden die Franzosen nicht mehr erreichen." Dem Wunsche, den Angriff auf La Fère durch die schwere Artillerie unseres IX. und III. A. K. zu unterstützen, konnten wir nicht stattgeben. Es hätte dies zu einer längeren Trennung von der Artillerie geführt, die wir für die bevorstehenden Kämpfe dringend brauchten. Ein artilleristischer Angriff auf La Fère wurde für entbehrlich gehalten.

Generaloberst v. Kluck beschloß, am 1. September durch äußerste Marschleistungen den Versuch fortzusetzen, den Gegner noch zu erreichen. Die Engländer wurden im Rückzug von Noyon—Verberie über die Linie Senlis—Crépy en Valois—Villers-Cotterêts, der westliche französische Flügel im Rückzug von Soissons nach Süden vermutet. Es gelang nach heftigen Kämpfen mit feindlichen Nachhuten bei Verberie, Gilocourt und Villers-Cotterêts bis zum Abend des 1. mit den Anfängen die Gegend Verberie—Crépy en Valois—Villers-Cotterêts—Ostrand des dortigen Waldes zu erreichen. Diesmal muß man die Marschleistungen des rechten Flügels bewundern (IV. A. K. in gerader Linie über 40 km).

Das IV. R. K. gelangte bis nördlich St. Just en Chauffée, die 17. Infanterie=
division eilte bis nordwestlich Coucy le Château ihrem Korps nach.
H. K. K. 2 sollte südlich Villers=Cotterêts nach Osten gegen die französische
Flanke, H. K. K. 1 südlich Soissons vorgehen. H. K. K. 2 wurde aber bei
Verberie aufgehalten, eine Division geriet südlich davon in eine nachteilige
Lage.

Der O. H. L. war am 31. abends gemeldet worden, daß der Feind
bei Amiens nach Südwesten zurückgegangen sei. Vor dem IV. R. K. und
II. A. K. wichen am 1. September schwächere französische Truppen über
Clermont nach Südwesten aus. Am 1. abends mußte der O. H. L.
gemeldet werden, daß es der Armee **nicht mehr gelungen sei,
den linken französischen Flügel zu erreichen.** Die
Armee beabsichtige, sich am 2. in Linie Verberie—La Ferté Milon zu
weiterer Verwendung bereitzustellen.

Nach meinen Aufzeichnungen von diesem Tage wurde die Lage beim
A. O. K. 1 dahin beurteilt, daß „in der Gegend von Douai—Cambrai—
Amiens keine Gefahr mehr bestehe, der Feind sei dort auseinanderge=
trieben. Die Franzosen noch zu erreichen, schien kaum mehr möglich. Sie
waren unverfolgt entkommen. Auch die Engländer seien schwerlich einzu=
holen. In der bisherigen Richtung weiterzumarschieren, sei untunlich, der
rechte Flügel werde von Paris her bedroht. Es sei daher ein Halt nötig,
um die Armee für das weitere Vorgehen gruppieren zu können, je nachdem
wir entweder unter Deckung gegen Paris weiter nach Süden oder gegen
die untere Seine unterhalb Paris vorzugehen beauftragt würden. Setzten
wir den Marsch nach Süden fort und verteidigten die Franzosen die Marne,
so sei ein flankierender Vorstoß von Paris sicher zu erwarten."

So reifte der Entschluß, zunächst am 2. September nur bis in Linie
Rully (südlich Verberie)—Crépy en Valois—La Ferté Milon—Neuilly
St. Front aufzuschließen. Die Ermattung der Truppen machte einen Halt
äußerst dringlich, die Heereskavallerie kam nur noch mit Mühe vorwärts.
Um 8 Uhr abends hatte Generaloberst v. Kluck schon in diesem Sinne ent=
schieden, als der Befehlsempfänger des III. A. K. englische, bei einem Rad=
fahrer erbeutete Befehle brachte. Es handelte sich um den Befehl des
I. englischen A. K. zum Übergang zur Ruhe. Es ging daraus hervor, daß
die ganze englische Armee uns noch nahe gegenüber
war und am Mittag südlich der Linie La Ferté Milon—Crépy en
Valois—Verberie hatte zur Ruhe übergehen wollen. Die 1., 2., 3. und
5. Division, das III. A. K., die 3. und 5. Kavalleriebrigade wurden in dem
Befehl aufgeführt. (Tatsächlich befanden sich die Engländer am 1. Sep=
tember abends in Linie La Ferté Milon—Betz—Nanteuil le Haudouin.)

Trotz aller Ermüdung mußte d i e A r m e e n o ch m a l s z u m A n g r i f f
v o r g e f ü h r t werden, solange sich eine Aussicht bot, den Gegner zu
erreichen.

Kaum war der Entschluß gefaßt und der neue Befehl in der Aus=
arbeitung begriffen, als ein Funkspruch mitgehört wurde, nach dem die
2. Armee in südöstlicher Richtung abdrehte, um der 3. Armee „zu Hilfe zu
eilen". Der Ausdruck klang bedenklich, die Lage der 3. Armee mußte
kritisch sein. Sollte die 1. Armee stehenbleiben und warten, bis sich die
Lage bei der 2. und 3. Armee geklärt hatte? Eine ungünstige Wendung
dort war nicht unmöglich. Wir mußten dann in der Lage sein, einzugreifen,
also Freiheit der Bewegung haben. Durch Stehenbleiben und Decken gegen
die Engländer schien dies nicht gesichert. Man mußte sie zurückwerfen. Es
blieb also erst recht bei dem beschlossenen Angriff, auch als andere mitgehörte
Funksprüche besagten, der Feind sei vor der 3. Armee im Rückzug begriffen.
Es war aus den verworrenen Funksprüchen keine Klarheit zu gewinnen.

Um 10 Uhr 15 Minuten abends konnte erst der neue Befehl gegeben
werden. Um 8 Uhr morgens sollte am 2. September über die Linie Ver=
berie—Villers=Cotterêts angetreten werden, das IX. A. K. sollte um 3 Uhr
morgens östlich der Waldungen von Villers=Cotterêts zur Umfassung vor=
gehen, das IV. R. K. durch Nachtmarsch auf Creil herangezogen werden.
H. K. K. 2 hatte auf dem rechten Flügel den Angriff zu unterstützen. Der
O. H. L. mußte eine neue Meldung erstattet werden: „Drei englische Armee=
korps dicht gegenüber 1. Armee festgestellt. Armee greift morgen über
Creil—La Ferté Milon an, um nach Zurückwerfen für weitere Verwendung
bereit zu sein." Wir deuteten dadurch an, daß wir eine Anweisung er=
warteten.

Der Schlag mißlang. Die Engländer hatten sich ihm durch einen frühen
Abmarsch entzogen und konnten nicht mehr erreicht werden. Wir hätten
in der Nacht antreten müssen. Daß dies nach den vorhergegangenen Marsch=
leistungen unmöglich war, liegt auf der Hand.

Nachdem d i e 2. A r m e e am 31. geruht hatte, sollte a m 1. S e p =
t e m b e r der rechte Flügel (VII. A. K. und X. R. K.) La Fère angreifen,
der linke (X. A. K. und Gardekorps) an den Serre=Abschnitt vorgehen.
Bereits mittags wurde erkannt, daß La Fère vom Gegner geräumt war.
Er hat es gar nicht verteidigt.

Es war nun beabsichtigt, den Vormarsch über die Serre in der all=
gemeinen Richtung auf Laon anzutreten, H. K. K. 1 sollte über Soissons
auf Château=Thierry—Reims aufklären, als 2 Uhr 30 Minuten nach=
mittags ein Befehl von der O. H. L. eintraf: „3., 4. und 5. Armee gegen
überlegene feindliche Kräfte in schwerem Kampf. Rechter Flügel der 3. Armee

bei Château=Porcien an der Aisne. Vorgehen des linken Flügels der
2. Armee in dieser Richtung, wenn möglich Eingreifen heute noch mit
Kavallerie dringend erwünscht. Eine feindliche Kavalleriedivision ist westlich
Château=Porcien festgestellt." Generaloberst v. Bülow drehte sofort den
linken Armeeflügel in südwestlicher Richtung ab, während der rechte die
Bewegung decken und sich am 2. September in Besitz von Laon setzen sollte.
Um 6 Uhr 45 Minuten abends kam von der 3. Armee Nachricht, daß eine
Unterstützung unnötig sei: „Feind vor der 3. Armee im Rückzuge. Wir
verfolgen rechts bis Auffonce." Der linke Flügel konnte wieder nach Süden
eingedreht werden, um die Verfolgung des abziehenden Gegners westlich
an Reims vorbei aufzunehmen. Dazu war es jetzt zu spät. Der Ruhetag
am 31., der Zeitverlust, den La Fère verursacht hatte, die durch das Ein=
greifen der O. H. L. am 1. September veranlaßten Bewegungen der Armee
hatten es dem Gegner ermöglicht, reichlichen Abstand zu gewinnen. Nur
die 1. Armee hätte ihn vielleicht noch von der Flanke her erreichen können.

Die 2. Armee trat noch am 1. September den M a r s c h g e g e n d e n
A i s n e a b f c h n i t t Soissons—Pontavert an, nachdem auch Laon ohne
Kampf gefallen war, und wollte am 2. über die Vesle bis in die Linie
Noyant (südlich Soissons)—Poilly (südöstlich Fismes) gelangen.

Nach der Darstellung des Generaloberst Frh. v. Hausen ist das Eingreifen
der 2. Armee zur Unterstützung d e r 3. A r m e e nicht von dieser Armee
gefordert, sondern von der O. H. L. mit Rücksicht auf die gesamte Lage an=
geordnet worden. Die 3. Armee hatte am 30. August den Marsch südwärts
auf Château=Porcien—Rethel—Attigny aufgenommen, um dem vor der
4. Armee zurückgehenden Feind den Weg zu verlegen (S. 103). Auf An=
frage erklärte sich die O. H. L. damit einverstanden. So nahmen auch hier
die Operationen von selbst eine südliche Richtung. Die 3. Armee traf am
30. und 31. an der Aisne auf starken Widerstand, dem linken Flügel
gelang es auch am 31. nicht, bei Attigny—Semuy hinüberzukommen.

Am 31. abends traf ein Funkspruch der O. H. L. beim A. O. K. 3 ein:
„Unaufhaltsames Vorwärtsgehen der 3. und 4. Armee im Verein mit
5. Armee dringend geboten, da 5. Armee schwer um Maasübergang kämpft."

Längere Verhandlungen zwischen 3. und 4. Armee über die gegen=
seitige Unterstützung auf den inneren Flügeln zur Überwindung der Aisne
führten am 1. September, wie so oft in solchen Fällen, zu keinem Ergebnis.
Es fehlte der höhere Befehl. Inzwischen überschritt der rechte Flügel der
5. Armee die Maas, das Vordringen der 3. Armee erschien nicht mehr so
dringend nötig. Die Armee wollte einen dringend nötigen Ruhetag ein=
legen und den Angriff erst am 2. September fortsetzen, als am 1. September
ein Telegramm der O. H. L. „unverzügliches, rücksichtsloses Fortsetzen des

Angriffs der 3. Armee in südlicher Richtung" für unbedingt geboten be=
zeichnete, „da hiervon der Erfolg des Tages abhängt". Der Angriff wurde
nunmehr fortgesetzt, auch der linke Flügel kam am 1. September über die
Aisne hinüber.

Die 4. Armee kam am 1. bis in die Linie Grivy—Thénorgues,
die 5. Armee, nachdem sie in den schweren Kämpfen der letzten Tage
den Maasübergang in der Gegend von Dun erzwungen hatte, bis Bu=
zancy—Aincreville—Dannevoux. Ihr linker Flügel sicherte östlich der Maas
gegen Verdun.

Beachtenswert ist die Störung, die die französischen Befesti=
gungen in diesen Tagen wiederum dem deutschen Vormarsch bereiteten.
Am 31. August kapitulierte Givet, eine kleine, veraltete Sperrbefestigung
mit hohem Aufzug, deren Mauerwerk auf der Höhe weithin sichtbar lag.
Die 3. Armee hatte die 24. Reservedivision zum Angriff verwenden müssen.
Das Heranbringen der Belagerungsbatterien von Namur nach Givet ver=
ursachte mancherlei Reibungen. Nach zweitägiger Beschießung ergab sich
die Feste. Am 2. September war die nunmehr freigewordene 24. Reserve=
division erst bis Rocroi gelangt, als sie zum Angriff auf Hirson bestimmt
wurde. Am 3. erfuhr A. O. K. 3, daß Hirson schon ohne Kampf in die
Hände der 2. Armee gefallen war. So kam es, daß die 24. Reservedivision
am 4. September erst bis Chaumont=Porcien gelangte, während die Armee,
nur noch 2½ Korps stark, die Marne überschritt.

Der Aufenthalt, den La Fère der 2. Armee bereitete, ist bereits
besprochen.

Der 2. September.
Vorstoß der 1. Armee auf Château-Thierry gegen den linken französischen Flügel.

Der von der 1. Armee am 2. September geplante Angriff gegen
die Engländer gelang nicht, wie erwähnt.

A. O. K. 1 begab sich mittags nach Compiègne. In dem herrlichen
Schlosse richteten wir uns zur Arbeit ein.

Das II. A. K. traf bei Senlis auf den Feind und warf ihn zurück.
H. K. K. 2 hatte den Angriff unterstützt. Abends kam es in Senlis zum
Häuserkampf. Nach Meldung des Generalkommandos hatten sich eine fran=
zösische Division, Reserve=Alpenjäger, Marokkaner und bei Nery eine eng=
lische Kavalleriebrigade gegenüber befunden. Nachträglich wurde am 3.
gemeldet, daß die französische Division die 56. Reservedivision gewesen
sei, die bei Montdidier ausgeladen worden sei. Also eine neue Truppe!

Nach einer Fliegermeldung (an 12 Uhr 50 Minuten nachmittags) war
vormittags in der rechten Flanke der Armee eine lange Kolonne im Marsch

auf der Straße von Beauvais nach Gisors (südwestlich Beauvais) beobachtet worden. Die von Beauvais in nordöstlicher, nördlicher und nordwestlicher Richtung führenden Straßen waren vom Feinde frei.

Das IV. R. K. erreichte über Clermont Creil und stieß hier mit dem Gegner zusammen.

Eine wichtige Wendung nahmen die Ereignisse auf dem linken Armee=flügel. Das Generalkommando IX. A. K. hatte am Vormittag des 2. Sep=tember frühzeitig erkannt, daß die Engländer nicht mehr einzuholen waren. Während einer zweistündigen Rast bei Les Vallées de Nadon (nördlich Neuilly St. Front) ging eine genaue, wichtige Fliegermeldung (ab Neuilly St. Front 8 Uhr 45 Minuten vormittags) ein, wonach feindliche Kolonnen sich im Rückzug aus Linie Braisne—Fismes in südlicher Richtung auf die Marnebrücken Mont St. Père und Jaulgonne (zwischen Château= Thierry und Dormans) befanden. Sie wurden auf drei Armeekorps geschätzt.

Der Kommandierende General, General der Infanterie v. Quast, faßte den Entschluß, diese Kräfte noch heute über Château=Thierry anzugreifen, und trat um 1 Uhr nach= mittags von Neuilly St. Front mit der 18. Infanteriedivision den Marsch über Bonnes auf Château=Thierry an. Die 17. Infanteriedivision wurde über Soiffons nach Oulchy le Château nachgezogen. H. K. K. 1 wurde ge= beten, über Fère en Tardenois den Feind im Rücken anzugreifen, das III. A. K. (ab Neuilly St. Front 12 Uhr 25 Minuten nachmittags durch Ordonnanzoffizier im Kraftwagen, an 2 Uhr 5 Minuten nachmittags) auf= gefordert, den Angriff durch Vorgehen in Richtung auf Charly—Nogent l'Artaud zu unterstützen.

So wurde hier durch kühnen, selbständigen Entschluß und mit äußerster Energie ein Ziel erstrebt, das zu erreichen das Oberkommando nicht mehr gehofft hatte.

General v. Quast hatte ursprünglich zuvor die Zustimmung des A. O. K. 1 nachsuchen wollen und einen Generalstabsoffizier nach Compiègne geschickt, entschloß sich aber später, dessen Rückkehr nicht abzuwarten, um keine Zeit zu verlieren. Inzwischen traf der Generalstabsoffizier in Com= piègne ein, das Oberkommando stimmte dem Vorschlag zu und diktierte ihm um 1 Uhr 15 Minuten nachmittags den Befehl, wonach das Korps in Richtung Château=Thierry gegen die linke Flanke des Gegners vorzugehen hatte. Es war dies somit nur die Bestätigung des bereits in der Aus= führung begriffenen Entschlusses.

Um 2 Uhr nachmittags wurde der neugeschaffenen Lage durch einen Armeebefehl Rechnung getragen. Das IV. A. K. sollte bis an die Thérouane

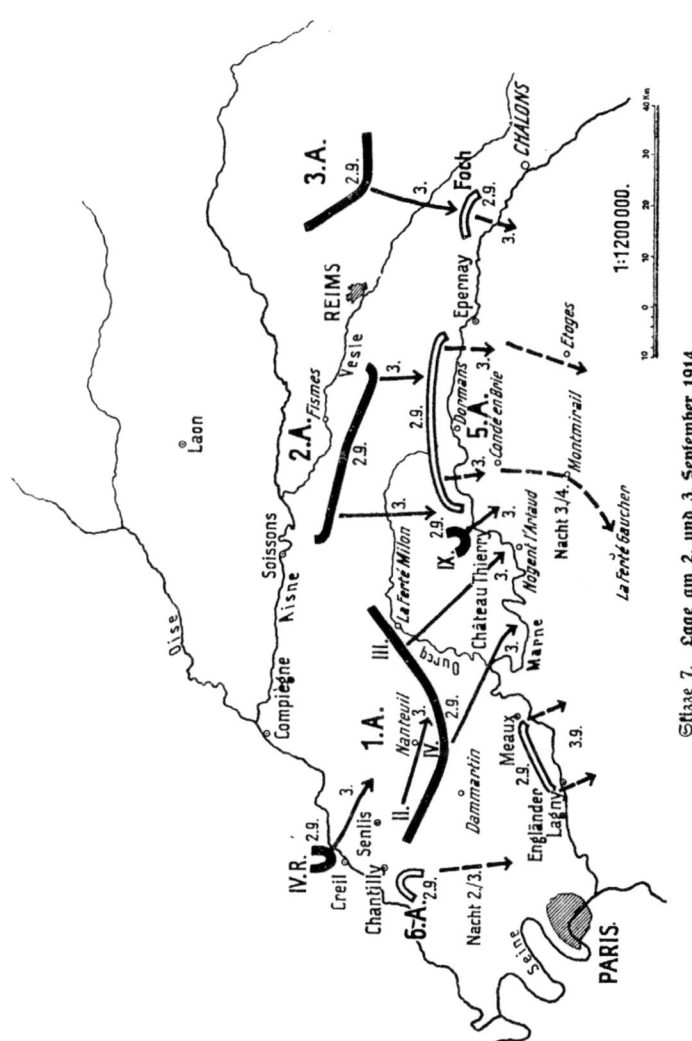

Skizze 7. Lage am 2. und 3. September 1914.

in Gegend Oifferie—Foffe Martin, das III. A. K. noch heute möglichst weit in Richtung auf Château=Thierry vorgehen. H. K. K. 2 hatte auf dem rechten Flügel zu verbleiben, gegen Paris und die Marne oberhalb Paris sowie in Richtung Beauvais—Pontoise aufzuklären.

Aus den im Laufe des Tages eingehenden Meldungen über die Eng= länder ging hervor, daß sie hinter die Marnelinie Meaux—La Ferté fous Jouarre zurückgegangen waren. Bei Meaux waren größere Biwaks fest= gestellt. Sie zu erreichen schien nicht mehr möglich. Dafür winkte die Möglichkeit, durch einen Angriff gegen die Flanke die Franzosen noch nördlich der Marne festzuhalten, bis die zurückgebliebene 2. Armee heran= kam. Waren sie erst hinter die Marne gelangt, so konnten sie nicht mehr erreicht werden.

Das Oberkommando erwog auch die M ö g l i c h k e i t , d i e M a r n e etwa zwischen La Ferté sous Jouarre und Château=Thierry z u ü b e r = s c h r e i t e n , um den Stoß gegen die feindliche Flanke wirkungsvoller fortzusetzen, wies diesen Gedanken aber zurück. Wir waren nicht stark genug. G e n e r a l o b e r s t v. K l u c k w a r , wie meine Aufzeichnungen berichten, d u r c h a u s d a g e g e n .

Der O. H. L. wurde 8 Uhr abends ausführlich gemeldet: „Vorhuten 1. Armee und H. K. K. warfen englische Nachhuten 1. und 2. September in heftigen Gefechten. Hauptkräfte wichen Dammartin—Meaux zurück. II. A. K. schlug eine französische Infanteriedivision und die englische Kavalleriedivision östlich Senlis. Starke französische Massen im Rückzug über Fère en Tardenois und östlich, Richtung Château=Thierry—Dormans. IX. A. K. dorthin abgedreht, um Flanke zu fassen. III. folgt gestaffelt östlich Crouy, Ergebnis noch unbekannt. Flieger melden auch Truppen= ansammlungen südlich Marnestrecke La Ferté—Meaux. IV. R. K. bei Creil, II. östlich Senlis übernehmen Deckung gegen Paris. IV. steht zur Verbindung östlich Nanteuil. Marnestrecke Château=Thierry—La Ferté bisher frei. T r o t z d e m V e r s u c h 1. A r m e e , M a r n e a m 3. S e p t e m b e r z u ü b e r s c h r e i t e n , u n s i c h e r e A u s s i c h t.“

Die 2. Armee teilte um 7 Uhr 30 Minuten abends mit, daß der Feind vor ihr in vollem Rückzug nach Süden hinter die Marne begriffen sei. Die Armee wollte am 3. mit Vorhuten die Marne erreichen.

Das IX. A. K. gelangte noch am 2. nach einem Doppelmarsch mit der 18. Infanteriedivision am späten Abend bis Château=Thierry, die 17. eilte bis Oulchy le Château nach. Das III. A. K. hatte dem Befehl, noch möglichst weit in Richtung auf Château=Thierry vorzugehen, wegen der bereits vor= geschrittenen Tageszeit nicht mehr Folge geben können. Es war in der Gegend von La Ferté Milon verblieben. Das IV. erreichte die Gegend ſüdöſtlich Nanteuil le Haudouin, das II. ſüdlich Senlis, IV. R. K. Creil, das K. K. die Gegend von Nanteuil le Haudouin.

Um 9 Uhr 45 Minuten abends wurde den Befehlsempfängern der Armee der B e f e h l f ü r d e n 3. S e p t e m b e r diktiert. Unter den bekanntgegebenen Nachrichten iſt noch zu erwähnen, daß außer auf Meaux auch feindliche Kolonnen aus Richtung Nanteuil le Haudouin auf Dammartin zurückgegangen waren. Das IX. A. K., über deſſen Ergebniſſe um dieſe Zeit noch keine Meldungen vorlagen, ſollte am 3. „d e n A n g r i f f g e g e n d i e F l a n k e d e r vor der 2. Armee über Fère en Tardenois auf Château = Thierry zurückgehenden F r a n z o ſ e n f o r t ſ e t z e n", III. A. K. ſüdlich vom IX. die Richtung auf Château=Thierry einſchlagen, „um den Gegner beim Übergang über die Marne anzugreifen." „Wird der Gegner nicht mehr erreicht, ſo räumen die beiden Korps demnächſt die Marſchſtraße des rechten Flügels der 2. Armee Soiſſons—Château=Thierry nach Weſten." IV. A. K. ſollte unter Deckung der rechten Flanke gegen Paris in die Gegend von Crouy rücken. II. A. K. hatte links auf Nanteuil le Haudouin abzumarſchieren, IV. R. K. folgte nach der Gegend öſtlich Senlis. H. K. K. verblieb in der Gegend von Nanteuil le Haudouin. Ein Ruhetag war für die Kavallerie unumgänglich geworden.

Den Befehlsempfängern der Korps wurden Lage und Abſichten dahin erläutert, daß am folgenden Tag noch ein Verſuch gemacht werden ſolle, durch einen Vorſtoß des linken Flügels gegen die Flanke den vor der 2. Armee zurückgehenden Gegner zum Stehen zu bringen, während Mitte und rechter Flügel der Armee ſich zur Deckung gegen Paris—Meaux bereit= ſtellten. „Ein Übergang über die Marne ſei nicht wahrſcheinlich und komme nur unter beſonders günſtigen Verhältniſſen in Betracht, z. B. wenn bei ſcharfem Nachdrängen der 2. Armee die Franzoſen in großer Unordnung die Marne überſchritten und die Übergänge von uns gleichzeitig in Beſitz genommen werden könnten."

D i e 2. A r m e e hatte am 2. September den Vormarſch über die Vesle hinaus bis in die Gegend Noyant—Cuiry Houſſe—Chery—Poilly fortgeſetzt, A. O. K. Fismes.

D i e 3. A r m e e erreichte im Marſch nach Süden unter Gefechten die Linie Isles—Nauroy—St. Souplet—Ste. Marie à Py. Sie hatte wichtige Beobachtungen gemacht, die jedoch dem A. O. K. 1 nicht bekannt wurden. Der Feind war vor ihr im vollen Rückzug nach Süden. Es fanden Truppenverladungen auf den Bahnhöfen Suippes, Somme=Tourbe, Cuperly u. a. ſtatt. Der Gegner zog alſo Kräfte heraus und beförderte ſie anſcheinend über Châlons ſ. Marne und Arcis ſ. Aube, während er ſich durch Nachhuten deckte. Die O. H. L. hielt „Abmarſchverſuche des Feindes

nach Südwesten für wahrscheinlich" und forderte „tatkräftiges Vorgehen der
4. und vor allem der 3. Armee in allgemein südlicher Richtung" (Funkspruch
am 2. September 4 Uhr 40 Minuten morgens).

Am 3. September wollte die 2. Armee „die Verfolgung mit allen
Kräften fortsetzen. Es kam für die 2. Armee darauf an, durch rücksichtsloses
Nachdrängen den anscheinend schon s t a r k e r s c h ü t t e r t e n F e i n d
z u w e i t e r e r A u f l ö s u n g z u b r i n g e n. Als A n z e i c h e n
hierfür wurden mit Recht die an den Rückzugsstraßen und bei den ge=
räumten Batteriestellungen zurückgelassenen großen Mengen Ausrüstungs=
stücke und Munition betrachtet" (v. Bülow a. a. O., S. 49). Die O. H. L.
erklärte sich damit einverstanden und setzte hinzu: „Südliches Marneufer
gewinnen."

Wenn es der 1. Armee am 3. September nicht mehr gelang, den
Gegner von der Flanke aus festzuhalten, konnte ihn die 2. Armee bei ihrer
Entfernung von ihm nicht mehr am Übergang über die Marne hindern.
Dahinter war es den Franzosen leicht, den Verfolger abzustreifen.

D i e 4. A r m e e gelangte am 2. September bis Somme Py—
Manre—Sechault—Autry, der Gegner war im Rückzug auf Châlons,
Ste. Menehould und Clermont.

D i e 5. A r m e e fand auch nach dem Überschreiten der Maas starken
Widerstand. Ihre Lage war nicht leicht, der Vormarsch führte durch
die schwierigen Argonnen, während Verdun und die Maas=Forts in der
Flanke lagen. Die Armee mußte sich daher im Weitermarsch gegen Verdun
dauernd decken. Auf dem rechten Maasufer bereitete das V. A. K. einen
Angriff gegen die Forts Troyon und les Paroches vor, während die Haupt=
reserve Metz die Deckung gegen Toul—Nancy übernahm.

Befehl der O. H. L. vom 2. September. Einschwenken nach Südosten.

I n d e r N a c h t 2./3. S e p t e m b e r ging folgender folgenschwerer
Befehl der O. H. L. in Compiègne ein: „A b s i c h t O b e r s t e r
H e e r e s l e i t u n g F r a n z o s e n i n s ü d ö s t l i c h e r R i c h t u n g
v o n P a r i s a b z u d r ä n g e n. 1. A r m e e f o l g t g e s t a f f e l t
d e r 2. A r m e e u n d ü b e r n i m m t w e i t e r h i n d e n F l a n k e n =
s c h u ß d e s H e e r e s." Ein weiterer Funkspruch der O. H. L. besagte:
„Erscheinen von Heereskavallerie vor Paris sowie Zerstörung aller nach
Paris führenden Bahnen erwünscht."

Die bisherige Darstellung hat ergeben (S. 108), wie aus der weit=
reichenden Umfassungsbewegung des rechten Heeresflügels schrittweise ein
E i n d r e h e n i n s ü d l i c h e R i c h t u n g entstanden war, bis n u n =
m e h r der Befehl zum E i n s c h w e n k e n i n s ü d ö s t l i c h e R i c h t u n g

gegeben wurde. Der Feind behauptete sich immer noch an der oberen
Mosel. Anfang September hatte sich die O. H. L. entschieden, den Angriff
auf Nancy—Bayon fortzusetzen, um durchzubrechen oder den Gegner
wenigstens festzuhalten. Auf der ganzen übrigen Heeresfront drangen die
Armeen siegreich vorwärts. Sichere Nachrichten über größere Ver=
schiebungen des Gegners lagen nicht vor. Die Beobachtungen der 3. Armee
vom 2. September (S. 117) waren noch nicht bekannt. Über den Feind,
der bisher in der Flanke der 1. Armee aufgetreten war, war die O. H. L.
durch die Meldungen genau unterrichtet. Eine Staffelung der 1. Armee
hiergegen sowie gegen die Festung von Paris wurde für ausreichend ge=
halten.

Nun war aber der O. H. L. bekannt, daß die 1. Armee der 2. voraus
war, wenn auch die Meldung vom 2. abends noch nicht eingegangen war.
Die 2. Armee hatte am 31. geruht und ging am 1. auf die Aisne vor,
während die 1. am 1. bereits bis Crépy en Valois und Villers=Cotterêts
gekommen war und nach ihrer Meldung am 2. über Creil—La Ferté Milon
angreifen wollte. Die O. H. L. hätte also nicht befehlen müssen: „Die
1. Armee folgt gestaffelt", sondern „die 1. Armee hält, deckt gegen Paris
und folgt später gestaffelt."

Der Plan der O. H. L. hat sich als verfehlt erwiesen. Man hoffte, den
erneut geschlagenen Feind nicht nur rechts, sondern auch links über die
obere Mosel zu umfassen und einzukreisen. Der rechte Flügel erwies sich
zu schwach, die Deckung gegen Paris war ungenügend, der linke Flügel
vermochte nicht die Mosel zu überschreiten.

Um dieselbe Zeit hatte sich Joffre entschlossen, das französische Heer
aus der drohenden Umfassung nach Süden hinter die Seine und Aube
zurückzuführen, während die neugebildete 6. Armee bei Paris verstärkt
wurde. Im geeigneten Zeitpunkt sollte dann die Offensive ergriffen werden.

Nachträglich wird man zu der Ansicht kommen, daß d a s d e u t s c h e
H e e r a n d e r M a r n e h ä t t e h a l t e n m ü s s e n, um sich um=
zugruppieren und den rechten Flügel auf Kosten des linken zu verstärken.
Freilich war dies zeitraubend, der Gegner konnte schneller verschieben. Die
Fortführung der Operationen war nicht leicht, eine schnelle Entscheidung
nicht mehr zu erreichen. Aber selbst wenn die Offensive stockte, war unsere
Lage ungleich besser als die später eingetretene. Gelang es uns, an der
Marne, gegenüber Paris und an der unteren Seine uns zu behaupten, so
war eine wesentlich kürzere und für den Gegner bedrohlichere Stellung
erreicht, als die Linie aus der Gegend von Soissons an Lille vorbei bis
zur Küste bei Nieuport, in der wir bis zum Jahre 1918 festlagen. Vor
allem wären die Kanalhäfen in unsere Hand gekommen.

Der 3. September.
Die 1. Armee überschreitet die Marne. 2. und 3. Armee erreichen die Marne.

Am Vormittag des 3. September begab sich das A. O. K. 1 von Compiègne nach La Ferté Milon. Hier fand es die überraschende Nachricht vor, daß das IX. A. K. am Abend des 2. sich der Brücken bei Chézy s. M. und Château=Thierry bemächtigt hatte und heute über die Marne zum Angriff vorgehen wollte. Der Angriff auf Château=Thierry hatte den Gegner völlig überrascht. Das IX. A. K. stieß dort am 2. abends auf eine französische Infanteriekolonne, die ahnungslos singend dahermarschierte.

Aus den vorliegenden Fliegermeldungen ergab sich, daß mittags feindliche Kolonnen beiderseits der Marne von Meaux nach Süden zurück= marschierten, Teile schlugen anscheinend auch die Richtung auf Coulommiers ein. Auf den Höhen südöstlich Château=Thierry war 10 Uhr vormittags Kampf beobachtet worden, anscheinend marschierten eigene Truppen durch Château=Thierry. Südlich des Gefechtsfeldes war die Straße von Château= Thierry nach Montmirail frei. Große Biwaks waren 10 Uhr 30 Minuten vormittags südlich und südöstlich Montmirail beobachtet worden. Starke Kolonnen marschierten von Montmirail auf Montenils. Auf den Straßen von Mézy auf Condé en Brie und von Condé en Brie auf Artonges und Verdon wurden ebenfalls starke Kolonnen beobachtet. Die Brücke bei Mézy war nicht zerstört, die bei Dormans wurde 10 Uhr 50 Minuten vormittags gesprengt.

Das IX. A. K. hatte aus eigenem Entschluß gehandelt. Sollte es zurückgenommen werden, oder sollte die Armee ihm folgen? Der Oberbefehlshaber entschied, wenn auch nicht ohne Bedenken, in letzterem Sinne. Um 1 Uhr nachmittags wurde der Armeebefehl ausgegeben. Das III. A. K. war vormittags auf die Mitteilung des IX. A. K., daß es über Château=Thierry südlich der Marne angreifen werde, auf Charly und Nogent l'Artaud abgebogen. Es sollte nunmehr über die Marne auf Villeneuve (östlich Rebais) vorstoßen, während das IV. A. K. in Richtung auf La Ferté sous Jouarre bis an die Marne marschieren, die Brücken in Besitz nehmen, Vortruppen hinüber= schieben und gegen Coulommiers decken sollte. Gegen Paris blieben II. A. K., IV. R. K. und H. K. K. 2 stehen.

Nach den nachmittags eingehenden Nachrichten zog der Gegner vor dem IV. R. K. und II. A. K. auf Paris ab. Etwa eine verstärkte Brigade wurde im Marsch über Nanteuil le Haudouin auf Dammartin gemeldet. Eine Division sollte nachmittags aus nordwestlicher Richtung in Précy (südwestlich Creil) eingetroffen sein.

Der Chef des Generalstabes des Kavalleriekorps meldete, daß die Ruhe günstig gewirkt habe. Morgen könne das Korps weitermarschieren. Nur die 4. Kavalleriedivision, die am 1. September stark gelitten hatte, sei noch nicht ganz gesammelt.

Das IX. A. K. hatte im Laufe des Tages den Feind bei Château-Thierry in südöstlicher Richtung zurückgeworfen und verblieb abends auf den gewonnenen Höhen nördlich Courboin. Das III. und IV. A. K. erreichten die Marne in der Gegend von Charly und La Ferté s. Jouarre, während das II. A. K., IV. R. K. und H. K. K. 2 in der Gegend von Nanteuil le Haudouin nördlich der Marne gegenüber Paris verblieben. Die Armee war zwar in sich stark rechts gestaffelt, aber im Verhältnis zur 2. Armee, wenigstens mit ihrem linken Flügel, wie Generalfeldmarschall v. Bülow bemerkt, vorwärts statt rückwärts gestaffelt.

Generaloberst v. Kluck befahl um 9 Uhr 15 Minuten abends, daß der **Vormarsch über die Marne am 4. fortgesetzt werden solle, um die Franzosen nach Osten abzudrängen.** Die etwa entgegentretenden Engländer sollten zurückgeworfen werden. Dem IX. A. K. wurde die Richtung auf Montmirail, dem III. A. K. auf St. Barthélemy und Montolivet, dem IV. A. K. auf Rebais angewiesen. Auch das II. A. K. wurde herangezogen und hatte mit Vortruppen die Gegend östlich Meaux zu erreichen. Die Deckung der Flanke gegen Paris verblieb dem IV. R. K. in der Gegend von Nanteuil le Haudouin. Ihm wurde die 4. Kavalleriedivision unterstellt, während H. K. K. 2 mit den beiden anderen Divisionen auf La Ferté sous Jouarre marschieren sollte. Von H. K. K. 1 war bekannt, daß er am 4. von Château-Thierry auf Montmirail vorgehen wollte.

Der O. H. L. wurde vom A. O. K. 1 an diesem Tage zweimal gemeldet, das erstemal nachmittags, nachdem der Entschluß gefaßt war, dem IX. A. K. mit der Armee über die Marne zu folgen: „1. Armee drängt mit linkem Flügel Franzosen zurück und überschreitet Marne bei Château-Thierry und westlich, schiebt Mitte auf La Ferté sous Jouarre nach, deckt mit II. und IV. R. K. rechte Flanke Gegend Nanteuil. Bei Teilen des Feindes Zeichen von Auflösung. Wird nach Kräften ausgenutzt." Abends um 10 Uhr 30 Minuten wurde weiterhin gemeldet: „1. Armee ging 3. 9. mit vorderen Teilen über Marnelinie La Ferté—Château-Thierry, Franzosen schwenkten gegen östlichen Flügel ein. Engländer nördlich Coulommiers. 1. Armee setzt 4. 9. Vormarsch über Rebais—Montmirail fort." Die Angabe über das Einschwenken der Franzosen bezog sich darauf, daß das IX. A. K. südlich Château-Thierry auf starken Feind gestoßen war.

Die O. H. L. nahm im Laufe des folgenden Tages keine Stellung zu den gemeldeten Absichten. Es wurde angenommen, daß sie einverstanden sei.

Die 2. Armee teilte am 3. September abends mit: „Armee ver=
folgte heute den Feind hart an der Klinge bis über Marne. Feind
flutet auch südlich Marne in voller Auflösung zurück.
Marnebrücken teilweise gesprengt." Die Anschauung, die die 2. Armee
bereits am 2. vom Feinde gewonnen hatte (S. 118), wurde am 3. somit
noch schärfer ausgedrückt. Die Marne wurde am 3. zwischen
Château=Thierry und Binson erreicht. Der Feind wurde aber nicht
mehr angetroffen. In dem Armeebefehl am 3. abends hieß es: „Feind
auch jenseits der Marne in fluchtartigem Rückzug in südlicher und südöst=
licher Richtung. Nur noch Teilkräfte halten heute abend gegenüber X. A. K.
stand. Die Armee setzt Verfolgung über Marne fort."

Die 3. Armee, die an diesem Tage in Richtung auf Tours—
Châlons gegen die Marne vormarschiert war, um sich mit Vortruppen der
Übergänge zu bemächtigen, kam nicht über die Marne hinüber.
Sie war auf hartnäckigen Widerstand gestoßen und verblieb abends nördlich
Tours—Châlons etwa in der Linie Bouzy—Cuperly. Erst am 4.
konnte sie die Marne überschreiten. Die 23. Reservedivision
hatte zur Deckung gegen die Ostfront von Reims zurückgelassen werden
müssen. Sie bemächtigte sich der Ostwerke ohne Kampf, war aber doch
einen Tag aufgehalten worden. Das A. O. K. 3 hatte den Eindruck, daß
der Feind vor der Front der 3. Armee zurückging, aber erhebliche Kräfte
auf dem linken Marneufer von Châlons nach Westen verschob. Es wurde
reger Eisenbahnverkehr nach Süden und Westen festgestellt. Diese Beob=
achtungen waren der 1. Armee natürlich noch nicht bekannt.

Die 4. Armee nahm die Richtung auf Vitry le François—Revigny
und erreichte am 3. September mit dem rechten Flügel die Gegend von La
Cheppe.

Der rechte Flügel der 5. Armee gelangte bis Varennes—Mont=
faucon. Die Armee wollte nach den dauernden Kämpfen der beiden letzten
Wochen am 4. ruhen, erhielt aber von der O. H. L. am 3. folgenden Befehl:
„Allgemeine Lage, besonders bei 6. und 7. Armee, verlangt dringend
weiteres Vorgehen der 5. Armee bereits am 4. September in südlicher
Richtung unter Abschließung auch der Westfront von Verdun. Ein Stehen=
bleiben der 5. Armee am 4. September würde die Einheitlichkeit der Ge=
samtoperationen empfindlich stören."

Beurteilung des Entschlusses der 1. Armee, die Marne zu überschreiten.

Die angestellten Erwägungen (S. 110) hatten das Oberkommando der
1. Armee schon am 1. September zu der Ansicht geführt, daß die Operationen
in der bisherigen Weise nicht fortgeführt werden konnten. Wiederum war

es eine Festung, die sich dem Vormarsch hemmend und einengend entgegen=
stellte, die Riesenfestung Paris. Sie westlich über die untere Seine zu um=
gehen, hatte sich als unausführbar erwiesen. Nun war unser rechter Flügel
gerade auf Paris gestoßen.

Die Bedeutung von Paris lag weniger in den Befestigungen. Sie
hemmten unsere Bewegungen, aber sie hatten bei ihrer geringen Stärke
und mittelmäßigen Armierung keine große Widerstandskraft. Paris aber
war der Knotenpunkt, in dem das französische Eisenbahnnetz zusammenlief.
Hier, südlich, westlich oder nördlich, war es leicht, starke Truppenmassen in
bedrohlicher Nähe unserer Flanke zu versammeln.

Aus diesen Gründen hatte die 1. Armee am 1. September geglaubt,
haltmachen zu müssen. Nur als sich am 2. September die Aussicht bot,
dem französischen Rückzug in die Flanke zu stoßen, hatte sich der Ober=
befehlshaber entschlossen, den Vormarsch, jedoch nur bis zur Marne, fort=
zusetzen. Über die Marne zu gehen, hielt er für untunlich. Da traf in der
Nacht 2./3. der Befehl der O. H. L. ein, wonach der rechte Heeresflügel nun
doch die Marne überschreiten sollte. Der kurze Funkspruch gab über die
Gründe und die allgemeine Lage keinen Aufschluß. Wir suchten uns selbst
ein Bild davon zu machen. Der geschlagene Feind war auf der ganzen
Front im Rückzug, unsere 6. Armee drang wohl über die Mosel gegen seine
rechte Flanke vor. Das feindliche Heer konnte eingekreist werden, wenn
es gelang, auch den linken Flügel zu umfassen.

Er sollte daher nach Südosten abgedrängt werden. D a z u   w a r   n u r
d i e   1. A r m e e   i m s t a n d e. Die 2. Armee, falls sie den Feind über=
haupt erreichte, traf nur frontal auf ihn. Die 1. Armee sollte aber nach
dem Befehl der 2. gestaffelt folgen. D a z u   h ä t t e   s i e   z w e i   b i s   d r e i
T a g e   s t e h e n b l e i b e n   m ü s s e n, um die 2. Armee vorauszulassen.
E i n   A b d r ä n g e n   d e r   F r a n z o s e n   n a c h   S ü d o s t e n   w a r
d a n n   a u s g e s c h l o s s e n,   d i e   g a n z e   O p e r a t i o n   m u ß t e
s c h e i t e r n.

Nun hatte das IX. A. K. aus eigenem Entschluß die Marne am 3.
bereits überschritten und den linken französischen Flügel zum Kampfe
gestellt. Nach der Mitteilung der 2. Armee flutete der Feind in voller Auf=
lösung zurück. Sollte die 1. Armee ihre vorgeschobene Lage nicht aus=
nützen? Sollten wir die letzte Gelegenheit, den Feind zu erreichen, ver=
passen, den Preis der unsäglichen Anstrengung uns entgehen lassen?

Aber die Armee verstieß gegen den Wortlaut des Befehls, wenn sie die
Marne überschritt. Sie war sich dessen bewußt. Die rechte Flanke mußte
gegen Paris durch eigene Staffelung geschützt werden. Gegen den an der
Somme und am Avre geschlagenen Feind konnte dies genügen. Von den

Engländern war kaum eine Offenfive zu erwarten. Immerhin blieb eine Gefahr in der Flanke beftehen. Sie wurde in den Kauf genommen, um nach einem großen Ziele zu ftreben, das zu erreichen uns möglich fchien. Es war ein kühner Entfchluß, zu dem der Oberbefehlshaber fich durch= gerungen hatte. Nun waren die Würfel gefallen, der Rubikon wurde über= fchritten.

Der 4. September.
Fortfetzung der Bewegung. 2. und 3. Armee überfchreiten die Marne.

Bei der 1. Armee warf im Laufe des 4. September das IX. A. K. den Feind weiter in Richtung auf Montmirail zurück. Diefer Ort war abends noch in Feindeshand. Der Feind leiftete hartnäckigen Widerftand. Das Generalkommando hatte nicht den Eindruck, einen flüchtenden Feind vor fich zu haben. Anzeichen eines fluchtartigen Rückzuges, wie weg= geworfene Gewehre, zurückgelaffene Gefchütze und Fahrzeuge fehlten. Das III. A. K. ftieß auf Widerftand von Nachhuten, der gebrochen wurde. Das Armeekorps erreichte fein Marfchziel, die Gegend von St. Barthélemy— Montolivet. Das IV. A. K. gelangte ohne Kampf bis in die Gegend von Rebais. Das II. A. K. ruhte abends in dem Marnebogen nordöftlich Meaux. Die Brücken bei Meaux und La Ferté fous Jouarre waren gefprengt. Das IV. R. K. erreichte die Gegend von Nanteuil le Haudouin, H. K. K. 2 La Ferté fous Jouarre.

Aus den im Laufe des Tages eingehenden Nachrichten ergab fich, daß der Gegner den Rückzug von Montmirail auf Efternay und über Cou= lommiers—Rebais nach Süden fortfetzte. Dammartin war von feindlicher Infanterie befetzt.

Dem Oberkommando kamen Bedenken in bezug auf den Fortgang der Operationen. Der Flankenfchutz gegen Paris wurde immer fchwieriger, je weiter die Armee nach Süden vordrang. Die Kräfte der Armee reichten nicht aus. Das Oberkommando hatte damit ge= rechnet, daß ausreichende Kräfte in zweiter Linie hinter dem rechten Heeres= flügel nachgefchoben werden würden. Es war mir bekannt, daß dies ein wichtiger Beftandteil des Schlieffenfchen Planes war und daß unter an= derem die Erfatzdivifionen dazu beftimmt waren. Die erwartete Staffel kam aber nicht, die Gefamtlage des Heeres war uns nicht klar. Es erhoben fich Zweifel an den entfcheidenden Siegen der anderen Armeen. Aus diefen Erwägungen ging der Funkfpruch hervor, der am 4. September morgens an die O. H. L. gerichtet wurde: „1. Armee bittet um Benachrichtigung über Lage der anderen Armeen, deren Mitteilungen über entfcheidende Siege bisher mehrfach gefolgt von Bitten um Unterftützung. 1. Armee ift unter fortdauernden fchweren Kämpfen in Marfchanforderungen an Grenze der

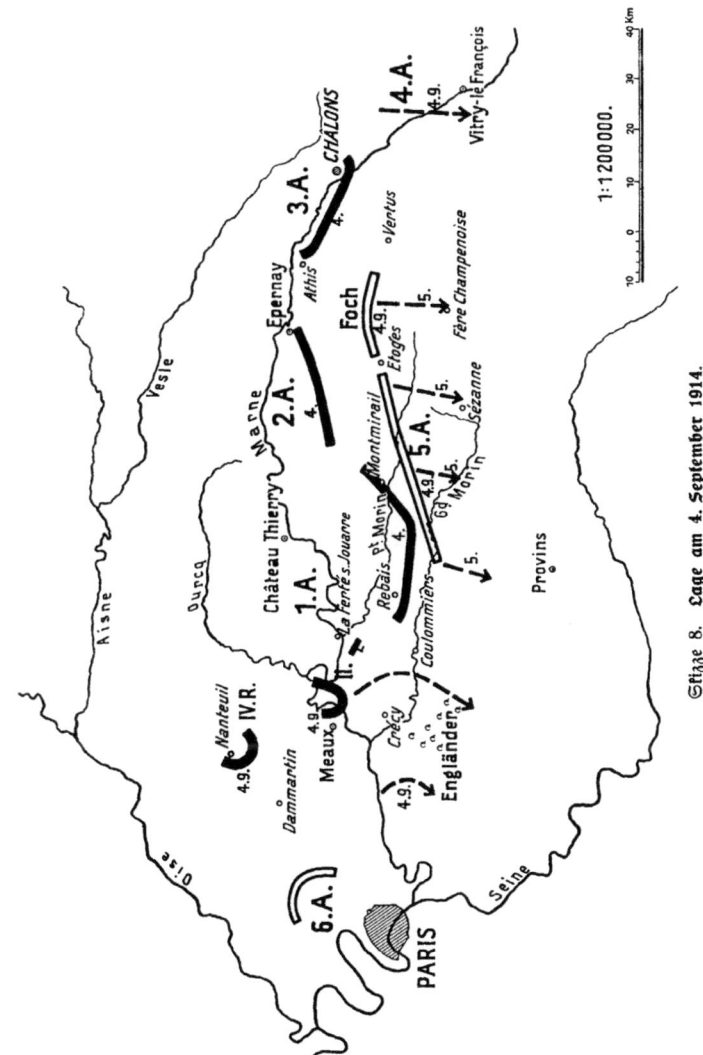

Skizze 8. Lage am 4. September 1914.

Leistungsfähigkeit angelangt. Nur so ist es gelungen, den anderen Armeen den Marneübergang zu öffnen, Feind zu weiterem Rückzug zu zwingen. IX. A. K. hat sich hierbei durch kühnes Zufassen großes Verdienst erworben. Jetzt Hoffnung auf Ausbeutung des Erfolges. Anweisung O. H. L. 2220, 1. Armee solle der 2. Armee gestaffelt folgen, war in dieser Lage nicht zu befolgen. Beabsichtigtes Abdrängen des Feindes von Paris in südöst= licher Richtung wird nur durch Vorgehen der 1. Armee durchführbar sein. Notwendiger Flankenschutz schwächt Offensivkraft. Baldige Verstärkung des rechten Flügels durch andere Teile (III. R. K. oder VII. R. K.) dringend erwünscht. Weitere schwere Entschlüsse 1. Armee bei stets wechselnder Lage nur möglich, wenn dauernd über Stand bei anderen Armeen, die anscheinend weiter zurück, unterrichtet. Verbindung mit 2. Armee ständig vorhanden."

Die Einwendungen und Bitten der 1. Armee waren berechtigt. Es wäre freilich besser gewesen, wenn das A. O. K. die Bedenken schon am 3. zur Sprache gebracht hätte. Wenn die O. H. L. nicht schon Verstärkungen in Marsch gesetzt hatte, konnten sie nicht mehr zur Zeit kommen. Zudem kam der Funkspruch mit Verspätung bei der O. H. L. an, als diese sich bereits anders entschlossen und einen Offizier abgeschickt hatte, der uns aus= führliche Weisungen bringen sollte. Man ersieht aus dem Funkspruch die große Unklarheit, in der sich das Oberkommando befand, und die geringe Übersicht über die Gesamtlage, die es besaß.

Trotz der geäußerten Bedenken glaubte das Oberkommando der 1. Armee, den M a r s c h in der bisherigen Absicht n o c h e i n e n T a g f o r t s e t z e n zu können. Es sollte am 5. das IX. A. K. bis in Gegend von Esternay vorgehen. Die 2. Armee wurde dadurch eingeengt und mit dem rechten Flügel auf die Straße Montmirail—Sézanne verwiesen. Das III. A. K. sollte die Gegend von Sancy, das IV. A. K. Choisy erreichen. Die Deckung gegen die Nordostfront von Paris fiel nördlich der Marne dem IV. R. K. nebst der 4. Kavalleriedivision in Gegend Marcilly—Chambry (nördlich Meaux), südlich der Marne gegen die Ostfront von Paris dem nunmehr auch über die Marne nach der Gegend westlich Coulommiers vor= gezogenen II. A. K. zu. Dem Kavalleriekorps wurde die Richtung auf Provins vorgeschrieben, um, wenn möglich, später den rechten französischen Flügel beim Übergang über die Seine anzufallen.

Der O. H. L. wurde abends gemeldet: „Linker Flügel 1. Armee warf Franzosen auf Montmirail zurück. Engländer in Gegend Coulommiers anscheinend im Abmarsch nach Süden und Südwesten. Armee geht 5. 9. vor. Wo Feind noch getroffen, wird er angegriffen. IX. Esternay, III. Sancy, IV. Coisy, II. Coulommiers, IV. R. nördlich Meaux. II. und IV. R.

mit 4. Kavalleriedivision decken rechte Flanke.   H. K. K. mit 2. und 9.
Provins. A. H. Qu. Rebais."

Die 2. Armee überschritt am 4. September die Marne und er=
reichte, ohne auf den Gegner zu stoßen, die Linie Pargny la Dhuis—Ma=
reuil en Brie—Epernay.

Auch der 3. Armee gelang es, am 4. über die Marnelinie von
Athis (östlich Epernay)—Châlons s. M. hinüberzukommen. Die Truppen
waren an der Grenze der Leistungsfähigkeit angekommen. Für den
5. September wurde daher ein Ruhetag angesetzt.

Die 4. Armee erreichte die Gegend von der Moivre bis Valmy.

Die 5. Armee gelangte bis zur Linie Ste. Menehould—Clermont
—Récicourt und deckte sich bei Forges auf dem linken Maasufer, durch das
V. A. K. auf dem rechten Maasufer gegen Verdun.

Der 5. September.
**Änderung der Operationen. 1. und 2. Armee sollen gegen Paris ein=
schwenken. Der linke Heeresflügel setzt die Offensive fort. Die Schlacht am
Durcq beginnt.**

In La Ferté Milon traf beim A. O. K. 1 gegen 7 Uhr morgens ein
abends vorher abgesandter Funkspruch der O. H. L. ein, der die
1. und 2. Armee vor eine neue Aufgabe stellte und eine gänzliche
Änderung der Operationen herbeiführte: „1. und 2. Armee
verbleiben gegenüber Ostfront von Paris. 1. Armee
zwischen Oise und Marne, Marneübergänge westlich Château=
Thierry besetzend. 2. Armee zwischen Marne und Seine,
Seineübergänge zwischen Nogent und Méry einschließlich besetzend.
3. Armee hat Marschrichtung Troyes und östlich."

Wiederum waren die vor kurzem gegebenen Anweisungen der
O. H. L. umgestoßen worden. Die Gründe, die die O. H. L. zu dieser
Änderung bewogen, kannten wir nicht. Ein rechtes Bild von der Lage
konnten wir uns nicht machen, da wir die Verhältnisse in der Mitte und
auf dem linken Heeresflügel nicht übersahen. Der Gedanke, die Franzosen
nach Südosten abzudrängen, war aufgegeben. Die große Umgehung durch
Belgien hatte nicht zu einer Umfassung der Franzosen geführt, der
Schlieffensche Plan war gescheitert.

Die 1. Armee mußte vom Feinde ablassen, alle Anstrengung war ver=
gebens gewesen. Zwischen Oise und Marne „verbleiben" konnten wir nicht,
wir konnten nur dorthin zurückmarschieren. Das A. O. K. vermochte sich den
Ausdruck der O. H. L. nicht zu erklären, da ihr aus den Meldungen nach
unserer Annahme die Aufstellung der Armee genau bekannt sein mußte.

Offenbar war die O. H. L. zu ähnlichen Bedenken gekommen, wie wir
sie am 4. morgens in unserem Funkspruch ausgesprochen hatten. Der rechte
Heeresflügel war zu schwach, um an Paris vorbeizumarschieren. Drohte
hier eine besondere Gefahr? Von neuen Verschiebungen französischer
Truppen war uns nichts bekannt. Je fester man die Franzosen überall
anfaßte, um so mehr wurden Verschiebungen verhindert.

Unter diesen Umständen glaubte das Oberkommando der 1. Armee
den Vorschlag machen zu können, nachdem die Marne einmal überschritten
war, die Verfolgung der Franzosen noch eine kurze Strecke bis zur Seine
auszudehnen und dann erst Paris abzuschließen. Wurden die Franzosen
hinter die Seine zurückgedrängt, so mußten auch die nördlich Paris in
unserer Flanke aufgetretenen französischen Truppen zurückgehen. An die
O. H. L. ging folgender Funkspruch ab: „1. Armee ist infolge früherer
Weisung O. H. L. im Vorgehen über Rebais—Montmirail gegen Seine.
Zwei Armeekorps decken beiderseits Marne gegen Paris. Bei Coulom=
miers Gefechtsberührung mit etwa drei englischen Divisionen, bei Mont=
mirail mit Westflügel Franzosen. Letztere leisten mit Nachhuten heftigen
Widerstand, würden bei fortgesetzter Verfolgung bis zur Seine wohl er=
heblich leiden. Sind bisher nur frontal zurückgedrängt und keineswegs
aus dem Felde geschlagen. Ihr Rückzug geht auf Nogent s. S. Wird an=
geordnete Einschließung von Paris ausgeführt, so erhält dieser Feind Be=
wegungsfreiheit gegen Troyes. In Paris vermutlich stärkere Kräfte erst
in Versammlung. Teile der Feldarmee werden wohl hingeführt, dauert
aber noch Zeit. Halte Ablassen von durchaus kampffähiger Feldarmee
und Verschiebung 1. und 2. Armee zur Zeit für minder günstig. Schlage
vor: Verfolgung bis zur Seine durchzuführen und dann Einschließung
von Paris." Der Vorschlag entsprang folgerichtig dem bisherigen Ge=
dankengange des Oberkommandos der 1. Armee, aber er beruhte auf un=
zureichender Kenntnis der Gesamtlage.

Unbeschadet dieses Vorschlages wurden sofort die Vorbereitungen ge=
troffen, um den Befehlen der O. H. L. nachzukommen. Die angeordnete
Schwenkung war marschtechnisch schwierig und zeitraubend, da sie gleich=
zeitig mit dem Rückmarsch ausgeführt werden mußte, nachdem die Armee
einmal so weit auf die Seine zu vorgedrungen war. Es schien mindestens
nötig, den bei Montmirail und Coulommiers dicht gegenüber gemeldeten
Feind vorher zurückzuwerfen. Vereinbarungen mit der 2. Armee waren
erforderlich. Ein Generalstabsoffizier mit schriftlicher Anweisung wurde zur
2. Armee geschickt, um sie über die Anschauung des A. O. K. 1 und über
den der O. H. L. gemachten Vorschlag zu unterrichten. Er sollte auch darauf
aufmerksam machen, daß der vor der 2. Armee zurückgehende Feind nach

Ansicht des A. O. K. 1 keineswegs vernichtend geschlagen, sondern kampf=
kräftig sei und bei Château=Thierry kräftigen Widerstand geleistet habe.
Über die Linie Montmirail—Esternay könne die 2. Armee erst vorrücken,
nachdem sie durch die 1. Armee geräumt sei. Die Bewegungen der 1. Armee
seien heute nicht mehr anzuhalten gewesen.

Nur das IV. R. K. und H. K. K. 2 versuchte das Oberkommando an=
zuhalten. Ersteres befand sich in der Nähe, letzteres war durch Funkspruch
zu erreichen. Das IV. R. K. erhielt Befehl, zu halten, wo der Befehl ein=
ging. Der Befehl traf aber erst mittags ein, als es sein Marschziel erreicht
hatte. H. K. K. durfte uns nicht durch weiteres Vorgehen nach Süden
aus der Hand kommen. Mit den übrigen Korps bestand zur Zeit keine
Verbindung, Befehlsempfänger waren erst nach Rebais bestellt worden,
wohin wir uns mittags begeben wollten. Es wurde nicht für angängig
gehalten, bei der großen Entfernung die Generalkommandos von La Ferté
Milon aus rechtzeitig zu erreichen und die Korps, die zum Teil heute keine
großen Märsche zurückzulegen hatten, ohne Störungen anzuhalten. Die
befohlene Bewegung sollte am 6. früh angetreten werden, die zu treffenden
Anordnungen wurden vorbereitet.

Mittags in Rebais angekommen, fand das A. O. K. Meldungen vor,
wonach der Feind über Sézanne, Esternay, Provins in südlicher Richtung
zurückging. Die Biwaks bei Montmirail wurden verlassen gemeldet. Eine
lange Kolonne war im Marsch in südwestlicher Richtung auf Brie Comte
Robert (südöstlich Paris) beobachtet worden.

Von dem III. A. K. wurde starke feindliche Kavallerie mit Artillerie
und schwacher Infanterie zurückgeworfen. Das IV. A. K. kam beim Vor=
marsch in Gefechtsberührung mit dem Feind, der aber nach einigen
Kanonenschüssen abzog. Das IX. A. K. traf bei Montmirail noch auf den
Gegner, der auf Sézanne zurückging. Vom IV. R. K. traf nachmittags die
Meldung ein: „Feind bei Dammartin scheint nur schwach zu sein, aber
noch zu stehen." Vor dem II. A. K. ging der Feind in südlicher und süd=
westlicher Richtung zurück. H. K. K. 2 meldete nachmittags: „Feind aus
Coulommiers zog erst 6 Uhr vormittags südlich ab." Der Gegner war also
auf der ganzen Front von Coulommiers bis Montmirail im Abzug. Kein
Anzeichen kündigte nördlich der Marne eine Gefahr in der rechten Flanke an.

Mitte und linker Flügel der Armee erreichten ihre Marschziele in
Gegend Coulommiers—Esternay.

Abends traf Oberstleutnant Hentsch von der O. H. L.
ein, um uns Aufklärung über die Lage zu bringen. Wir erhielten zugleich
durch einen anderen Offizier der O. H. L. eine ausführliche schriftliche An=
weisung.

Diese Anweisung für die 1. bis 7. Armee vom 5. 9. lautete:

„Der Gegner hat sich dem umfassend angesetzten Angriff der 1. und 2. Armee entzogen und mit Teilen den Anschluß an Paris erreicht. Mel= dungen und sichere Agentennachrichten lassen ferner den Schluß zu, daß der Feind aus der Linie Toul—Belfort Truppen nach Westen befördert, sowie daß er vor der Front der 3. bis 5. Armee ebenfalls Armeeteile herauszieht. Ein Abdrängen des gesamten französischen Heeres gegen die Schweizer Grenze in südöstlicher Richtung ist somit nicht mehr möglich. Es muß vielmehr damit gerechnet werden, daß der Feind zum Schutze der Hauptstadt und zur Bedrohung der rechten deutschen Heeresflanke stärkere Kräfte in der Gegend von Paris zusammen= zieht und Neubildungen heranführt.

Die 1. und 2. Armee müssen daher gegenüber der Ost= front von Paris verbleiben. Ihre Aufgabe ist es, feindlichen Unter= nehmungen aus der Gegend von Paris offensiv entgegenzutreten und sich hierbei gegenseitig zu unterstützen.

Die 4. und 5. Armee sind noch in Berührung mit stärkerem Feind. Sie müssen versuchen, ihn dauernd nach Südosten zu drängen. Dadurch wird auch der 6. Armee der Weg über die Mosel zwischen Toul und Epinal geöffnet. Ob es hier im Verein mit 6. und 7. Armee gelingen wird, nennenswerte Teile des Gegners gegen das Schweizer Gebiet abzudrängen, ist noch nicht zu übersehen.

Aufgabe der 6. und 7. Armee bleibt zunächst die Fesselung der vor ihrer Front befindlichen Kräfte. Es ist sobald als möglich zum An= griff gegen die Mosel zwischen Toul und Epinal unter Sicherung gegen diese Festungen vorzugehen.

Die 3. Armee nimmt die Marschrichtung auf Troyes— Vendeuvre. Je nach Lage wird sie zur Unterstützung der 2. und 1. Armee über die Seine in westlicher Richtung oder zur Beteiligung an den Kämpfen unseres linken Heeresflügels in südlicher und südöstlicher Richtung verwendet werden.

Seine Majestät befehlen daher:

1. Die 1. und 2. Armee verbleiben gegenüber der Ostfront von Paris, um feindlichen Unternehmungen aus Paris offensiv entgegen= zutreten: 1. Armee zwischen Oise und Marne. Die Marneübergänge von Château=Thierry abwärts sind für einen Uferwechsel besetzt zu halten. 2. Armee zwischen Marne und Seine. Die Inbesitznahme der Seine= übergänge zwischen Nogent und Méry ist von Wert. Es wird sich emp= fehlen, die Armeen in ihrer Masse so weit von Paris entfernt zu halten,

daß sie genügende Bewegungsfreiheit für ihre Operationen haben. H. K. K. 2
bleibt der 1. Armee unterstellt und gibt eine Kavalleriedivision an
H. K. K. 1 ab. Von H. K. K. 1, der der 2. Armee unterstellt bleibt, tritt
eine Kavalleriedivision zur 3. Armee.

Aufgabe des H. K. K. 2 ist die Beobachtung der Nordfront von Paris
zwischen Marne und unterer Seine und Aufklärung zwischen Somme und
unterer Seine bis zur Küste. Weitere Aufklärung über Lille—Amiens
gegen die Küste durch Flieger der 1. Armee. H. K. K. 1 beobachtet die Süd=
front von Paris zwischen Marne und Seine unterhalb Paris und klärt auf
gegen Caen, Alençon, Le Mans, Tours und Bourges, Flieger sind ent=
sprechend zuzuteilen. Beide H. K. K. haben die auf Paris führenden Eisen=
bahnen möglichst nahe an der Festung zu zerstören.

2. Die 3. Armee hat auf Troyes—Vendeuvre vorzugehen. Sie
erhält eine Kavalleriedivision des H. K. K. 1 überwiesen. Aufklärung gegen
die Linie Nevers—Le Creusot. Flieger sind zuzuteilen.

3. Die 4. und 5. Armee haben durch unentwegtes Vorgehen in
südöstlicher Richtung der 6. und 7. Armee den Übergang über die obere
Mosel zu öffnen. Rechter Flügel 4. Armee über Vitry le François und
Montiérender, rechter Flügel der 5. Armee über Revigny—Stainville—
Morley. Die 5. Armee hat mit ihrem linken Flügel die Sicherung gegen
die Maasbefestigungen unter Wegnahme der Forts Troyon, Les Paroches
und Camp des Romains zu übernehmen. Der 5. Armee bleibt H. K. K. 4
unterstellt, Aufklärung vor der Front der 4. und 5. Armee gegen Linie
Dijon—Besançon—Belfort. Meldungen auch an 4. Armee.

4. Aufgabe der 6. und 7. Armee bleibt unverändert."

gez. v. Moltke.

Nach meinen Aufzeichnungen ergänzte Oberstleutnant
H e n t s c h mündlich die Anweisung dahin, daß die Lage mißlich sei. Unser
linker Heeresflügel liege gegenüber Nancy—Epinal fest und komme troß
schwerer Verluste keinen Schritt vorwärts. Verdun sei abgeschlossen. West=
lich um Verdun holten die 4. und 5. Armee nach Süden aus, um die hinter
Verdun—Toul stehenden Franzosen aufzurollen. Auch hier komme man
nur langsam vorwärts. Vom rechten französischen Flügel fänden an=
scheinend T r a n s p o r t e i n R i c h t u n g a u f P a r i s statt. Auch
weiter im Norden scheine sich etwas vorzubereiten, etwa bei Lille. Weitere
englische Truppen sollten landen, vielleicht bei Ostende. Eine Unterstützung
Antwerpens durch Engländer sei möglich.

Die 1. Armee stand vor einer v ö l l i g n e u e n L a g e. Von unserem
Durchbruch über die obere Mosel, mit dem wir gerechnet hatten, war keine

Rede mehr. Die Franzosen waren keineswegs überall gefesselt, größere Verschiebungen waren im Werke. Die Gefahr in unserer rechten Flanke wuchs, wenn sie auch noch nicht unmittelbar bevor= zustehen schien. Der Vorschlag, den wir morgens gemacht hatten, die Fran= zosen erst über die Seine zurückzuwerfen, war erledigt. Dem Oberst= leutnant Hentsch wurde bekanntgegeben, welche Vorbereitungen für den Abmarsch gegen Paris bereits getroffen waren und wie er vom 6. ab ausgeführt werden sollte. Er erklärte, daß die Maßnahmen den Ab= sichten der O. H. L. entsprächen und betonte in Gegenwart des ältesten Generalstabsoffiziers des A. O. K. 1, Oberstleutnants Grautoff, mehrfach, daß die Bewegung in Ruhe gemacht werden solle. Be= sondere Eile sei nicht notwendig. Die Angabe des General= leutnants Tappen (a. a. O. S. 23), der Heeresbefehl sei auf dem rechten Flügel wohl in dem Drange nach vorwärts nicht voll durchgeführt worden, bedarf hiernach der Berichtigung.

Man darf bei der Beurteilung dieser Vorgänge nicht außer acht lassen, daß weder die O. H. L. noch A. O. K. 1 im entferntesten an eine unmittelbar bevorstehende Offensive des ganzen französischen Heeres dachten, wie sie tatsächlich im Werke war. Die Fortsetzung des französischen Rückzuges wurde als fest= stehend angenommen. Nur um eine Bedrohung unserer Flanke von Paris her handelte es sich. Andernfalls hätte eine solche Bewegung, wie die Rechtsschwenkung der 2. Armee, gar nicht befohlen werden können.

Mittlerweile ging auch von der 2. Armee in Rebais eine Beurteilung der Lage ein, die der durch die Anweisung der O. H. L. gegebenen Auf= klärung entsprach.

Es wurde 11 Uhr abends, bis der Armeebefehl für den 6. September ausgegeben werden konnte. Abends lag noch eine Fliegermeldung vor, wonach nachmittags ein feindliches Armeekorps bei Tournan (südöstlich Paris) teils im Biwak, teils noch in Bewegung, ferner bei Rozoy eine Division im Biwak festgestellt worden war. Es sollten am 6. das II. A. K. in die Gegend nordöstlich Meaux, das IV. A. K. in Richtung auf La Ferté sous Jouarre bis Doue, das III. bis La Ferté Gaucher mar= schieren, während das IX. A. K. noch stehenblieb. Es war be= absichtigt, die neue Front durch einen Kontermarsch mit rechtsum her= zustellen, bei der die Korps die bisherige Reihenfolge behielten, das IX. A. K. also auf dem linken Flügel verblieb. Zu dem Zweck sollte ge= staffelt vom rechten Flügel angetreten werden. Man hätte auch die Armee kehrtmachen und dann links einschwenken lassen können. Die Korps hätten dann nachher in der umgekehrten Reihenfolge, das IX. auf dem rechten

Flügel, gestanden. Dies hätte aber eine Verschiebung der Kolonnen und Trains bedingt, deren Bewegung ohnedies schwierig genug war. Sie mußte täglich vom A. O. K. geleitet werden.

H. K. K. 2 hatte den Rechtsabmarsch der Armee gegen die Südostfront von Paris und die untere Seine durch Vorgehen in Gegend Lumigny—Rozoy zu verschleiern. Für das ordnungsmäßige Überschreiten der Marne wurden die erforderlichen Vorkehrungen getroffen.

Da die 3. Armee am 5. an der Marne stehenblieb und ruhte, machte d i e 2. A r m e e an diesem Tage nur einen kurzen Marsch vorwärts bis in Linie Montmirail—Bertus und leitete nach Eingang der Weisungen der O. H. L. die neue Bewegung durch eine Schwenkung in die Linie Mont= mirail—Morains le Petit ein. Am 6. sollte die Rechtsschwenkung bis in Linie Montmirail—Marigny le Grand fortgesetzt werden. Die Ausführung der Bewegungen gestaltete sich hier sehr viel einfacher als bei der 1. Armee, die die befohlene Schwenkung im Rückmarsch auszuführen hatte.

D i e 3. A r m e e wollte am 6. den Vormarsch nach Süden fortsetzen.

D i e 4. A r m e e erreichte am 5. die Linie Vitry le François—Heiltz l'Evêque—St. Mard sur le Mont.

D i e 5. A r m e e gelangte unter Deckung gegen Verdun mit Mitte und rechtem Flügel bis Villers en Argonne—Fleury.

Der 6. September verlief anders, als wir beim A. O. K. 1 gedacht hatten. Am 5. nachmittags donnerten die Kanonen bereits in der Flanke der 1. Armee nördlich der Marne. Dort war dem Kommandierenden General des IV. R. K., General der Artillerie v. Gronau, der Schutz der Flanke anvertraut. Er war in guten Händen. Spät in der Nacht, nachdem der Armeebefehl für den 6. längst ausgegeben war, kam durch Fern= gespräch des II. A. K. mit dem ältesten Generalstabsoffizier des A. O. K. 1, Oberstleutnant Grautoff, die erste Nachricht in Rebais an, daß das IV. R. K. bei Dammartin auf überlegenen Gegner gestoßen und spät abends hinter den Thérouaneabschnitt zurückgegangen sei.

D i e S c h l a c h t a m O u r c q h a t t e b e g o n n e n. Es war der Auftakt zu der gewaltigen Marneschlacht. Der Angriff des Feindes traf den rechten Heeresflügel in ungünstiger Lage, die 1. Armee war zu weit vorgekommen. Die große Offensive auf der ganzen Heeresfront kam völlig überraschend. Kein Anzeichen, keine Gefangenenaussage, keine Zeitungs= nachricht hatten ihn angekündigt. Der Gegner hatte sich erst im letzten Augenblick dazu entschlossen. Wir standen vor einer schweren Krisis.

War die 1. Armee ihr gewachsen? Die Truppe war überanstrengt. Seit dem Beginn des Vormarsches war sie ununterbrochen, ohne einen Ruhetag, marschiert. Immer von neuem wurden erhöhte Marschleistungen

gefordert, um den Gegner noch zu erreichen. Das Reservekorps blieb hinter
den aktiven Korps in keiner Weise zurück. Vom 17. August, nach dem
Überschreiten der Grenze, bis zum 4. September hatte es, meist auf e i n e r
Straße, bis zum 26. hinter einem anderen Korps marschierend, 480 km,
also in 18 Tagen durchschnittlich 27 km täglich, zurückgelegt. Vom
31. August bis 2. September war es in drei Tagen 90 km marschiert.
Auf die staunenswerten Leistungen der aktiven Korps ist mehrfach hin=
gewiesen worden. In der ganzen Kriegsgeschichte finden die M a r s ch =
l e i ſt u n g e n d e r 1. A r m e e meines Wissens kein Beispiel. Aber nun
war die Truppe fast erschöpft, die Klagen der Truppenbefehlshaber wurden
immer dringender. Am 4. September richtete der Kommandierende
General des III. A. K., General v. Lochow, ein Schreiben an das A. O. K. 1,
worin er auf die Übermüdung der Truppen infolge der ungeheuren
Marschleistungen und auf die sich hieraus ergebenden schweren Nachteile
für die Diſziplin und Schlagfertigkeit hinwies.

In diesem Zuſtand trat die 1. Armee in die große Schlacht. Das
Schwerſte ſtand ihr noch bevor. Die Truppe hat auch dies geleistet. Märsche
wurden von den auf das Schlachtfeld eilenden Korps zurückgelegt, die alles
Bisherige überboten. Nur eine ſo glänzende Armee, wie die, mit der wir
1914 ins Feld zogen, war dazu befähigt.

Beurteilung des Heeresbefehls vom 4. September.

Der Befehl der O. H. L. vom 4. September ging offenbar von der
Vorausſetzung aus, daß die 1. Armee nicht ſo weit vorwärts ſtand, wie es
der Fall war. Andernfalls hätte der Befehl nicht lauten können: Die
1. Armee v e r b l e i b t zwischen Marne und Oiſe. Wie iſt dies zu erklären?
Die Meldung der 1. Armee vom 3. September nachmittags, daß die Marne
überschritten werden ſolle, traf bei der O. H. L. erſt am 4. um 5 Uhr
20 Minuten nachmittags, die Abendmeldung vom 3. etwas ſpäter ein.
Offenbar haben ſie noch nicht vorgelegen, als der Funkſpruch der O. H. L.
um 7 Uhr abends an die 1. Armee abging. Hier machte ſich die weite Ent=
fernung des Großen Hauptquartiers und die mangelhafte Verbindung
äußerſt nachteilig bemerkbar. Eine Leitung war ſo unmöglich (S. 28).
Immerhin hatte A. O. K. 1 bereits am 2. September abends gemeldet,
daß das IX. A. K. auf Château=Thierry abgebogen ſei, um in die Flanke
der zurückgehenden Franzosen zu ſtoßen, und daß das III. A. K. öſtlich
Crouy gestaffelt gefolgt ſei. Da die 2. Armee an diesem Tage erſt über
die Vesle marschierte, ſo war wenigſtens daraus erſichtlich, daß die 1. Armee
beträchtlich voraus war. Auch findet ſich in den Akten der O. H. L. ein in

Luxemburg mitgehörter Funkspruch der 1. Armee an die 2. und 3. vom 3. September nachmittags, aufgenommen bei der O. H. L. am 4. um 2 Uhr 19 Minuten vormittags: „1. Armee geht heute Château=Thierry und westlich über Marne." Eine auf dem Funkspruch stehende nebensächliche Bleistiftbemerkung des Oberstleutnants Tappen beweist, daß er zu seiner Kenntnis gekommen ist. Oberstleutnant Hentsch hatte das A. O. K. 1 am 5. noch in La Ferté Milon angenommen. Ein Generalstabsoffizier des IV. A. K. begegnete ihm nachmittags, als er sich auf der Suche nach dem Hauptquartier der 1. Armee befand und erstaunt war, daß es so weit südlich sei. Er habe es weiter nördlich angenommen.

Dem Befehl der O. H. L. lag die Absicht zugrunde, auf dem rechten Flügel eine Abwehrfront zu bilden, an der der von Paris zu erwartende Angriff scheitern sollte, während der linke Flügel die Offensive fortsetzte. Der Schlieffensche Plan war in das Gegenteil umgekehrt! An Stelle der überwältigenden Offensive auf dem westlichen Flügel griffen wir im Osten die Festungsfront an, die gerade hatte vermieden werden sollen.

Die Aussichten für eine Abwehr gegenüber Paris waren wohl hin= länglich vorhanden, unter der Voraussetzung, daß die Herstellung der neuen Front durch die 1. und 2. Armee rechtzeitig gelang. Hierzu glaubte die O. H. L. genügend Zeit zu haben. Es geht dies auch aus der ganzen Form des Befehls hervor. Eine große Gefahr lag aber darin, daß der Gegner mit Hilfe seines vorzüglichen, auf Paris laufenden Eisenbahnnetzes erheb= lich überlegene Kräfte heranführen und sie auch weiter nördlich zur Um= fassung versammeln konnte, nachdem wir hier in die Verteidigung gefallen waren und ihm freie Hand gegeben hatten.

Die Wirkung der Offensive auf dem linken Flügel war sehr frag= würdig. Bis jetzt war es nicht gelungen, zwischen Toul und Epinal durch= zubrechen. Vielleicht wurden die Aussichten günstiger, seitdem der Gegner Truppen von hier abbeförderte. Aber wir selbst begannen gerade am 5. September ebenfalls Truppen aus der Front der 6. und 7. Armee herauszuziehen, um sie auf den rechten Heeresflügel zu bringen. Offenbar erwartete man von einer Fortsetzung des Angriffs an der Mosel nur den Feind zu fesseln, während westlich der Maas die 4. und 5. Armee ihren Vormarsch in südlicher Richtung fortsetzen und ihm in den Rücken kommen sollten. Ob dies gelang, mußte fraglich erscheinen. Auf die schwierigen Verhältnisse der 5. Armee ist schon hingewiesen worden. Daß ein konzen= trischer Angriff der 4., 5., 6. und 7. Armee, ein Einkreisen oder ein Ab= drängen des Feindes nach der Schweiz gelang, war kaum zu erhoffen. Im

besten Falle kam es zu einem Zurückdrücken des Feindes in das weite
Innere des Landes.

Ein großer, belebender Gedanke war in dem Plan nicht vorhanden.
Er machte den Eindruck eines Verlegenheitsmanövers.

Die nachträgliche Kritik ist leicht. Was hätte geschehen
sollen? Der verfehlte Versuch, über die Mosel durchzubrechen, mußte
endlich aufgegeben, der linke Heeresflügel auf die Defensive verwiesen
werden.

Man hätte, so gut und so schlecht wie es ging, nachholen müssen, was
versäumt war, und soviel und so schnell als möglich vom linken auf den
rechten Heeresflügel befördern sollen. Freilich war uns der Gegner in
dieser Verschiebung voraus und verfügte über die besseren Eisenbahn=
verbindungen.

Hanotaux meint, General Joffre wäre in einem solchen Falle zurück=
gegangen. Dazu lag keine Veranlassung vor, es hätte unsere Lage nicht
verbessert.

In dem Befehl und auch in den Mitteilungen des Oberstleutnants
Hentsch spricht sich eine gewisse Besorgnis vor Unternehmungen von der
Küste her, von Ostende oder über Lille, aus. Tatsächlich war von englischer
Seite ein Angriff von der Seeseite her zur Entlastung der englischen Armee
geplant gewesen. Es standen aber nur einige Marinebataillone, etwa
3000 Mann, zur Verfügung. Sie wurden am 27. und 28. in Ostende aus=
geschifft und hatten wohl mehr die Aufgabe, Ostende gegen eine deutsche
Unternehmung zu sichern. Solange die englischen Transporte nach Le
Havre gingen, durfte Ostende nicht in deutsche Hand fallen. Als die englische
Basis, wie später erörtert werden wird, nach St. Nazaire verlegt wurde,
verlor die Besetzung Ostendes ihre Bedeutung. Die Marinetruppen wurden
am 31. August wieder eingeschifft. Eine Zeitlang hatte man sich auch mit
dem Gedanken getragen, die aus Namur in Le Havre eingetroffenen
16 000 Belgier in Seebrügge und Ostende zu landen, beförderte sie dann
aber nach Antwerpen.

Als der Befehl vom 5. September bei den Armeen eintraf, war er
durch die Ereignisse überholt. Am 6. früh begann uner=
wartet auf der ganzen Front der englisch=fran=
zösische Angriff.

7. Die französischen und englischen Operationen von den Augustschlachten bis zur Marneschlacht.

Beginn des Rückzuges am 24. August.

Am 24. August abends war die französische Offen=
sive auf der ganzen Front gescheitert. Die Armeen standen
um diese Zeit wie folgt:

Die Lothringer Armee östlich der Maas gegenüber Metz,
linker Flügel bei Spincourt.

Anschließend die 3. Armee am Othain über Marville bis südwest=
lich Virton.

4. Armee nördlich Montmédy—Carignan—südlich Sedan—nördlich
Mézières.

5. Armee im Abzug über Mariembourg—Avesnes.

Die Engländer bei Bavai.

Am 25. abends befanden sich:

Die Lothringer Armee an der Orne bei Conflans—Etain. Sie
wurde am 25. abends aufgelöst, zwei Divisionen wurden an die Somme
befördert, vier verblieben an den Maashöhen südlich Verdun.

3. Armee in Gegend Azannes—Dun.

4. Armee in Linie Stenay—Mézières.

5. Armee bei Rocroi—Hirson—westlich Avesnes.

Die Engländer bei Landrecies—Le Cateau.

Die Wirkung der großen Augustschlachten in Loth=
ringen, bei Longwy—Longuyon, Neufchâteau, Namur und Mons war
weittragend. Der Rückzug gab den nordöstlichen Teil Frankreichs, die
wichtigste Industriegegend, preis, deren Verlust für Frankreich die größten
Folgen hatte. Die Niederlagen aller Armeen lasteten schwer auf der Truppe.
Man dachte an die Ereignisse von 1870. Ausdrücklich wird in den fran=
zösischen Darstellungen bezeugt, wie stark der Eindruck der Kämpfe in den
Tagen vom 20. bis 25. August war. Eine ausgesprochene Entmutigung
machte sich in einzelnen Armeekorps bemerkbar (Palat, a. a. O. Band III,
S. 241 und 314). Von Teilen der 5. Armee wird berichtet, daß die Massen
in unbeschreiblicher Unordnung zurückfluteten. Palat wendet sich ausdrück=
lich gegen die Darstellung von Hanotaux, der die Bedeutung der August=
schlachten zu verkleinern suche. Der Rückzug habe dazu geführt, daß man
am 5. September südlich der Marne gestanden und sich mit dem Gedanken
getragen habe, hinter die Seine zu gehen. Paris sei ohne genügenden
Schutz gewesen, die Regierung hatte sich nach Bordeaux begeben. Wir

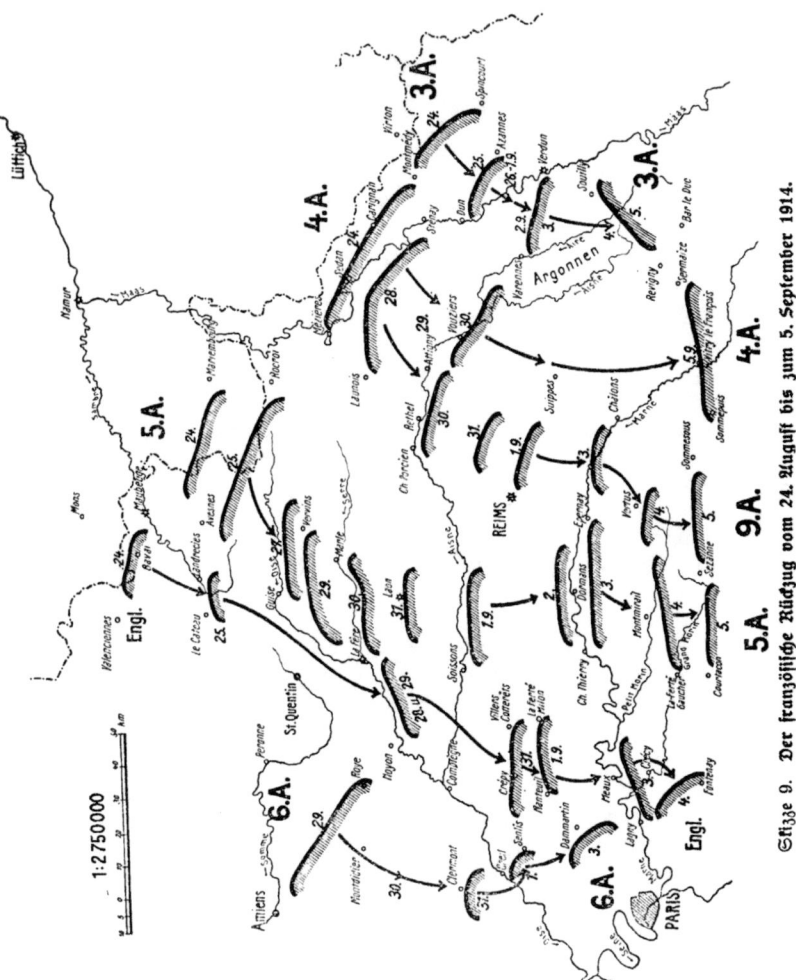

Stizze 9. Der franzöfifche Rückzug vom 24. Auguft bis zum 5. September 1914.

werden im weiteren Verlauf fehen, wie fich die Wirkung des Rückzuges auf
die Truppe auf die Dauer fteigerte und einen bedenklichen Grad erreichte.
„Wäre die Schlacht an der Marne verloren worden, fo war alles einen
Monat nach Eröffnung der Feindfeligkeiten verfpielt. Jedes Wiederauf=

richten wäre unmöglich gewesen" (Le Gros, „La genèse de la bataille de la Marne." S. 19).

General Lanrezac („Le plan de campagne français et le premier mois de la guerre." Paris, Payot. 1920, S. 185 f.) schildert die Lage des französischen Heeres nach den Augustschlachten wie folgt: „Die ganze französische Armee war damals in einem traurigen Zustand. Nicht allein die 5. Armee hatte eine schwere Niederlage erlitten, auch die Armee de Langle war nördlich von der Semois geschlagen und zum Rückzug nach der Maas gezwungen worden. Die Armee Ruffey war zwischen Arlon und Diedenhofen nicht viel glücklicher gewesen und mußte sich auf Verdun zurückziehen. Die Armeen de Castelnau und Dubail waren zum Rückzug nach der befestigten Stellung von Nancy und hinter die Mortagne ge= zwungen. Wir waren überall, von der Sambre bis zu den Vogesen, ge= schlagen worden. Alle unsere Armeen waren stark mitgenommen, es blieb ihnen nichts anderes übrig, als so schnell als möglich zurückzugehen, um der völligen Vernichtung zu entgehen."

Der Rückzugsbefehl Joffres am 25. August.

Das Hauptquartier des französischen Oberbefehlshabers befand sich am 25. August in Vitry le François. Chef des Generalstabes war General Belin, Chef der Operationsabteilung General Berthelot. Man kann dem Stabe der französischen Obersten Heeresleitung die Anerkennung nicht ver= sagen, daß er nach den schweren Niederlagen den Kopf nicht verloren und den Rückzug zweckmäßig geleitet hat. Joffre selbst war unermüdlich tätig, um das gesunkene Vertrauen des Heeres zu heben, die Bewegungen der Armeen in Einklang zu bringen und die Widerstandskraft und den Offensivgeist der Truppen zu beleben (S. 29).

Der grundlegende Befehl wurde am 25. August, 10 Uhr abends, erlassen. Palat meint, der bisher bekannte Wortlaut scheine nicht ganz genau zu sein. Der Befehl lautet:

„1. Nachdem die geplante Offensive nicht hat durchgeführt werden können, werden die weiteren Operationen derartig geregelt werden, daß auf unserem linken Flügel durch die Vereinigung der 4. und 5. Armee, der englischen Armee und neuer Kräfte, die der Ostfront entnommen werden, eine Masse gebildet wird, die imstande ist, die Offensive wieder aufzunehmen, während die übrigen Armeen solange als erforderlich das Vorgehen des Feindes aufhalten.

2. Während des Rückmarsches hat jede der drei Armeen, 3., 4. und 5., den Bewegungen der Nachbararmeen Rechnung zu tragen, mit denen sie in Verbindung bleiben muß. Die Bewegung ist durch Nachhuten zu decken,

die an günftigen Geländeabfchnitten zu belaffen find derart, daß alle Hinder=
niffe ausgenützt werden, um durch kurze, heftige Gegenftöße, deren Haupt=
mittel die Artillerie bildet, den Marfch des Feindes aufzuhalten oder
wenigftens zu verzögern.

3. Grenzen für die Bewegungen zwifchen den einzelnen Armeen:
Armee W. (Engländer): nordweftlich der Linie Le Cateau=Vermand
—Nesle (einfchließlich).

4. und 5. Armee: zwifchen diefer Linie im Weften und der Linie
Stenay—Grand Pré—Suippes—Condé f. M. (nordweftlich Châlons) im
Often (einfchließlich).

3. Armee einfchließlich der Lothringer Armee zwifchen der Linie
Saffey—Fléville—Ville fur Tourbe—Vitry le François (einfchließlich) im
Weften und der Linie Vigneulles—Void—Gondrecourt (einfchließlich) im
Often.

4. Auf dem äußerften linken Flügel, zwifchen Picquigny und dem
Meer, wird eine Sperre an der Somme durch die Territorialdivifionen des
Nordens gebildet, denen als Referve die 61. und 62. Refervedivifion dienen.

5. Das Kavalleriekorps hält fich am Authieabfchnitt bereit, der Vor=
bewegung des äußerften linken Flügels zu folgen.

6. Vorwärts Amiens, zwifchen Domart en Ponthieu und
Corbie oder hinter der Somme zwifchen Picquigny und Villers=Breton=
neux, wird eine Armeeabteilung in der Zeit vom
27. Auguft bis 2. September aus Truppen gebildet, die mit
der Eifenbahn heranbefördert werden (VII. A. K., vier Refervedivifionen
und vielleicht ein weiteres aktives Korps). Diefe Armeeabteilung hat fich
bereitzuhalten, die Offenfive in der allgemeinen Richtung St. Pol—
Arras oder Arras—Bapaume zu ergreifen.

7. Die Armee W. (Engländer) hinter der Somme von Bray
fur Somme bis Ham, bereit entweder nach Norden auf Bertincourt oder
nach Often auf Le Catelet vorzugehen.

8. Die 5. Armee hält die Maffe ihrer Truppen in der Gegend
Vermand—St. Quentin—Moy bereit, um in der allgemeinen Richtung
auf Bohain vorzuftoßen, der rechte Flügel hält die Linie La Fère—Laon—
Craonne—St. Erme.

9. Die 4. Armee hinter der Aisne in der Front Guignicourt—
Vouziers oder, wenn dies nicht möglich ift, in der Front Berry au Bac—
Reims—Höhen füdlich Reims, ftets fich bereithaltend, die Offenfive nach
Norden zu ergreifen.

10. Die 3. Armee ftützt ihren rechten Flügel auf die Feftung
Verdun und den linken auf die Enge von Grand Pré oder von Varennes
nach Ste. Menehould.

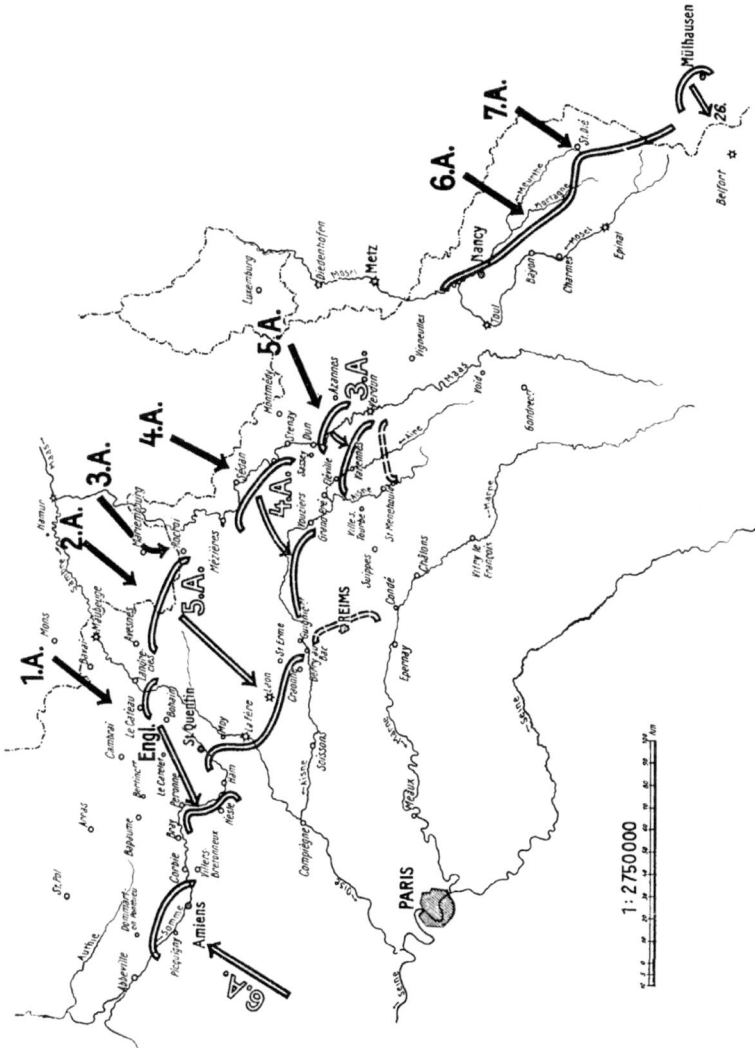

Skizze 10. Lage am 25. August. Anordnungen Joffres von diesem Tage.

11. Alle angegebenen Stellungen find mit der größten Sorgfalt derart einzurichten, daß darin dem Feinde der größtmögliche Widerftand geleiftet werden kann. Aus diefer Aufftellung foll die Angriffsbewegung beginnen. 12. Die 1. und 2. Armee haben weiterhin die gegenüberftehenden feindlichen Kräfte feftzuhalten. Für den Fall, daß fie zurückgehen müffen, werden ihnen folgende Bewegungsftreifen zugewiefen:

2. Armee: zwifchen der Straße Frouard—Toul—Baucouleurs (ein= fchließlich) und der Straße Bayon—Charmes—Mirecourt—Vittel—Clef= mont (einfchließlich).

1. Armee: füdlich der Straße Chatel—Dompaire—Lamarche—Mon= tigny le Roi (einfchließlich)."

                                                                    gez. Joffre.

Man muß das Streben nach baldiger Aufnahme der Offenfive in diefen Anordnungen anerkennen. Auch ift die entfcheidende Richtung ins Auge gefaßt, in der die Offenfive einfetzen muß: gegen den äußerften rechten deutfchen Flügel. Daß die Kräfte hierzu im Vertrauen auf die Stärke des befeftigten Abfchnitts der franzöfifchen Oftfront entnommen werden können, ift ebenfalls richtig erkannt.

Die Hauptkräfte follten in die allgemeine Linie Verdun—Rethel oder Reims—Laon—St. Quentin—Peronne zurückgeführt werden, während bei Amiens eine neue Armee verfammelt wurde. Der Rückzug nahm alfo die allgemeine Richtung auf Paris, das Heer follte in einer geraden Linie von Verdun bis Amiens bereitgeftellt werden, geftützt auf die Befeftigungen von Verdun, Reims, Laon, La Fère und auf den Aisne= und Sommeabfchnitt, in der rechten Flanke gedeckt durch die befeftigte Linie Epinal—Verdun. Der Angriff fiel der neuen Gruppe bei Amiens, den Engländern und dem linken Flügel der 5. Armee zu. Die 4. Armee hatte fich dem Angriff anzufchließen, während der 3. Armee eine defenfive Auf= gabe zufiel. Die Verftärkung des linken Flügels bei Amiens follte der Oftfront entnommen werden.

Graf Schlieffen hatte diefe Aufftellung vorausgefehen. Der rechte deutfche Flügel follte in diefem Falle auf Abbeville vorgehen. Dazu waren wir 1914 auf Grund der aus unferem Aufmarfch hervorgehenden Kräfte= gruppierung nicht imftande. Die Schnelligkeit mußte erfetzen, was uns auf dem rechten Heeresflügel an Kräften abging. Von diefem Gedanken waren insbefondere die Operationen der 1. Armee geleitet worden. Dabei follte fo weit rechts ausgeholt werden, als es der Zufammenhang des Heeres erlaubte. Daß die 1. Armee nach der Schlacht bei Le Cateau nicht in füd= licher Richtung den Engländern folgte, wie es General Maurice für richtig

befunden hätte, sondern die Richtung auf Peronne einschlug, erwies sich
nunmehr als äußerst wirkungsvoll. Die Engländer waren nicht imstande,
den ihnen zugewiesenen Abschnitt in der neuen Kampffront, Bray—Ham,
einzunehmen, sondern mußten vor der drohenden Umfassung Tag und
Nacht über La Fère und Noyon zurückmarschieren. Am 28. überschritt die
1. Armee bereits beiderseits Peronne die Somme, am 30. stand der rechte
Flügel vor Amiens, ehe die Aufstellung der neuen Armee dort zustande-
gekommen war. Was sich davon bereits vorfand oder nach und nach
eintraf, wurde einzeln geschlagen und auseinandergetrieben. Die Schnelligkeit des Vormarsches der 1. Armee hat sich bezahlt gemacht. Wie sie zu
Beginn den einheitlichen Aufmarsch der Belgier, Engländer und des linken
französischen Flügels auseinandergesprengt hat, so warf sie jetzt den ganzen
Joffreschen Plan um. Statt hinter Aisne und Somme, mußte er hinter
die Marne weichen.

Wäre es Joffre gelungen, seinen Plan auszuführen, so wäre die
1. Armee, die nach der Anweisung vom 27. August nördlich der Oise vorgehen sollte, auf starke Kräfte bei Peronne und Amiens gestoßen. Generalleutnant Tappen erwähnt, daß mehrfach von der O. H. L. erwogen worden
sei, vor dem Überwinden schwieriger Abschnitte einen Halt einzulegen, um
die Truppen aufschließen zu lassen. Der Gedanke sei aber abgelehnt
worden. Mit vollem Recht. Hätten wir z. B. vor der von Joffre in Aussicht genommenen starken Stellung gehalten, so wäre unsere Offensive ins
Stocken geraten. Ob es hier schon zum Grabenkriege gekommen wäre, muß
dahingestellt bleiben. Zweifellos wäre aber eine Fortsetzung der Operationen sehr schwierig und eine Umfassung des linken französischen Flügels
unmöglich geworden.

Der Befehl Joffres läßt das Augenmaß für das Erreichbare vermissen.
Wenn die neue Armee erst in der Zeit vom 27. August bis 2. September
versammelt werden sollte, wie konnte sie hoffen, dann noch auf Arras oder
gar auf St. Pol vorstoßen zu können? Es war nicht zu erwarten, daß die
Deutschen, die am 25. schon vor Solesmes standen, dieser Armee bis zum
2. September Zeit zur Versammlung bei Amiens lassen würden.

Die Absicht eines starken Angriffs gegen die deutsche rechte Flanke
ist in dem Befehl nicht bestimmt zum Ausdruck gekommen. Es wird
mehr allgemein davon gesprochen, die Offensive wieder aufzunehmen.
Man hat in Frankreich behauptet, die Angriffsabsicht sei überhaupt nicht
recht ernst zu nehmen, sie sei mehr zur Beruhigung des Landes ausgesprochen worden. Die Behauptung geht auf die Anhänger Galliénis zurück,
die diesem das Hauptverdienst an dem späteren Angriff an der Marne zu-
billigen wollen. Wir kommen auf diesen Streit noch zurück. Auch Palat

meint, der leitende Gedanke trete nicht klar genug hervor, vielleicht weil er bei Joffre ſelbſt noch nicht feſtgeſtanden habe.

Die vorgeſchriebene ſüdweſtliche Richtung vermochte das Heer nicht einzuhalten. Wenn rechts der Anſchluß an Verdun feſtgehalten wurde, riß die weite Ausdehnung nach links das Heer auseinander. Es mußte für die Engländer ſehr ſchwer werden, ſchräg vor dem Feinde nördlich der Linie Le Cateau—Nesle abzumarſchieren. Das Heer ging, wie bei uns, von ſelbſt in eine ſüdliche Richtung über, während die engliſche Armee hinter die Oiſe abgedrängt und die neugebildete Armee auseinandergeſprengt wurde.

27. bis 30. Auguſt.
Die Verſammlung der 6. Armee bei Amiens kommt nicht zuſtande.

Zum Führer der bei Amiens zu bildenden neuen 6. Armee wurde General Maunoury, bisher Führer der Lothringer Armee, beſtimmt. Seine nächſte Aufgabe ſollte nach Joffres Abſicht darin beſtehen, die Engländer zu entlaſten, die von der deutſchen 1. Armee ſtark mit Umfaſſung bedroht waren. Nahmen die übrigen Armeen die allgemeine Offenſive wieder auf, ſo hatte er gegen die deutſche rechte Flanke vorzugehen. Im Notfall ſollte er auf Paris zurückgehen und zur Verteidigung der Hauptſtadt mitwirken. Die Verſammlung der Armee war vom 27. Auguſt bis 2. September in der Gegend von Amiens vorgeſehen. General Maunoury verließ am 28. Auguſt Verdun und begab ſich nach Montdidier, wo er ſein Hauptquartier ein= richtete. Die Armee ſollte aus folgenden Verbänden gebildet werden:

1. VII. A. K., beſtehend aus der 14. Infanteriediviſion und der 63. Re= ſervediviſion, unter General Vautier. Das Korps kam aus dem Oberelſaß, wo die Elſäſſer Armee aufgelöſt wurde (S. 62), und ſollte bis zum 28. Auguſt in der Nähe von Amiens ausgeladen werden.

2. 5. Gruppe Reſervediviſionen, beſtehend aus der 55. und 56. Reſervediviſion, unter dem General de Lamaze. Die Diviſionen hatten zu der bisherigen Lothringer Armee gehört und in Lothringen mit= gekämpft. Sie wurden vom 27. Auguſt ab an der Maas bei St. Mihiel und Dieue verladen und bis zum 29. und 30. bei Tricot und Eſtrées St. Denis (ſüdlich Montdidier) ausgeladen.

3. Eine Eingeborenenbrigade (Marokkaner) unter dem General Ditte.

4. 6. Gruppe Reſervediviſionen, beſtehend aus der 61. und 62. Reſervediviſion unter dem General Ebener. Urſprünglich zur Be= ſatzung von Paris gehörig, waren ſie am 25. Auguſt zur Armeeabteilung d'Amade getreten (S. 80). Sie waren nach ihrer Niederlage in ihrem Halt ſo erſchüttert, daß ſie nach Paris zurückgezogen werden mußten, wo ſie

dem Gouverneur von Paris unterſtellt wurden. Erſt am 7. September traten ſie zur 6. Armee.

5. Das Kavalleriekorps Sordet. Sein Zuſtand war derartig, daß man aus den noch verwendbaren Teilen eine Diviſion von 18 Eskadrons unter dem General de Cornulier=Lucinière zuſammenſtellte. Dieſe befand ſich am 29. Auguſt an dem Avre, das Kavalleriekorps rück= wärts, weſtlich Montdidier. Es verblieb zunächſt bei der Armee Maunoury, wurde aber ſpäter nach Verſailles zurückgezogen.

Sehr ſtattlich war die Armee ſomit nicht, die General Maunoury vor= fand. Verſtärkungen waren in Ausſicht (IV. A. K. und 45. Infanterie= diviſion), aber eine rechtzeitige Verſammlung wurde unmöglich.

In Montdidier lagen Nachrichten über den Vormarſch deutſcher Kolonnen auf Peronne vor. Am 28. Auguſt beſetzten die Deutſchen Peronne. Maunoury hatte zuerſt die Abſicht, dem Gegner entgegenzugehen, zog es dann aber doch vor, zunächſt in der Verteidigung zu bleiben, bis er ſeine Truppen verſammelt hatte, um dann überraſchend aufzutreten. In der Mitte ſollte das VII. A. K. in der Gegend von Corbie—Bray— Chaulnes die Stadt Amiens und die Straße auf Paris decken. Das Kavallerie= korps Sordet hatte auf dem linken Flügel Verbindung mit der Gruppe d'Amade an der unteren Somme zu halten. Die Reſervediviſionen des Ge= nerals de Lamaze ſollten auf dem rechten Flügel bei Curchy—Nesle die Gegend von Roye—Laſſigny decken und Verbindung mit den Engländern halten. Die Kavalleriediviſion unter dem General Cornulier=Lucinière begab ſich auf den rechten Flügel. Die Abſichten des Generals Maunoury wurden jedoch durch den deutſchen Vormarſch durchkreuzt.

General d'Amade ſuchte ſeine Diviſionen wieder aufzurichten, die von den zuſammenhangsloſen Operationen im Norden ſtark mitgenommen waren. Von Abbeville und Picquigny wurden Teile der 81. und 82. Terri= torialdiviſion nach Amiens herangezogen, befanden ſich aber noch in ſtarker Unordnung. Sehr viel war von den Truppen d'Amades nicht zu erwarten. Bei einer Zuſammenkunft mit Joffre in St. Quentin berichtete General d'Amade, daß „die Territorialen ausgeriſſen ſeien, ſobald ſie die deutſche Kavallerie erblickten" (Lanrezac a. a. O. S. 208).

Die 55. Reſervediviſion war kaum ausgeladen und vorgegangen, als ſie von überlegenen Kräften angegriffen wurde. Die engliſche Armee ging um dieſe Zeit hinter die Linie Noyon—Chauny—La Fère zurück. Der rechte Flügel der 6. Armee folgte dieſer Bewegung und bog auf Roye am Avre zurück, die Flanke vom VII. A. K. deckend, das die Front nach Oſten gegen Chaulnes—Bray nehmen ſollte. Es war ſchwierig für die Armee Maunoury, Amiens und Paris zugleich zu decken, Verbindung ſowohl mit

den Engländern, wie mit b'Amade zu halten, ohne fich allzu fehr aus=
zudehnen (Skizze 4, S. 89).

Das VII. A. K. ftieß ebenfalls gleich nach dem Ausladen mit dem
deutfchen rechten Heeresflügel zufammen und wurde nach hartem K a m p f
b e i P r o y a r t am 29. August gefchlagen und über Villers=Bretonneuy
zurückgeworfen (S. 85). Das Korps foll nach franzöfifchen Angaben noch
in der Nacht 20 km zurückgegangen fein. Der Schlag hatte die befte Truppe
der neuen Armee, die 14. Infanteriedivifion, getroffen. Das VII. A. K.
ging über den Avre zurück, rechts bei Guerbigny Verbindung mit der
55. Refervedivifion haltend, die Roye behaupten follte, um die Verbindung
mit den Engländern zu halten. Die 56. Refervedivifion hatte ihre Aus=
ladung noch nicht beendet.

Am 30. August erfuhr Maunoury, daß die Engländer auf Compiègne—
Soiffons zurückgingen. Seine Armee ftand in der Luft. Er trat den
R ü c k z u g n a c h C l e r m o n t an. Die Gruppe b'Amade, deren Ge=
fechtswert äußerft gering war, wurde auf die Nachricht von dem deutfchen
Vormarfch über Albert auf Amiens am 30. August von der unteren Somme
nach Rouen in Marfch gefetzt.

Es zeigt fich, daß Generaloberft v. Kluck im Recht war, wenn er zu
diefer Zeit den in feiner Flanke aufgetretenen gefchlagenen franzöfifchen
Truppen keine große Bedeutung beimaß und annahm, daß ein fchneller
Vormarfch nach Süden fie zum eiligen Rückzug zwingen würde. Sie hätten
fonft die Verbindung mit dem franzöfifchen Heere verloren. Zu einer Ein=
wirkung auf die deutfche Flanke waren fie zunächft nicht imftande. Die
Lage änderte fich erft, als die Armee Maunoury demnächft unter dem
Schutze von Paris fich fammeln, ordnen und Verftärkungen heranziehen
konnte.

**Rückzug der 3., 4. und 5. Armee bis zum 2. September. Schlacht bei
St. Quentin. Kampf der 3. und 4. Armee an der Maas.**

D i e 5. A r m e e war nach der Schlacht bei Namur auf Avesnes—
Mariembourg zurückgegangen, hatte am 25. August die Linie Maroilles—
Avesnes—Fourmies—Régniowez, am 27. die Oife in Linie Guife—Ru=
migny erreicht. Ihr Marfchziel war die Gegend von Laon—La Fère.

Am 27. August faßte Joffre den Entfchluß, mit dem linken Heeres=
flügel einen G e g e n a n g r i f f auszuführen. Als Grund wird die Abficht
angegeben, die Engländer von dem Druck zu entlaften, den der rechte
deutfche Flügel auf fie ausübte. French behauptet, man habe einerfeits den
Abtransport ftarker deutfcher Kräfte erfahren, anderfeits vor allem Paris
fchützen wollen. Von einem deutfchen Abtransport erfuhr man tatfächlich

erst am 29. August (S. 160). Wie dem auch sei, der Plan Joffres erweiterte sich dahin, daß die 6. Armee und die Engländer mitwirken sollten, indem die Armeen v. Kluck und v. Bülow von Amiens, St. Quentin und Guise aus angegriffen würden.

Der Vorstoß der 5. Armee sollte nach der Absicht Joffres in westlicher Richtung auf St. Quentin, unter Deckung nach Norden gegen Guise, statt= finden, während die Engländer mit dem rechten Flügel von La Fère auf St. Quentin, die 6. Armee von Amiens aus vorgehen sollten. Die 5. Armee, die in südlicher Richtung zurückging und ermüdet war, mußte sich zu dem Angriff nach Westen umgruppieren. Lanrezac hat nach seiner Angabe Bedenken gegen den Angriff in Richtung auf St. Quentin geäußert. Er befürchtete, dabei in seiner rechten Flanke angegriffen zu werden. Auch ver= größerte sich dadurch die schon vorhandene Lücke zwischen der 5. und 4. Armee. Joffre habe aber auf dem Angriff bestanden.

Der Angriff konnte, trotzdem Joffre drängte, nicht vor dem 29. früh stattfinden. Inzwischen waren aber die Engländer hinter die Oise nach La Fère—Noyon ausgewichen, hatten somit die Somme aufgegeben und die Front nach Nordwesten, statt nach Norden genommen. Vergebens begab sich Joffre zu French, um ihn zur Mitwirkung in irgendeiner Form zu bewegen. French weigerte sich mit Rücksicht auf den übermüdeten Zustand der Truppe und erklärte, den Rückzug auf Soissons—Compiègne fortsetzen zu müssen.

So mußte der Angriff am 29. früh ohne die Engländer statt= finden. Das III. und XVIII. A. K. sollten über Origny und Ribemont in Richtung auf St. Quentin angreifen, während das X. A. K. nach Norden gegen Guise deckte. Das I. A. K. wurde in der Mitte zur Ver= fügung des Generals Lanrezac zurückgehalten. Auf dem linken Flügel mußten anstelle der Engländer die Reservedivisionen Valabrègue eingesetzt werden, so daß der wichtigste Teil des Angriffs Reservetruppen zufiel. In= zwischen hatte aber die 2. deutsche Armee sich am 28. nachmittags der über= gänge bei Guise bemächtigt und griff am 29. aus der Linie Guise—Etréau= pont an (Skizze 4, S. 89).

General Lanrezac geriet in eine schwierige Lage. Wohin er sich mit den Hauptkräften wendete, ob auf Guise oder auf St. Quentin, stets wurde er aus der anderen Richtung in der Flanke angegriffen. Für eine Operation auf der inneren Linie war kein Raum vorhanden. Links von ihm fielen die Engländer aus, rechts von ihm war eine große Lücke. Zum zweiten Male stand er vor der Gefahr, vernichtet zu werden. Er faßte den Entschluß, den Angriff auf St. Quentin abzubrechen und mit dem III., X. und I. A. K. den bei Guise und östlich vorgehenden Feind über die Oise zurückzuwerfen,

10*

während das XVIII. A. K. und die Reſervediviſionen einen entſcheidenden
Kampf gegen überlegene Kräfte vermeiden ſollten. Um 5 Uhr nachmittags
griffen die Franzoſen auf der ganzen Front von Origny bis Vervins an und
drängten nach ihrer Darſtellung die Deutſchen (Gardekorps und X. A. K.)
auf die Oiſe zurück, ohne daß, wie Palat zugibt, der Erfolg ſich zu einem
Siege geſteigert hätte.   Die Deutſchen behielten die Übergänge über die
Oiſe in der Hand. Unterdeſſen wurden das XVIII. A. K. und die Reſerve=
diviſionen auf die Oiſe zurückgeworfen, die Offenſive auf St. Quentin war
geſcheitert.

Die Lage Lanrezacs wurde unhaltbar. Durch die Niederlage bei St.
Quentin war ſein Rückzug bedroht. In die Lücke zwiſchen ihm und der
4. Armee konnte die deutſche 3. Armee, die aus der Richtung von Rocroi
vorging, vorſtoßen. General Joffre befahl daher am 29. um 10 Uhr 30 Mi=
nuten abends den R ü c k z u g d e r 5. A r m e e. Am 30. überſchritt die
Armee die Serre zwiſchen Marle und La Fère, am 31. erreichte ſie die
Gegend Prémontre—Montcornet (beiderſeits Laon) und gelangte in höchſter
Eile durch einen Nachtmarſch, um der beiderſeits drohenden Umfaſſung zu
entgehen, am 1. September hinter die Aisne zwiſchen Soiſſons und Guigni=
court (Skizze 6, S. 101).

Die Schlacht bei St. Quentin iſt taktiſch äußerſt intereſſant und verdient
eine eingehende Bearbeitung. Ihre operative Wirkung war das Scheitern
des Joffreſchen Planes vom 25. Auguſt. In der Linie Verdun—Amiens
konnte das Heer nicht mehr zum Stehen kommen. Aber der Kampf be=
einflußte auch die deutſchen Operationen nicht unweſentlich. Die 2. Armee
wurde aufgehalten und mußte am 31. ruhen, während die 1. Armee zum
Einſchwenken auf Compiègne—Noyon veranlaßt wurde, um den Erfolg
auszubeuten. Sie erhielt einen Vorſprung vor der 2. Armee und blieb
auch demnächſt voraus. So entwickelte ſich allmählich der Gedanke der
O. H. L., die Franzoſen von Paris abzudrängen.

General Lanrezac hatte am 29. abends, obwohl er die große Schwierig=
keit ſeiner Lage erkannt hatte, nach ſeiner Angabe die Abſicht gehabt, den
Angriff am 30. fortzuſetzen, um ſeinen Erfolg in Richtung auf Guiſe auszu=
beuten und den Gegner über die Oiſe zurückzuwerfen. Die ihm trotz ſeiner
Einwendungen von Joffre anbefohlene Offenſive wollte er ohne deſſen aus=
drücklichen Befehl nicht abbrechen. Wie erwähnt, traf dieſer Befehl ein.
Man kann nur bedauern, daß Lanrezac ſeine Abſicht nicht ausgeführt hat.
Selbſt ein nochmaliger Erfolg bei Guiſe am 30., falls er eingetreten wäre,
mußte ihm zum Verhängnis werden. Glänzende Ausſichten für eine Cannä=
Operation boten ſich uns, wenn auf unſerer Seite eine einheitliche Führung
vorhanden geweſen wäre, die eine Unterſtützung der 2. Armee nicht durch

unmittelbares Heranziehen der Nachbararmeen, sondern durch überholende Verfolgung erstrebt hätte. Für die 3. Armee war die Aussicht zu einem großen Erfolg gegeben, wenn sie geradeaus in der Richtung auf Château Porcien weitermarschierte (S. 88). Leider wurde sie durch Hilferufe von rechts und links hin= und hergezogen.

Am 26. August überschritt die 3. französische Armee die Maas auf der Linie nördlich Verdun—Dun, die 4. Armee bei Stenay —Mézières. Beide Armeen leisteten dem deutschen Vorgehen über die Maas heftigen Widerstand. Insbesondere führte die 4. Armee am 27. und 28. einen starken Gegenangriff aus. Ihre Maßnahmen wurden aber wesentlich beeinflußt durch das Verhalten der 5. Armee. Diese hatte vor der Schlacht bei St. Quentin—Guise ihren rechten Flügel nach Vervins herangezogen. So entstand am 28. eine große Lücke zwischen der 5. Armee und dem auf Launois zurückgebogenen linken Flügel der 4. Armee, in die die über Rocroi vorgehende deutsche 3. Armee hineinzustoßen drohte. Am 29. gab daher die 4. Armee den Widerstand an der Maas auf und ging an diesem Tage und am 30. auf die Aisne zurück. Am 29. wurde durch Ab= trennung des linken Flügels der 4. Armee die Armeeabteilung Foch gebildet. Sie bestand also nicht aus neu herangeführten Truppenverbänden. Durch die Zerlegung der starken 4. Armee in zwei Teile sollte das Fest= halten der Verbindung zwischen 4. und 5. Armee erleichtert werden. Es gelang der Armeeabteilung Foch, sich am 30. und 31. unter heftigen Kämpfen hinter der Aisnelinie Attigny—Rethel—Château=Porcien zu be= haupten, die Lücke zwischen 4. und 5. Armee zu schließen und den Weg Rethel—Paris zu sperren. Die 4. Armee ging am 30. beiderseits Bouziers über die Aisne. An diesem Tage trat die 5. Armee den Rückzug über die Serre auf Laon an.

In den nächsten Tagen setzten die 4. Armee und die Armeeabteilung Foch den Rückzug fort und erreichten am 1. die Gegend zwischen Reims und Aisne, während die 5. Armee bis an die Aisne zwischen Soissons und Guignicourt gelangte. Die 5. Armee nahm demnächst die allgemeine Richtung auf Dormans, die Armeeabteilung Foch und die 4. Armee auf die Gegend beiderseits Châlons.

Währenddessen hatte die 3. Armee bis zum 1. September die Maas bei Dun verteidigt, schwenkte dann allmählich um den Drehpunkt Verdun zwischen Maas und Aire links rückwärts und stand am 2. September in der Linie Apremont—Montfaucon. Am 30. war an Stelle von Ruffey der General Sarrail zum Führer der 3. Armee ernannt worden. Die Armee zog das IV. A. K. aus der Front, das vom 2. ab bei Vienne la Ville ver= laden und zu der neuen 6. Armee Maunoury befördert wurde.

Rückzug der Engländer hinter die Marne.   28. Auguft bis 3. September. Eingreifen Kitcheners.

Nach der Schlacht von Le Cateau waren die Engländer von Landrecies und Le Cateau in Richtung auf La Fère und Noyon zurückgegangen. Am 28. a b e n d s befand sich das I. A. K. f ü d l i c h L a F è r e zwischen der Oife und dem Wald von St. Gobain, das II. A. K. b e i N o y o n. Am 29. r u h t e d i e A r m e e. Da der Vormarsch der deutschen 1. Armee mit dem linken Flügel die Richtung von Le Cateau—nördlich an St. Quentin vorbei nahm, fo kam fie zunächft außer Berührung mit der englifchen Armee. Diefe wurde durch die Schlacht bei St. Quentin und Guife am 29. und 30. Auguft wirkfam entlaftet.

G e n e r a l M a u r i c e (a. a. O.) wirft dem Generaloberft v. Kluck vor, daß er nach der Schlacht von Le Cateau die Engländer nicht un= mittelbar verfolgt, fondern eine füdweftliche Richtung eingefchlagen habe (S. 85). Wenn das II. englifche A. K. fcharf verfolgt und nochmals zum Kampfe gegen Überlegenheit gezwungen worden wäre, fo wäre es fein Verderben gewefen. Statt deffen habe fich Kluck am 27. gegen die Fran= zofen in der Richtung auf Peronne gewendet. So fei die englifche Armee entkommen. General Maurice ift der Anficht, Generaloberft v. Kluck hätte am 27. mit den Hauptkräften die Engländer verfolgen, fchlagen oder füdlich von Paris abdrängen müffen, während er gegen die Franzofen an der Somme nur fo viel entfandte, daß fie an einem Eingreifen verhindert wurden.   Dann hätte er die Franzofen hindern können, die durch den Knotenpunkt Paris führenden Eifenbahnen zu benutzen.   Die Truppen der Generale Maunoury und d'Amade feien von der Maffe des französifchen Heeres abgefchnitten worden, Maunoury habe in diefem Falle nicht bei Amiens ftehenbleiben können.

Die Gründe, die Generaloberft v. Kluck bewogen haben, nach der Schlacht bei Le Cateau die Richtung auf Peronne einzufchlagen, ebenfo die Umftände, die eine Verfolgung durch die 2. Armee verzögert haben, find erörtert worden. Es wurde angenommen, daß die Engländer in füdweft= licher Richtung zurückgehen würden, um die Verbindung mit den Häfen nicht zu verlieren. Daher erfchien eine überholende Verfolgung erforderlich. Wäre die 1. Armee von Le Cateau nach Süden den Engländern gefolgt, fo hätte fie Maunoury volle Freiheit gelaffen, feine Armee zu verfammeln, während die Engländer nach Süden ausweichen konnten.   In unferer rechten Flanke konnte fich dann eine bedrohliche Truppenmacht anfammeln, während die 1. Armee durch ihr verfrühtes Einfchwenken nach Süden die Bewegungen der übrigen Armeen eingeengt hätte.

Für die Engländer kam es nach der eigenen Darftellung vor allem

darauf an, die Armee wieder instandzusetzen. Die Anstrengungen des Rück=
zuges waren, wie General Maurice berichtet, außerordentlich groß. Die
Soldaten hatten keine Zeit, warme Verpflegung zuzubereiten. Es herrschte
eine drückende Hitze. Wurde Halt gemacht, fielen die Mannschaften vor
Müdigkeit um. Während des beständigen Rückzugs witterten sie überall
Gefahren. Von dem Zustand, in dem sich die Armee beim Rückzug befand,
wird bei Palat (a. a. O., Band 5, S. 178), offenbar auf Grund der Schil=
derung eines Augenzeugen, der die Engländer am 28. August beim Durch=
marsch durch Noyon beobachtete, ein eindrucksvolles Bild entworfen: „Un=
unterbrochen wurde durch Noyon marschiert. Ein Durcheinander, Pferde
ohne Reiter, Reiter ohne Pferde, vereinzelte Hochländer, deren Knie unter
dem Rock leuchten, Artilleristen, Infanteristen, Leichtverwundete auf Wagen,
alle eilen in Unordnung und in fieberhafter Hast weiter."

Das A. H. Qu. des Generals French war vom 28. bis 30. in Com=
piègne. Da die starken Verluste noch nicht ersetzt waren, hielt er die F o r t =
s e t z u n g d e s R ü c k z u g e s i n R i c h t u n g a u f C o m p i è g n e —
S o i f f o n s für nötig. Am 29. fand die erwähnte B e s p r e c h u n g m i t
J o f f r e i n C o m p i è g n e statt (S. 147). French betonte, daß die
englische Armee an einer Offensive vor Ablauf mehrerer Tage nicht teil=
nehmen könne. Sie müsse sich erholen und Verstärkungen abwarten. Er
hielt es für besser, die Deutschen weiter hinter sich herzuziehen und erst
südlich der Marne, zwischen Marne und Seine, zu halten. Joffre mußte
sich daher auf die dringende Bitte beschränken, French möge wenigstens
nicht ganz aus der Front ausscheiden, sondern die Lücke zwischen 5. und
6. Armee ausfüllen.

Wie die S t i m m u n g i n d e r e n g l i s c h e n A r m e e war, geht
daraus hervor, daß bei einer an die Zusammenkunft mit Joffre am 29. sich
anschließenden Besprechung des englischen Oberbefehlshabers mit seinen
Generalen der Kommandierende General des II. A. K., Smith=Dorrien, die
Ansicht äußerte, es bliebe nichts anderes übrig, als auf die Basis zurück=
zugehen, die Truppen wieder einzuschiffen und nach Hause zurückzukehren.
Wenn auch French diesen Gedanken zurückwies, so wirft der Vorschlag, wie
Palat (a. a. O., Band 5, S. 220) bemerkt, doch „ein trauriges Licht auf den
moralischen Zustand des englischen Oberkommandos".

Da durch den weiteren Rückzug die Verbindungen mit Le Havre be=
droht waren, wurde ihre Verlegung nach St. Nazaire und Nantes, mit
einer vorgeschobenen Basis in Le Mans, eingeleitet. Schon nach dem Rück=
marsch nach der Schlacht bei Mons erschienen Le Havre und Boulogne ge=
fährdet. Die Transporte dorthin wurden bereits am 24. August eingestellt.
Das Kriegsamt wollte eine neue Basis in Cherbourg einrichten. French

hielt jedoch damals eine Verlegung der Bafis von Le Havre noch nicht für erforderlich, während Boulogne aufgegeben wurde. Am 29. erklärte aber French, daß die fofortige Verlegung von Le Havre notwendig fei. Man entfchloß fich, vom Kanal an die offene Weftküfte zu gehen und die n e u e B a f i s b e i St. Nazaire an der Loire einzurichten, obwohl damit große Schwierigkeiten verbunden waren. Bisher waren nur kurze Fahr=ftrecken im Kanal, jetzt weite offene Strecken zu fichern. Die großen Be=ftände von Le Havre mußten nach St. Nazaire übergeführt werden. Hier wurde dann die 6. Divifion ausgeladen.

Durch die Verlegung der Bafis aus dem Kanal war aber nicht beab=fichtigt, die Kanalhäfen aufzugeben, die für den Seekrieg von entfcheidender Bedeutung waren und deren Verluft die fchwerften Folgen gehabt hätte. Auf die Verteidigung von Dünkirchen, Calais und Boulogne wurde der größte Wert gelegt, fie wurde mit der franzöfifchen Regierung geregelt.

A m 3 0. A u g u ft fetzte die englifche Armee den R ü ck z u g gegen die Aisne in Richtung a u f C o m p i è g n e und S o i f f o n s fort. French erfuhr, daß nach den Anweifungen des Generals Joffre die 5. Armee hinter die Serre, linker Flügel bei La Fère, die 4. hinter die Aisne in Gegend Rethel, die 6. in Richtung auf Compiègne—Clermont zurückgehen follten, das Kavalleriekorps auf dem linken Flügel. Von French wurde erwartet, daß er halte und die Lücke zwifchen Compiègne und La Fère ausfülle. Ob Joffre, nachdem die am 27. geplante allgemeine Offenfive des linken Heeres=flügels (S. 146) nur unvollftändig und ohne Erfolg ausgeführt worden war, nunmehr in der genannten Linie eine Schlacht annehmen wollte, ift nicht mit Sicherheit zu erfehen. Der Graf Schlieffen hatte in feinen Er=wägungen den Fall vorgefehen, daß die Franzofen eine große Defenfiv=flanke hinter der Oife in Linie La Fère—Paris bilden könnten. Die Stellung follte in der Front angegriffen und weftlich und füdlich um Paris herum umgangen werden (Skizze 4, S. 89).

French verblieb am 30. Auguft aber nach feiner Darftellung bei feiner früheren Anficht und erklärte, vor Ablauf mehrerer Tage könne er nicht Front machen und kämpfen, er fei aber bereit, bei einer langfamen und vorfichtigen Fortfetzung des Rückzuges feine Aufftellung zwifchen 5. und 6. Armee einzuhalten. Er ftützte fich dabei auf die allgemeine Anweifung, die er von feiner Regierung erhalten hatte.

A m 3 1. A u g u ft ü b e r f c h r i t t e n d i e E n g l ä n d e r d i e A i s n e und erreichten die Gegend von Néry—Crépy en Valois—Villers=Cotterêts. In feinem neuen Hauptquartier Dammartin erreichte French die erneute dringende Bitte des franzöfifchen Oberbefehlshabers, zu halten und den Kampf aufzunehmen. French berichtet, in demselben Augenblick sei Lanrezac im Begriffe gewesen, seinen linken Flügel weiter zurückzu= nehmen und die Lücke noch zu erweitern. „Ich hatte die feste Überzeugung, daß, wenn ich dieser dringlichen Aufforderung gefolgt wäre, die ganze ver= bündete Armee in Unordnung auf die Marne geworfen und Paris eine leichte Beute der Sieger geworden wäre. Es ist unmöglich, die Gefahr der Lage in diesem Augenblick zu übertreiben. Weder an diesem noch in den folgenden Tagen erhielt ich einen Mann, ein Pferd, eine Kanone, ein Maschinengewehr, um den Ausfall zu ergänzen. Ich weigerte mich daher.“ Während des ganzen Rückzuges wiederholen sich die gegenseitigen Anklagen der Engländer und Franzosen. Von der 5. Armee und von der französischen Heeresleitung wird der übereilte Rückzug der Engländer als Grund für das Mißlingen aller Pläne angegeben, während die Engländer den Rückzug der 5. fran= zösischen Armee und den mangelhaften Schutz der linken Flanke durch die 6. Armee vorschützen. Dieser Gegensatz tritt auch nach dem Kriege in den kriegsgeschichtlichen Darstellungen hervor. Man muß aber French zu= billigen, daß er am 1. September, wenn er stehengeblieben wäre, von der 1. Armee umfassend angegriffen worden wäre (Skizze 6, S. 101).

Wir sind über die niedergedrückte Stimmung des englischen Ober= befehlshabers genauer unterrichtet durch seinen Telegramm= und Schriftverkehr mit Lord Kitchener. Hieraus geht hervor, daß French, was er in seinem Buch unterlassen hat anzuführen, hinter die Seine zurückgehen wollte. Am 31. August früh kam in London ein Telegramm Frenchs an, wonach er Joffre folgendes mit= geteilt hatte: „Ich habe ihm klar gesagt, daß ich bei dem augenblicklichen Zustand meiner Truppen keinesfalls imstande bin, in der Frontlinie zu bleiben, da er jetzt den Rückzug begonnen hat. Ich habe mich entschlossen, morgen früh den Rückzug hinter die Seine in südwestlicher Richtung, westlich an Paris vorbei, zu beginnen. Das bedeutet etwa acht Märsche in be= trächtlichem Abstand vom Feinde, ohne die Truppen zu ermüden. . . . . . Mir gefällt Joffres Plan nicht. Ich würde eine sofortige kraftvolle Offensive vorgezogen haben. Dies ist ihm auch vorgestellt worden. In seiner Ent= gegnung gibt er als Grund für den Rückzug und die Verzögerung an, daß die englische Armee augenblicklich nicht imstande sei, vorzugehen. Aller= dings mag er in bezug auf die Aussicht auf den Vormarsch der Russen wohl recht haben. . . . . Meine Absicht ist mißverstanden worden. Ich denke nicht an einen verlängerten, endgültigen Rückzug.“

Joffre hat hiernach die Wirkung des russischen Vormarsches abwarten wollen. French will für den Angriff gewesen sein. Er selbst beabsichtigt aber, hinter die Seine auszuweichen und schiebt die „kraftvolle Offensive“

den Franzofen zu.   Ein billiger Vorfchlag.   Wie hätte ihn Joffre aus=
führen follen?

Wenige Stunden, nachdem das erwähnte Telegramm in London ent=
ziffert war, kam dort am 31. Auguft ein düfter gehaltenes Schreiben Frenchs
vom 30. aus Compiègne an: „Ich kann nicht fagen, daß ich
dem weiteren Verlauf des Feldzuges in Frankreich
hoffnungsvoll entgegenfehe. ... Mein Zutrauen zu
der Fähigkeit der franzöfifchen Führer, diefen Feldzug
zu einem glücklichen Ende zu führen, fchwindet fchnell dahin. Das
ift mein wahrer Grund für den Entfchluß, mit den britifchen Kräften fo=
weit zurückzugehen.   Heute abend ift ein Bericht eingegangen, daß die
4. franzöfifche Armee auf Rethel zurückgegangen ift.   Dies war allerdings
die Linie, die ihr in den neuen Anordnungen Joffres angewiefen worden
war.   Es mag daher das Gerücht, daß fie zurückgeworfen worden fei, nicht
zutreffen.   Aber es ift doch fehr beunruhigend.   Ich bin durchdrungen von
der Notwendigkeit, volle Freiheit des Handelns zu bewahren und in der
Lage zu fein, auf meine Bafis zurückzugehen, wenn die Umftände es not=
wendig machen.   Es wurde mir fehr hart zugefetzt, trotz meiner zerrütteten
Lage in der Kampflinie zu bleiben.   Aber ich habe es unbedingt abgelehnt
und hoffe, daß Sie mein Verhalten billigen werden.   Es fteht nicht nur
im Einklang mit dem Geift und dem Wortlaut Ihrer Anweifungen, fondern
es ift vom gefunden Menfchenverftand geboten.   Ich kenne den Kampfwert
der franzöfifchen Soldaten und den ungeheuren Aufwand von Tatkraft,
Gefchick, Zeit und Mühe, der viele Jahre hindurch auf ihre Ausbildung und
ihren inneren Wert verwendet worden ift.   Deshalb kann ich diefe ununter=
brochenen Fehlfchläge keiner anderen Urfache als der mangelhaften Führung
zufchreiben.“

Kitchener war eine ftarke Perfönlichkeit.   Sein weiter Blick hatte
erkannt, daß es fich um einen langen Krieg handelte.   England brauchte
Zeit, um eine große Militärmacht zu werden.   Man durfte den Verbündeten
jetzt nicht im Stich laffen, feitdem Paris bedroht war.   Daß French fich aus
der Frontlinie zurückziehen wollte, konnte verhängnisvoll wirken.   Da die
Frage von weitgehender politifcher Bedeutung war, wurde fchnell das
Kabinett zufammenberufen.   Inzwifchen aber telegraphierte Kitchener an
French: „Ich bin überrafcht von Ihrem Entfchluß, hinter die Seine zurück=
zugehen.   Teilen Sie mir möglichft alle Ihre Gründe mit.   Welche Wirkung
wird dies auf Ihr Verhältnis zum franzöfifchen Heer und auf die allgemeine
Kriegslage haben?   Wird Ihr Rückzug eine Lücke in der franzöfifchen
Front herbeiführen oder die Franzofen entmutigen, fo daß die Deutfchen
in die Lage kämen, ihren Plan auszuführen, nämlich erft die Franzofen zu

zerschmettern und dann ungehindert Rußland anzugreifen? Zweiund=
dreißig Züge mit deutschen Truppen wurden gestern auf der Fahrt vom
Westen gegen die Russen gemeldet."

Dann stellte Kitchener nach der Darstellung von Sir George Arthur dem
Kabinett die ernste Gefahr einer Spaltung zwischen der französischen und
englischen Armee vor. Die Verbindung der englischen Armee mit Joffre
müsse aufrechterhalten werden. Der Rückzug hinter die Seine könne den
Verlust des Krieges bedeuten. Das Kabinett trat ihm bei. Kitchener
telegraphierte an French noch am 31. August: „Ihr Telegramm Nr. 162
dem Kabinett vorgelegt. Die Regierung hat die große Befürchtung, daß
Sie, wenn Sie Ihre Truppen, besonders in diesem Augenblick des Feld=
zuges, durch den beabsichtigten Rückzug soweit aus der Kampflinie zurück=
ziehen, nicht imstande sein werden, mit unseren Verbündeten eng zusammen=
zuwirken und sie dauernd zu unterstützen. Die Regierung erwartet, daß
Sie, soweit möglich, den Absichten des Generals Joffre in bezug auf die
Führung des Feldzuges entsprechen. Sie erwartet Ihre unzweifelhaft er=
folgende Antwort auf mein Telegramm von heute morgen. Sie verläßt
sich darauf, daß Sie volles Vertrauen auf Ihre Truppen und auf sich selbst
haben."

Um Mitternacht traf bereits die Antwort des englischen Oberbefehls=
habers ein. Die Franzosen, sagt er darin, gingen rechts und links von ihm
zurück, ohne Nachricht zu geben. Wenn sie so fortführen und jeden offen=
siven Gedanken aufgäben, würde die Lücke in der Front der Franzosen
bleiben. Sie müßten die Folgen tragen. „Ich kann nur feststellen, daß es
für meine Truppen schwer sein wird, in ihrem augenblicklichen Zustand
e i n e m   s t a r k e n   A n g r i f f   a u c h   n u r   e i n e s   d e u t s c h e n
A r m e e k o r p s   z u   w i d e r s t e h e n. Wenn dank dem russischen Druck
der deutsche Rückzug Tatsache wird, wird es mir leicht sein, in meinem
Rückzug innezuhalten und nördlich Paris die Armee wiederherzustellen."
Den Franzosen sei die Möglichkeit gegeben, durch eine Offensive ihre inneren
Flügel zu nähern und die Lücke zu schließen. „Aber da sie eine solche Ge=
legenheit nicht ergreifen, sehe ich nicht ein, weshalb es mir zufallen soll,
noch einmal die Gefahr einer vollständigen Vernichtung auf mich zu
nehmen, um sie zum zweiten Male zu retten. Ich glaube, Sie verkennen
den zerrütteten Zustand des II. A. K. und wie dies meine Stoßkraft lähmt."

Nun litt es Kitchener nicht länger in London. Er eilte a m 1. S e p =
t e m b e r nach Paris, wo nachmittags eine Z u s a m m e n k u n f t in der
britischen Botschaft stattfand, an der der französische Ministerpräsident
Viviani und der Kriegsminister Millerand teilnahmen. Die Lage hatte sich
inzwischen gebessert. Die deutsche 1. Armee schien Maunoury nicht weiter zu

verfolgen, fondern fich gegen den linken Flügel der franzöfifchen Haupt=
kräfte zu wenden. Dadurch wurde der Druck von Maunoury und den Eng=
ländern genommen. Die englifche Armee konnte fich erholen, Maunoury
verftärkt werden. French erklärte fich bereit, den an ihn geftellten For=
derungen nachzukommen. Das Ergebnis faßte Kitchener fchriftlich zu=
fammen: „Frenchs Truppen find jetzt in der Kampflinie eingefetzt, wo er
bleiben wird, im Einklang mit den Bewegungen des franzöfifchen Heeres,
zugleich aber auch mit der nötigen Umficht, um zu verhindern, daß er
irgendwie auf feinen Flanken entblößt wird."

In feiner Darftellung gleitet French über die gefchilderten Ereigniffe
hinweg. Es kann aber auf Grund der mitgeteilten Schriftftücke kein Zweifel
an der Richtigkeit fein. Die Vorgänge find von größter Bedeutung für die
Beurteilung der Ereigniffe in der Marnefchlacht. Die hoffnungs=
lofe Entmutigung des englifchen Führers, der er=
fchütterte Zuftand der Truppe find unbeftreitbar. Die
Erfolge, die die 1. Armee durch ihr rückfichtslofes Nachdrängen und durch
die äußerfte Anfpannung der Kräfte von Mann und Pferd erreicht hatte,
waren größer, als angenommen worden ift. Das Vertrauen der Eng=
länder auf die franzöfifche Führung war gefchwunden. Die englifchen Ver=
lufte von Mons bis zum Erreichen der Marne werden auf 20 000 Mann
angegeben. Lediglich dem Eingreifen Lord Kitcheners ift es zu verdanken,
daß die englifche Armee nicht ohne weiteres hinter die Seine zurückging.
Daß French fich in der Marnefchlacht nicht von einem Tage zum anderen
von einem langen Rückzug zu einer rückfichtslofen Offenfive umftellen würde,
wurde von der 1. Armee angenommen. Sie hat fich nicht geirrt.

Am 1. September abends befand fich die englifche Armee
in der Gegend La Ferté Milon—Betz—Nanteuil le Haudouin. Größere
Nachhutgefechte hatten bei Verberie, Néry und Villers=Cotterêts ftatt=
gefunden.

Am 2. September wurde die Marne bei Lagny und Meaux
erreicht, nur die 4. Divifion war noch bei Dammartin zurück. Am 3. Sep=
tember wurde die Marne überfchritten (Skizze 7, S. 115).

Am Abend des 1. September war French wieder in feinem Haupt=
quartier Dammartin eingetroffen. Das A. H. Qu. wurde in der Nacht nach
Lagny an der Marne verlegt, wo am 2. September wichtige neue Weifungen
des franzöfifchen Oberbefehlshabers eintrafen.

Rückzug der 6. Armee nach Paris. 31. Auguft bis 3. September.

Maunoury, der am 30. Auguft den Rückzug auf Clermont angetreten
hatte (S. 146), richtete fich am 31. nordöftlich Clermont zur Verteidigung

ein. Die marokkanische Brigade Ditte blieb in Creil in Reserve, Kavallerie=
korps Sordet stand bei Beauvais, die Kavalleriedivision de Cornulier=Luci=
nière bei Pont Ste. Maxence an der Oise. Sie soll bereits an diesem Tage
festgestellt haben, daß die Deutschen die Richtung auf Compiègne nahmen.
Maunoury fürchtete für seine rechte Flanke und zog sich am 1. September
näher an den abends bei Nanteuil le Haudouin stehenden linken englischen
Flügel nach der Gegend von Senlis—Creil heran (Skizze 6, S. 101).

Da die Engländer am 2. September den Rückzug auf Meaux—Lagny
fortsetzten, marschierte Maunoury zunächst nach der Gegend südlich des
Waldes von Chantilly ab. Damit die Armee Maunourys nicht abgedrängt
werde, wurde beschlossen, daß sie sich i n d e n B e r e i ch d e r F e st u n g
begeben und P a r i s d e ck e n sollte. Die 56. Reservedivision und die
Brigade Ditte wurden bei Senlis am 2. September noch in heftige Kämpfe
verwickelt (Skizze 7, S. 115).

In der Nacht 2./3. September gelangte die 6. Armee in den vordersten
Bereich der Festung Paris, zur Zeit als die Engländer sich anschickten, die
Marne zu überschreiten.

Die Truppen Maunourys befanden sich nach der französischen Dar=
stellung in einem Zustand äußerster Ermattung, erliegend unter der An=
strengung der langen Märsche, der Hitze, der Entbehrungen, der Gefechte,
der Anhäufung aller Schwierigkeiten, durch die eine eben zusammengestellte
Truppe auf die Probe gestellt werden kann (Hanotaux). Nach Palat (a. a.
O. 5. Band, S. 389) machten sich besonders bei den beiden Reservedivisionen
Lamaze Anzeichen von Zersetzung bemerkbar. Diese Schilderungen sind
für die Beurteilung der Erfolge der bisherigen deutschen Operationen und
der Aussichten für die Zukunft von Bedeutung.

Am 3. morgens wurde die 6. Armee zur Verteidigung von Paris
bestimmt und nahm die Bezeichnung „A r m e e v o n P a r i s" an. Sie
stellte sich vorwärts Paris i n d e r G e g e n d v o n D a m m a r t i n und
nordwestlich bereit.

Die G r u p p e E b e n e r (61. und 62. Reservedivision) war, wie
erwähnt, nach Paris zurückgezogen worden. Die Divisionen waren „stark
erschüttert". Joffre schrieb am 3. September an den Gouverneur von Paris,
General Gallieni: „Ich hoffe, daß diese Reservedivisionen bald wieder
einigen Halt gewinnen."

Das K a v a l l e r i e k o r p s S o r d e t sollte in Versailles ruhen und
trat unter den Gouverneur von Paris.

Als Verstärkungen waren General Maunoury die 45. Division und
das IV. A. K. in Aussicht gestellt.

Zur B e s a tz u n g v o n P a r i s gehörten fünf Territorialdivisionen, von denen ein Teil auf der Nordoftfront von Paris, ein Teil füdlich der Marne auf der Oft= und Südoftfront ftand, ferner eine Brigade Marine= füfiliere, zehn Kompagnien Zuaven, die Kavalleriebrigade Gillet und drei Abteilungen Ausfallartillerie.

Hanotaux gibt die Gefamtftärke der Armee Maunoury und der Be= fatzung von Paris auf mehr als 140 000 Mann an, wovon aber ein großer Teil minderwertig oder verbraucht war.

Der Rückzug der 5. franzöfifchen Armee hinter die Marne am 2. und 3. September.

Die Ereigniffe bei der 5. franzöfifchen Armee am 2. und 3. September find von befonderer Bedeutung. Die gefamte operative Lage wird dadurch beleuchtet. Es muß daher hier auf die taktifchen Einzelheiten eingegangen werden (Skizze 7, S. 115).

Nach dem Überfchreiten der Aisne war die 5. Armee am 2. September bis in die Gegend von Oulchy le Château—Fère en Tardenois—Courtagnon (füdweftlich Reims) gelangt. Auf dem linken Flügel befanden fich die beiden Refervedivifionen der Gruppe Valabrègue, die nach der Schilderung des Generals Lanrezac in einem „beängftigenden Zuftand" waren. „Nach An= gabe des Generals Valabrègue war die Mehrzahl der Truppenteile in einem Grade heruntergekommen und demoralifiert, daß man bei einem ernftlichen Kampf befürchten mußte, fie würden fich auflöfen und die Verwirrung und Unordnung auf die benachbarten Korps verbreiten." Urfprünglich war geplant, daß diefe beiden Divifionen am 3. September um 9 Uhr morgens antreten und bei Château=Thierry die Marne überfchreiten follten. Das neu aufgeftellte Kavalleriekorps Conneau wurde in der Zeit vom 1. bis 3. September mit der Eifenbahn bei Epernay verfammelt und follte von dort nach Château=Thierry gezogen werden. Die zuerft ausgeladene 8. Ka= valleriedivifion marfchierte am 2. September füdlich der Marne über Dor= mans nach Château=Thierry, um diefen Ort feftzuhalten, ftand aber dort abends fchon dem Feind gegenüber und konnte nicht aus Château=Thierry hinaus vorgehen. Sie befetzte die Brücke, wo fich bereits ein Detachement Territoriale befand, ging aber fpäter nach Effifes (füdlich Château=Thierry) zurück. In der Nacht traf noch eine Brigade der 10. Kavalleriedivifion füdlich Château=Thierry ein, während die übrigen Teile der Divifion von Epernay nach Montmirail marfchierten.

Lanrezac war der Anficht, daß fich bei Château=Thierry nur deutfche Kavallerie befände. Trotz der bedenklichen Verfaffung, in der fich die Divi= fionen Valabrègue befanden, beabfichtigte er, fie am 3. auf Château=Thierry marfchieren zu laffen. Weiter öftlich auszuholen erfchien untunlich, weil hier das XVIII. A. K. marschierte, das nur eine Straße zur Verfügung hatte. Die Divisionen Valabrègue sollten Château-Thierry von Norden angreifen, während vorausgeschickte Teile des XVIII. A. K., die weiter östlich über die Marne gingen, von Süden dagegen vorgingen. Spät in der Nacht 2./3. September kam aber die Meldung, daß eine deutsche Infanterie= division vor Château-Thierry stehe. Die Absicht Lanrezacs wurde unaus= führbar. Er mußte sich nun doch entschließen, die Divisionen Valabrègue und das XVIII. A. K. weiter östlich über die Marne gehen zu lassen. Um 2 Uhr morgens am 3. September begannen die Bewegungen. Das XVIII. A. K. wurde südlich der Marne auf den linken Flügel, die Reserve= divisionen rechts daneben geschoben. Die Deutschen hatten sich inzwischen in der Nacht der Stadt und der Brücke von Château-Thierry bemächtigt. Die Territorialen waren zurückgegangen, ohne daß es gelungen war, die Brücke zu zerstören.

Die Armee gelangte am 3. früh hinter die Marne. Die linke Flügel= division, die südlich der Marne in Richtung auf Château-Thierry zur Deckung vorgeschoben wurde, ging, „als sie auf große Entfernung vom Feinde mit schweren Feldhaubitzen beschossen wurde, lediglich aus Be= sorgnis vor einem bevorstehenden Angriff nach Condé en Brie zurück".

Es kann keinem Zweifel unterliegen, daß die Armee Lanrezac in die schwierigste Lage geraten wäre, wenn sie am 2. und 3. September von der 2. deutschen Armee beim Übergang über die Marne erreicht worden wäre, während unser IX. A. K. ihr in die Flanke stieß. Die große operative Bedeutung dieses Vorstoßes und die Tragweite des selbständigen Ent= schlusses des Generals v. Quast treten deutlich hervor. Hier war der richtige Punkt, wo wir einsetzen mußten, um den linken französischen Flügel zu fassen, bevor wir in Reichweite der Festung Paris kamen. In dieser Lage war der rechte Flügel der 1. Armee noch imstande, die Deckung gegen die geschlagene Armee Maunoury und die ständig zurückmarschierenden Eng= länder zu übernehmen. Je mehr wir uns später Paris näherten, um so weniger konnte die 1. Armee allen diesen Aufgaben gleichzeitig gerecht werden, wenn keine Staffel hinter ihr nachrückte. Man kann nur be= dauern, daß der kühnen Tat des IX. A. K. am 2. September der ent= scheidende Erfolg versagt blieb.

Entschluß Joffres, hinter die Seine zurückzugehen. Heeresbefehle vom 1. und 2. September.

Inzwischen mußte Joffre einen n e u e n E n t s c h l u ß fassen, nachdem seine bisherigen Pläne gescheitert waren. Die erhoffte Entlastung durch die russische Offensive schien nun doch Wirklichkeit zu werden. Nach Palat

(a. a. O. 5. Band, S. 151) wurde von Antwerpen am 29. Auguft mitgeteilt, daß 160 Züge durch Belgien am 28. und in der Nacht 28./29. in nordöft= licher Richtung durchgegangen feien.   Ein Telegramm aus Kopenhagen vom 28. meldete, daß der Eifenbahnverkehr in Deutfchland wegen der Transporte nach dem Often gefperrt fei.   Eine andere Nachricht befagte, daß etwa zwei Armeekorps aus der Gegend von Courtrai nach der ruffifchen Front abbefördert worden feien.   Auch Kitchener fpricht in feinem Telegramm vom 31. Auguft an French von deutfchen Transporten nach der ruffifchen Front (S. 155).   Tatfächlich find die beiden deutfchen Korps, um die es fich handelt, nach Aachen, Malmedy und St. Vith marfchiert und dort erft vom 30. Auguft ab verladen worden (S. 95).   Wieweit diefe Nachrichten auf die Abficht Joffres, nunmehr hinter die Seine auszuweichen, eingewirkt haben, ift nicht zu erfehen.

Am 1. und 2. September wurden die neuen Befehle gegeben.

Die „allgemeine Anweifung Nr. 4" vom 1. Sep= tember lautete:

„1. Trotz der taktifchen Erfolge, die die 3., 4. und 5. Armee in der Gegend der Maas und bei Guife errungen haben, zwingt die umfaffende Bewegung des Feindes gegen den linken Flügel der 5. Armee unfere ge= famte Aufftellung, eine Schwenkung um den rechten Flügel auszuführen.   Sobald fich die 5. Armee der drohenden Umfaffung ihres linken Flügels entzogen hat, werden die 3., 4. und 5. Armee ge= meinfam die Offenfive ergreifen.

2. Diefe Rückwärtsfchwenkung kann dazu führen, daß die Armeen eine Zeitlang in nordfüdlicher Richtung zurückgehen.   Die 5. Armee auf dem fchwenkenden Flügel darf unter keinen Umftänden ihren linken Flügel durch den Feind faffen laffen.   Die anderen Armeen, die in der Ausführung ihrer Bewegungen weniger eilig find, können haltmachen, Front nach dem Feinde nehmen und jede günftige Gelegenheit ergreifen, um ihm einen Schlag zu verfetzen.   Die Armeeführer haben derartig zu ver= fahren, daß die Nachbararmeen gedeckt bleiben, und haben fich ftändig ihre Abfichten, Bewegungen und Nachrichten mitzuteilen.

3. Die Bewegungsftreifen der einzelnen Armeen werden durch folgende Linien begrenzt:

Zwifchen 5. und 4. Armee (Armeeabteilung Foch): Straße Reims— Epernay (der 4. Armee)—Straße Monmort—Sézanne—Romilly (der 5. Armee),

zwifchen 4. und 3. Armee: Straße Grand Pré—Ste. Menehould—Re= vigny (der 4. Armee).

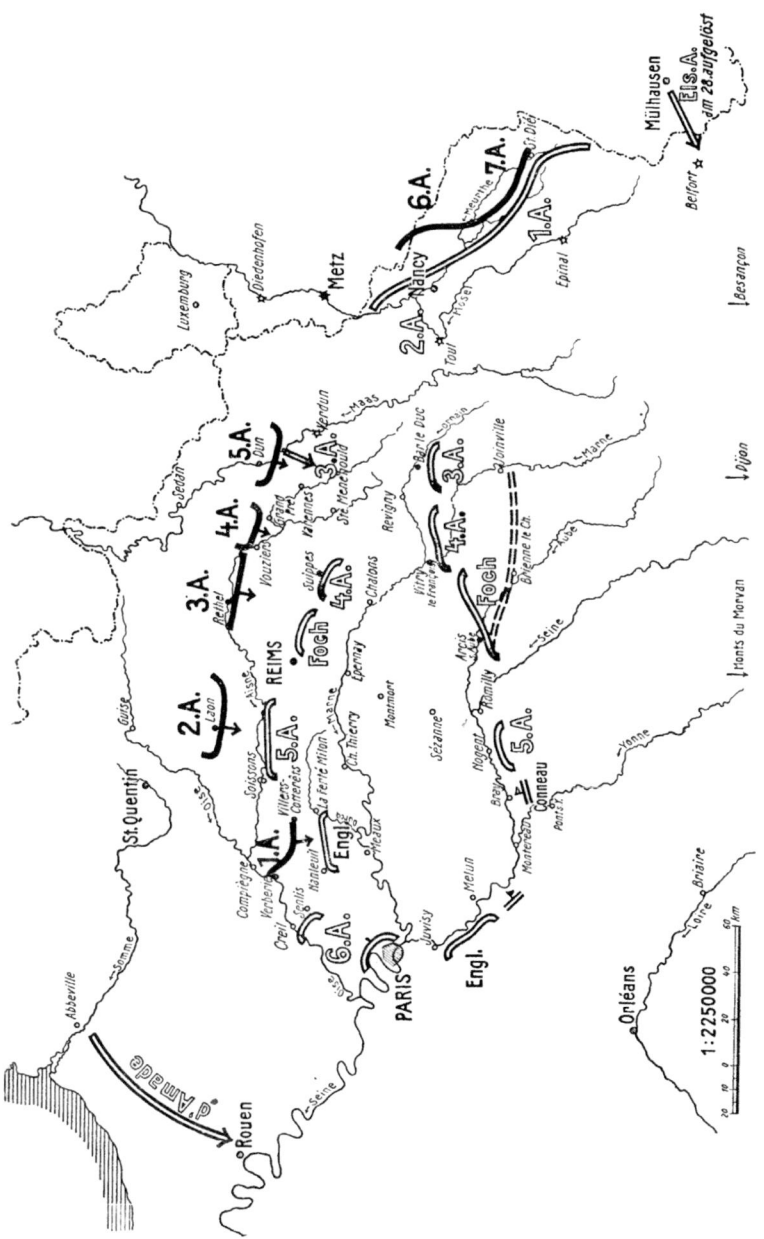

Skizze 11. Lage am 1. September 1914. Befehle Joffres vom 1. und 2. September.

von Kuhl, Der Marnefeldzug 1914.

11

In dem der 4. Armee zugewiefenen Raum hält die Armeeabteilung des Generals Foch ftändig Verbindung mit der 5. Armee, der Zwifchenraum zwifchen diefer Armeeabteilung und der 4. Armee wird durch die 7. und 9. Kavalleriedivifion überwacht, die der 4. Armee unterftehen und die durch Infanterieabteilungen zu ftützen find.

Die 3. Armee hat ihre Bewegung unter dem Schutz der befeftigten Maashöhen auszuführen.

4. Man kann als G r e n z e d e r R ü c k b e w e g u n g, jedoch ohne daß diefe Angabe in fich fchließt, daß diefe Grenze unbedingt erreicht werden muß, den Zeitpunkt ins Auge faffen, zu dem die Armeen fich in folgender Lage befinden:

Ein neu zufammengeftelltes K a v a l l e r i e k o r p s (Conneau) h i n t e r d e r S e i n e füdlich von Bray,

5. A r m e e h i n t e r d e r S e i n e füdlich von Nogent f. Seine,

4. A r m e e (Armeeabteilung Foch) h i n t e r d e m A u b e füd= lich Arcis f. Aube, das Gros hinter dem Ornain füdlich Vitry le François,

4. A r m e e h i n t e r d e m O r n a i n öftlich Vitry,

3. A r m e e f ü d l i c h B a r l e D u c.

Die 3. Armee wird in diefem Augenblick durch die Refervedivifionen verftärkt werden, die von den befeftigten Maashöhen kommen werden, um an dem Angriff teilzunehmen.

Wenn die Verhältniffe es geftatten, werden Teile der 1. und 2. Armee zu gegebener Zeit herangezogen werden, um fich an der Offenfive zu be= teiligen. Endlich werden die mobilen T r u p p e n d e s b e f e f t i g t e n L a g e r s v o n P a r i s gleichfalls an der allgemeinen Operation teil= nehmen.   Joffre."

An die Armeeführer ging a m 2. S e p t e m b e r eine g e h e i m e „N o t e":

„Der Operationsplan, der zur Zufendung der Anweifung Nr. 4 geführt hat, faßt folgende Punkte ins Auge:

a) Die Armeen dem Drucke des Feindes zu entziehen und ihnen zu geftatten, fich zu ordnen und zu ftärken in der Gegend, in der fie fich am Schluß der Bewegung aufhalten follen.

b) Unfere Gefamtkräfte in der allgemeinen Linie Pont f. Yonne— Nogent f. Seine—Arcis f. Aube—Brienne le Château—Joinville bereitzu= ftellen, in der fie fich durch Erfatztransporte ergänzen.

c) Die Armee des linken Flügels durch zwei Armeekorps zu verftärken, die den Armeen von Nancy und Epinal entnommen werden.

d) In diesem Augenblick auf der ganzen Front zur Offensive übergugehen.

e) Unseren linken Flügel durch alle verfügbare Kavallerie zwischen Montereau und Melun zu decken.

f) Die englische Armee aufzufordern, an der Operation teilzunehmen, indem sie die Seine von Melun bis Juvisy hält und über sie vorgeht, wenn die 6. Armee zum Angriff schreitet.

g) Gleichzeitig wird die Besatzung von Paris in Richtung auf Meaux vorgehen. Joffre."

Die Bedeutung dieser Befehle ist in Frankreich lebhaft umstritten. Während die einen darin die Grundlage der späteren erfolg= reichen Offensive erblicken, behaupten andere, Joffre sei es vor allem darum zu tun gewesen, durch einen weiten Rückzug hinter die Seine sich der drohenden Umfassung zu entziehen. Daß es an der Marne zur Schlacht kam, sei das Verdienst Gallienis, des Gouverneurs von Paris. Je mehr die Deutschen sich Paris näherten, um so mehr trat die Persönlichkeit Gallienis in den Vordergrund. Eine gewisse Eifersucht scheint zwischen Gallieni und Joffre bestanden zu haben. Während der Schlacht am Ourcq teilte Joffre dem Gouverneur von Paris am 7. September mit, daß er seine Befehle unmittelbar an die 6. Armee schicken werde. Gleichzeitig ersuchte er ihn, keine Meldungen an die Regierung über die Operationen zu senden. Es sei dies ausschließlich seine Sache, er sei besser in der Lage zu beurteilen, was man der Regierung über die Operationen mitteilen könne.

Die Frage, ob die Landeshauptstadt als Festung verteidigt oder aufgegeben werden solle und welche Rolle der Festung im ersteren Falle bei den Operationen des Feldheeres zufalle, spielte in den Erwägungen des fran= zösischen Oberbefehlshabers und der Regierung naturgemäß eine große Rolle. Am 26. August war der General Gallieni zum Gouverneur von Paris ernannt worden. Am 28. August hatte die Regierung den Entschluß gefaßt, die Hauptstadt als „offene Stadt" preiszugeben, nahm aber am 30. auf Vorstellung der städtischen Behörden und einiger Minister den Entschluß zurück. Am 2. September wurde die Festung Paris auf Ansuchen des Generals Joffre durch den Kriegsminister in den Operationsbereich des Heeres einbegriffen und dadurch dem Oberbefehl Joffres unterstellt. An diesem Tage siedelte die Regierung nach Bordeaux über.

Gallieni schätzte die Verteidigungsfähigkeit von Paris mit Rücksicht auf die schwache und minderwertige Besatzung, auf die mittelmäßigen, der Beschießung sehr ausgesetzten Befestigungsanlagen und die veraltete artilleristische Armierung gering ein. „Wenn Sie nicht aktive Truppen,

11*

mindeftens drei Armeekorps, zur Verftärkung fchicken, ift es völlig unmög=
lich, Paris zu verteidigen", fchrieb Gallieni am 2. September an den Ober=
befehlshaber.   In einem Schreiben vom 8. September an den Kriegs=
minifter bemerkte er: „Paris kann nicht lange und nicht unter ungünftigen
Bedingungen verteidigt werden. Es ift daher unumgänglich, daß das Feld=
heer es verteidigt. . . . Paris muß ftets durch die Armee gedeckt werden."
In der kurzen Zeit, die ihm zur Verfügung ftand, fuchte Gallieni mit allen
Mitteln die Verteidigungsfähigkeit von Paris zu heben. Die Truppen, die
ihm, abgefehen von der ihm unterftellten 6. Armee, zur Verfügung ftanden,
find bereits aufgezählt (S. 157).

In den Befehlen Joffres wird als wichtigfter Gefichtspunkt voran=
geftellt, das Heer durch den Marfch nach Süden aus der drohenden Um=
faffung herauszuführen. Die o f f e n f i v e   A b f i c h t ift zwar auch betont.
Der Angriff wurde aber, wenn man erft hinter Seine und Aube gelangt
war, fehr fchwierig, da er über diefe Flüffe vorgeführt werden mußte. Von
Brückenköpfen ift in den Befehlen keine Rede. Auch die gefamte Kavallerie
wird hinter die Seine genommen.

Der Angriff follte hauptfächlich von der 3., 4. und 5. Armee geführt
werden, alfo wefentlich frontal. Der Gedanke eines ftarken F l a n k e n =
a n g r i f f e s tritt ebenfowenig, wie in dem Befehl vom 25. Auguft
(S. 143) befonders hervor. Der Schwerpunkt hätte umgekehrt auf den
Flankenangriff von Paris aus mit überlegenen Kräften gelegt werden
müffen, während man fich an dem ftarken Seineabfchnitt nötigenfalls mit
fchwächeren Kräften behaupten konnte.

Man hat daher in Frankreich (z. B. Le Gros a. a. O. S. 50 ff.) be=
hauptet, Joffre habe zunächft hauptfächlich an eine Verteidigung hinter
Seine und Aube und an Z e i t g e w i n n gedacht, bis die Erfolge der
Ruffen ihre Wirkung ausüben würden. Die Offenfive fei auf unbeftimmte
Zeit vertagt worden, ihre Ankündigung in den Befehlen habe, ebenfo wie
am 25. Auguft, mehr zur allgemeinen Beruhigung dienen follen. Daß
Joffre hauptfächlich habe ausweichen wollen, gehe auch aus der Preisgabe
von Paris hervor. Es wird fogar gefagt, Joffre habe den weiteren Rückzug
bis in die Linie Briaire—Morvan—Dijon—Befançon geplant, falls die
Wirkung der ruffifchen Offenfive auf fich warten ließe. „Es fteht feft, daß
diefe Linie nötigenfalls ins Auge gefaßt wurde" (Le Gros a. a. O. S. 45).
Näheres ift darüber nicht bekannt. Aus den Befehlen und fonftigen An=
gaben ift diefe Abficht nicht zu erkennen.

Ich glaube, man geht mit diefen Einwendungen zu weit. Die Er=
wartung, daß die ruffifchen Siege eine Entlaftung an der franzöfifchen Front
bringen würden, mag wohl bei der Entfchließung Joffres mitgewirkt haben.

Der Gedanke ist offenbar auch von ihm gegenüber French zur Geltung ge=
bracht worden, wie aus dessen Mitteilung an Kitchener hervorgeht (S. 153).
Immerhin ist die Absicht der Offensive in den Befehlen ausgesprochen. Daß
Paris aufgegeben werden sollte, kann man nicht sagen. Wenn es auch
gegenüber den modernen Angriffsmitteln auf die Dauer nicht Widerstand
leisten konnte, so war es doch zweifellos eine bemessene Zeit sehr wohl zu
halten, zumal die 6. Armee zur Verteidigung zur Verfügung gestellt war.
Unklar bleibt, ob Verdun in die Heeresfront einbegriffen werden sollte.
Wenn man in die Linie Brienne le Château—Joinville zurückging, mußte
man es seinem Schicksal überlassen. Jedenfalls sollte aber der rechte Flügel
der Hauptkräfte, die 3. Armee, den Anschluß an die befestigte Maas= und
Moselfront festhalten.

Vorläufig war nunmehr die Entscheidung auf französischer Seite ge=
fallen, der Rückzug hinter die Seine war beschlossen. Ausdrücklich lehnte
Joffre es ab, den Kampf bereits an der Marne aufzunehmen. French, der
ursprünglich hinter die Seine gedrängt hatte, will dies jetzt vorgeschlagen
und dazu empfohlen haben, einen starken linken Flügel zu bilden. Aus der
schriftlichen Antwort Joffres ergibt sich, daß er diesen Plan mit Rücksicht
auf die gegenwärtige Aufstellung der 5. Armee nicht für durchführbar hielt.
Eine wirksame Unterstützung der englischen Armee sei auf deren rechtem
Flügel nicht gewährleistet. Wohl aber seien die Engländer auf ihrem linken
Flügel durch die Armee Maunoury, die die Nordostfront von Paris ver=
teidigen sollte, gedeckt. Einige Zeit könne sich daher French wohl an der
Marne halten, dann aber müsse er auf das linke Seineufer in Richtung
auf Melun—Juvisy zurückgehen. Die eben ergangenen Anweisungen be=
zweckten, das Heer in eine Lage zu bringen, aus der man in naher Zeit
zur Offensive übergehen könne. Der Zeitpunkt werde rechtzeitig mitgeteilt
werden, damit die englische Armee an dem allgemeinen Angriff teilnehmen
könne.

Ein glänzendes Bild der Operationen ließe sich ausmalen, wenn man
annimmt, daß der d e u t s c h e A u f m a r s c h im August 1914 sich im
vollen Umfang n a c h d e n A b s i c h t e n d e s G r a f e n S c h l i e f f e n
vollzogen hätte. Wären wir Anfang September mit einem starken rechten
Flügel, dem weitere Kräfte gestaffelt folgten, vor Paris angelangt, so boten
sich für die Ausführung des Schlieffenschen Feldzugsplanes die denkbar
günstigsten Aussichten. Das Wesentliche dieses Planes bestand, wie erörtert,
in der Absicht, die Franzosen durch Angriffe auf ihre linke Flanke in öst=
liche Richtung gegen ihre Moselfestungen abzudrängen. Gerade dieser Ab=
sicht kam Joffre in ungeahnter Weise entgegen, indem er seine Hauptkräfte
rechts an die befestigte Ostfront anlehnen und mit der Front fast nach

Nordweften füdlich der Linie Bar le Duc—Nogent f. Seine auffftellen
wollte. Daß dann die 6. Armee, wenn fie nicht eiligft zurückging, in Paris
hätte eingefchloffen, die Engländer gefchlagen oder vertrieben und der linke
Flügel bei Nogent f. Seine umfaßt werden können, lag durchaus im Bereiche
der Möglichkeit und kann wohl nicht als Phantafiegebilde bezeichnet werden.

Der 3. September. Der Rückzug wird fortgefetzt. Gallieni erkennt das Ab-
biegen der Deutfchen von der Richtung auf Paris nach Südoften.

Die b r i t i f ch e A r m e e überfchritt am 3. September die Marne
und erreichte die Gegend füdlich Lagny und füdöftlich Meaux. Nachmittags
kamen die erften Nachrichten, daß der deutfche rechte Flügel auf den geraden
Vormarfch auf Paris „verzichte". Starke Kolonnen wurden im Vormarfch
nach Südoften und Often gemeldet.   Die Gegend unmittelbar vor der
englifchen Front nördlich der Marne fei vom Feinde frei. Mindeftens vier
Armeekorps ftrebten in Richtung auf Château-Thierry und weiter öftlich
der Marne zu, der Kampf habe bei der 5. Armee begonnen. Bald wurde
gemeldet, Château-Thierry fei vom Feinde genommen, die Franzofen
gingen zurück. (Skizze 7, S. 115.)

Auch G a l l i e n i erfuhr im Laufe des 3. September durch die
Flieger, daß d i e d e u t f ch e n K o l o n n e n , d i e b i s h e r a u f
P a r i s m a r f ch i e r t e n , n a ch S ü d o f t e n a b z u b i e g e n fchienen.
Offiziere vom Stabe Gallienis, die bei den Vorpoften der Nordfront von
Paris beobachtet hatten, beftätigten die Meldung. Schon tags vorher hatten
einige Nachrichten darauf hingedeutet. Gallieni befahl darauf den Truppen
der 6. Armee, „ihre Anwefenheit vor der feindlichen Luftaufklärung zu
verbergen und jeden Zufammenftoß zu vermeiden, der nicht zur unmittel=
baren Verteidigung der Feftung notwendig fei". Es heißt in dem Befehl:
„Ein deutfches Armeekorps, wahrfcheinlich das II., hat fich von Senlis nach
Süden gewendet, hat aber feine Bewegungen auf Paris nicht fortgefetzt
und fcheint nach Südoften abgebogen zu fein. Im allgemeinen fcheinen die
deutfchen Truppen, die fich der 6. Armee gegenüber befanden, die Richtung
nach Südoften genommen zu haben." Joffre wurde fofort durch Fern=
fprecher von Gallieni benachrichtigt.   Deutlich erkennt man aus den fran=
zöfifchen Darftellungen, welche Sorge der Heeresleitung genommen wurde,
als die Bedrohung von Paris nachließ. Man atmete auf. G a l l i e n i foll
aber fofort auf die günftige Gelegenheit hingewiefen haben, die 6. A r m e e
a u f d e m n ö r d l i ch e n M a r n e u f e r z u m A n g r i f f v o r z u =
f ü h r e n .

Auch auf das englifche Oberkommando fuchte Gallieni einzuwirken,
um es zum Angriff zu bewegen. French ließ ihm antworten, er habe die

erſten Verſtärkungen erhalten, die am 4. auf die Truppenteile verteilt werden müßten. Zunächſt könne er keine Bewegung machen, vielleicht aber am 4. abends in öſtlicher Richtung antreten, beſonders wenn die 6. Armee, die nunmehr keinen Feind vor ſich zu haben ſcheine, vorgehe, um auf ſeinen linken Flügel zu gelangen. Auch wünſchte er eine ſolche Auslabung des zur Verſtärkung der 6. Armee in Ausſicht genommenen IV. franzöſiſchen Armee= korps, daß daraus in Verbindung mit den Engländern eine möglichſt ſtarke Armee gebildet würde. French verhält ſich, wie immer, recht vorſichtig und läßt ſich treiben. Gallieni aber handelt entſchloſſen und umſichtig.

Inzwiſchen begannen die in Ausſicht geſtellten Verſtärkungen der 6. Armee einzutreffen.

Das IV. franzöſiſche A. K., unter Befehl des Generals Boëlle, wurde von der 3. Armee herangeführt. Die Transporte begannen am 2. September. Die 7. Infanteriediviſion ſollte bei Noiſy le Sec ausgeladen werden, während die 8. demnächſt dazu beſtimmt wurde, bei Lagny die Verbindung mit den Engländern zu halten. Erſt am 7. September konnte das Korps vorausſichtlich eingreifen.

Bereits am 3. September traf die 45. Infanteriediviſion, unter Befehl des Generals Drude, aus Algier ein. Sie war am 2. Sep= tember durch Paris nach der Gegend nördlich Le Bourget marſchiert.

Auch die weiteren Verſchiebungen, die Joffre in ſeinem Be= fehle vom 2. September angekündigt hatte, waren unterdeſſen im Gang. Das XXI. A. K. wurde von der 1. Armee in der Zeit vom 4. bis 6. nach Joinville und Vaſſy befördert und trat zur 4. Armee. Das XV. A. K. marſchierte vom 3. September ab über Vaucouleurs—Gondrecourt von der 2. zur 3. Armee, wo es am 8. eintraf.

Die 5. Armee hatte am 3. September die Gegend ſüdlich der Marne, von ſüdlich Château=Thierry bis Epernay, erreicht. General Lan= rezac war um ſeine linke Flanke beſorgt. Er wollte mehr nach Oſten ab= rücken, um der Umfaſſung zu entgehen, entfernte ſich dann aber von den Eng= ländern. Die Verbindung mit den Engländern war ohnedies ſehr loſe. Das neugebildete Kavalleriekorps Conneau, das in die Lücke eingeſchoben worden war, konnte ſie nicht genügend ausfüllen. General Lanrezac wurde an dieſem Tage im Oberbefehl über die 5. Armee durch den General Franchet d'Eſpérey erſetzt. (Skizze 7, S. 115.)

Die Armeeabteilung Foch erreichte am 3. September die Gegend nordweſtlich Châlons zu beiden Seiten der Marne.

Die 4. Armee marſchierte in der allgemeinen Richtung auf Vitry le François weiter.

Die 3. Armee ſetzte den Rückmarſch zwiſchen Maas und Aire bis in die Gegend zwiſchen Varennes und Verdun fort.

Der 4. September. Gallieni beftimmt Joffre zum Angriff.

Der 4. September war der entfcheidende Tag, der **W e n d e p u n k t
d e s   F e l d z u g e s.** (Skizze 8, S. 125.)

G a l l i e n i begab fich frühmorgens mit feinem Chef des Stabes zu
den Vorpoften der Nordoftfront von Paris und erfuhr hier die Beftätigung,
daß **d i e   f e i n d l i c h e n   K o l o n n e n   d i e   R i c h t u n g   n a c h   S ü d =
o ft e n   e i n g e f c h l a g e n** hatten. Bei Trilport follten die Deutfchen
die Marne überfchritten haben. Er kam zu der Überzeugung, daß die
6. **A r m e e   v o r g e f ü h r t   w e r d e n   m ü ß t e,   u m   d i e   d e u t f c h e
F l a n k e   a n z u g r e i f e n.** Auf feine geftrige Anregung hatte er noch
keinen Befcheid von Joffre.   Trotzdem traf er alle Vorbereitungen und
befahl um 9 Uhr vormittags an Maunoury:

„Mit Rückficht auf die Bewegung der deutfchen Armeen, die vor
unferer Front in der Richtung nach Südoften abzufchwenken fcheinen, habe
ich die Abficht, Ihre Armee in Verbindung mit den englifchen Truppen
gegen die Flanke der Deutfchen vorzuführen. Ich werde Ihnen die Marfch=
richtung angeben, fobald ich die der englifchen Armee kenne. Inzwifchen
ergreifen Sie aber Ihre Maßnahmen, damit Ihre Truppen bereit find,
heute nachmittag zu marfchieren und morgen eine allgemeine Vorbewegung
öftlich des verfchanzten Lagers zu beginnen. Laffen Sie fofort durch die
Kavallerie in dem ganzen Abfchnitt zwifchen der Straße nach Chantilly
und der Marne aufklären. Ich ftelle Ihnen hiermit die 45. Divifion zur
Verfügung. Kommen Sie fobald als möglich zur Rückfprache zu mir.

Gallieni."

Ein vereinzelter Angriff der 6. Armee war jedoch ausgefchloffen. Die
Rückbewegung des gefamten Heeres mußte eingeftellt, der Angriff auf der
ganzen Front unternommen werden. **G a l l i e n i   f e t z t e   f i c h   n o c h =
m a l s   m i t   J o f f r e   i n   V e r b i n d u n g.** Eine perfönliche Zufammen=
kunft fand nicht ftatt, vielmehr **d r e i   F e r n g e f p r ä c h e.** Das erfte
Gefpräch endete mit einer Ablehnung durch den Oberbefehlshaber. Joffre
foll fich bei der Regierung beklagt haben, daß Gallieni ihn zu einer vor=
zeitigen Offenfive triebe. Gallieni drängte weiter, bis **J o f f r e   f c h l i e ß =
l i c h   e i n w i l l i g t e,** „zum Heile Frankreichs", meint Le Gros. Bonnal
will diefe Darftellung der Ereigniffe perfönlich von Gallieni erfahren haben.

Ohne einen fchriftlichen Befehl Joffres abzuwarten, **b e f a h l   G a l =
l i e n i   d a r a u f h i n   u m   8   U h r   3 0   M i n u t e n   a b e n d s:**
„1. Alle Nachrichten ergeben übereinftimmend, daß die Maffe der
1. deutfchen Armee, die bisher die Front gegen die 6. Armee hatte, die
Richtung nach Südoften eingefchlagen hat. Starke Kolonnen find geftern

abend im Marsch auf die Marne gemeldet worden, um sie zwischen La
Ferté sous Jouarre und Château-Thierry zu überschreiten. Diese Bewegung
scheint ausgesprochen gegen die rechte Flanke der Engländer und die linke
Flanke der 5. Armee gerichtet zu sein. Da unter diesen Umständen Paris
nicht mehr bedroht ist, müssen alle mobilen Truppen der Armee von Paris
derartig operieren, daß sie die Fühlung mit der deutschen Armee aufrechterhalten und ihr folgen, um bereit zu sein, an der zu erwartenden Schlacht
teilzunehmen.

2. Die 6. Armee klärt durch Kavallerie in Richtung auf Chantilly—
Senlis—Nanteuil le Haudouin—Meaux—Lizy auf. Es sind Maßnahmen
getroffen, um die Kavallerie der 6. Armee durch alle verfügbaren Teile zu
verstärken.

3. Morgen setzt sich die 6. Armee in östlicher Richtung auf dem rechten,
nördlichen Ufer der Marne in Bewegung bis in Höhe von Meaux, so daß
sie bereit ist, am 6. morgens in Verbindung mit der englischen Armee
anzugreifen, die gegen die Linie Coulommiers—Changis vorgehen wird.

4. Für dieses Vorgehen nach Osten wird die 6. Armee verstärkt durch
die 45. Division, die bereits unter Befehl des Generals Maunoury getreten
ist, und durch das IV. A. K. Dieses bereitet sich darauf vor, der Bewegung
der 6. Armee zu folgen, sobald eine Division völlig ausgeladen ist. Die
Unterstellung unter General Maunoury wird durch besonderen Befehl
geregelt werden."

Ziffern 5 bis 7 enthielten Bestimmungen über die Sicherung von
Paris, Verteidigungsanlagen und das Hauptquartier.

Um Mitternacht erhielt Gallieni die endgültigen Befehle Joffres. Er
brauchte daraufhin nichts zu ändern.

Alles kam darauf an, daß die b r i t i s c h e A r m e e sich der Offensive
anschloß. Sonst fiel der ganze Plan zusammen. Am 3. war French noch
wenig geneigt dazu und zog die Fortsetzung des Rückmarsches vor. Gallieni
begab sich am 4. mittags nach Melun ins englische Hauptquartier, traf aber
nur den Chef des Stabes, Wilson, an, der bei dem Entschluß zum Rückzug
verbleiben wollte. French hatte unterdessen den Kommandierenden General
des I. A. K., Douglas Haig, in Coulommiers aufgesucht. Der Zustand der
Truppe war beunruhigend, sie hatte das dringendste Bedürfnis nach Ruhe.
Abends nach Melun zurückgekehrt, erfuhr French, daß Gallieni dagewesen
sei und den neuen Plan Joffres mitgeteilt habe. Danach sollte die
britische Armee die Lücke zwischen dem rechten Flügel der 6. Armee an
der Marne und dem linken Flügel der 5. Armee bei Provins ausfüllen.
French fand diese Lücke bedenklich. Nach seiner Darstellung ordnete er
daher an, daß die Armee w e i t e r z u r ü c k g e h e n solle, um das Heran-

kommen von Verftärkungen und die Verforgung zu erleichtern. In der Nacht 4./5. September marfchierte die englifche Armee hinter den Wald von Crécy, in die Gegend von Rozoy—Tournan ab. Großer Unter= nehmungsgeift war dem englifchen Führer nicht zu eigen.

Anordnungen Joffres am 4. und 5. September für den Angriff.

Es war eine ernfte Stunde, als General Joffre am 4. September abends in Bar f. Aube fich entfcheiden mußte. Die letzten Nachrichten waren durch Fernfprecher aus Paris gekommen. General Berthelot foll für den Rückmarfch hinter die Seine gewefen fein, um die deutfche 1. Armee völlig in die Falle hineinlaufen zu laffen. Joffre dagegen wollte die günftige Gelegenheit fofort ergreifen. „Eh bien, messieurs, on se battra sur la Marne", entfchied er endlich. Die Befehle wurden erteilt.

Man wird ihm recht geben müffen. Freilich hätte der Erfolg der Franzofen weit größer werden können, wenn die Deutfchen in den Bogen der Seine bei Melun hineingeftoßen und vor dem ftarken Strom zum Stehen gekommen wären, während die inzwifchen weiter verftärkte und planmäßig verfammelte 6. Armee aus Paris und nördlich gegen Flanke und Rücken der Deutfchen vorging. Es war aber keinesmegs ficher, ob die Deutfchen in diefe Falle hineingehen würden. Der Verlauf hat jedenfalls General Joffre recht gegeben. An demfelben Abend, an dem er fich zum Angriff entfchloffen hat, gab die deutfche O. H. L., der die franzöfifchen Transporte bekannt geworden waren, die Befehle für die 1. und 2. Armee zum Ein= fchwenken gegen Paris. Die Falle des Generals Berthelot wäre vergebens geftellt worden.

Wie hoch man auch die Einwirkung des Generals Gallieni auf den Entfchluß Joffres einfchätzen mag, fo muß man diefem, der die Verant= wortung trug, doch auch das Verdienft zufprechen. Er hat den Rückmarfch der Armeen fo geleitet, die Verfchiebungen und die Verftärkung der 6. Armee fo rechtzeitig angeordnet, daß das Heer in der Lage war, feinem Rufe fofort zu folgen.

Um 6 Uhr abends wurde der entfcheidende B e f e h l , d i e „a l l = g e m e i n e A n w e i f u n g N r. 5", erlaffen. Sie lautete:

„1. Es ift zweckmäßig, aus der gewagten Lage der 1. deutfchen Armee Nutzen zu ziehen, um gegen fie alle Kräfte der verbündeten Armeen auf dem linken Flügel zu vereinigen. Sämtliche Maßnahmen find im Laufe des 5. September zu treffen, um am 6. zum Angriff überzugehen.

2. Z u m 5. S e p t e m b e r a b e n d s ift f o l g e n d e A u f = ftellung zu nehmen:

a) Alle verfügbaren Kräfte der 6. A r m e e (General Maunoury) in

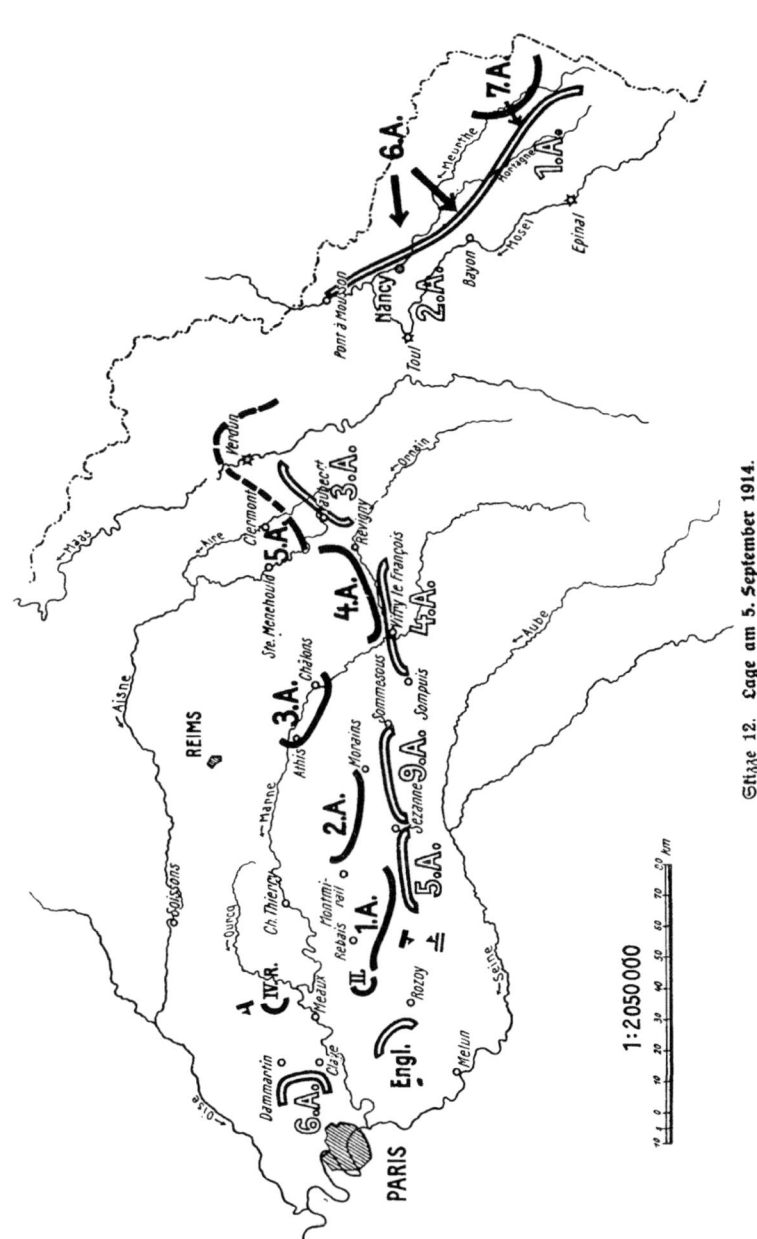

1:2050000

Skizze 12. Lage am 5. September 1914.

Nordoften von Paris, bereit, den Ourcq zwifchen Lizy f. Ourcq und May en Multien in allgemeiner Richtung auf Château=Thierry zu überfchreiten. Die verfügbaren Teile des 1. Kavallerieforps (General Sordet), die fich in der Nähe befinden, werden dem General Maunoury für diefe Operation unterftellt.

b) Die e n g l i f ch e A r m e e ftellt fich in der Linie Changis—Cou= lommiers, Front nach Often, bereit, um in der allgemeinen Richtung auf Montmirail anzugreifen. Das 2. Kavallerieforps ftellt die Verbindung zwifchen der englifchen und der 5. Armee her.

c) Die 5. A r m e e (General Franchet d'Efpérey) fchließt leicht nach links zufammen und ftellt fich in der allgemeinen Linie Courtacon—Efter= nay—Sézanne auf, bereit zum Angriff in allgemein füdnördlicher Richtung.

d) Die 9. A r m e e (General Foch) deckt die rechte Flanke der 5. Armee, indem fie die Südausgänge der Sümpfe von St. Gond behauptet und einen Teil ihrer Kräfte auf der Hochebene nördlich von Sézanne auffellt.

3. Der A n g r i f f der einzelnen Armeen b e g i n n t am 6. S e p = t e m b e r   m o r g e n s.   Joffre."

A m   5. S e p t e m b e r vormittags erhielten auch die 4. u n d 3. A r m e e i h r e   B e f e h l e:

D i e 4. A r m e e (General de Langle de Cary): „Morgen, den 6. September, werden unfere Armeen des linken Flügels die Front und die Flanke der 1. und 2. deutfchen Armee angreifen. Die 4. Armee hält in ihrer Bewegung nach Süden inne, macht Front gegen den Feind, wobei fie ihre Bewegung mit der 3. Armee in Einklang bringt, die nördlich von Revigny die Offenfive ergreift, indem fie in weftlicher Richtung vorgeht."

D i e 3. A r m e e (General Sarrail): „Die 3. Armee geht, unter Deckung gegen Nordoften, in weftlicher Richtung vor, um die linke Flanke der feindlichen Kräfte anzugreifen, die weftlich der Argonnen marfchieren. Sie bringt ihre Maßnahmen in Einklang mit der 4. Armee, die Befehl hat, Front gegen den Feind zu machen."

D i e 1. u n d 2. A r m e e an der Oftfront behielten ihre defenfive Aufgabe und brauchten keine neuen Befehle.

Ein Telegramm Joffres vom 5. September an den Kriegsminifter faßt nochmals die Gründe für feinen Entfchluß zufammen: „Die Lage, die mich beftimmt hatte, zunächft von der allgemeinen Schlacht Abftand zu nehmen und unfere Armee nach Süden zurückzuführen, hat fich in folgender Hinficht geändert. Die 1. deutfche Armee hat die Richtung auf Paris verlaffen und ift nach Südoften abgebogen, um unferen linken Flügel anzugreifen. Dank den angeordneten Maßnahmen hat fie diefe Flanke nicht treffen können. Die 5. Armee steht jetzt nördlich der Seine bereit, die deutschen Kolonnen in der Front anzugreifen. Auf ihrem linken Flügel sind die englischen Truppen zwischen Seine und Marne versammelt und zum Angriff bereit. Sie werden ihrerseits gestützt und in der Flanke gedeckt durch die mobilen Truppen der Besatzung von Paris, die in Richtung auf Meaux vorgehen, so daß die englischen Truppen gegen jede Umfassungs= gefahr gesichert sind. Die strategische Lage ist daher ausgezeichnet, wir können auf keine besseren Verhältnisse für unsere Offensive rechnen. Aus diesem Grunde habe ich mich zum Angriff entschlossen. Der Kampf, der nun beginnen wird, kann entscheidende Ergebnisse, aber auch im Falle des Scheiterns die schwersten Folgen für das Land haben. Ich bin entschlossen, unsere Truppen rücksichtslos bis zum letzten Mann einzusetzen, um den Sieg zu erringen."

Am 5. September verlegte Joffre abends das Hauptquartier von Bar f. Aube nach Chatillon f. Seine. Der Grund hierfür ist nicht ersichtlich.

Beurteilung der Anordnungen Joffres.

Die Befehle, die am Abend des 4. September im französischen Haupt= quartier erlassen worden sind, führten zu einem Kampf von weltgeschicht= licher Bedeutung, zu einer Schlacht in der ungeheuren Ausdehnung von Verdun bis Paris. Zweifellos ist der richtige Augenblick erfaßt worden, die Maßnahmen wurden schnell getroffen. Der große Zug in der ganzen Anlage der Operation ist nicht zu verkennen. Auf den ersten Anschein glaubt man ein neues Cannä sich entwickeln zu sehen. Während die Mitte, 9. und 4. Armee, eine mehr defensive Aufgabe erhielten, sollten beide Flügel umfassend angreifen. Die Bedingungen für ein Cannä waren aber keineswegs erfüllt. Die Mitte konnte schwächer, der linke Flügel mußte erheblich stärker sein, der rechte Flügel war nicht imstande, seine Aufgabe zu erfüllen.

Die Armee Maunoury war noch nicht bereit, die Verstär= kungen waren noch nicht alle eingetroffen. Joffre hatte die Offensive erst zu einem späteren Zeitpunkt beabsichtigt. Nun mußte der Angriff übereilt werden. Die Zusammensetzung der Armee war sehr ungleich, neben guten Truppen standen minderwertige. Alle hatten mehr oder weniger in früheren Kämpfen gelitten. Der Schwerpunkt der Schlacht lag bei der 6. Armee. Sie konnte nicht stark genug sein. Hierhin, statt zur 3. und 4. Armee, hätten die beiden Armeekorps geführt werden müssen, die der 1. und 2. Armee entnommen wurden (S. 167). Bei den ausgezeichneten Eisenbahnverbin= dungen, die aus allen Richtungen nach Paris führten, konnten sie noch rechtzeitig herangeführt werden und den Ausschlag geben. Unbedingt war auch auf diefem Flügel mehr Kavallerie erforderlich. Das Kavalleriekorps Sordet war verbraucht.

Die 3. Armee war ftark genug, aber die ganze Lage und die ihr vorgefchriebene Richtung erfchwerten ihr die Aufgabe einer Umfaffung. Sie follte, in weftlicher Richtung vordringend, die linke Flanke der Deutfchen angreifen, die weftlich der Argonnen vorgingen. Diefe gingen aber nicht nur weftlich der Argonnen, fondern auch durch diefe vor und zwangen die 3. Armee, gegen fie die Front nach Norden zu nehmen. Zudem war fie ftark im Rücken gefährdet. Brachen die Deutfchen irgendwo füdlich Verdun, etwa über St. Mihiel, über die Maas durch, fo war fie verloren. Vor= bedingung war fomit, daß die Maaslinie bei Verdun und füdlich behauptet wurde. „Verdun war der Anker, an dem das Glück Frankreichs hing" (Hanotaux). Es fragt fich daher, ob man der 3. Armee nicht beffer die Ver= teidigung anbefohlen und die hier entbehrlichen Korps auf den äußerften linken Flügel entfandt hätte.

Die frontalen Kämpfe der mittleren Armeen konnten kaum eine Entfcheidung bringen. Im Rückmarfch war die 5. Armee links ge= fchoben worden, um fie der englifchen Armee zu nähern. Dadurch entftand zwifchen der 4. und 9. Armee eine gefährliche Lücke. Trotzdem war die Verbindung zwifchen der 5. und der englifchen Armee fehr lofe. Durch das Beftreben, von Paris aus zu umfaffen und rechts den Anfchluß an die befeftigte Maaslinie feftzuhalten, wurde das Heer auseinandergeriffen.

Ob die englifche Armee die ihr innerhalb der Schlachtlinie zugewiefene Aufgabe durch rückfichtslofes Vorgehen erfüllen würde, mußte nach dem bisherigen Verhalten Frenchs fehr zweifelhaft erfcheinen. Durch fein Drängen, hinter die Seine zu gelangen, ftand er fo weit rückwärts, daß er die ihm zugewiefene Ausgangsftellung zu Beginn der Schlacht nicht erreichen konnte.

So krankte der Angriffsbefehl an Nachteilen, die den vollen Erfolg verhindert haben. Die Umfaffung, die die Entfcheidung bringen follte, mißlang. Dafür bot fich im Verlauf der Schlacht überrafchend die Mög= lichkeit eines Durchbruchs. Die Führung der einzelnen Armeen auf dem entfcheidenden Flügel war, ebenfo wie auf deutfcher Seite, ohne den erforderlichen Zufammenhang, es fehlte auf beiden Seiten an dem Ober= kommando einer Heeresgruppe, dem auf franzöfifcher Seite die 5., 6. und englifche Armee hätten unterftellt werden müffen. Ebenfo wie bei uns, war das Große Hauptquartier viel zu weit von dem entfcheidenden Punkt entfernt.

Viele diefer Ausftellungen find auch von franzöfifcher Seite gemacht worden. Sie hindern nicht, daß man im ganzen den Führereigenfchaften des Generals Joffre die Anerkennung nicht verfagen kann. Befonders verdient hervorgehoben zu werden, daß im Vertrauen auf die Stärke der befestigten Ostfront aus der 1. und 2. Armee alles, was entbehrlich war, rücksichtslos herausgezogen wurde.

Von großer Bedeutung für die Schlacht ist wiederum die Ausnutzung der französischen Festungen Paris, Verdun und der ganzen Maas= und Moselfront.

Bereitstellung der Armeen zum Angriff am 4. und 5. September.

D i e 3. A r m e e, Sarrail, war zwischen Verdun und Varennes am 3. und 4. in die allgemeine Linie Souilly (südwestlich Verdun)—Revigny zurückgeschwenkt und stand am 5. in der Gegend von Vaubecourt, Front nach Nordwesten, im stumpfen Winkel zur 4. Armee bereit. Auf dem rechten Flügel lehnte sie sich an die Festung Verdun an und stand in Verbindung mit der vorgeschobenen Besatzung, auf dem linken Flügel war eine Lücke zwischen 3. und 4. Armee bei Revigny, die durch das von der 2. Armee aus Lothringen anmarschierende XV. A. K. am 8. September geschlossen werden sollte.

D i e 4. A r m e e, de Langle de Cary, stand am 5. südlich vom Ornain in der Linie Sermaize—Sompuis, Front gegen Vitry le François. Sie war von der 9. Armee durch eine Lücke von 20 km getrennt, die die 9. Kavalleriedivision bei Mailly nicht ausfüllen konnte.

Links schloß die bisherige Armeeabteilung Foch, jetzt 9. A r m e e, an, die am 4. den Rückzug bis in die Gegend von Vertus fortgesetzt hatte und am 5. gegenüber den Sümpfen von St. Gond in der Linie Camp de Mailly —Sézanne stand. Am 4. war die bisherige Unterstellung der Armee= abteilung Foch unter die 4. Armee aufgehoben worden. Sie wurde als „9. Armee" selbständig, behielt aber die bisherige Zusammensetzung.

D i e 5. A r m e e hatte, wie erwähnt, am 3. September die Gegend südlich Epernay—südlich Château=Thierry erreicht. Der Angriff des deutschen IX. A. K. über Château=Thierry schreckte die Armee von neuem auf. In der Nacht 3./4. September setzte sie den Rückzug fort, der linke Flügel von Condé en Brie über Montmirail auf Montolivet. Der Durch= marsch durch Montmirail, das im feindlichen Feuer lag, gestaltete sich äußerst schwierig. Das Kavalleriekorps Conneau auf dem linken Flügel sollte den feindlichen Vormarsch verzögern. Im Laufe des 4. erreichte die Armee die Gegend von Etoges—nordöstlich La Ferté Gaucher, zog sich also links, um die Lücke zwischen ihr und den Engländern zu verkleinern.

Am 5. September marschierte die 5. Armee hinter die ihr als Aus= gangsstellung für den Angriff zugewiesene Linie Sézanne—Courtacon, das Kavalleriekorps Conneau auf dem linken Flügel.

General Lanrezac (a. a. O. S. 256) entwirft eine Schilderung von dem Zuftand der Armee, die für die Beurteilung der weiteren Ereigniffe von großer Bedeutung ift. Um der Umfaffung zu entgehen, war die Armee in der Zeit vom 1. bis 5. September Tag und Nacht marfchiert. Zahlreiche Soldaten verließen die Fahne unter dem Vorgeben, von ihrem Truppenteil abgekommen oder krank zu fein. Allmählich gewannen fie einen Vorfprung vor den marfchierenden Kolonnen, trieben fich in kleinen Gruppen plündernd umher und fetzten die Bevölkerung durch ihre Schilderungen von den Ereigniffen in Schrecken. Unter den Trains wuchs die Unordnung. Sie verfperrten den Truppen den Weg, fo daß diefe nicht vorwärts kamen und Tag und Nacht auf den Beinen waren. Die Erfchöpfung ftieg bis zum äußerften Grade. „Ich glaube," fchließt Lanrezac feine Schilderung, „daß noch niemals eine Armee in einer fo fchlimmen Lage gewefen ift als die 5. Armee in der Zeit vom 30. Auguft bis zum 4. September." Auch Palat beftätigt diefe Darftellung.

Diefelbe Armee drohte nach wenigen Tagen die deutfche Front in der Marnefchlacht zu durchbrechen und gewann einen entfcheidenden Einfluß auf den Verlauf. Nicht in ihren Leiftungen, fondern in der Gunft der Lage, die fich ihr bot, war dies begründet. Man kann fich dem Eindruck nicht entziehen, daß es fich hätte ermöglichen laffen müffen, ihrem Vorgehen einen Riegel vorzufchieben. Der Riegel brauchte nicht ftark zu fein.

Die britifche Armee, die die Lücke zwifchen 6. und 5. Armee ausfüllen follte, hatte, wie erwähnt, in der Nacht 4./5. September den Rückzug in die Gegend von Rozoy—Tournan fortgefetzt, ftand alfo am 5. weit hinter der ihr vorgefchriebenen Linie Changis—Coulommiers, aus der fie auf Montmirail angreifen follte. Zwifchen den Engländern und der 5. Armee beftand keine Verbindung. „Jede Armee marfchierte auf eigene Rechnung, ohne Vereinbarung" (Palat a. a. O. 5. Band, S. 406). Joffre traf am 5. September im englifchen Hauptquartier Melun ein, um mit French die Operationen zu befprechen. „Joffre war voller Hoffnung" (French a. a. O.).

Die 6. Armee blieb am 4. September im wefentlichen ftehen. Von ihrem Zuftand entwirft Palat (a. a. O. 5. Band, S. 407) folgendes Bild: „Ihr Halt hatte durch den langen, übereilten Rückzug gelitten. Dunkle, fchlimme Nachrichten, das Gerücht von Verrat vermehrten die allgemeine Mißftimmung." Die 55. Refervedivifion, die in höchfter Eile ohne Paufe marfchiert war, habe kein gutes Bild geboten. Zahlreiche Nachzügler faßen auf den Fahrzeugen und Gefchützen. Die Divifion war in einer unbefchreib= lichen Unordnung. Auch das VII. A. K. machte durch feine Unordnung beim Durchmarfch einen traurigen Eindruck.

So war die Truppe auf dem linken Heeresflügel des Feindes, bei dem die Entscheidung lag, am Vorabend der Schlacht an der Marne be=
schaffen. Was ihr zustatten kam, war die ungleich günstigere operative Lage gegenüber dem deutschen rechten Heeresflügel. Man muß anerkennen, daß die Truppe die Kraft besaß, unmittelbar aus dem Rückzug zum Angriff überzugehen. Aber man kommt auch zur Überzeugung, daß eine zweite große Niederlage ihre Kraft endgültig gebrochen hätte. Mit Recht hatte Joffre dem Kriegsminister geschrieben, daß ein Scheitern der Offensive die schwersten Folgen für das Land haben würde (S. 173). Es mußte sich zeigen, ob in dem bevorstehenden großen Ringen die glänzenden Eigen=
schaften der deutschen Truppe imstande sein würden, die Ungunst der operativen Lage zu unserem Vorteil zu wenden, und ob unsere Führer die Nerven haben würden, die entstandene Krisis zu überwinden.

---

8. Die Marneschlacht.

Karte 2.

Der 5. September. Kampf des IV. Reservekorps gegen die 6. Armee.

Am 5. September morgens setzte sich die 6. A r m e e in der Stärke von 5½ Infanteriedivisionen und einer Kavalleriedivision aus der Linie Claye—Dammartin—Südrand des Waldes von Ermenonville in Be=
wegung, um nach dem Befehl Gallienis auf dem nördlichen Marneufer bis in die Höhe von Meaux vorzugehen und sich für die am 6. beginnende Offensive auf Château=Thierry bereitzustellen.

Auf dem rechten Flügel ging die Eingeborenenbrigade Ditte (Marok=
kaner) und die Gruppe de Lamaze, 55. und 56. Reservedivision nebst zu=
geteilter Kavalleriebrigade Gillet und den beiden Abteilungen Ausfall=
artillerie, in drei Kolonnen über Charny auf Penchard, über Le Plessis aux Bois auf Monthyon und über Montgé auf St. Soupplets vor. Die Kavalleriebrigade klärte auf Meaux auf.

Links daneben marschierte das VII. A. K. (14. Infanteriedivision und 63. Reservedivision) zuerst in nördlicher Richtung, um sich dann nach Osten über Dammartin—Othis und nördlich neben die Gruppe de Lamaze zu setzen.

Auf dem rechten Flügel, zwischen Claye und Thorigny, sollte die zu=
sammengesetzte Kavalleriedivision de Cornulier=Lucinière die Verbindung mit den Engländern halten.

In zweiter Linie befand sich die 45. Division, Drude, in der Gegend von Mauregard (westlich Dammartin). Das IV. A. K. konnte erst am 6.

und 7. ausgeladen werden. Die Gruppe der Reservedivisionen des Generals Ebener (61. und 62. Reservedivision) blieben innerhalb des befestigten Lagers von Paris zurück.

Wider Erwarten stieß General de Lamaze plötzlich auf den Feind. Starke Kämpfe entwickelten sich in der Gegend von Penchard, Monthyon und St. Soupplets. Sie endeten abends nach der französischen Darstellung in Linie Charny—Villeroy—Le Plessis aux Bois—Cuisy—Montgé.

Der Gegner, auf den die Franzosen gestoßen waren, war das IV. R. K. Die Aufklärung durch die Franzosen muß äußerst gering gewesen sein, trotzdem genügend Kavallerie zur Verfügung stand. Auffallenderweise befand sie sich alle auf dem rechten Flügel an der Marne. Auch die Flieger scheinen versagt zu haben. Das unvorsichtige Vorgehen Maunourys stand im Gegensatz zu der Absicht Gallienis, der dem Gegner die ihm drohende Gefahr verbergen wollte (S. 166). Für uns wurde der Kampf von größter Bedeutung: er deckte die Karten auf.

Das IV. R. K. war über Creil—Senlis am 4. bis in die Gegend südöstlich Nanteuil le Haudouin gelangt. Am 5. sollte es nach dem Armeebefehl „in die Gegend Marcilly—Chambry rücken und die Deckung nördlich der Marne gegen die Nordostfront von Paris übernehmen". Nach Eingang dieses Befehls (S. 126) befahl der Kommandierende General, General der Artillerie v. Gronau, in Nanteuil le Haudouin am 5. um 12 Uhr 30 Minuten vormittags:

„1. Feind, anscheinend Vortruppen von Paris, noch bei Dammartin. Südlich der Marne noch Feind gemeldet bei Coulommiers, anscheinend im Begriff, nach Süden und Südwesten abzumarschieren. Reims ist gefallen.

2. Die Armee setzt den Vormarsch gegen die Seine unter Deckung gegen Paris fort. Das II. A. K. rückt über die Marne bis an den unteren Grand Morin unterhalb Coulommiers. Es deckt die Flanke der Armee gegen die Ostfront von Paris.

3. Das IV. R. K. mit unterstellter 4. Kavalleriedivision rückt in die Gegend Marcilly—Chambry (nördlich Meaux). Es übernimmt nördlich der Marne die Deckung gegen die Nordostfront von Paris."

Die 22. Reservedivision sollte 4 Uhr 30 Minuten vormittags von Villers St. Genest über Bouillancy—Puisieux auf Chambry, die 7. Reservedivision 6 Uhr vormittags von Sennevières über Chèvreville—Brégy — La Ramée—Marcilly auf Barcy, die 4. Kavalleriedivision 5 Uhr 30 Minuten morgens von Droiselles über Silly le Long und Ognes marschieren und dann den Marsch der 7. Reservedivision rückwärts gestaffelt begleiten.

Der Verlauf des 5. September war nach Mitteilungen des Generals v. Gronau und nach dem Kriegstagebuch folgender.

Obwohl das Korps dauernd bemüht gewesen war, auf Paris aufzuklären, war keine Klarheit geschaffen. Patrouillen konnten durch den Wald von Chantilly und Ermenonville sowie gegen die bewaldeten Höhen von Dammartin nicht durchdringen und keinen Einblick in das Gelände dahinter gewinnen. Auch die vom A. O. K. entsandten Flieger vermochten nicht

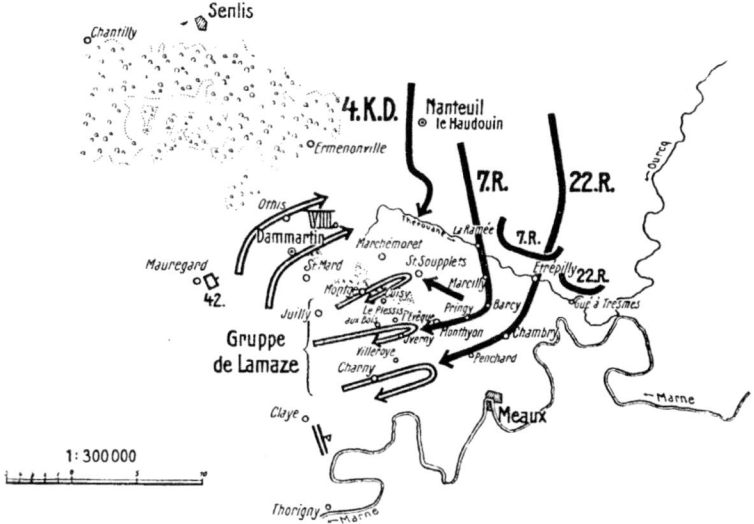

Skizze 13. **Kampf des IV. Reservekorps am 5. September.**

festzustellen, ob bei Paris größere Truppenansammlungen stattfanden oder nicht.

Die bis zum Abend des 4. eingegangenen Meldungen ließen erkennen, daß Dammartin von feindlicher Kavallerie besetzt war, schwächere Infanterie dahinter stände. Am 5. September meldete die 4. Kavalleriedivision zunächst dasselbe, dann weiter, daß feindliche Infanteriepostierungen an den aus Paris in nordöstlicher Richtung herausführenden Straßen ein Vorkommen der eigenen Patrouillen verhinderten. Auch war ein Herumfassen der Patrouillen gegen die Nordfront von Paris unmöglich, da der große Forst südlich Senlis von feindlichen Postierungen besetzt war. Eine um 10 Uhr vormittags von der 4. Kavalleriedivision

12*

eingehende Meldung besagte, daß mehrere feindliche Kavalleriespitzen über Dammartin, St. Mard und Juilly im Vorgehen seien. Die Division habe den Eindruck, daß sich ein Angriff einer feindlichen Kavalleriedivision gegen sie entwickle.

Um diese Zeit traf der Armeebefehl aus La Ferté Milon (S. 129) ein, wodurch das IV. R. K. angehalten wurde. Das Korps hatte aber sein Marschziel schon erreicht. Die 7. Reservedivision hatte zwischen Marcilly und Bârcy, die 22. Reservedivision bei Chambry aufgeschlossen.

Auch die nächsten Stunden brachten keine Klarheit. Die Kavallerie= division meldete den Vormarsch einer feindlichen Kolonne von St. Mard auf Montgé.

Angesichts dieser Lage konnte das Korps nicht zur Ruhe übergehen. Man mußte wissen, was bei Paris vor sich ging, wenn die 1. Armee daran vorbeimarschieren wollte. Nur der Angriff konnte den Schleier zerreißen. Um 12 Uhr mittags sagte der Kom= mandierende General zu seinem Chef des Generalstabes, Oberstleutnant v. der Heyde: „Herr Oberstleutnant, dann hilft es nichts, dann müssen wir angreifen!"

Es war einer der großen Führerentschlüsse, von denen die Kriegs= geschichte zu berichten hat.

General v. Gronau befahl:

Bei Bârcy, 5. September, 12 Uhr 15 Min. nachm.

„1. Im Walde Montgé—Cuisy feindliche Kavallerie, welche unserer Kavallerie den Einblick verwehrt. Hinter diesem Wald weitere feindliche Kavallerie und Infanterie.

2. Die 7. Reservedivision geht in mehreren Kolonnen über Cuisy— Montgé auf St. Mard zum Angriff vor, um den Feind zu vertreiben.

3. Die 4. Kavalleriedivision wird sich durch Vorgehen über Marché= moret in Richtung Dammartin beteiligen.

4. Die 22. Reservedivision wird zwischen Bârcy und Monthyon be= reitgehalten.

5. Generalkommando bei 22. Reservedivision.   v. Gronau."

Die 7. Reservedivision trat nicht, wie befohlen, entfaltet an, sondern marschierte in einer Kolonne auf dem Wege über Pringy—Monthyon vor. Jenseits Monthyon stieß sie auf den Feind und griff an. Die über Penchard folgende 22. Reservedivision griff links daneben in den Kampf ein. Die Kavalleriedivision deckte die rechte Flanke. Es kam zu sehr schweren Kämpfen in der Gegend von St. Soupplets—Monthyon—Pen= chard, die bis zur Dunkelheit dauerten. Der Gegner wurde zurückgeworfen.

Unterdessen war die 4. Kavalleriedivision bei ihrem Vorgehen über Ognes—Brégy auf sehr starken Feind gestoßen. Eine entscheidende Ausnutzung des errungenen Erfolges war nicht möglich. Der Gegner konnte im Fortgürtel seine Zuflucht nehmen, er konnte sich aber auch aus Paris verstärken. Das IV. Reservekorps hatte seine letzten Kräfte eingesetzt. Der Zweck war erreicht, starker Feind war festgestellt. Jetzt galt es zu verhindern, daß der Feind gegen die Flanke der 1. Armee vorging. Wo es stand, durfte das Korps nicht bleiben. Es konnte umfaßt werden. Anderseits mußten die Übergänge über den Durcq offen gehalten werden, falls die 1. Armee Verstärkungen schicken wollte. Daher entschloß sich der Kommandierende General, h i n t e r d e n T h é r o u a n e a b s c h n i t t z u = r ü c k z u g e h e n. Er ordnete abends folgendes an:

„Die Verfolgung des geschlagenen Gegners ist nicht über die Linie Cuisy—Jverny auszudehnen. Bei eintretender Dunkelheit geht das Reservekorps, um sich einer von Norden drohenden Umfassung zu entziehen und um das Korps aus dem Festungsbereich herauszuziehen, hinter den Thérouaneabschnitt zurück:

7. Reservedivision von St. Soupplets nach La Ramée und von Le Plessis l'Evêque nach westlich Etrépilly.

22. Reservedivision aus Linie Jverny—Penchard nach Linie Etrépilly —Gué à Tresmes.

Die Stellungen sind noch in der Nacht zu verstärken. Postierungen am Thérouaneabschnitt.

4. Kavalleriedivision Brégy.

Generalkommando Puisieux.
　　　　　　　　　　　　　　　　　　　v. Gronau.“

Das Gefecht nahm infolgedessen in Linie Le Plessis l'Evêque—Jverny —Neufmoutiers allmählich einen hinhaltenden Charakter an. Nur mußte, um die Truppe ungestört loslösen zu können und auch auf dem rechten Flügel einen entschiedenen taktischen Sieg zu erringen, St. Soupplets noch genommen werden. Die letzte Reserve des Kommandierenden Generals wurde hierzu der 7. Reservedivision zur Verfügung gestellt. Um 7 Uhr 45 Minuten abends wurde St. Soupplets gestürmt und der Feind auf die Waldstücke von Dammartin zurückgeworfen.

In der mondhellen Nacht vollzogen sich die weiteren Bewegungen fast reibungslos. Das einzige, was zurückbleiben mußte und dem Feinde in die Hände fiel, war ein Teil des in Pringy eingerichteten Hauptverbandplatzes mit den nicht transportfähigen Verwundeten. Man muß der Kühnheit des Entschlusses zum Angriff, der sicheren Gefechtsführung, der rechtzeitigen Zurückführung des Korps aus der drohenden Umfassung heraus, der glänzenden Haltung der Truppe die größte Anerkennung zollen. Die Überraschung, die Joffre und Gallieni geplant hatten, war mißlungen. Die große Gefahr, die unserer Flanke drohte, war im letzten Augenblick erkannt, Generaloberst v. Kluck konnte noch in der Nacht seine Maßnahmen treffen.

Das Korps hatte einen ruhmvollen Kampf gegen eine beträchtliche Überlegenheit ausgefochten. Es fehlte ihm immer noch die in Brüssel zu= rückgelassene 43. Reserve-Infanteriebrigade von Lepel. Jede Brigade hatte nur eine Maschinengewehrkompagnie, jede Division nur ein Artillerie= regiment zu 6 Kanonenbatterien. Schwere Artillerie und Flieger waren nicht vorhanden.

Auf französischer Seite focht in der Hauptsache die Gruppe de Lamaze nebst der marokkanischen Brigade. Das VII. A. K. hat aus ungeklärten Gründen nicht eingegriffen, obwohl es in der Lage war, das IV. Reserve= korps völlig zu umfassen. General Maunoury hat von seiner großen Über= legenheit keinen Gebrauch gemacht. Andernfalls wäre General v. Gronau in eine schlimme Lage gekommen. Aber das Glück war dem Kühnen hold.

Abends stand General Maunoury noch weit ab vom Ourcq, den er am 6. zum Angriff überschreiten sollte. Ein wichtiger Teil des französi= schen Angriffsplanes wurde hinfällig.

Der 5. September war der große Tag des IV. Reservekorps im Kriege.

Der 6. September.

Am 6. September früh begann, für die Deutschen völlig überraschend, der **Entscheidungskampf auf der ganzen Front von Verdun bis Paris**. Ein Befehl Joffres feuerte die Truppe an: „Im Augenblick, in dem die Schlacht beginnt, von der das Heil des Landes abhängt, muß sich jeder bewußt sein, daß er nicht mehr rückwärts blicken darf. Alle Anstrengung muß darauf gerichtet sein, den Feind anzugreifen und zurückzuwerfen. Eine Truppe, die nicht weiter vorgehen kann, hat das eroberte Gelände zu behaupten, koste es was es wolle, und sich lieber auf dem Platze töten zu lassen als zurückzugehen. Unter den gegenwärtigen Umständen kann keine Schwäche geduldet werden."

In der Nacht 5./6. September liefen im Hauptquartier der **1. Armee**, in Rebais, die ersten Meldungen über den Kampf des IV. R. K. ein. Man muß sich bei der Beurteilung der Lage freihalten von der nachträglichen Kenntnis der Begebenheiten. Von einer allgemeinen Offensive der Fran= zosen zwischen Paris und Verdun ahnte weder die Armee noch die O. H. L. am 6. morgens etwas. Der Feind wurde in vollem Rückzug über Seine und Aube angenommen. Noch mittags am 6. gab die 2. Armee einen Ver=

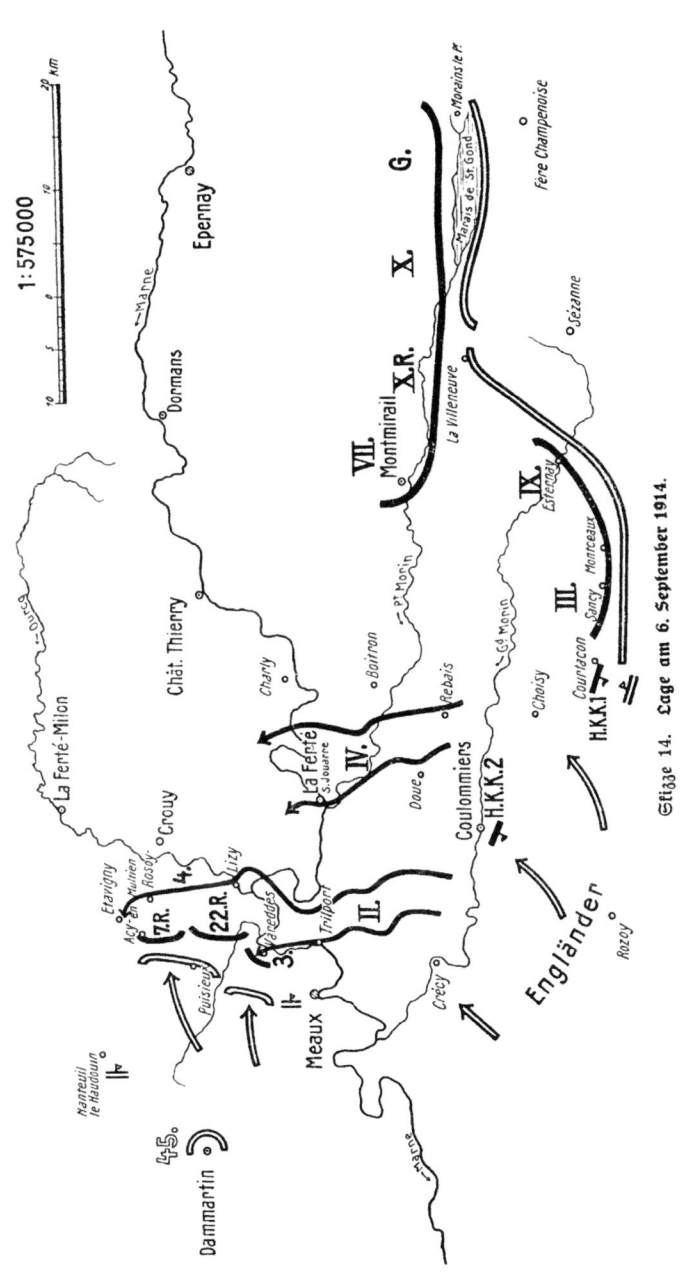

1:575000

0 5 10 20 km

Epernay

—Marne

Dormans

Chât. Thierry

La Ferté-Milon

Crouy

Etavigny

Puisieux

Manteuil
le Haudouin

Dammartin

45.

Meaux

—Marne

Crécy

Rozoy

Charly

Boirron

Pt. Morin

Rebais

Choisy

Gd. Morin

Coulommiers

Trilport

La Ferté
S. Jouarre

Courtacon

Sancy Montceaux

Estrenay

La Villeneuve

Marais de St. Gond

Morainvill. P.

Fère Champenoise

Sézanne

Engländer

Dove

Acy

Mulien

Rozoy

Lizy

Germigny

7.R.   22.R.

3.

4.

II.

IV.

H.K.K.2

H.K.K.1

III.

IX.

X.R.

VII.

Montmirail

X.

G.

Skizze 14.   Lage am 6. September 1914.

folgungsbefehl in der Annahme, daß der Feind die Seine schon größten=
teils überschritten habe. Nach den Eröffnungen, die uns Oberstleutnant
Hentsch über die Lage gemacht hatte, und nach dem Befehl der O. H. L.
mußte mit einem starken französischen Angriff gegen die rechte Flanke ge=
rechnet werden, um die Verfolgung aufzuhalten. Er kam früher, als von
der O. H. L. angenommen worden war.

Generaloberst v. Kluck wurde in der Nacht 5./6. vor eine schwierige
Entscheidung gestellt. Schnellstes Handeln war geboten. Die verschiedenen
Möglichkeiten wurden kurz erwogen. Sollte die Flanke des Heeres verteidi=
gungsweise geschützt oder sollte durch Angriff und Zurückwerfen des Gegners
Luft in Flanke und Rücken geschaffen werden? Die O. H. L. hatte befohlen,
nördlich der Marne dem von Paris vorgehenden Gegner o f f e n s i v ent=
gegenzutreten. Es lag kein Zwang vor, sich auf eine Verteidigung zu be=
schränken, die niemals die Flanke ausreichend schützen konnte. Nur der
Angriff konnte die Bahn in der Flanke freimachen. So wie die Lage bei
der 1. und 2. Armee am 6. früh angesehen wurde, mußte angenommen
werden, daß die 2. Armee zwischen Seine und Marne in die befohlene Linie
einschwenken könne.

Generaloberst v. Kluck entschied für den A n g r i f f.

Nach dem Armeebefehl (S. 132) sollte der Abmarsch auf Grund des
Heeresbefehls am 6. staffelförmig vom rechten Flügel unter der auch vom
Oberstleutnant Hentsch vertretenen Voraussetzung ausgeführt werden, daß
hinreichend Zeit vorhanden sei. Die getroffenen Anordnungen wurden
nunmehr durchkreuzt, die verwickelte Bewegung weiter erschwert durch die
Notwendigkeit, dem IV. R. K. schnellste Unterstützung zu bringen. Durch
genaue Anordnungen für die Marschkolonnen und besonders für die
Kolonnen und Trains aller Korps mußte das A. O. K. Ordnung im rück=
wärtigen Gelände halten, ein Verstopfen der Straßen verhindern und die
Versorgung der Armee mit Munition und Verpflegung sicherstellen. Tat=
sächlich vollzogen sich die Bewegungen in den nächsten Tagen ohne große
Stockungen und Reibungen.

Um Mitternacht erhielt d a s II. A. K. Befehl, nach Eingang dieses
Befehls sobald als möglich auf Lizy—Germigny zur Unterstützung des
IV. R. K. zu marschieren.

Das A. O. K. 1 begab sich am 6. vormittags nach Charly. Der Ober=
befehlshaber fuhr nach den Höhen östlich Lizy vor. Dort war nichts von
einem Gefecht beim IV. R. K. zu hören. Es schien, als ob der Gegner
nicht weiter angriff. Wir hofften, Zeit zu gewinnen und rechtzeitig Ver=
stärkungen heranbringen zu können. In Charly angekommen, erhielten
wir aber bald Nachricht von dem zum IV. R. K. entsandten Oberquartier=

meifter, Oberft v. Bergmann, daß das IV. R. K. in Richtung La Ramée—
Trocy angegriffen worden fei. Dem im Marfch auf Doue befindlichen
IV. A. K. wurde daraufhin 12 Uhr mittags befohlen, fofort ein Feld=
artillerieregiment unter Kavalleriebedeckung dem II. A. K. zuzuführen.
Beim IV. R e f e r v e k o r p s war die Nacht ruhig verlaufen. General
v. Gronau erkundete am 6. bei Tagesanbruch die Stellung am Thérouane=
bach. Sie war der Truppe nur vorläufig für die Nacht angewiefen worden,
weil fie gut zu bezeichnen und zu erreichen war. Für eine hartnäckige Ver=
teidigung gegen einen überlegenen Feind war fie ungeeignet. Auch war
der Lauf der Thérouane ungünftig, der vorfpringende rechte Flügel der
Stellung wäre der Umfaffung ausgefeßt worden. General v. Gronau
ftellte daher die 7. Refervedivifion auf den zur Verteidigung günftigen
Höhen zwifchen Puifieux und Manoeuvre, die 22. Refervedivifion an=
fchließend füdöftlich bis Gué à Tresmes auf. Da der feindliche linke Flügel
über Brégy vorging, mußten die Referven dazu verwendet werden, um
die Stellung bis Acy en Multien zu verlängern. Die Ausdehnung war
übergroß, Referven konnten nicht mehr ausgefchieden werden.

Um 10 Uhr vormittags traf der Kommandierende General des
II. A. K., G e n e r a l v. L i n f i n g e n, ein. Die Franzofen, die den
Abmarfch des IV. Refervekorps offenbar erft nach Mitternacht erkannt
hatten, folgten frühmorgens fehr vorfichtig. Erft um 9 Uhr vormittags
ftießen fie auf die noch am Thérouanebach ftehenden Vorpoften. Dann
aber entwickelte fich bald ein lebhafter Kampf auf der ganzen Front.
General v. Linfingen übernahm auf Anordnung des A. O. K. den Befehl
auch über das IV. R. K. Er trug diefem um 12 Uhr 30 Minuten nach=
mittags auf, feine Stellung Vincy Manoeuvre—Gué à Tresmes zu be=
haupten, während das II. A. K. rechts und links von ihm, mit der 3. In=
fanteriedivifion über Vareddes, mit der 4. über May en Multien—Vincy
Manoeuvre eingreifen follte. So trat fchon zu Beginn eine Vermifchung
der Verbände ein, die fich im Verlauf der Kämpfe fteigerte. Nach Ein=
treffen des II. A. K. follte auf der ganzen Linie zum Angriff vorgegangen
werden.

Der Einfaß des II. A. K. in der angegebenen Richtung ift unter dem
Gefichtspunkt erfolgt, daß das IV. Refervekorps fo fchnell als möglich zu
verftärken fei. Will man nachträglich auf Grund der Kenntnis der Be=
gebenheiten Kritik ausüben, fo würde fich ein Vorführen des ganzen
II. A. K. auf den rechten Flügel empfohlen haben. Die 3. Divifion kam in
den nächften Tagen bei Vareddes in eine unhaltbare Lage, aus der fie zu=
rückgezogen werden mußte. Die dünne Linie des IV. Refervekorps hat fich
bis zum Abend zu behaupten vermocht. Die 4. Divifion holte durch felb=

ständiges Eingreifen des Divisionskommandeurs weiter nördlich über Rojoy
en Multien auf Etavigny aus. Bei Staub und großer Hitze hatte das
II. A. K., das in der Nacht aufgebrochen war, einen äußerst anstrengenden
Marsch zu leisten. Erst abends konnte die 4. Division angreifen und er=
rang noch einen Erfolg über das VII. französische A. K. nördlich Acy en
Multien.

D e m IV. A. K. wurde vom A. O. K. 1 um 5 Uhr 30 Minuten nach=
mittags befohlen, den Marsch noch heute bis in die Gegend nördlich La
Ferté s. Jouarre fortzusetzen. Zeit und Richtung, in der es zur Unter=
stützung des II. A. K. und IV. R. K. eingesetzt werden sollte, blieben vor=
behalten.

Unterdessen hatten die Ereignisse auf dem l i n k e n A r m e e f l ü g e l
die Absichten des Oberkommandos zum Teil durchkreuzt. Hier hatte d a s
IX. A. K. zunächst stehen bleiben, d a s III. A. K. auf La Ferté Gaucher
abmarschieren sollen, wie erwähnt, unter der Voraussetzung, daß der
Gegner vor der Front den Rückzug fortsetzte. Am Morgen des 6. Sep=
tember wurde die Vorhut der 17. Infanteriedivision bei Esternay über=
raschend unter feindliches Feuer genommen. Flieger meldeten den Vor=
marsch des Feindes von Süden auf Esternay. Es schien sich um einen
Gegenstoß des abmarschierenden Gegners zu handeln. Der Komman=
dierende General des IX. A. K., v. Quast, beschloß, selbst zum Angriff zu
schreiten, und bat das III. A. K. sowie das VII. A. K. auf dem rechten
Flügel der 2. Armee um Unterstützung. Durch den Angriff sollte das Vor=
gehen der 2. Armee unterstützt werden, die noch am oberen Petit Morin
in schwerem Kampf stand. Auch wurde, wie in der Bitte an das VII. A. K.
ausgesprochen wurde, „ein Abmarsch des III. und IX. A. K. auf Paris
nicht eher für möglich gehalten, als bis der Feind über die Seine ge=
worfen war".

Das III. A. K. hatte bereits den befohlenen Abmarsch begonnen, als
die Bitte des IX. A. K. einging. Gleichzeitig wurden seine Nachhuten bei
Montceaux und Sancy angegriffen. General v. Lochow entschloß sich,
Front zu machen und den Kampf anzunehmen. Doch dauerte es natur=
gemäß längere Zeit, bis sich das Korps wieder zum Gefecht entwickelte.
Beide Korps behaupteten sich ohne Schwierigkeit. Die Gefechtslage war
abends durchaus günstig. H. K. K. 1 wehrte bei Courtacon auf dem rechten
Flügel das feindliche Kavalleriekorps Conneau ab. Das VII. A. K. unter=
stützte das IX. A. K. wirksam durch die vorausgesandte Artillerie der
13. Division.

Tatsächlich hatten sich die beiden Korps in einer schwierigen Lage be=
funden. Der linke Flügel und die Mitte der 5. französischen Armee waren

gegen sie vorgegangen. Es war uns dies nicht bekannt. Aber es war doch
zu erkennen, daß die Lage nicht mehr der bisherigen Auffassung entsprach.
Die rechte Flanke des III. A. K. erschien gefährdet. Das Oberkommando
befahl daher dem III. A. K. um 5 Uhr 45 Minuten nachmittags, vorläufig
heute die Flanke des IX. A. K. zu decken, bis nach Klärung der Lage über
die weitere Verwendung entschieden werden könne.

Inzwischen war H. K. K. 2 in der Gegend von Rozoy in Gefechtsbe=
rührung mit den Engländern getreten. Die nach dem Abmarsch des II.
und IV. A. K. in der Gegend von Coulommiers entstandene Lücke er=
forderte Aufmerksamkeit. Die räumliche Trennung des III. und IX. A. K.
von der 1. Armee war groß. Solange sie dort stehen blieben, schien es
besser, sie vorläufig an die Weisungen des A. O. K. 2 zu binden. Die beiden
Korps und A. O. K. 2 wurden entsprechend benachrichtigt. Dieses wurde
außerdem abends durch Funkspruch gebeten, das VII. A. K. und X. R. K.
westlich des III. A. K. zum Flankenschutz einzusetzen. Abends traf jedoch
Hauptmann Brinckmann vom A. O. K. 2 in Charly ein und überzeugte
das A. O. K. 1, daß die Erfüllung dieser Bitte unmöglich sei. Eine Division
vom VII. A. K. sei bereits eingesetzt, nur eine hinter der Front verfügbar.
A. O. K. 1 mußte sich nunmehr über die Verwendung des III. und
IX. A. K. schlüssig werden. Wo sie standen, konnten sie nicht verbleiben.
Wo sie am nötigsten waren, war noch nicht zu übersehen. Nach den An=
ordnungen der O. H. L. sollte die ganze 1. Armee auf das nördliche Marne=
ufer übergehen. Dort hatte auch der feindliche Flankenangriff begonnen.
Das A. O. K. entschloß sich daher abends, beide Korps zunächst h i n t e r
d e n P e t i t M o r i n in die Linie Montmirail—Boitron zurückzunehmen,
sie aber vorläufig noch dem A. O. K. 2 unterstellt zu lassen. Es lag darin
eine Unklarheit in der Befehlserteilung, die zu Reibungen führte.

An das IV. A. K. erging um 10 Uhr 30 Minuten abends der Befehl,
in der Nacht noch so weit vorzugehen, daß es mit Tagesanbruch über die
Linie Rosoy en Multien—Trocy nach näherer Anweisung des Komman=
dierenden Generals des II. A. K. angreifen könne.

Flieger hatten das Vorgehen feindlicher Kolonnen um 6 Uhr nach=
mittags aus Linie Rozoy—Wald von Crécy gemeldet. Hiergegen sollte
H. K. K. 2 in Verbindung mit H. K. K. 1 decken und die Lücke bei Coulom=
miers gegen den nunmehr erkennbaren englischen Vormarsch ausfüllen.
Das Einverständnis des A. O. K. 2 wurde hierzu eingeholt. Dringend er=
forderlich wäre ein einheitlicher Oberbefehl über die Kavallerie gewesen, noch
nötiger allerdings das Zusammenfassen der 1. und 2. Armee unter das
Kommando einer Heeresgruppe. Die 1. Armee strebte nach dem Ourcq,
die 2. nach der Seine. Vom 5. bis 9. September schwieg die O. H. L.

Es gelang am 6. September dem Kavalleriekorps v. der Marwitz
in der Gegend von Rozoy—Coulommiers, dem Kavalleriekorps Richthofen
von Courtacon aus das Vorgehen der Engländer gegen den Grand Morin
erheblich zu verzögern.

Abends kamen beim A. O. K. 1 beunruhigende Meldungen der
Etappeninspektion an, die die Unsicherheit der Lage erhöhten. Die Gegend
von Lille sollte von Franzosen besetzt sein, vielleicht seien auch Engländer
dort. Die Bahnen und rückwärtigen Verbindungen erschienen gefährdet.
Oberstleutnant Hentsch hatte am Abend vorher auch von Truppenansamm=
lung bei Lille und Landungen bei Ostende gesprochen (S. 131 und 136).
Meldungen über solche Landungen lagen mehrfach bei der O. H. L. vor.

Der O. H. L. wurde um 10 Uhr 45 Minuten abends gemeldet:
„II. A. K. und IV. R. K. nördlich der Marne im harten Kampf südwestlich
Crouy gegen starken, aus Paris vorgegangenen Feind. IV. A. K. greift
morgen hier ein. III. und IX. A. K. decken westlich Montmirail die Flanke
der 2. Armee, die östlich davon nach Süden gegen starken Feind angreift."
Die Schwierigkeit der Lage konnte hieraus ersehen werden.

Die 2. Armee hatte am 6. September in Ausführung des Befehls der
O. H. L. vom 5. September die S c h w e n k u n g um M o n t m i r a i l,
mit dem linken Flügel von Morains le Petit auf Marigny le Grand, fort=
setzen wollen, während das VII. A. K. nördlich Montmirail verhielt. Auch
A. O. K. 2 ging davon aus, daß der Gegner den Rückzug fortsetzte. Noch
mittags war es dieser Ansicht, als es um 12 Uhr einen Verfolgungsbefehl
erließ: „ Die 5. französische Armee ist mit den Hauptkräften bereits hinter
der Seine. Übereinstimmende Meldungen besagen Abtransporte von Ro=
milly—Nogent f. Seine nach Westen, nördlich der Seine sind nur noch
Deckungstruppen. Rücksichtslose Energie und Verfolgung zur Vernichtung
dieser Kräfte und zur Zerstörung der Bahnstrecke ist erforderlich. Dem=
entsprechend weitere Verfolgung."

Tatsächlich stieß die 2. Armee auf den vorgehenden rechten Flügel der
5. und auf die 9. französische Armee. So kam der rechte Flügel der Armee
östlich Montmirail nur langsam und wenig über den Petit Morin hinaus,
während der linke Flügel bis zum Nordrand der Marais von St. Gond
gelangte. Die 2. Armee war in keiner leichten Lage. Die 1. Armee schwenkte
nach Norden ab, die 3. Armee war zurückgeblieben.

Die 3. Armee, die am 5. September geruht hatte, trat am 6. in süd=
licher Richtung ebenfalls in der Annahme an, nur feindliche Nachhuten
vor sich zu haben. Im Laufe des Vormarsches wurde sie von der 2. wie
von der 4. Armee, bei denen sich heftige Kämpfe entwickelt hatten, um Hilfe
gebeten, so daß der rechte Flügel in Richtung auf Fère Champenoise, der

linke auf Vitry le François gezogen wurde und in der Mitte, in der Gegend von Sommesous und Soudé, gegenüber Mailly, eine Lücke entstand, die erst durch Einschub von rückwärts später gefüllt werden konnte. Zufällig befand sich bei Mailly auch auf französischer Seite eine Lücke. Zu einem wirksamen Eingreifen auf dem linken Flügel der 2. Armee kam es abends nicht mehr.

Die 4. Armee stieß unerwartet auf starken Gegner am Rhein= Marne=Kanal zwischen Vitry le François und Revigny. Der von zahl= reichen Wasserläufen durchzogene Abschnitt war äußerst schwierig anzu= greifen.

Die 5. Armee ging zwischen Revigny und Verdun über die Linie Laheycourt—Vaubecourt—St. André vor, während der linke Flügel Verdun umschloß. Auch sie traf auf hartnäckigen Widerstand.

Auf französischer Seite hatte am 6. September die 6. Armee den Vor= marsch fortgesetzt und um 9 Uhr vormittags die Linie Chambry—Barcy— Forfry—Dissery erreicht, die Gruppe de Lamaze rechts, VII. A. K., das umfassen sollte, links. Die Kavalleriedivision verblieb im Marnetal, das stark verbrauchte Kavalleriekorps Sordet wurde von Versailles und St. Cyr zum Teil mit der Bahn, größtenteils aber durch Fußmarsch nach Nanteuil le Haudouin herangezogen und soll mit abgetriebenen Pferden 70 km zu= rückgelegt haben.

Nach den französischen Angaben erfolgte nachmittags ein starker deutscher Gegenangriff bei Chambry—Barcy. Es ist damit wohl das Ein= greifen der 3. Division über Bareddes gemeint. Der Erfolg der 4. Division bei Acy en Multien wird nicht erwähnt. Abends befand sich die 6. Armee in Linie Chambry—Marcilly (Gruppe de Lamaze)—Puisieux—westlich Acy en Multien (VII. A. K.).

Die 45. Division wurde in zweiter Linie über Dammartin nachgezogen. Die Armee war also nur wenig vorwärts gekommen. Von ihrem Ziele Château=Thierry war sie weit entfernt.

Flieger meldeten, daß feindliche Kolonnen von Süden im Rückmarsch über die Marne zu sein schienen. Auch hier griff Gallieni, der die Be= deutung dieser Bewegung erkannte, ein und sandte abends ein Schreiben an French: „Die 6. Armee hat heute morgen die Offensive nach Osten in der geplanten Weise begonnen. Um 9 Uhr kam sie bis in Höhe von Meaux in Linie Chambry—Barcy—Forfry—Dissery. General Maunoury stößt auf ernstlichen Widerstand und glaubt das ganze IV. R. K. sich gegenüber zu haben. Außerdem meldet er, daß zwei feindliche Kolonnen, jede eine Division stark, von Süden anmarschieren und die Marne bei Bareddes und Lizy um 9 Uhr vormittags erreichten. Die Operation ist somit in gutem

Gange. Um die Offensive zu unterstützen, stelle ich dem General Maunoury nunmehr alle Kräfte zur Verfügung, die ich habe. Es ist durchaus er-forderlich, daß der Angriff der 6. Armee nicht vereinzelt bleibt, und daß die Deutschen nicht gegen sie die Teile heranführen können, die sich vor der englischen Armee befinden. Ich bitte daher den Marschall French ein-dringlich, seinerseits seine Armee entsprechend den Anweisungen des Ge-nerals Joffre derart vorführen zu wollen, daß die geplante allgemeine Offensive heute tatsächlich auch eine allgemeine wird, und daß zwischen den einzelnen Armeen diejenige Übereinstimmung herrscht, die allein den Enderfolg verbürgen kann."

Allzu großes Vertrauen hatte man offenbar in die Tatkraft des Mar-schalls French nicht. Die Ereignisse sollten dies rechtfertigen.

Die britische Armee hatte zwar einige Ruhe gehabt, auch waren Bewaffnung und Gerät zum Teil ergänzt worden. Marschall French glaubte aber, daß die Lage Vorsicht erfordere. Nach seiner Ansicht war fast die ganze 1. Armee südlich vom Grand Morin eingetroffen und hatte nördlich der Marne nur 1 bis 2 Divisionen belassen. Er glaubte daher am 6. den Grand Morin nicht erreichen zu können. Das I. A. K. ging über Rozoy in der Richtung auf Vaudoy—Ormeaux, das II. A. K. weiter nördlich vor, das III. A. K. folgte als Reserve hinter dem linken Flügel. Allmählich wurde erkannt, daß der Gegner unter dem Schutz von Nach-huten im Rückzug begriffen war. French will nun befohlen haben, scharf zu verfolgen. Der Marsch wurde auf Choisy—Coulommiers—Crécy fort-gesetzt. Doch gelang es, wie French selbst berichtet, erst am folgenden Tage den Grand Morin zu erreichen. Abends kam das erwähnte Schreiben von Gallieni an. Auch Joffre bat in der Nacht, eine mehr nördliche Richtung einzuschlagen.

Die Franzosen sind mit dem englischen Vorgehen an diesem Tage sehr unzufrieden. Während French nur zögernd vorgegangen sei, seien die Deutschen hinter einem dichten Schleier von Kavallerie abgezogen. „Die Folgen dieses Zauderns waren schwer", sagt General Canonge (La bataille de la Marne. Paris, 1918). Die deutsche Heereskavallerie hatte an diesem Tage ihre Aufgabe gut erfüllt.

Den Befehl über **die 5. französische Armee** hatte am 3. September General Franchet d'Espérey übernommen. Er hatte den Auftrag, über die Linie Sézanne—Courtacon in der allgemeinen Richtung auf Mont-mirail anzugreifen. Seine rechte Flanke sollte durch die 9. Armee gedeckt werden. Die Verhältnisse brachten es aber im Laufe der Schlacht nach den französischen Angaben mit sich, daß General Franchet d'Espérey statt dessen die 9. Armee am 7. durch ein Korps unterstützen und außerdem dessen

Flanke durch ein weiteres Korps decken mußte. So seien ihm schließlich zum Angriff auf Montmirail nur 2 Armeekorps außer den Reserve= divisionen übriggeblieben.

Am 6. September trat auf dem linken Flügel das 2. Kavalleriekorps Conneau auf Courtacon, dann von links nach rechts das XVIII. A. K. auf Sancy, das III. auf Courgivaux, das I. auf Esternay, das X. auf Moeurs an. Die 4. Gruppe Reservedivisionen, General Valabrègue, folgte in Reserve. Die Armee stieß somit hauptsächlich auf den linken Flügel der 1. Armee (III. und IX. A. K.), während der rechte der 2. Armee sich weiter rückwärts befand. Die Franzosen waren nicht imstande, aus der sehr ge= fährdeten Lage der beiden Korps Nutzen zu ziehen.

Nach dem französischen Bericht gelangte die 5. Armee nach schweren Kämpfen abends bis in die Linie La Villeneuve—Esternay—Courtacon.

Zwischen Sommesous und Sézanne hatte sich die 9. französische Armee, General Foch, bereitgestellt. Auf dem linken Flügel, nördlich Sézanne, befanden sich die 42. und die marokkanische Division; weiter östlich war die Armee durch die Sümpfe von St. Gond gedeckt. Gegenüber Fère Champenoise stand das IX., gegenüber Sommesous das XI. A. K. Die Reservedivisionen befanden sich rückwärts. Zwischen dem rechten Flügel bei Sommesous und dem linken der 4. Armee bei Sompuis war eine Lücke von 20 km, die durch die 9. Kavalleriedivision bei Mailly nicht ausgefüllt werden konnte. Ein seltsamer Zufall hatte es gefügt, daß, wie erwähnt, gerade gegenüber dieser Stelle, bei Sommesous und Soudé, durch Ab= schwenken der deutschen 3. Armee nach rechts und links auch eine Lücke im Laufe des 5. September entstanden war.

Foch hatte Befehl, die Offensive der 5. Armee mit dem linken Flügel zu unterstützen, im übrigen defensiv zu bleiben, bis das Fortschreiten der 4. Armee ihm gestatte, sich dem Angriff anzuschließen. Die Armee wurde aber auf dem linken Flügel durch die zweite, um Montmirail rechts= schwenkende Armee angegriffen und langsam unter schweren Kämpfen zurückgedrückt. „Der Tag war nicht günstig für die 9. Armee", sagt General Canonge (a. a. O.).

De Langle de Cary, Führer der 4. Armee, sollte seine Bewegungen denen der 3. Armee anpassen, die nördlich von Revigny in westlicher Richtung vorgehen sollte. Die 4. Armee stand südlich vom Ornain, von Sermaize bis Sompuis, von der 9. Armee, wie erwähnt, durch eine Lücke getrennt. Auch hier kam es zu schweren Kämpfen, die eine Verstärkung der Armee durch das XXI. A. K. notwendig machten. Das Korps traf von der 1. Armee her in der Zeit vom 4. bis 6. September bei Joinville und Vassy ein.

Die 3. Armee trat aus der Linie Souilly (südwestlich Verdun) —Beau-
zée—Vaubecourt—Revigny in nordwestlicher Richtung an, den rechten
Flügel an Verdun angelehnt.

Die 2. und 1. Armee deckten bei Pont à Mousson den Rücken, sicher-
ten Nancy und behaupteten sich in der allgemeinen Linie Lunéville—
St. Dié.

Der 7. September.

Bei der 6. französischen Armee trafen zum 7. September V e r s t ä r -
k u n g e n ein, die auf den entscheidenden linken Flügel gebracht wurden.
Das K a v a l l e r i e k o r p s S o r d e t (1., 3., 5. Kavalleriedivision) erreichte in stark erschöpftem Zustand die Gegend von Betz. Die Kavalleriedivision Cornulier-Lucinière erhielt in der Nacht 6./7. September Befehl,
von der Marne sich auf den linken Flügel zu begeben und zum Kavalleriekorps zu stoßen. An der Marne war sie von vornherein auf dem falschen
Punkt gewesen. Die 61. R e s e r v e d i v i s i o n der Gruppe Ebener
wurde von Paris mit der Eisenbahn bis Le Plessis Belleville, also hart
hinter das Gefechtsfeld, befördert und von dort über Sennevières auf den
linken Flügel gezogen.

Der 7. September wurde ein schwerer Tag für Maunoury. Um 4 Uhr
morgens sollte der Angriff der 6. Armee beginnen, die Gruppe de Lamaze
(55. und 56. Reservedivision, marokkanische Brigade Ditte, dazu die
45. Division) über Chambry—Barcy—Marcilly, das VII. A. K. über
Puisieux—Acy en Multien, die 61. Reservedivision über Bois de Montrolles—Etavigny, weiter nördlich die Heereskavallerie. So wurde eine
starke Umfassung des deutschen rechten Flügels eingeleitet, als gerade hier
am 7. die deutschen Verstärkungen rechtzeitig eintrafen. Diese stießen bei
Etavigny auf die soeben eingetroffene 61. Reservedivision und warfen sie
über Villers St. Genest zurück. Nach der französischen Darstellung sammelte
sich die Division abends 2 km westlich Nanteuil le Haudouin! E s
e n t s t a n d e i n e K r i s i s d e r S c h l a c h t. Auch der linke Flügel, das
VII. A. K., begann zu weichen, wurde aber angeblich durch das kühne Vor-
fahren der Artillerie unter Oberst Nivelle gehalten. Das Kavalleriekorps
Sordet, das auf Cuvergnon vorgegangen war, trat infolge dieses Rück-
schlages den Rückzug über Betz auf Nanteuil le Haudouin an. Die von
Joffre und Maunoury erstrebte Umfassung war gescheitert.

Auf dem rechten französischen Flügel schwankte der Kampf ohne Entscheidung hin und her. Auf französischer Seite wurde die große Wirkung
der zwischen Vareddes und May en Multien stehenden deutschen schweren
Artillerie sehr empfunden. Umgekehrt betonte unsere Infanterie dauernd
die starke Wirkung der französischen Artillerie. Es hieß, es müsse Festungs-

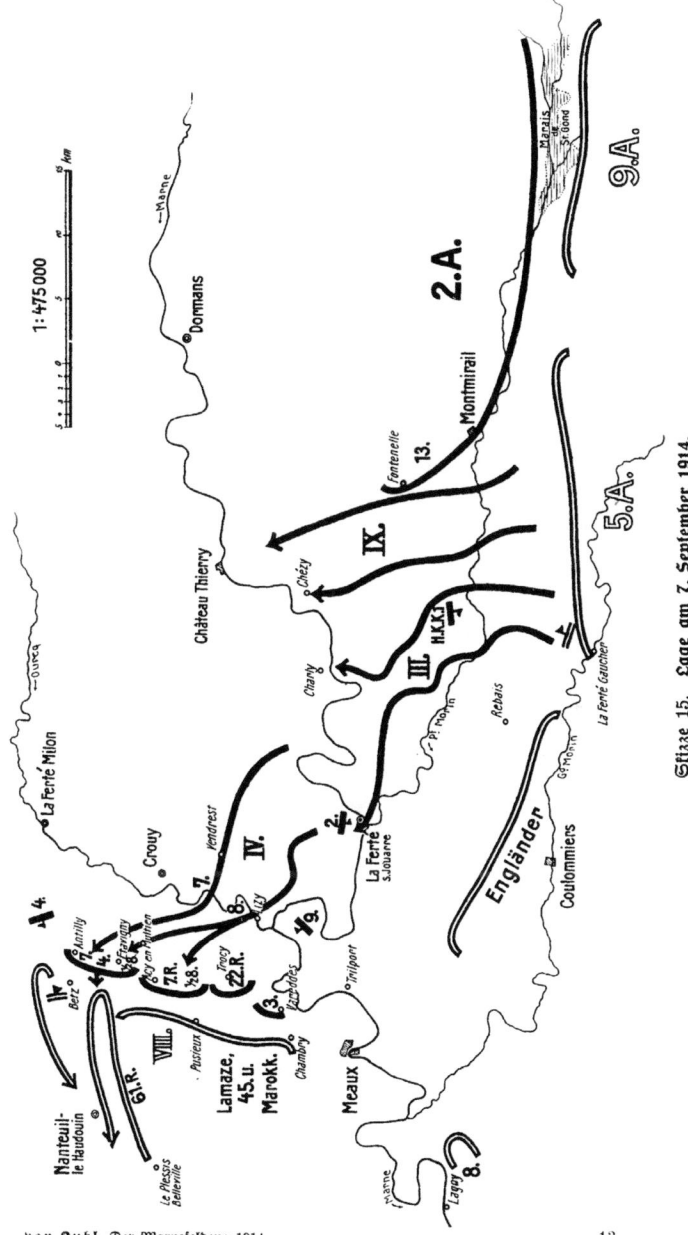

1:475000

Skizze 15. Lage am 7. September 1914.

artillerie aus Paris eingetroffen sein. Offenbar war der starke Knall der
französischen Aufschlaggeschosse die Veranlassung zu dieser Annahme.
Abends befand sich nach den französischen Angaben die 6. Armee in
Linie Penchard—Chambry—Barcy—Marcilly—Puisieux—westlich Eta=
vigny. Sie war also keinen Schritt weitergekommen und hatte auf dem
linken Flügel eine Niederlage erlitten.

Maunoury hatte im Laufe des Nachmittags die Nachricht erhalten,
daß deutsche Truppen, die den Engländern und der 5. Armee gegenüber=
gestanden hatten, im Rückzug über die Marne seien. Von General Franchet
d'Espérey traf das Ersuchen ein, gegen die Flanke der zurückgehenden
Deutschen vorzustoßen. Maunoury hatte aber, wie Hanotaux bemerkt,
keineswegs zurückgehende Deutsche, sondern einen starken, angreifenden
Feind mit einer mächtigen Artillerie gegenüber: „es blieb ihm nichts übrig
als zu halten oder, wenn es verlangt wurde, anzugreifen".

Inzwischen traf d a s IV. A. K. endlich ein. Die 8. Division wurde am
6. September auf dem Bahnhof Lagny angehalten und ausgeladen, um die
Verbindung mit den Engländern herzustellen und deren linken Flügel zu
unterstützen. Gallieni gibt in einem Brief vom 8. September an den
Kriegsminister an, daß er sich die größte Mühe gegeben habe, French zum
Vorgehen zu bewegen. Dieser habe schließlich zugestimmt unter der aus=
drücklichen Bedingung, daß seine Flanke gesichert werde. „Ich mußte daher
die 8. Division südlich der Marne vorschicken, deren Platz auf dem linken
Flügel von Maunoury gewesen wäre, um gegen die deutsche Rückzugslinie
zu wirken." Die Division sollte südlich der Marne über den Grand Morin
vorgehen, scheint aber am 7. östlich Lagny zunächst stehengeblieben zu sein.
Jedenfalls fiel die Division an der entscheidenden Stelle aus und kam auf
dem rechten Flügel infolge des zögernden Vorgehens der Engländer nicht
zur Wirkung. Wohl aber wurde die 7. Division durch das tatkräftige Ein=
greifen Gallienis rechtzeitig auf den linken Flügel gebracht. Am 7. im
Laufe des Nachmittags war sie auf Bahnhof Pantin ausgeladen worden.
Gallieni hatte die auf dem linken Flügel drohende Gefahr erkannt und
1300 Kraftwagen in Paris beschlagnahmt, mit denen er in der Nacht
7./8. September fünf Bataillone bis zum Morgen des 8. nach der Gegend
von Nanteuil le Haudouin beförderte. Der Rest der Infanterie fuhr
mit der Bahn, die Artillerie marschierte. („Illustration" vom 4. Sep=
tember 1920.)

Am 7. September überschritt die britische Armee den Grand Morin in
Linie La Ferté Gaucher—Coulommiers—Crécy, kam aber nicht wesentlich
über ihn hinaus. French selbst gibt als Linie, in der die Engländer am
8. morgens standen, Jouy s. Morin (I. A. K.)—Aulnoy (II. A. K.)—La

Haute Maison (III. A. K.) an. Auf dem rechten Flügel befand sich das Kavalleriekorps Conneau.

In den französischen Darstellungen wird das äußerst langsame Vor= gehen der Engländer sehr beklagt. Es sei für den Ausgang der Schlacht von größter Bedeutung gewesen. Welcher Erfolg hätte erreicht werden können, wenn sie über La Ferté s. Jouarre—Meaux vorgedrungen wären! Nach dem Befehle des Generals Franchet d'Espérey hatte sich die 5. Armee am Abend des 6. September in der erreichten Linie La Ville= neuve—Esternay—Courgivaux—Montceaux—südlich Augers eingraben sollen, „so daß sie jedem Angriff, koste es was es wolle, widerstehe". Das sieht nicht unternehmend aus. Der Widerstand des deutschen III. und IX. A. K. war im Verein mit dem Vorgehen der 2. Armee so kräftig ge= wesen, daß die 5. Armee sich offenbar in die Verteidigung gedrängt sah. Es kann dies nicht wundernehmen, wenn man den Zustand der 5. Armee zu Beginn der französischen Offensive bedenkt (S. 176).

Am 7. früh wurden jedoch zahlreiche deutsche Kolonnen im Rückmarsch aus der Gegend nördlich Courtacon—Esternay nach Norden gemeldet. Es waren dies das III. und IX. A. K., die infolge der defensiven Haltung der 5. Armee den befohlenen Abmarsch am hellen Tage ungestört hatten ausführen können. Das Kavalleriekorps Conneau ging nach La Ferté Gaucher vor und stellte im Laufe des Tages fest, daß der Gegner überall verschwunden, La Ferté Gaucher vom Feinde frei sei.

Unter diesen Umständen konnte die 5. Armee den Vormarsch fortsetzen, erreichte aber bis zum Abend nur die Gegend le Recoude—Morsains (I. und X. A. K.)—La Ferté Gaucher (III. und XVIII., dahinter die Reserve= gruppe Valabrègue). Der rechte Flügel war somit überhaupt nicht vorwärts gekommen.

Ungünstiger war die Lage bei der 9. Armee Foch, die vom linken Flügel der 2. Armee und vom rechten der 3. Armee angegriffen wurde. Die Linie wankte bedenklich in der Gegend Fère Champenoise— Sommesous. In der Mitte hielt die Armee die Südausgänge der Sümpfe von St. Gond. Den linken Flügel mußte General Franchet d'Espérey stützen, indem er Foch sein rechtes Flügelkorps (X.) zur Verfügung stellte. General Franchet d'Espérey sah sich in bezug auf die Fortsetzung der Ope= rationen in schwieriger Lage. Marschierte er nach Norden weiter, so verlor er die Verbindung mit der 9. Armee. Wandte er sich zur Unterstützung der 9. Armee nach rechts, so überließ er Maunoury am Ourcq sich selbst. Eine Teilung wäre noch schlimmer gewesen (Hanotaux a. a. O.).

Die Kämpfe bei der 4. und 3. Armee brachten keine Entscheidung.

Im ganzen war recht wenig am 7. September erreicht worden. Bei

13*

der 6. und 9. Armee war der Tag ungünstig verlaufen. Die Engländer hingen stark ab. Die 5. Armee, die sich bereits in die Verteidigung gedrängt sah, kam schließlich vorwärts, als das III. und IX. A. K. von der 1. Armee herangezogen wurden. Joffre faßte diesen Abmarsch voreilig als allgemeinen Rückzug des deutschen rechten Heeresflügels auf.

Der französische Oberbefehlshaber befahl am 7.:

„1. Die deutsche Armee scheint sich vor dem vereinten Angriff der verbündeten Armeen des linken Flügels nach Nordosten zurückzuziehen. Diese müssen daher dem Feind mit ihren gesamten Kräften derart folgen, daß sie stets die Möglichkeit der Umfassung des rechten deutschen Flügels behalten.

2. Der Vormarsch hat sich daher im allgemeinen in nordöstlicher Richtung zu vollziehen, in einer Ordnung, die gestattet, sofort ins Gefecht zu treten, sobald der Feind einen Halt macht, und ohne ihm Zeit zu lassen, sich gründlich einzurichten.

3. Zu diesem Zweck hat die 6. Armee allmählich auf dem rechten Ufer des Ourcq Gelände nach Norden zu gewinnen.

Die englischen Truppen suchen nach und nach jenseits des Petit Morin, Grand Morin und der Marne Fuß zu fassen.

4. Die 5. Armee hat den Nachdruck auf die Bewegung ihres linken Flügels zu verlegen und verwendet ihre Kräfte auf dem rechten Flügel zur Unterstützung der 9. Armee.

5. Die 9. Armee muß sich bemühen, sich in der Front, die sie innehat, bis zu dem Augenblick zu behaupten, wo die Ankunft der Verstärkungen von der 4. Armee auf ihrem rechten Flügel ihr gestattet, sich an der allgemeinen Vorbewegung zu beteiligen.

Grenze zwischen 5. und englischer Armee: Dagny—St. Remy—Sablonnières—Hondevilliers—Nogent l'Artaud—Château-Thierry (diese Straße der englischen Armee).“

Das Oberkommando der **deutschen 1. Armee** begab sich am 7. September um 7 Uhr früh von Charly nach Vendrest, dicht hinter die Kampffront am Ourcq. Unterkunft und Verpflegung waren in Vendrest äußerst dürftig. Für den Dienstbetrieb des Oberkommandos fand sich kein ausreichender Raum. Wir richteten uns im Freien zur Arbeit ein. An Schlafen war ohnedies nicht zu denken. Die Verbindungen waren schlecht, der Fernsprecher arbeitete mangelhaft. Die Verbindung mit den Korps mußte hauptsächlich durch Offiziere des Stabes unterhalten werden.

Von der O. H. L. ging vormittags die Mitteilung ein: „Nach heute aufgefundenem Heeresbefehl Joffres ist Entscheidungsschlacht für sämtliche französische Armeen für heute angeordnet.“

Während das IV. A. K. in der Nacht 6./7. in der allgemeinen Richtung La Ferté f. Jouarre—Crouy im Marsch auf den Durcq begriffen war, begab sich der Kommandierende General Sixt v. Armin zum Generalkommando II. A. K., bei dem er um 3 Uhr 30 Min. morgens eintraf. Es wurde vereinbart, die 7. Infanteriedivision auf den nördlichen Flügel zur Umfassung zu ziehen, die 8. aber über Lizy in den Abschnitt des ermatteten, sehr geschwächten IV. R. K. einzuschieben. Letztere Maß= nahme war unerwünscht, aber wohl nicht zu umgehen. General v. Gronau schob die 15. Infanteriebrigade und die Artillerie der 8. Division in die Stellung der 7. Reservedivision ein und behielt die 16. Brigade als Re= serve zurück. Diese wurde aber demnächst auf den nördlichen Flügel ge= zogen, um sich an dem umfassenden Angriff zu beteiligen. Auch die 3. In= fanteriedivision auf dem linken Flügel in der Gegend von Vareddes ver= langte nach Unterstützung. Sie hatte in der Tat einen schweren Stand und litt unter feindlichem Artilleriefeuer aus der Richtung von Meaux gegen ihre linke Flanke und fast gegen ihren Rücken. Die Aufstellung bei Va= reddes, die Marne und den Kanal im Rücken, war überhaupt bedenklich und von vornherein ungünstig gewählt worden. Eine Unterstützung konnte aber vom A. O. K. nicht gewährt werden. Der leitende Gedanke der Ge= fechtsführung war, auf dem linken Flügel sich zu behaupten und mit nördlich ausholendem rechten Flügel zu umfassen. Hier lag die Ent= scheidung, hier wollte auch der Gegner umfassen. Krisen in der Front mußten in den Kauf genommen werden. Sie waren hier aber beim Gegner ebenso vorhanden wie bei uns. Frontal kam man auf beiden Seiten nicht vorwärts.

Gegen Mittag war die Einfügung der Verstärkungen in die Schlacht= front so weit gediehen, daß General v. Linfingen, der auch heute den Befehl über das II., IV. A. K. und IV. R. K. führte, zum Angriff schreiten konnte. Das IV. A. K. hatte eine außerordentliche Marschleistung hinter sich. Es war am 6. aus der Gegend von Choisy an= getreten und die Nacht mit Unterbrechung einer kurzen Rast durchmarschiert. Die 7. Division auf dem äußeren Flügel hat über 60 km zurückgelegt. Die Vermischung der Verbände hatte dazu geführt, daß die verfügbaren Truppen in Gruppen zusammengefaßt werden mußten. Die nörd= liche Gruppe, 7. und 4. Infanteriedivision und die 16. Infanterie= brigade der 8. Division, General Sixt v. Armin, sollte über An= tilly—Acy en Multien angreifen; in der Mitte hatten bei Vincy Manoeuvre—nördlich Trocy die 8. Infanteriedivision ohne 16. Infanterie= brigade und die 7. Reservedivision, General v. Gronau, sich dem Angriff der Nordgruppe nach Maßgabe deren Vorschreitens anzu=

schließen, der l i n k e F l ü g e l , 22. Reservedivision und 3. Infanterie=
division, bei Trocy—Varebdes den Kampf hinhaltend zu führen. Die
4. Kavalleriedivision befand sich südwestlich La Ferté Milon auf dem
rechten Flügel.

Hauptmann Bührmann vom Oberkommando, der die 7. Division beim
Anmarsch gesehen hatte und sie beim Angriff begleitete, berichtet darüber:
„Es war bewunderungswürdig, wie die Bataillone, die ich vor wenigen
Stunden sich nur noch mühsam fortschleppen sah, jetzt in frischem, tadel=
losem Vorgehen wie auf dem Exerzierplatz zum Angriff schritten, gut unter=
stützt durch die in langer Linie stehende Feldartillerie."

Der Angriff unseres rechten Flügels traf, wie geschildert, auf die an=
marschierende französische 61. Reservedivision, die gänzlich geworfen wurde.
Offenbar ist die Bedeutung dieses Erfolges von uns nicht völlig erkannt
worden. Anscheinend wurde unser rechter Flügel sogar abends etwas
zurückgenommen. In der Mitte kam es zu keinem großen Angriff. Mitte
und linker Flügel behaupteten sich.

Die um die Mittagszeit beim A. O. K. in Vendrest vorliegenden Mel=
dungen ließen erkennen, daß die britische Armee nur zögernd vorwärts
kam. Flieger meldeten Kolonnen um 10 Uhr vormittags im Marsch von
Pézarches auf Coulommiers, um dieselbe Zeit größere Biwaks in den
Waldstücken nordwestlich Tournan, südlich der Marne westlich La Ferté
s. Jouarre keinen Feind. Auch H. K. K. 2 hatte 6 Uhr vormittags „bis jetzt
keinen Feind bei Coulommiers festgestellt", „bis 9 Uhr vormittags südlich
Coulommiers nur schwache Engländer" und um 12 Uhr 30 Min. nach=
mittags nur schwache Kavallerie und Artillerie bei und westlich Coulom=
miers gegenüber.

Dagegen ging aus den Meldungen über den am Ourcq gegenüber=
stehenden Feind hervor, daß bei Le Plessis=Belleville Eisenbahnverkehr und
Ausladungen stattfanden. Truppenansammlungen bei Crépy en Valois
und zwischen Dammartin und Nanteuil le Haudouin, die von unseren
Fliegern gemeldet wurden, ließen darauf schließen, daß der Feind seinen
nördlichen Flügel beträchtlich verstärkte. Es war mit Sicherheit anzu=
nehmen, daß Joffre in der erstrebten Entscheidungsschlacht den Schwer=
punkt auf die Umfassung unseres rechten Heeresflügels legte.

Wurde die 1. Armee hinter den Ourcq zurückgeworfen, wo sich zur Zeit
noch die Kolonnen und Trains zusammendrängten, so entstand nicht nur
für die Armee, sondern für das ganze Heer die größte Gefahr. Das Schicksal
der ganzen Marneschlacht stand auf dem Spiel.

Es wurde nochmals erwogen, ob es möglich sei, die Aufgabe der
Armee verteidigungsweise zu lösen. Eine Verteidigungsstellung hinter dem

Ourcq konnte unfere Lage nur verfchlechtern; die in den Winkel zwifchen Ourcq und Marne eingepreßte Armee wäre in eine taktifch ungünftige Lage gekommen, ohne die Umfaffung zu verhindern. Ein Rückzug der Armee, etwa mit dem linken Flügel auf Château Thierry, mitten aus dem Kampfe heraus, war äußerft mißlich. Binnen kurzem hätte die Armee wieder= um vor derfelben Lage geftanden. Unter der nunmehr geficherten Mit= wirkung der Engländer konnte der Gegner die Umfaffung wirkfamer ein= leiten.

Nur eine offenfive Löfung war möglich. Der Gegner mußte geworfen werden. So wurde die Flanke am beften gefchützt. Dann aber mußten das III. und IX. A. K. herangezogen werden. In diefem Sinne entfchied Generaloberft v. Kluck.

Freilich wurde dadurch die bereits entftandene Lücke zwifchen 1. und 2. Armee vergrößert, die Flanke der 2. Armee gefährdet, die zu fchützen die 1. Armee beauftragt war. Wir rechneten jedoch damit, daß die Engländer nach den wiederholten Niederlagen, den fchweren Verluften und dem feit der Schlacht von Mons andauernden Rückzug fchwerlich fofort zu einer tatkräftigen Offenfive übergehen würden. Es fchien möglich, fie fpäteftens an der Marne hinreichend lange aufzuhalten, bis die Entfcheidung am Ourcq gefallen war. Setzte die 2. Armee, wie wir hofften, die Rechts= fchwenkung und den Vormarfch zwifchen Marne und Seine in weftlicher Richtung fort, fo mußte fich die Lücke verkleinern. Der Verlauf des Kampfes bis zum 6. September abends bei der 2. Armee wie beim III. und IX. A. K. hatte keinerlei Veranlaffung zu Beforgnis gegeben.

Das A. O. K. 2 hatte am 6. September befohlen, daß die Armee am 7. September mit Tagesanbruch den Kampf fortfetzen folle. Diefer Armee= befehl ging dem III. und IX. A. K. mit dem Zufatz zu: „In überein= ftimmung mit A. O. K. 1 tritt III. und IX. A. K. zunächft unter meinen Befehl. Ich beftimme: Das IX. A. K. fetzt mit Tagesanbruch den Angriff fort. Das III. übernimmt den Schutz der rechten Flanke der 2. Armee." Inzwifchen hatten aber das III. und IX. A. K. in der Nacht 6./7. Septem= ber den Befehl vom A. O. K. 1 erhalten, hinter den Petit Morin auf den rechten Flügel der 2. Armee zurückzugehen. Die Armeekorps traten am 7. September bei Morgengrauen den Abmarfch an, ohne vom Feinde irgendwie behindert zu werden. Die Anordnungen des A. O. K. 2 für den Angriff wurden dadurch geftört. Immerhin deckten die beiden Korps durch ihre Aufftellung die Flanke der 2. Armee.

Um 11 Uhr vormittags hatte fich aber das Oberkommando der 1. Armee entfchließen müffen, folgenden Funkfpruch an A. O. K. 2 zu fenden: „Ein= greifen III. und IX. A. K. am Ourcq dringend erforderlich. Feind verftärkt sich dort beträchtlich. Bitte Armeekorps in Richtung auf La Ferté Milon und Croun in Marsch setzen."

Wiederum eine empfindliche Störung für A. O. K. 2. Es kam aber dem Wunsche nach, obwohl die 2. Armee in schwerem Kampfe stand und ihre Flanke gefährdet wurde. Das III. Armeekorps wurde in Richtung auf Charly in Marsch gesetzt, das IX. am 7. September zunächst bis in die Gegend von Chézy (südlich Château-Thierry) zurückgezogen.

Um 1 Uhr 15 Min. nachmittags wurde an die beiden Korps von Bendreßt der Befehl abgesandt, noch heute soweit als möglich in Richtung La Ferté Milon—Croun vorzumarschieren, um spätestens am 8. auch mit dem östlichen Flügel einzugreifen. Das IX. A. K. verblieb bei Chézy, das III. A. K. erreichte die Gegend von Charly—La Ferté s. Jouarre. Die letzten Truppen kamen nach Mitternacht an; ein großer Teil hatte bis zu 60 km an diesem Tage zurückgelegt.

Hauptmann v. Schütz vom Oberkommando, der auf den linken Flügel der Kampffront entsandt war, hatte nachmittags einer Nachricht über die Gefechtslage noch eine Fliegermeldung beigefügt, die uns in Spannung versetzte. Eine Kolonne sollte hiernach durch Villers-Cotterêts nach Süd= westen marschiert sein, ohne auf unsere nur 800 m darüber befindlichen Flieger zu schießen. „Flieger meint sicher, es seien deutsche Truppen." Wir erwarteten die von Brüssel über Péronne anmarschierende Brigade Lepel des IV. R. K. Die Etappeninspektion meldete aus Chauny, daß sie mit 5 Bataillonen südlich Péronne eingetroffen sei, ein Bataillon wahr= scheinlich schon bei Noyon. Sie konnte also heute nicht durch Villers-Cotte= rêts marschiert sein. Dagegen hatte die Etappeninspektion auf Ersuchen des Oberkommandos einige verfügbaren Truppen der Etappeninspektion zu= sammengerafft und unter dem Befehl des Oberst v. der Schulenburg von Chauny auf Villers-Cotterêts in Marsch gesetzt. Um 4 Uhr 45 Min. nach= mittags traf die Meldung hierüber von der Etappeninspektion in Bendreßt ein. Diese Truppen konnten es also sein.

H. K. K. 2 verzögerte auch am 7. September wirksam den englischen Vormarsch. Um 12 Uhr 15 Min. nachmittags erhielt er einen Funkspruch des A. O. K. 1 aus Bendreßt: „Unser linker Flügel bei Bareddes nördlich Meaux durch feindliche Artillerie aus Richtung Meaux stark gefährdet. Flankierendes Eingreifen durch Artillerie aus Richtung Trilport baldigst dringend erforderlich." Die 3. Division bei Bareddes kämpfte nach Mel= dung des vom A. O. K. dorthin entsandten Hauptmanns v. Schütz schwer und litt noch immer unter Artilleriefeuer aus Richtung Meaux. Wir glaubten irrtümlich, daß dort Engländer ins Gefecht getreten seien und hielten eine Verstärkung für dringlich. Das A. O. K. verfügte nur noch

über die eigene Bedeckung in Vendreft, 1 Bataillon, 1 Zug Maschinen=
gewehre, 1 Zug Artillerie. Diese wurden, ohne eine Kompagnie, auf Lizy
in Marsch gesetzt. Leider marschierte auf den Funkspruch von 12 Uhr 15 Min.
hin auch die ganze 9. Kavalleriedivision auf Trilport ab. Nach dem Kriegs=
tagebuch konnte die Division angesichts der schweren Artillerie auf dem jen=
seitigen Marneufer einen Uferwechsel nicht vornehmen. Eine Einwirkung
mit Artillerie vom linken Ufer ließ die Breite des Tales nicht zu. Die Divi=
sion scheint noch einen Versuch gemacht zu haben, bei Germigny einzu=
greifen, und verblieb dann südöstlich Lizy. Da die 4. Kavalleriedivision sich
auf dem nördlichen Armeeflügel befand, war schließlich die 2. Kavallerie=
division allein gegenüber den Engländern. Sie ging abends bei La Ferté
s. Jouarre auf das nördliche Marneufer.

H. K. K. 1 wich nach dem Abmarsch des III. und IX. A. K. hinter den
unteren Petit Morin zurück.

Die Lage der 1. Armee wurde am Abend des 7. Sep=
tember in Vendreft ungünstiger angesehen, als sie wirklich war. Die
Schilderungen der Verhältnisse bei Vareddes flößten uns große Besorgnis
ein. Lebhaft erinnere ich mich, daß wir jeden Augenblick das Vordringen
der Engländer in den Marnebogen bei Trilport in den Rücken der 3. Divi=
sion erwarteten. Der Erfolg der Gruppe Sixt v. Armin wird in dem Ar=
meebefehl vom Abend nicht erwähnt. Es heißt darin nur, daß die Armee
sich in der Linie Antilly—Pusieux—Vareddes behauptet habe. Ich ent=
sinne mich des großen Eindrucks, den der Bericht des Chefs des General=
stabes des IV. A. K. machte, der in der Nacht des 7./8. in Vendreft beim
A. O. K. eintraf. Das Kriegstagebuch des IV. A. K. erwähnt, daß bei dem
Generalkommando Zweifel laut geworden waren, ob man sich behaupten
könne. Die Verluste waren schwer, die feindliche Artillerie schien über=
legen. Die Truppen waren überanstrengt. Das Bild, das der Chef des
Generalstabes entwarf, war wenig erfreulich. Der kommandierende Ge=
neral hatte aber befohlen, unter allen Umständen auszuhalten, um das Ein=
greifen des III. und IX. A. K. abzuwarten. Das Oberkommando konnte
dem nur beistimmen. Abends wurden starke Lager in der Gegend von
Nanteuil le Haudouin, Silly le Long, St. Soupplets und westlich gemeldet.
Mit Sorge erwarteten wir den nächsten Tag. Wann würden die Engländer
an der Marne erscheinen?

Wir wissen heute, daß die Sorge auf der feindlichen Seite, wie so oft
im Kriege, weit größer war.

Der abends um 9 Uhr 15 Min. in Vendreft ausgegebene Armee=
befehl stellte ein Zurückbiegen des linken Flügels bei Vareddes in der
Nacht in eine günstigere Stellung anheim. Im übrigen kam es auf Grund

unserer Anschauung von der Lage für die Armee am 8. darauf an, sich in ihren Stellungen angesichts der eingetroffenen feindlichen Verstärkungen zu behaupten, bis der **A n g r i f f a u f d e m r e c h t e n F l ü g e l n a c h E i n = t r e f f e n d e s III. u n d IX. A. K.** durchgeführt werden konnte. Bis dahin verblieb es bei der bisherigen Gruppeneinteilung unter dem General v. Linsingen. Um 2 Uhr morgens aufbrechend, sollte das IX. A. K. über Château=Thierry auf La Ferté Milon, das III. A. K. von Montreuil aur Lions und La Ferté s. Jouarre auf Mareuil und Crouy marschieren. So eilten in der Nacht auf beiden Seiten neue Truppen mit äußerster Kraft nach der Gegend von Beß, die einen mit Kraftwagen und der Bahn, die anderen durch Gewaltmarsch, um den feindlichen Flügel zu umfassen.

Um 5 Uhr nachmittags wurde der O. H. L. gemeldet: „Kampf II. A. K. und IV. R. K. durch Eingreifen IV. A. K. auf rechtem Flügel fortgeschritten, gegen Linie östlich Nanteuil—Meaur. III. und IX. im Anmarsch. An= griff wird morgen mit Aussicht auf Erfolg fortgesetzt. H. K. K. 2 deckt gegen Meaur—Coulommiers, wo kein stärkerer Feind vorgegangen. Feind ver= wandte viel schwere Artillerie, anscheinend aus Paris. (Gegner: englische Kräfte und anscheinend V. und VII. französisches Armeekorps."

Die 2. Armee setzte am 7. September nach dem Abmarsch des III. und IX. A. K. die 13. Infanteriedivision auf dem rechten Flügel in breiter Front von Fontenelle bis Montmirail ein. Die Division wurde am 7. September nicht angegriffen. Weiter links kam im Laufe des Tages der rechte Flügel der Armee nicht weiter vorwärts, ebensowenig die Mitte an den Sümpfen von St. Gond. Durch einen französischen Gegenstoß ver= anlaßt, zog Generaloberst v. Bülow seine Reserve, die nördlich Montmirail stehende 14. Infanteriedivision, von dem stark gefährdeten rechten Flügel nach Champaubert, wo sie in einer Lücke in der Mitte der Gefechtsfront eingesetzt wurde. Dort befand sich bis zum 8. auch das Generalkommando VII. A. K. Auf dem linken Flügel wurde im Verein mit dem rechten Flügel der 3. Armee der Gegner bei Fère Champenoise—Sommesous zu= rückgedrückt. H. K. K. 1 sollte den Gegner am Petit Morin aufhalten.

Der Führer der 3. Armee erkannte am 7. September, daß die fran= zösische Offensive sich hauptsächlich gegen seinen rechten Flügel auf Lenharré und seinen linken Flügel auf Sommepuis—Bitry le François richtete, während sich vor seiner Mitte gegenüber Sommesous in der Hauptsache nur eine Kavalleriedivision befand. Generaloberst Frhr. v. Hausen glaubte einen feindlichen Durchbruch durch die lockere Mitte der 3. Armee nicht mehr befürchten zu müssen. Die 3. Armee behauptete sich auf dem linken Flügel gegen starke französische Angriffe, während der Kampf auf dem rechten Flügel, wie erwähnt, günstig verlief. Auf die Nachricht, daß der rechte deutsche Heeresflügel, 1. und 2. Armee, stark angegriffen seien, und das deutsche Heer von Paris her in der Flanke bedroht sei, faßte Generaloberst Frhr. v. Hausen den durchaus richtigen Entschluß, um so energischer am 8. aus der deutschen Mitte heraus zum Angriff vorzugehen, und vereinbarte mit den beiden Nachbararmeen auf seinen beiden Flügeln den Angriff für den 8. September.

Es wäre zu erwägen gewesen, ob nicht die 3. Armee ihrerseits einen Durchbruch in Richtung auf Mailly durch die in der französischen Front erkannte Lücke hätte versuchen sollen, statt sich rechts und links auseinander-zuziehen. Leider war die Armee recht schwach. Es mag dies wohl den Anlaß zu einem vorsichtigeren Verhalten gegeben haben.

Die Kämpfe der 4. Armee am Rhein—Marne=Kanal verliefen während der weiteren Dauer der Marneschlacht ohne entscheidendes Er-gebnis.

Der 5. Armee gelang es am 7. und 8. nicht, erhebliche Fortschritte zu machen.

Der 8. September.

Die Absichten des Oberkommandos der deutschen 1. Armee für die Leitung der Schlacht gehen aus einer schriftlichen, dem Verbindungsoffizier des A. O. K. 1 beim General v. Linsingen, Hauptmann v. Schütz, mit-gegebenen Weisung hervor. Es wäre dringend erwünscht gewesen, mög-lichst schnell die Entscheidung am Ourcq herbeizuführen, bevor die Eng-länder an der Marne erschienen und die Verbindung mit der 2. Armee be-drohten. Anderseits mußte Wert darauf gelegt werden, die anmarschie-renden Verstärkungen nicht bruchstückweise in den Kampf zu werfen, son-dern einheitlich zur Wirkung zu bringen. Wenn irgend möglich, sollte die Umfassung des feindlichen Flügels durch das anmar-schierende III. und IX. A. K. erst am 9. September mit voller Kraft durchgeführt werden, nachdem sie ihren Aufmarsch beendet hätten. Voraussetzung war, daß Mitte und linker Flügel heute stand-hielten.

Die erstrebte Umfassung war nicht leicht. Durch von weit her in günstiger Richtung anmarschierende Heeresteile, wie es die Lehre verlangt, konnte sie nicht erreicht werden. Die Umfassungstruppen mußten vom linken auf den rechten Flügel, hinter der ganzen Front her, durch äußerste Marschleistungen herangezogen werden und konnten dann erst zur Um-fassung eindrehen, eine sehr schwierige Bewegung, die zudem durch die Rücksicht auf die hinter der Front befindlichen Munitionskolonnen und Trains stark behindert wurde. Die beiden Korps, denen diese Aufgabe zu-fiel, hatten sich erst vom Feinde loslösen müssen. Es war zu besorgen, daß

beim Marsch hinter der Front her Teile durch Hilferufe aus der Front dort=
hin abgelenkt würden.

Das III. und IX. A. K. hatten um 2 Uhr morgens aufbrechen sollen.
Der Armeebefehl traf aber nicht rechtzeitig ein. Das IX. A. K. alarmierte
um 2 Uhr 10 Min. morgens nach Eingang des Befehls die Divisionen trotz
großer Erschöpfung und marschierte aus der Gegend von Chézy weiter.
Auch das III. A. K. hatte erst frühmorgens von Charly und westlich an=
treten können.

Von der Front am Ourcq kam um 6 Uhr 45 Min. morgens eine Mel=
dung vom Hauptmann v. Schütz, daß anscheinend ein starker französischer
D u r c h b r u c h s v e r s u c h gegen die Mitte b e i T r o c y bevorstehe. Das
IV. A. K. sei zur Zeit noch nicht stark angegriffen. „Hilfe über Lizy drin=
gend notwendig." Napoleon ließ in solchen Fällen seine Truppen in der
Front ausbrennen, ehe er seine Verfügungstruppen angriff. Hier war die
Lage anders. „Seit dem 5. September mittags stand die Infanterie und
Feldartillerie des IV. R. K. fast ununterbrochen gegen bedeutende Über=
legenheit im Kampf, fast alles aufgelöst in vorderster Linie, ohne Reserven,
den Tag über im glühenden Sonnenbrand, ohne Wasser und Verpflegung,
vergeblich auf Ablösung und Verstärkung wartend." (Mitteilung des Ge=
nerals v. Gronau.) Stieß der Feind durch unsere Front, so wurde die ganze
dahinter sich vollziehende Bewegung des III. und IX. A. K. umgeworfen,
eine Umfassung unmöglich. Das Oberkommando befahl um 7 Uhr vor=
mittags dem Generalkommando III. A. K., die linke Kolonne, 5. J n =
f a n t e r i e d i v i s i o n, sogleich in mehreren Kolonnen, Artillerie vor=
aus, a u f T r o c y abbiegen zu lassen. General v. Linsingen zog vorläufig
die 9. Kavalleriedivision hinter die bedrohte Front nach der Gegend östlich
Le Plessis Placy.

Zu dem Durchbruch des Feindes bei Trocy kam es nicht. Die 22. Re=
servedivision, deren Kampfkraft stark geschwächt war, wurde angegriffen.
Der Ort Trocy, der unter stark zusammengefaßtem feindlichen Artillerie=
feuer lag, ging in Flammen auf. Es sah von hinten gefährlicher aus, als
es in Wirklichkeit war. Die Truppen räumten den Ort, aber die Schützen=
linien vorwärts des Dorfes hielten aus. (Mitteilung des Generals
v. Gronau.) Die 5. Infanteriedivision konnte rückwärts aufmarschieren
und größtenteils zur Verfügung bleiben. Das Oberkommando bedauerte,
daß sie von ihrem Marschziel abgelenkt worden war, hatte sie aber am
folgenden Tage zur Hand, als das Fortschreiten der Engländer an der
Marne zur Verstärkung der dort stehenden Truppen zwang.

Nachdem die 5. Infanteriedivision für die beabsichtigte Umfassung aus=
gefallen war, wurde um 9 Uhr 15 Min. vormittags dem IX. A. K. d i e

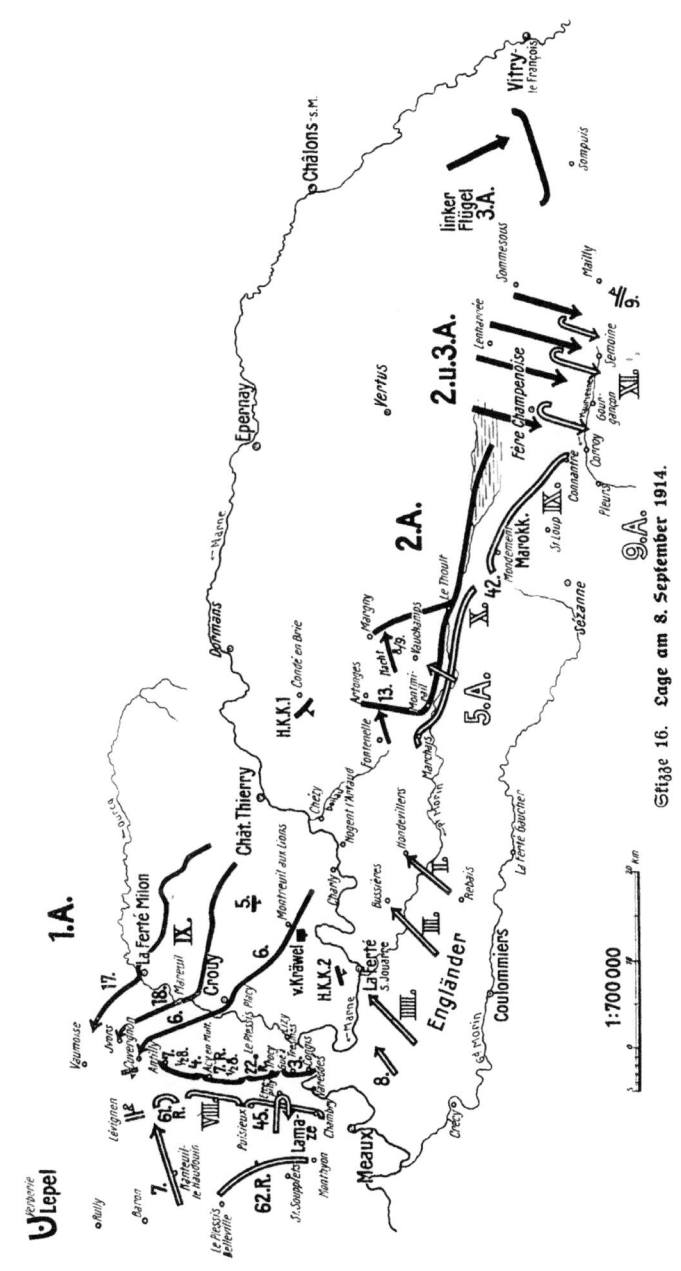

Skizze 16. Lage am 8. September 1914.

Richtung auf La Ferté Milon und Mareuil, der 6. In=
fanteriedivision auf Crouy angewiesen. Die Nachrichten, die
im Laufe des 7. September über das Vorgehen der Engländer über den
Grand Morin eingegangen waren, veranlaßten den Oberbefehlshaber am
8., sich eine Reserve als Rückhalt für die Heereskavallerie bei der Ver=
teidigung der Marne zu schaffen. Er befahl daher dem IX. A. K., bei
Montreuil aux Lions (nordöstlich La Ferté f. Jouarre) ein Infanterieregi=
ment und eine Feldartillerieabteilung der linken Kolonne zu seiner Ver=
fügung zurückzulassen. Im übrigen aber wurde das Generalkommando
darauf hingewiesen, daß es sich unter keinen Umständen von dem Abmarsch
auf La Ferté Milon durch den auf Coulommiers vorgehenden Feind ab=
halten lassen dürfe. Die Entscheidung liege auf dem rechten Armeeflügel.

Bald danach mußte dem IX. A. K. eine entgegengesetzte Weisung ge=
geben werden. Um 10 Uhr 10 Min. vormittags meldeten Flieger, daß
feindliche Kolonnen über Crécy auf La Haute Maison, von Boissy le Châtel
nach Doue, von La Ferté Gaucher über Rebais im Marsch seien. Die
Meldung war genau und zutreffend. Die englische Armee schien nun doch
Ernst zu machen und ihren Marsch zu beschleunigen. Offenbar hatte der
Gegner den Abmarsch des III. und IX. A. K. erkannt. Es wurde fraglich,
ob die Kavallerie allein zur Verteidigung der Marne genügte, bis am Ourcq
die Entscheidung gefallen war. Schweren Herzens entschloß sich General=
oberst v. Kluck um 11 Uhr 20 Min. vormittags zu dem Befehl an
das IX. A. K., zwei Infanteriebrigaden und zwei Regimenter Feld=
artillerie zur Verteidigung der Marnelinie La Ferté f. Jouarre—Nogent
l'Artaud zurückzulassen. Dafür wurde dem Generalkommando die bei
Montreuil aux Lions bereitgestellte Armeereserve, ein Infanterieregiment
und eine Feldartillerieabteilung, wieder zur Verfügung gestellt. Dem
H. K. K. 2 fiel die Verteidigung der Marne bei und westlich La Ferté
f. Jouarre zu. Die Marnelinie sollte unbedingt gehalten werden, die Brücken
waren zu zerstören.

Um 1 Uhr nachmittags ging dieser Befehl beim Kommandierenden Ge=
neral IX. A. K. während des Marsches ein. Er entschloß sich mit Rücksicht
auf die geringen Gefechtsstärken, entgegen dem Befehl nur ein Infanterie=
regiment und ein Feldartillerieregiment zurückzulassen, das sich mit der
Armeereserve bei Montreuil aux Lions vereinigen sollte und mit ihr die
Brigade v. Krämel bildete. Der Kommandierende General glaubte
andernfalls nicht imstande zu sein, auf dem rechten Flügel die so dringlich
betonte Entscheidung herbeiführen zu können. Der selbständige Entschluß
des Generals v. Quast hatte zur Folge, daß er am 9. September sein
tapferes Korps zum Siege führen konnte, während das A. O. K. in der

Lage war, den an der Marne entstandenen Ausfall durch die verfügbare
5. Division zu decken.

Die Brigade Kräwel wurde im Laufe des Tages dem General
v. der Marwitz, dem Führer des Kavalleriekorps 2, unterstellt, dem
nunmehr die gesamte Verteidigung an der Marne zufiel. Wenn möglich,
sollte er auch den Befehl über die benachbarte 5. Kavalleriedivision des
H. K. K. 1 übernehmen. Außer den eigenen vier Jägerbataillonen unter=
stand ihm noch ein Detachement der 3. Infanteriedivision bei Mary.

Es ist in höchstem Maße bedauerlich, daß an der Marne in der Lücke
zwischen der 1. und 2. Armee nicht ein einheitlicher Oberbefehl geschaffen
werden konnte. Alle Bemühungen beider Kavalleriekorps, Verbindung
untereinander zu halten, konnten diesen Mangel nicht ersetzen. General
v. der Marwitz hatte am 8. September früh die 2. Kavalleriedivision bei
Ussy (westlich La Ferté s. Jouarre) bereitgestellt, während General v. Thumb
mit einer Kavalleriebrigade und den vier Jägerbataillonen südlich der
Marne gegen den bei Coulommiers und Pierre Levée gemeldeten Feind
sichern sollte. General v. Thumb ging demnächst vor dem feindlichen An=
marsch nach den Höhen nördlich La Ferté s. Jouarre zurück. Das Ober=
kommando hatte inzwischen befohlen, die 9. Kavalleriedivision wieder heran=
zuziehen. Gegen 2 Uhr nachmittags erreichte sie der Befehl, sofort über
Lizy abzumarschieren.

Im Laufe des Vormittags wurde an der Marne eine feindliche Ka=
valleriedivision abgewiesen. Die 2. Kavalleriedivision nebst den Jäger=
bataillonen verteidigte demnächst die Marne bei La Ferté s. Jouarre.

H. K. K. 1 hatte den Gegner am Petit Morin in Gegend von St. Cyr—
Verdelot aufzuhalten gesucht, um den Flügel der 2. Armee zu decken, der
am 7. von Montmirail auf Fontenelle zurückgebogen worden war. Starke
feindliche Kavallerie wurde bei St. Cyr abgewiesen, brach aber demnächst bei
Verdelot—Sablonnières durch. H. K. K. 1 ging mit der Garde=Kavallerie=
division auf Condé en Brie zurück, während die 5. Kavalleriedivision über
Château=Thierry auf das nördliche Marneufer auswich.

Im Laufe des Tages ging der Gegner von Coulommiers auf La Ferté
s. Jouarre und über Rebais auf Orly vor. Um 8 Uhr 20 Min. abends
meldete H. K. K. 2: „Marne noch gehalten trotz starken Feindes und
schweren Artilleriefeuers. Schmettow (9. Kavalleriedivision) trifft soeben
ein." H. K. K. 2 übernahm den Befehl über die Brigade Kräwel.

Diese traf erst am 8. abends bei Dunkelheit in Montreuil aux Lions
ein. Der Führer hatte den Auftrag, die Marnelinie zwischen La Ferté
s. Jouarre und Nogent l'Artaud unbedingt zu halten und die Brücken zu
zerstören (S. 206). Er trug Bedenken, seine Kräfte in der Nacht durch

Entsendung von Abteilungen an die einzelnen Übergänge zu zersplittern. Die ihm zugesagte Pionierkompagnie traf nicht ein. So hielt er seine Truppen in der Nacht bei Montreuil aux Lions zusammen.

Die 1. Armee behauptete sich am 8. September auf der ganzen Linie von Antilly über Acy en Multien—dicht östlich Vincy Manoeuvre—westlich Le Plessis Placy—vorwärts Trocy. Die 3. Division auf dem linken Flügel wurde nach Gué à Tresmes—Congis zurückgenommen. Die Brücke bei Germigny wurde gesprengt. Nun war der linke Flügel der dauernden Be= drohung von der Flanke her entzogen und vor Umfassung geschützt. Von der 5. Infanteriedivision, die durch den Armeebefehl über Cocherel auf Lizy abgedreht worden war, brauchten nur Teile eingesetzt zu werden; das Gros wurde östlich Le Plessis Placy bereitgestellt. Seine Verwendung zu einem Teilangriff wurde vom A. O. K. verhindert.

Aus den eingehenden Fliegermeldungen ging hervor, daß vormittags feindliche Truppen von Westen auf Maguelines, von Boissy Fresnoy nach Nordosten und über Nanteuil le Haudouin marschiert waren. Sie schienen sich bei Lévignen um 10 Uhr 45 Min. vormittags, etwa eine Division, bereitzustellen. Hier drohte eine Umfassung. Es wäre erwünscht gewesen, wenn das IX. A. K., dem die 6. Infanteriedivision unterstellt wurde, noch heute auf dem rechten Flügel hätte eingreifen können. Die 6. I n = f a n t e r i e d i v i s i o n , die um 6 Uhr morgens von Charly angetreten war, kam aber erst abends bei Thury en Valois—Cuvergnon sehr ermüdet an und konnte nicht mehr ins Gefecht treten. D a s IX. A. K. gelangte in der Nacht mit der 18. Division bis Ivors, mit der 17. in Richtung auf Baumoise bis in die Gegend nordwestlich La Ferté Milon. Man staunt über diese M a r s c h l e i s t u n g des III. und IX. A. K.

Beide Korps hatten am 6. September den ganzen Tag über schwer gefochten. Das IX. A. K. war am 7. bei Tagesgrauen aufgebrochen und bis Mitternacht nach der Gegend von Chézy marschiert, hatte also etwa 60 km zurückgelegt. Am 8. wurde um 2 Uhr 10 Min. morgens alarmiert und mit einer kurzen Mittagspause den ganzen Tag hindurch bis tief in die Nacht hinein marschiert, wiederum etwa 60 km. Am Morgen des 9. griffen das Korps und die 6. Infanteriedivision an. Eine so ungeheure Leistung wurde nur durch sorgfältigste Marschanordnungen, Einlegen zeit= gerechter Marschpausen, Bereitstellung von Verpflegung und Wasser an der Marschstraße, Fahren der Tornister auf allen verfügbaren Fahrzeugen, auch auf Geschützen, Benutzung von zufällig verfügbaren Kraftwagen= kolonnen ermöglicht. Der Geist der Truppe blieb während des ganzen Marsches ausgezeichnet, auch der Humor ließ nicht nach. Es gelang, das Marschziel ohne wesentlichen Marschverlust zu erreichen. (Mitteilung des

(Generals v. Kluge.) Oberst Auer v. Herrenkirchen, damals ältester General=
stabsoffizier im IX. A. K., berichtet: „Der Anblick unserer stolzen Truppe
wird mir unvergeßlich bleiben. Es war ergreifend anzusehen, wie diese
gelichteten Reihen sich mühsam dahinschleppten und doch besten Willens
waren." Diese Truppe sollte am folgenden Morgen in vollem Schwunge
den feindlichen Flügel bis weit auf Nanteuil le Haudouin zurückwerfen!
Nachmittags begab sich das A. O. K. 1 von Vendrest nach La Ferté
Milon auf den entscheidenden Flügel. Das IX. A. K. war noch nicht ein=
getroffen, die 4. Kavalleriedivision befand sich in der Gegend von Thury
en Valois. Als wir uns abends La Ferté Milon näherten, stießen wir
auf französische Kavallerie. Es war die 5. Kavalleriedivision vom Ka=
valleriekorps Sordet, die eine Unternehmung in den Rücken der 1. Armee
machte. Das Oberkommando mußte sich zum Fußgefecht bereitmachen und
wäre auf ein Haar von der feindlichen Kavallerie aufgehoben worden.
Erst spät abends konnten wir in unser Hauptquartier einrücken, nachdem
die Spitze der 17. Infanteriedivision eingetroffen war. In der Dunkelheit
schleppten sich die ermatteten, staubbedeckten Mannschaften mühsam durch
den Ort. Der kommende Morgen sah sie um 3 Uhr bereits wieder im Vor=
marsch zur Schlacht.

Nach dem abends in La Ferté Milon erlassenen Armeebefehl
für den 9. September sollte an diesem Tage die Entscheidung durch
den umfassenden Angriff des IX. A. K., der 6. Infanterie=
division und der 4. Kavalleriedivision unter Befehl des
Generals v. Quast aus der Gegend nördlich Cuvergnon herbeigeführt
werden. Die Brigade Lepel des IV. R. K. war über Compiègne bis
Verberie gelangt und erhielt Befehl, über Rully—Baron dem Feinde in
den Rücken zu marschieren. Die von der Etappeninspektion verfügbar
gemachte 10. Landwehrbrigade, die bis Ribécourt (südwestlich
Noyon) gekommen war, sollte die Landwehreskadron und Batterie zur
Brigade Lepel vorausschicken, im übrigen dieser Brigade beschleunigt folgen.
Zwei Bataillone, die die Etappeninspektion außerdem unter dem Oberst
v. der Schulenburg in Marsch gesetzt hatte (S. 200), waren auf dem rechten
Flügel der 6. Infanteriedivision bereits eingetroffen. So war der letzte ver=
fügbare Mann zur Entscheidung herangezogen und dem rechten Flügel
eine Richtung gegeben worden, die eine gründliche Umfassung gewährleistete.
Obwohl die Etappeninspektion in Chauny sich in sehr unsicherer Lage
befand, in Flanke und Rücken bedroht (S. 188) und im Verkehr mit der
Armee durch die französische Kavallerie in den Waldungen von Villers=
Cotterêts stark behindert war, trugen der Etappeninspekteur, General
v. Bertrab, und sein Chef des Generalstabes, Oberstleutnant v. Müller,

keine Bedenken, alle Etappentruppen, die zur Hand waren, an die Front zu schicken.

Die G r u p p e S i x t v. A r m i n (16. Infanteriebrigade, 7. und 4. Infanteriedivision) sollte sich nach Maßgabe der Verhältnisse dem Angriff der Gruppe Quast anschließen. Der linke Flügel unter dem Befehl des G e n e r a l s v. L i n s i n g e n , Gruppe v. Lochow (Abschnitt der 7. Re= servedivision nebst eingesetzten anderen Teilen), Gruppe v. Gronau (Ab= schnitt der 22. Reservedivision), Gruppe v. Trossel (Abschnitt der 3. In= fanteriedivision), hatte seine Stellungen zu behaupten.

In La Ferté Milon hörten wir abends noch einen Funkspruch der 3. Armee an die 2. mit: „Hier schreitet Kampf gut vorwärts. Höhen südlich Sommesous genommen." Auch wurde bekannt, daß Maubeuge kapituliert hatte. Unserseits waren wir überzeugt, die Überlegenheit über den Gegner am Ourcq erreicht zu haben. Der Sieg am 9. September schien uns sicher. Die ungeheure Spannung begann sich in Erwartung der bevor= stehenden Entscheidung zu lösen.

Auf dem rechten Flügel der 2. Armee behauptete sich die 13. I n = f a n t e r i e d i v i s i o n in ihrer ausgedehnten Stellung gegen alle An= griffe. Nachdem in der Dunkelheit ein örtlicher Einbruch des Feindes erfolgt war, ging die Division spät abends in voller Ordnung auf Mont= mirail—Artonges zurück. Da die 26. Infanteriebrigade mit einer Artillerie= abteilung vor Maubeuge zurückgeblieben war, zählte sie nur 6 Bataillone und 3 Abteilungen. Generaloberst v. Bülow nahm daraufhin d e n r e c h t e n F l ü g e l in der Nacht 8./9. September i n d i e L i n i e M a r g n y—L e T h o u l t zurück. Nachdem die 1. Armee das III. und IX. A.K. heranbefohlen, die 2. Armee ihre Armeereserve (14. In= fanteriedivision) vom rechten Flügel nach der Mitte gezogen hatte und H.K.K. 1 auf Condé en Brie ausgewichen war, entstand eine bedrohliche L ü c k e v o n 35 km i n L u f t l i n i e zwischen 1. und 2. Armee.

Es muß dahingestellt bleiben, ob der Rückzug des rechten Flügels nach Margny geboten war. Der gemeldete örtliche Einbruch bei der 13. Division erwies sich als unbedeutend. Die Division hatte sich am 8. tapfer verteidigt, war keineswegs geschlagen, sondern in voller Ordnung und in bester Ver= fassung.

D i e M i t t e konnte an den Sümpfen von St. Gond keine wesentlichen Fortschritte machen. Dagegen wurde ö s t l i c h d a v o n e i n g r o ß e r E r f o l g errungen. Hier warfen der linke Flügel der 2. und der rechte der 3. Armee den Gegner über Fère Champenoise—Sommesous auf den Maurienneabschnitt Corroy—Semoine zurück. Der rechte Flügel der 9. Armee Foch wurde völlig geschlagen, die Lücke in der feindlichen Front bei Mailly schien für den Durchbruch offen zu sein. Ein großer Sieg stand in Aussicht. Der linke Flügel der **3. Armee** stieß auf starken Feind und machte keine wesentlichen Fortschritte südwestlich Vitry le François. Hinter dem rechten Flügel traf am 8. die 24. Reservedivision ein. Der Oberbefehls= haber glaubte daher für den 9. mit vollem Vertrauen die Fortsetzung der Offensive in Aussicht nehmen zu können, um durch ein energisches Vor= gehen seines rechten Armeeflügels in südwestlicher Richtung auf Sézanne der schwer kämpfenden 2. Armee Unterstützung zu bringen.

Oberstleutnant Hentsch von der O. H. L., den Generaloberst v. Moltke zu den einzelnen Armeen entsandt hatte, war abends im Hauptquartier der 3. Armee anwesend und konnte der O. H. L. von hier aus melden: „Lage und Auffassung der 3. Armee durchaus günstig."

Soweit sich aus den verfügbaren französischen Darstellungen erkennen läßt (Hanotaux und Palat reichen nicht so weit), wollte **Maunoury** am 8. September seinen Gegner nördlich umfassend angreifen. Auf dem linken französischen Flügel stand hierzu neben dem VII. A. K. und der 61. Re= servedivision die nunmehr eingetroffene 7. I n f a n t e r i e d i v i s i o n zur Verfügung. Gegenüber dem durch das IV. A. K. verstärkten deutschen rechten Flügel vermochte Maunoury keinerlei Erfolg zu erringen. Auch ein Angriff der auf dem rechten Flügel in Richtung auf Étrépilly ein= gesetzten 45. Division hatte kein Ergebnis. Das Kavalleriekorps Sordet auf dem äußersten linken Flügel klebte an der Infanterie. Ihr Führer wurde durch den General Bridoux ersetzt.

„Als gegen 8 Uhr abends das Feuer auf beiden Seiten aufhörte, war sich General Maunoury darüber klar, daß es ihm schwerlich gelingen würde, den starken Gegner über den Ourcq zurückzuwerfen und ihm dorthin zu folgen. Er gab daher Befehl, eine r ü c k w ä r t i g e S t e l l u n g in der Linie Monthyon—St. Soupplets—Le Plessis Belleville einzurichten, wozu die 62. R e s e r v e d i v i s i o n verwendet werden sollte." (Canonge a. a. O.) Diese Division wollte ihm Gallieni aus der Gegend von Dammartin mit Kraftwagen schicken. Auch Mangin (a. a. O.) bestätigt, daß am 8. eine Auf= nahmestellung eingerichtet werden mußte. Gallieni erschien im Laufe des Tages im Armeehauptquartier Maunourys, in St. Soupplets. „Als dieser ihm seine begründete Befürchtung ausdrückte, selbst umfaßt zu werden, suchte ihn Gallieni zu beruhigen und bat ihn, wenn er zum Rückzug ge= zwungen werde, so zu operieren, daß er den Feind mit der Front nach Westen festhalte, um das Vorgehen der Engländer zu erleichtern." (Canonge a. a. O.) Um noch ein übriges zu tun, entsandte Gallieni in der Nacht 8./9. ein Detachement Zuaven in Kraftwagen nach Creil und Senlis, um die rückwärtigen Verbindungen der Deutschen zu beunruhigen. Sie konnten das Geschick nicht wenden.

„In der Nacht 8./9. benachrichtigte Maunoury den Generalissimus von der schrecklichen Lage, in der er sich befand. Er meldete ihm, daß seine stark gelichteten, erschöpften Truppen schwerlich imstande sein würden, den Kampf fortzusetzen. Wiewohl er die Wahrheit dieser Angaben erkannte, gab Joffre Befehl, trotzdem bis zum letzten Mann standzuhalten." (Fabreguettes, „Les batailles de la Marne". S. 61.)

Auch von englischer Seite wird bestätigt, daß die L a g e M a u = n o u r y s a m 8. S e p t e m b e r k r i t i s c h war. Er sei auf der ganzen Front hart bedrängt und auf dem linken Flügel mit der Umfassung bedroht worden. Die Deutschen hätten Betz genommen und auf Nanteuil le Haudouin vorwärts gedrückt. Ein Teil der Truppen, besonders das VII. A. K., sei erschöpft gewesen.

Joffre schrieb am folgenden Tage, am 9., einen Brief an Maunoury, der für die Lage am 8. bezeichnend ist: „Ich bin über die schweren Kämpfe Ihrer Armee seit drei Tagen und über die übermenschlichen Anstrengungen Ihrer Truppen dauernd unterrichtet worden. Dadurch, daß Sie an der Ourcqfront einen beträchtlichen Teil der deutschen Kräfte festhalten, haben Sie einen außerordentlichen Vorteil erreicht und es ermöglicht, daß sich die Operationen der Verbündeten im gewünschten Sinne vollziehen können."

Von der englischen Armee befand sich am 8. September morgens, wie erwähnt, das I. englische A. K. bei Chailly und Jouy s. Morin, das II. bei Aulnoy, das III. bei La Haute Maison. Der englische Oberbefehlshaber beurteilte nach seiner Angabe die Lage dahin, daß sich fast die ganze 1. deutsche Armee gegen Maunoury gewendet hatte. Die 5. französische Armee war auf starken Widerstand gestoßen. French war sich darüber klar, daß er die 6. französische Armee am besten durch ein schnelles Vordringen über den Petit Morin und über die Marne in den Rücken der 1. Armee entlasten könne, indem er gleichzeitig Verbindung mit der 5. Armee hielt. Er nahm an, daß er auf diesem Wege voraussichtlich nur deutsche Kavallerie mit starker Artillerie und Infanterieabteilungen sich gegenüberfinden würde. Wie immer, hatte er trotzdem Bedenken, weil er, wie er sagt, die deutsche Kavallerie seit seinem Besuch in Deutschland 1911 kannte und dementsprechend einschätzte. Sie sei im Nachhutgefecht sehr geübt gewesen und habe über viele Maschinengewehre und eine Anzahl Jägerbataillone verfügt. Der Übergang über die Marne zwischen Changis und La Ferté s. Jouarre mußte daher schwierig werden. Bei Bareddes sei starke schwere Artillerie gemeldet gewesen. Ein Blücher war der englische Führer zu unserem Glück nicht.

Die englifche Armee trat gegen den Petit Morin an, I. A. K. auf La Trétoire, II. auf Doue, III. gegen La Ferté f. Jouarre— Changis. Nach franzöfifcher Darftellung meldeten Flieger um 1 Uhr nach= mittags den allgemeinen Abmarfch der Deutfchen nach Norden und Nord= weften, gedeckt durch Nachhuten am Petit Morin. Endlich fei man darauf= hin fchneller vorgegangen. Das I. und II. A. K. ftießen bei Orly und St. Cyr am Petit Morin auf ftarken Widerftand der deutfchen Heeres= kavallerie (H. K. K. 1), kamen aber bis zum Abend bis Hondevilliers— Boitron—Bufflères. Dem III. A. K. gelang es nicht, bei La Ferté f. Jou= arre über die Marne zu kommen. Die Brücke dort war zerftört, die anderen Marnebrücken waren nach englifchen Angaben erhalten. Die 8. franzöfifche Divifion ging über Pierre Levée—Villemareuil vor, wurde aber am 9. von Maunoury an den Ourcq zurückgerufen. Ihre Entfendung füdlich der Marne war gänzlich nutzlos gewefen. Die franzöfifche 5. Armee, I., III., XVIII. A. K. und die Referve= divifionen Balabrègue, foll nach franzöfifchen Angaben an diefem Tage bis in die Gegend von Bauchamps—Marchais, alfo bis über Montmirail hinausgekommen fein. Auf dem rechten Flügel unterftützte das X. A. K. die 9. Armee durch Vorgehen in Richtung auf Le Thoult.

Die 9. Armee hat am 8. September auf ihrem rechten Flügel un= zweifelhaft **eine Niederlage erlitten.** Zwar hatte Foch die Lage als „ausgezeichnet" angegeben und die Offenfive ergreifen wollen. Sein rechter Flügel bei Fère Champenoife (XI. A. K.) aber wurde hinter die Maurienne zurückgeworfen. Das Armeehauptquartier in Pleurs geriet in Gefahr und mußte eiligft nach Plancy zurückverlegt werden. Der rechte Flügel war völlig eingedrückt. Das hinter den Sümpfen von Marais ftehende IX. A. K. wurde im Rücken bedroht.

„Man kann mit Fug und Recht behaupten, daß **fich felten eine Armee in einer fo kritifchen Lage befunden hat.** Was hätte fich ereignet, wenn die Deutfchen entfchloffen in Richtung auf St. Loup durchgeftoßen hätten!" (Canonge a. a. O. S. 41.)

Auch de Civrieux („Revue militaire générale", Februar 1920) erklärt die Lage auf dem rechten Flügel der 9. Armee am Abend für über= aus fchwierig. Es beftand die Gefahr, daß am 9. der Feind die ganze 9. Armee nach Weften warf und durchftieß.

Abends befand fich die marokkanifche Divifion bei Mondement=Alle= mant, das IX. A. K. von da bis Connantre, das XI. A. K. und die 18. Divi= fion füdlich des Maurienneabfchnittes Gourgançon—Semoine. Die 42. Divifion auf dem linken Flügel wurde in der Nacht aus der Front gezogen.

Bei der 4. Armee trat am 8. September keine wesentliche Änderung der Lage ein.

Die in der Front stark angegriffene 3. Armee wurde im Rücken gefährdet, als sich der Druck des auf dem rechten Maasufer verbliebenen
deutschen V. A. K. gegen die Maashöhen verstärkte und am 8. die Beschießung von Fort Troyon begann. Trotzdem hielt Sarrail die Verbindung mit Verdun fest und nahm die außerordentliche Gefahr auf sich,
die die Armee lief, wenn die Schlacht an der Marne verloren wurde.

Der 9. September.

Die deutsche 1. Armee, am 5. September vom Gegner umfassend an-
gegriffen, stand am Morgen des 9. September bereit, ihm in Flanke und
Rücken zu stoßen. Die Engländer hofften wir hinhalten zu können. Sorge
bereitete nur die Lage auf dem rechten Flügel der 2. Armee. Alles kam
darauf an, ob es gelang, den Feind hier hinzuhalten, bis der zu erwartende
Sieg der 1. Armee einerseits, andererseits die großen Erfolge des linken
Flügels der 2. Armee und der 3. Armee die Lage auf dem ganzen rechten
Heeresflügel endgültig zu unseren Gunsten wendeten.

Das A. O. K. begab sich um 8 Uhr 30 Min. morgens nach Mareuil,
aber die meisten Generalstabsoffiziere des Stabes waren nach den wichtigsten Punkten des Schlachtfeldes unterwegs, um das Oberkommando über
die Lage dauernd zu unterrichten.

Bald kamen die ersten Meldungen. Die 5. Infanteriedivision
stand noch zur Verfügung des Generals v. Linsingen südöstlich Le Plessis
Placy. Um 8 Uhr 15 Min. vormittags hatte die Brigade Lepel die
Höhe zwischen Rully und Baron erreicht, ohne auf den Feind gestoßen zu
sein. Ihr folgte die 10. Landwehrbrigade. Der Stoß in den
Rücken des Feindes setzte ein.

Vom rechten Flügel meldete um 10 Uhr 15 Min. vormittags der zum
General v. Quast entsandte Generalstabsoffizier des Oberkommandos,
daß der Befehl zum Angriff der Nordgruppe (IX. A. K. und 6. Infanteriedivision) gegeben, General Sixt v. Armin zur Teilnahme im Angriff aufgefordert sei. Der rechte Flügel des IX. A. K., die 17. Infanteriedivision,
ging über Gondreville südlich Rouville vorbei, der linke Flügel, die 18. Infanteriedivision, über Ivors auf Boissy Fresnois vor. Die 6. Infanteriedivision sollte sich demnächst aus der Linie Villers les Potées—Antilly in
Richtung auf Betz—Villers St. Genest dem Angriff anschließen. Feindliche
Kavallerie habe sich von Lévignen nach Crépy en Valois gewendet,
der Waldrand beiderseits Lévignen sei besetzt. Eine feindliche Division marschiere angeblich von Villers St. Genest nach Norden. Die

4. Kavalleriedivision sei im Marsch auf Feigneux (nördlich Crépy en Valois).

So reifte die Schlacht der Entscheidung entgegen. Nach ungeheuren Anstrengungen traten die Truppen des rechten Flügels zum umfassenden

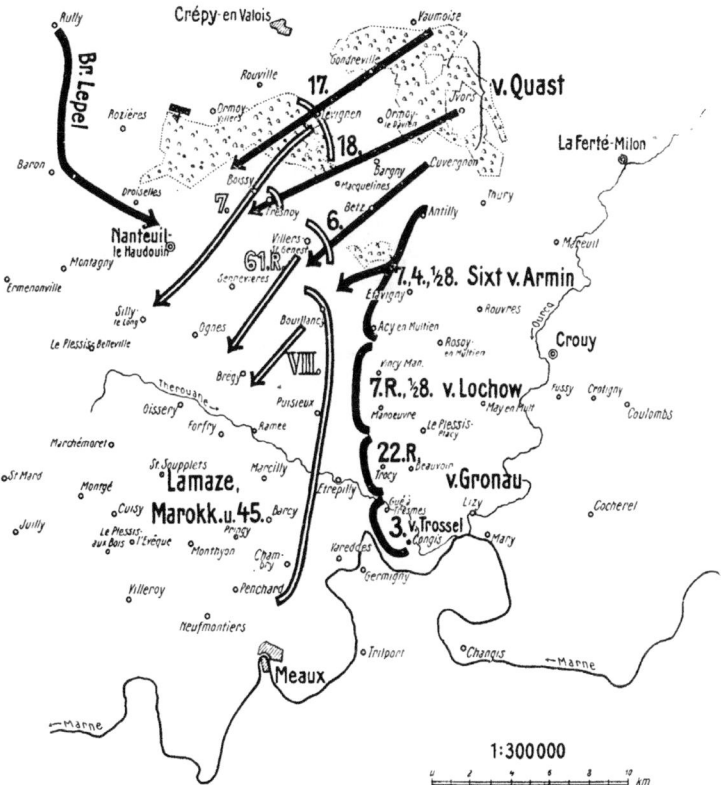

Skizze 17. Die Schlacht am Ourcq am 9. September 1914.

Stoß an. Über das Vorgehen der 17. Division, deren Mannschaften wir noch vor wenigen Stunden in der Nacht in gänzlich ermattetem Zustand hatten in La Ferté Milon einmarschieren sehen, berichtet der damalige Generalstabsoffizier der Division, Major v. Voß: „Ich werde niemals ver= gessen, wie die Nachricht, es gehe wieder an den Feind, auf unsere brave

Truppe wirkte. Die ermatteten Gestalten richteten sich auf, alle Müdigkeit war vergessen, der Angriff erfolgte wie auf dem Übungsplatz. Das Vorgehen des Generals v. Lepel über Baron wurde bekannt und der Truppe mitgeteilt. Deutlich sah man bei den links anschließenden Divisionen den Artilleriekampf. Die Überzeugung brach sich Bahn, daß ein großer Erfolg im Werden war."

Von der Marne gingen zahlreiche Nachrichten ein. Bereits um 7 Uhr 35 Min. morgens war von der 2. Armee die Mitteilung eingetroffen, daß ihr rechter Flügel nach Margny—Le Thoult zurückgenommen sei. Die Engländer hatten freie Bahn und wurden im Vormarsch gegen die Marne nicht mehr durch die 2. Armee behindert. Es wurde ferner bekannt, daß die Garde-Kavalleriedivision auf Condé en Brie zurückgegangen, die 5. Kavalleriedivision nach der Gegend nördlich der Marne abgedrängt worden und bis Marigny en Orxois zurückgegangen war. Diese trat dadurch in den Bereich des H. K. K. 2. H. K. K. 2 hatte um 9 Uhr 15 Min. vormittags noch gemeldet, daß vor seiner Front noch alles ruhig sei. Um 10 Uhr 28 Min. vormittags wurde ein Funkspruch der Garde-Kavalleriedivision an A. O. K. 2 mitgehört, daß starke feindliche Infanterie und Artillerie bei Charly die Marnebrücke überschritten habe. Eine um 10 Uhr 50 Min. vormittags abgegangene, um 11 Uhr 10 Min. eintreffende Meldung des H. K. K. 2 besagte, daß starke feindliche Infanterie über Charly und Nanteuil im Vormarsch sei. Die Fortsetzung der Meldung wurde aber von der Funkstation abgebrochen mit der Begründung: „Ich muß eilig marschieren."

Die Lage an der Marne schien nun doch bedrohlich zu werden. Nach dem Zurückbiegen des rechten Flügels der 2. Armee und dem Übergang der Engländer über die Marne wurde die Lage des linken Armeeflügels am Ourcq nördlich Congis unhaltbar. Hinter dem ganzen Flügel waren nur zwei feste Brücken über den Ourcq, bei Lizy und Crouy, vorhanden. Ein Rückzug über den tief eingeschnittenen Ourcq, wenn er erst im letzten Augenblick unter dem Druck des Feindes angetreten wurde, konnte verhängnisvoll werden. Der linke Flügel mußte daher rechtzeitig zurückgebogen werden. Um so entschiedener war der Angriff des rechten Flügels fortzusetzen. Auch gegen die Engländer sollte durch Angriff Luft gemacht werden. (Skizze 18, S. 227.)

Generaloberst v. Kluck befahl um 11 Uhr 30 Min. vormittags dem General v. Linsingen, den linken Flügel über den Ourcq zurückzubiegen und die 5. Infanteriedivision in Richtung auf Dhuisy zum Angriff gegen die Engländer in Marsch zu setzen. Die Gruppe Sixt v. Armin sollte die Bewegung durch Angriff in Richtung auf Villers St. Genest—Acy en Multien decken, Gruppe Quast „durch Vorstoß Richtung Nanteuil mitwirken". Der letztere Ausdruck war nicht genau. Der Sinn war, daß der Angriff der Mitte und des rechten Flügels fortzusetzen sei. Das war die beste Deckung für die Bewegung der Gruppe Linsingen.

Nach den Kriegsakten kann es nicht bezweifelt werden, daß dieser Befehl zunächst beim Generalkommando II. A. K. durch vorläufige Benachrichtigung vermittels des Fernsprechers in anderer Fassung angekommen ist. Danach hätte auch die Gruppe Sixt v. Armin hinter den Abschnitt Antilly—Mareuil, der linke Flügel „in Richtung Crouy unter Flanken-Deckung über Coulombs in Richtung La Ferté Milon—Neuilly St. Front" zurückgehen sollen. Diese Fassung ist an sich unklar. Die Mitteilung beruht offenbar auf einem Mißverständnis des betreffenden Offiziers beim A. O. K. 1 oder beim Generalkommando II. A. K. Näheres ist nicht mehr festzustellen. Das Generalkommando äußerte sofort durch Fernsprecher Zweifel. Das Mißverständnis konnte rechtzeitig geklärt werden.

General v. Linsingen befahl für den ihm unterstellten linken Armee-flügel, in die Linie May en Multien—Coulombs zurückzubiegen, Gruppe Lochow („7. Reservedivision, Reste der 8. Infanteriedivision nebst bei ihm befindlichen fremden Teilen") nach May en Multien, linker Flügel am Ourcq, Gruppe Gronau („22. Reservedivision nebst bei ihr befindlichen Teilen") nach Fussy, Gruppe v. Trossel („3. Infanteriedivision nebst bei ihr befindlichen Teilen und dem Detachement bei Marg") nach Crotigny—Coulombs. Der Befehl gibt zugleich einen Begriff von der Vermischung der Verbände.

Gegen 1 Uhr nachmittags ging dieser Befehl bei den einzelnen Gruppen ein, zwischen 2 und 3 Uhr wurde die Bewegung in voller Ordnung und vom Feinde gänzlich unbehelligt angetreten. Auf dem linken Flügel überschritten die letzten Teile um 3 Uhr 40 Min. nachmittags das Straßenkreuz bei Beauvoir au Beauval. Hauptmann v. Schütz vom Oberkommando blieb hier noch lange halten: „Während dieser ganzen Zeit lagen die französischen Aufschläge und Schrapnells auf genau demselben Fleck wie bisher. Kein Feind ließ sich weit und breit blicken. Als bei Beauvoir niemand mehr war, fuhr ich nach May en Multien und stieg auf den sehr hohen Kirchturm. An dem klaren Abendhimmel stand im Südwesten der Eiffelturm. Das französische Artilleriefeuer hatte fast ganz aufgehört. Trotz des vortrefflichen Überblicks über das ganze Gelände war vom Gegner gar nichts, auch nicht eine Kavalleriepatrouille, zu sehen." Auch weiter südlich hinter der Gruppe Gronau folgte kein einziger Infanterist oder Kavallerist.

Der gegenüberstehende Gegner war am Ende seiner Kräfte. Er scheint den Abzug gar nicht gemerkt zu haben. Ich habe ihn in keinem französischen Bericht erwähnt gefunden.

Mit Recht konnte der Kommandierende General des II. A. K., General
v. Linsingen, um 2 Uhr nachmittags, wie das Kriegstagebuch vermerkt,
„der Überzeugung sein, daß durch das Zurückbiegen des linken Armee=
flügels der Bedrohung durch die Engländer vollauf Rechnung getragen sei
und daß die gut fortschreitende Offensive des rechten Flügels zu einem Siege
der Armee führen müsse".

Vom r e c h t e n A r m e e f l ü g e l meldete Hauptmann Bührmann
um 12 Uhr 34 Min. nachmittags, daß der Angriff die Linie südlicher Wald=
rand westlich Gondreville—Ormoy—Antilly in Richtung auf Lévignen—
Betz überschreite. Anscheinend treffe man nicht auf sehr starken Feind. Betz
sei vom Feinde frei. Bei Crépy en Valois befinde sich feindliche Kavallerie.
Um 1 Uhr 55 Min. nachmittags fügte er hinzu, daß der Bois du Roi an=
scheinend vom Feinde geräumt werde; östlich Nanteuil scheine eine Auf=
nahme beabsichtigt zu sein. Nach Fliegermeldung von 12 Uhr 30 Min. nach=
mittags stehe Brigade Lepel bei Baron im Kampf.

S o s c h i e n s i c h b e i N a n t e u i l l e H a u d o u i n d e r R i n g
u m d e s F e i n d e s F l ü g e l z u s c h l i e ß e n, a l s e i n u n e r =
w a r t e t e r E i n g r i f f e r f o l g t e.

Gegen Mittag erschien im Auftrage der O. H. L. O b e r s t l e u t n a n t
H e n t s c h, der von der 2. Armee kam, i n M a r e u i l. Ich unterrichtete
ihn über die Lage und teilte ihm mit, daß wir zur Sicherung der linken
Flanke soeben befohlen hatten, den linken Flügel zurückzunehmen, weil der
rechte Flügel der 2. Armee auf Margny ausgewichen sei. Es fand dann in
Gegenwart des Oberquartiermeisters der Armee, des Obersten v. Berg=
mann, eine Besprechung statt, die für den Ausgang der Schlacht am Ourcq
entscheidend wurde. Oberst v. Bergmann und ich waren uns der außer=
ordentlichen Bedeutung dieser Stunde bewußt. Nach der Besprechung am
9. September war keine Minute zu verlieren, um auf Grund der getroffenen
Entscheidung die dringlichsten Befehle zu erteilen. Zum Niederschreiben des
Inhalts der Besprechung fanden wir erst am anderen Morgen Zeit. Jedes
Wort haftete uns fest im Gedächtnis und wurde nach sorgfältiger Über=
legung niedergeschrieben. Ich gebe zunächst diese Niederschrift wieder.

„La Ferté Milon, 10. 9. 14.

Gestern nachmittag erschien im Armeehauptquartier Mareuil Oberst=
leutnant Hentsch vom Großen Hauptquartier und brachte folgende Mit=
teilung:

Die Lage sei nicht günstig. 5. Armee sei vor Verdun, 6. und 7. Armee
vor Nancy—Epinal festgelegt. Die 2. sei nur noch »Schlacke«. Ihr Rückzug
hinter die Marne sei unabänderlich, der rechte Flügel (VII. A. K.) sei

zurückgeworfen, nicht zurückgegangen. Es sei daher nötig, die Armeen zunächst alle einmal »abzusetzen«, 3. Armee nordöstlich Châlons, 4. und 5. anschließend über Clermont en Argonne auf Verdun zu. D i e 1. A r m e e m ü ſ ſ e d a h e r a u ch z u r ü ck g e h e n , Richtung Soiſſons— Fère en Tardenois, äußerstenfalls weiter, ſogar auf Laon—La Fère. Die von den Armeen etwa zu erreichenden Linien zeichnete er mit Kohle in meine Karte. Bei St. Quentin werde eine neue Armee zuſammengezogen. So könne eine neue Operation beginnen.

Ich bemerkte, daß wir eben im vollen Angriff ſeien, ein Rückzug ſehr mißlich ſei, die Armee ganz durcheinander, auch aufs äußerſte erſchöpft ſei.

Er führte aus, daß trotzdem nichts anderes übrigbleibe. Er gab zu, daß aus dem augenblicklichen Kampfe ein Rückzug in der befohlenen Richtung nicht angängig ſei, ſondern in gerader Richtung, höchſtens auf Soiſſons mit linkem Flügel hinter die Aisne. Er betonte, daß d i e ſ e D i r e k t i v e m a ß g e b e n d bleibe, auch ohne Rückſicht auf etwa ein= gehende andere Mitteilungen. E r h a b e v o l l e V o l l m a ch t.

v. Kuhl,

Generalmajor und Chef des Generalſtabes der 1. Armee.

Vorſtehende Ausführungen, die in meiner Gegenwart erfolgten, be= ſtätige ich hierdurch.

v. Bergmann,

Oberſt und Oberquartiermeiſter beim Oberkommando der 1. Armee."

Die Unterredung dauerte lange; ich ſetzte der Aufforderung zum Rückzug den lebhafteſten Widerſtand entgegen und wies immer wieder auf die günſtige Lage auf unſerem rechten Flügel hin. Es wurden alle Möglich= keiten erwogen, um den Kampf doch noch bis zum endgültigen Siege durch= zuführen. Nachdem jedoch feſtgeſtellt worden war, daß der Entſchluß der 2. Armee zum Rückzuge morgens gefaßt worden und die Truppen nach= mittags bereits im vollen Rückzuge waren, die Maßnahme ſomit nicht mehr rückgängig zu machen war, mußte ſich das Oberkommando fügen. Selbſt ein Sieg über Maunoury konnte uns dann nicht davor bewahren, auf dem linken Flügel von überlegenen Kräften umfaßt und vom Heere abgedrängt zu werden. Die 1. Armee ſtand nunmehr vereinzelt da.

Ich begab mich zum Oberbefehlshaber zum Vortrag. Schweren Herzens mußte Generaloberſt v. Kluck dem Befehle Folge leiſten. Nach meiner Rückkehr fuhr Oberſtleutnant Hentſch ab, nachdem er von der ge= troffenen Entſcheidung Kenntnis erhalten hatte.

Generalleutnant v. Bergmann ſchildert nach der Erinnerung die Vor= gänge folgendermaßen:

„Ich habe der Besprechung mit Oberstleutnant Hentsch am 9. Sep=
tember im Zimmer des Generals v. Kuhl von Anfang bis zu Ende
beigewohnt. Oberstleutnant Hentsch entwickelte die nach seiner Meinung
wenig glückliche Gestaltung der Verhältnisse auf dem westlichen Kriegs=
schauplatz, indem er besonders auf die Lage bei der benachbarten 2. Armee
einging. Es ist mir genau in Erinnerung, daß er diese in sehr düsteren
Farben darstellte und daß mir besonders die Schilderung auffiel, die er
von der niedergedrückten Stimmung beim Oberkommando der 2. Armee
machte. Es war offensichtlich, daß sich Oberstleutnant Hentsch von der Lage
der 1. Armee wohl auf Grund der ihm beim A. O. K. 2 gegebenen Nach=
richten ein ganz falsches Bild gemacht hatte und daß ihn nun deren sehr
viel günstigere Beurteilung durch General v. Kuhl außerordentlich über=
raschte. Den ernstlichen Einwendungen, die General v. Kuhl gegen das
verlangte Zurückgehen der auf ihrem rechten Flügel gerade in gut fort=
schreitendem Angriff begriffenen 1. Armee machte, und denen ich mich auch
unter Hervorhebung der technischen Schwierigkeiten und des Zustandes der
Truppe anschloß, begegnete Oberstleutnant Hentsch immer wieder mit dem
Hinweis auf die unabänderliche Notwendigkeit des inzwischen schon be=
gonnenen Rückzuges der 2. Armee hinter die Marne. Angesichts dieser Er=
öffnung und der weiteren Erklärung des Oberstleutnants Hentsch, daß er
Vollmacht habe, im Namen der O. H. L. das Zurücknehmen der Armee
anzuordnen, blieb dem General v. Kuhl nichts übrig, als dem Oberbefehls=
haber die Anordnung des Rückzuges vorzuschlagen, zumal zu dieser Zeit
eine unmittelbaren Meinungsaustausch gestattende Verbindung mit der
O. H. L. nicht bestand. Er begab sich zu diesem Zweck zum Vortrag zum
Generaloberst v. Kluck, während ich mit Oberstleutnant Hentsch allein im
Zimmer verblieb, bis General v. Kuhl mit der zustimmenden Entscheidung
des Oberbefehlshabers zurückkam.

Alle an der Bearbeitung der Operationen beteiligten Offiziere des
Oberkommandos empfanden die geschichtliche Bedeutung der uns durch
Oberstleutnant Hentsch gewordenen Weisung, und so trat schon am 9. nach=
mittags seitens des Hauptmanns v. Alten die Anregung an mich heran,
daß es notwendig sei, den Inhalt der Verhandlungen mit dem Abgesandten
der O. H. L. durch die beiden Zeugen — General v. Kuhl und mich —
schriftlich niederzulegen. Die Fülle der dem Oberkommando an diesem Tage
bis tief in die Nacht hinein noch obliegenden Geschäfte ließ es aber erst am
10. vormittags in La Ferté Milon zur Ausführung dieses Vorschlages
kommen. Der Inhalt der bekannten Niederschrift gibt die wesentlichsten
Punkte der vom Oberstleutnant Hentsch gemachten Ausführungen, die uns
einen tiefen Eindruck gemacht hatten und uns deshalb noch ganz frisch im

Gedächtnis waren, wortgetreu wieder. Ich stehe für die Richtigkeit der
Niederschrift ein."

Das Ziel zum Greifen nahe vor sich sehend, mußte der Ober=
befehlshaber der 1. Armee es aus den Händen.lassen. Die zu treffen=
den A n o r d n u n g e n   z u m   R ü c k z u g   waren schwierig. Im Schwung
des Angriffs reichten die Kräfte der Armee noch aus, bei einem Rückzug
drohten sie zu versagen. Die Truppenverbände waren völlig vermischt, die
Bagagen, Kolonnen und Trains auf einen Rückzug nicht vorbereitet und
ohne den erforderlichen Vorsprung. Ihre Bewegungen mußten einheitlich
vom Oberkommando geleitet werden, um eine Verstopfung der Wege und
Übergänge zu verhindern. Im Rücken lag die Aisne mit steilen, bewaldeten
Höhenrändern. Ihr Überschreiten war vorzubereiten und zu sichern. Man
mußte damit rechnen, daß die starke, in unserer Flanke befindliche feindliche
Heereskavallerie sich dort vorlegen würde. In größter Eile war alles anzu=
ordnen, um in der Nacht bereits den Rückzug anzutreten. Am 5. September
hatte die Armee jenseits der Marne die Front nach Süden, dann in der
Schlacht am Ourcq nach Westen, zuletzt nach Südwesten gehabt und mußte
nun am 9. ungefähr nach Norden zurückgehen. Jeder Sachverständige wird
die außerordentlichen Schwierigkeiten erkennen, die sich hieraus für die Be=
wegung der Truppen, der Bagagen, Munitionskolonnen und Trains sowie
für die Verpflegung, Munitionsversorgung und ärztlichen Maßnahmen
ergaben.

Noch während der Besprechung mit Oberstleutnant Hentsch war, in=
folge Motorstörung verspätet, um 1 Uhr 4 Min. nachmittags folgender
F u n k s p r u c h   d e r   2.   A r m e e   eingetroffen: „Flieger meldet Vorgehen
von vier langen Kolonnen gegen die Marne. Anfänge 9 Uhr vormittags
Nanteuil s. M., Citry, Pavant, Nogent l'Artaud. 2.   A r m e e   e i n l e i t e t
R ü c k m a r s c h   r e c h t e r   F l ü g e l   D a m e r y." Die Angabe stellte sich
am folgenden Tage auf Anfrage des A. O. K. 1, das anderslautende Funk=
sprüche der 2. Armee mitgehört hatte, als Irrtum heraus. Es war nicht
Damery bei Epernay, sondern Dormans gemeint.

Zunächst wurde um 2 Uhr nachmittags vom Oberkommando die
4.   K a v a l l e r i e d i v i s i o n , die sich um diese Zeit in der Gegend von
Baumoise (östlich Crépy en Valois) befand, benachrichtigt, daß die 2. Armee
in Richtung Epernay, die 1. Armee mit dem linken Flügel auf Soissons
zurückgehen werde. Die Division sollte sofort an die Aisne vorausgehen
und die Brücken von Soissons bis Attichy besetzen.

Nachdem sich das Oberkommando über die Ausführung des Rückzuges
in großen Zügen klar geworden war, wurde um 3 Uhr 15 Min. nachmittags
H. K. K. 2 benachrichtigt, daß die 1. Armee heute zunächst in Linie Antilly—

Brumetz, dann in der Nacht weiter zurückgehen werde. H. K. K. 2 habe diese Bewegung zu decken, die 5. Infanteriedivision werde ihm dazu unterstellt.

Inzwischen wurde der Armeebefehl fertiggestellt. Generaloberst v. Kluck wies nachmittags General v. Linsingen an, den ihm unterstellten linken Armeeflügel zunächst hinter den Abschnitt Montigny l'Allier—Brumetz zurückzunehmen, während Gruppe Sixt v. Armin hinter den Abschnitt Antilly—Mareuil marschierte. Der Angriff der Gruppe Quast sollte nicht weiter durchgeführt werden, als zur Loslösung vom Feinde er= forderlich sei. Die Gruppe sollte sich dann der Bewegung der anderen Gruppen anschließen.

Die Generalkommandos wurden vor Erlaß des Befehls durch Fern= sprecher und entsandte Offiziere, die die Entschließung erklären sollten, sofort vorläufig benachrichtigt. Der Entschluß stieß überall auf lebhaften Widerspruch, ganz besonders beim IX. A. K. Hauptmann Bührmann vom Stabe des Oberkommandos, der sich dort befand, berichtete von der un= bedingten Siegeszuversicht und gehobenen Stimmung, die in der Truppe trotz der beispiellosen Anstrengungen der letzten Wochen, besonders aber der letzten Tage, herrschte. Der Gegner war überall im Weichen begriffen. Als dem Hauptmann Bührmann am Fernsprecher vom Oberkommando aufgetragen wurde, den Entschluß zum Rückzug dem Generalkommando IX. A. K. zu übermitteln, weigerte er sich entschieden und ließ mich per= sönlich an den Fernsprecher rufen. Ich erklärte ihm die Gründe. Haupt= mann Bührmann berichtet über die weiteren Vorgänge beim General= kommando IX. A. K.: „Inzwischen war der Befehl des A. O. K., der den Rückzug anordnete, eingetroffen. General v. Quast erhob scharfen Einspruch und ersuchte mich, die Aufhebung des Befehls beim A. O. K. zu erwirken. Ich rief den General v. Kuhl von neuem an, der mir nochmals die ganze Lage und die Notwendigkeit des Rückzuges ausführlich auseinandersetzte. Währenddessen war der Befehl bei den Divisionen bekanntgeworden. Der Chef des Generalstabes des IX. A. K. erklärte mir, daß General v. Kluge, der Führer der 18. Division, sich weigere, den ihm völlig unverständlichen Befehl auszuführen. Der Gegner sei im vollen Rückzug auf Paris, seine Truppe gewillt und in der Lage, den Sieg voll auszunutzen. Es möchte nochmals das Oberkommando angerufen werden. Seine Königliche Hoheit der Großherzog von Mecklenburg=Schwerin, der das IX. A. K. begleitete, schloß sich der Bitte an. Die Antwort des Oberkommandos lautete, daß der Entschluß unabänderlich sei."

Die Lage auf unserem rechten Flügel war nach= mittags glänzend.

Die 18. Infanteriedivision hatte mittags Bargny und den Waldrand südlich Lévignen genommen, dann die Höhen östlich Boissy Fresnoy und Villers St. Geneft erstürmt. Unsere Überlegenheit war deutlich erkennbar. Das feindliche Artilleriefeuer war schwach, unsere Verluste waren gering. Da ging nachmittags der Befehl vom Generalkommando ein, nicht weiter vorzugehen. General v. Kluge erhob Einspruch am Fernsprecher und wies auf den sicheren Erfolg des weiteren Angriffs hin. Gleichzeitig gab er seiner Division Befehl, Boissy Fresnoy und Villers St. Geneft zu nehmen, und forderte die Nachbardivision zur Mitwirkung auf. Die Orte wurden ohne große Verluste erstürmt, als der erneute Befehl des Generalkommandos eintraf, nicht weiter vorzugehen. Nochmals wandte sich der General gegen den Befehl, in der Überzeugung, daß wir bei weiterem Vorgehen noch am 9. September mit Sicherheit einen entscheidenden Sieg über Maunoury erringen würden. Dessen linker Flügel war geschlagen und eingekreist. Es mußte aber bei dem Befehl verbleiben. (Mitteilung des Generals v. Kluge.)

Unterdessen war weiter rechts die 17. Infanteriedivision über Lévignen durch den Nordteil des Bois du Roi vorgedrungen und umfaßte den Gegner. Die 4. Kavalleriedivision ging über Crépy en Valois vor. Die Brigade Lepel, der die 10. Landwehrbrigade folgte, war von Verberie über Baron—Droiselles vormarschiert und kam dem Feind in den Rücken. Die 6. Infanteriedivision ging über Betz auf Villers St. Geneft vor und unterstützte die 18. Division.

Auch die Gruppe Sixt v. Armin war frühzeitig zum Angriff angetreten. Ursprünglich hatte sie sich dem Angriff der Gruppe Quast erst anschließen wollen, wenn diese die Linie Lévignen—Betz überschritt. Als der Gegner Truppen von Villers St. Geneft nach Norden zu verschieben schien, entschloß sich General Sixt v. Armin anzugreifen. Der rechte Flügel war im Vorschreiten über den Bois de Montrolles.

So war die Lage, als der Rückzug beginnen mußte. Er vollzog sich in größter Ruhe.

Der den Rückzug regelnde Armeebefehl traf bei General v. Linsingen um 4 Uhr nachmittags ein, während die mittags befohlene Bewegung zum Zurückbiegen des linken Armeeflügels in die Linie May en Multien—Coulombs im Gange war. Bei Crouy erteilte er um 5 Uhr 10 Min. nachmittags den Befehl, die Bewegung zunächst auf Montigny l'Allier—Brumetz fortzusetzen.

Die Gruppe Sixt v. Armin löste sich ohne jede Schwierigkeit vom Feinde los. Niemand folgte, der Gegner verlor jede Fühlung.

Die **Gruppe Quast** verblieb auf dem eroberten Gefechtsfelde und trat erst am anderen Morgen den Abmarsch an.

Um 8 Uhr 15 Min. abends wurde in Mareuil der Armeebefehl erlassen, wonach die Bewegung noch heute mit dem Gros bis in und nördlich der Linie Gondreville (südöstlich Crépy en Valois)—La Ferté Milon—Durcq= linie oberhalb davon fortgesetzt werden sollte. Die Brigade Lepel ging über Verberie zurück. Generaloberst v. Kluck sprach den Truppen der 1. Armee seine höchste Anerkennung für die Hingebung und die ungewöhnlichen Leistungen bei der bisherigen Offensive aus.

Das Oberkommando begab sich sodann spät abends nach La Ferté Milon, wo kaum Unterkommen zu finden war. In der Nacht mußten die weiteren Anordnungen getroffen werden, um die rückwärtigen Verbindun= gen der Korps, die Bewegung der Kolonnen und Trains, die Versorgung der Armee mit Verpflegung und Munition und vieles andere zu regeln. Feindliche Kavallerie machte sich abends im Walde von Villers=Cotterêts bemerkbar und hinderte die Etappeninspektion, Munitions= und Ver= pflegungskolonnen zur Armee durchzubringen.

Der O. H. L. wurde abends gemeldet: „Rechter Flügel der 1. Armee warf Feind in Richtung Nanteuil zurück. Mitte und linker Flügel be= haupteten ihre Stellungen. Verstärkter H. K. K. 2 hielt Feind an Marne bei und oberhalb La Ferté auf. 1. Armee ging, dem Befehl der O. H. L. entsprechend, von Franzosen nicht gedrängt, in Linie Crépy en Valois—La Ferté Milon—Neuilly zurück. Engländer im Vormarsch über Marnestrecke La Ferté s. Jouarre—Château=Thierry. Absicht für 10. September: Weitermarsch über Aisne."

An der Marne gelang es am 9. September H. K. K. 2, sich bei La Ferté s. Jouarre, wo die Brücke zerstört worden war, und unterhalb den ganzen Tag über zu behaupten. Östlich davon fielen die Brücken unversehrt in Feindes Hand. Eine ernste örtliche Verteidigung fand dort nicht statt. Die Brigade Kräwel hatte sich am 9. bei Montreux aux Lions bereitgestellt. H. K. K. 1 war zurückgegangen, der Übergang bei Château=Thierry stand dem Gegner offen. Bei Montreux aux Lions trat die Brigade Kräwel im Laufe des Tages in den Kampf mit dem bei Saacy—Nogent l'Artaud die Marne überschreitenden Gegner. Nachmittags traf die von Vendrest auf Dhuisy anmarschierende 5. Infanteriedivision ein. General v. der Marwitz beschloß, mit diesen Truppen und dem bei Cocherel befindlichen Kavalleriekorps den Gegner anzugreifen. Es gelang abends noch, nach Angabe des Kavalleriekorps und der 5. Infanteriedivision, den Gegner zurückzudrängen. Dann trat General v. der Marwitz den Rück= marsch an, der vom Gegner nicht gestört wurde. General v. Kräwel (Mili=

tär=Wochenblatt 1919, Nr. 74) ist der Ansicht, daß seine Brigade den
Auftrag, die Engländer aufzuhalten, voll erfüllt habe. Bei dem guten
Zustand der Truppe und dem taktisch ungeschickten Verhalten der Engländer
hätte die Brigade auch am 10. September im Verein
mit der 5. Infanteriedivision und der starken Ka=
vallerie die Engländer aufhalten können.

Über das Vorgehen der Engländer über die Marne liefen bis zum
Abend beim A. O. K. 1 mehrere Fliegermeldungen ein. Die Gegend von
Château=Thierry war um 3 Uhr 30 Min. nachmittags vom Feinde frei.
Bei La Ferté s. Jouarre fand kein Flußübergang statt, eine Kolonne über=
schritt die Marne bei Nanteuil. Nördlich Charly wurde eine schwächere
Bereitstellung beobachtet. Die Brücke bei Chézy war nicht zerstört.

Die 2. Armee sollte sich nach den Anordnungen des Oberkommandos
am 9. auf dem nach Margny zurückgebogenen rechten Flügel verteidigen,
mit dem linken Flügel den Angriff fortsetzen und mit der Mitte sich diesem
Angriff anschließen. Am Vormittag des 9. faßte jedoch
Generaloberst v. Bülow den Entschluß zum Rückzug
hinter die Marne, obwohl es im Oberkommando nicht an Stimmen
fehlte, die sich gegen den Rückzug aussprachen. Er begründet ihn in seinem
Bericht (a. a. O. S. 60) damit, daß mit der Wahrscheinlichkeit des Durch=
bruchs starker feindlicher Kräfte zwischen 1. und 2. Armee gerechnet werden
mußte. „Ging der Feind im Rücken der 1. Armee über die Marne, so
bestand für die 1. Armee die Gefahr, völlig umfaßt in westlicher Richtung
abgedrängt zu werden. Als daher am 9. September früh der Feind in
zahlreichen Kolonnen die Marne zwischen La Ferté s. Jouarre und Château=
Thierry überschritt, bestand hier kein Zweifel, daß der Rückzug der
1. Armee nach der taktischen und operativen Lage unvermeidlich
war und daß auch die 2. Armee zurückgehen mußte, um nicht in der rechten
Flanke völlig umgangen zu werden."

Generaloberst v. Bülow war zu der Überzeugung gekommen, daß die
1. Armee hinter die Aisne zurückgehen und den Anschluß an die 2. Armee
in Richtung auf Fismes gewinnen müsse. An der Aisne sollte auf diese
Weise eine neue Heeresfront gebildet werden. Noch am Vormittag wurden
die Befehle zum Rückzug erteilt, nachmittags wurde angetreten.

Der O. H. L. meldete A. O. K. 2 um 2 Uhr 30 Min. nachmittags:
„1. Armee geht zurück, linker Flügel Coulombs—Gandelu. 2. Armee
stellt übereinstimmend mit Hentsch langsam vorschreitenden Angriff ein und
gewinnt nördliches Marneufer, rechter Flügel Dormans." Die in dieser
Meldung vorangestellte Angabe über den Rückzug der 1. Armee beruht

auf einem Funkspruch der 1. Armee, der erst um 12 Uhr 30 Min. nach=
mittags an die 2. Armee gelangt oder von dieser mitgehört worden ist,
also zu einer Zeit, als der Rückzug der 2. Armee bereits befohlen und Oberst=
leutnant Hentsch beim A. O. K. 1 eingetroffen war. In diesem anscheinend
an H. K. K. 2 gerichteten Funkspruch ist auch nicht von einem Rückzug
der 1. Armee, sondern nur von dem mehrfach erörterten Zurückbiegen des
linken Flügels die Rede.

In demselben Sinne meldete Generaloberst v. Bülow am 10. Sep=
tember nochmals an die O. H. L.: „In übereinstimmung mit Hentsch be=
urteile hier Lage: Rückzug 1. Armee hinter Aisne durch
operative und taktische Lage erzwungen. 2. Armee muß
nördlich Marne 1. Armee stützen, wenn rechter Heeresflügel nicht eingedrückt
und aufgerollt werden soll."

Es geht hieraus hervor, daß Generaloberst v. Bülow am 9. morgens
über die Verhältnisse bei der 1. Armee nicht zutreffend unterrichtet war.
Wie aus der bisherigen Schilderung des Verlaufes am 9. September
hervorgeht und wie durch die noch zu erörternde Lage beim Feinde bestätigt
wird, kann der Entschluß zum Rückzug der 2. Armee nicht hauptsächlich
durch die Lage bei der 1. Armee begründet werden. Die Engländer haben
nicht am 9. September früh in zahlreichen Kolonnen die Marne zwischen
La Ferté s. Jouarre und Château=Thierry überschritten. Die dem Bericht
des Generalfeldmarschalls v. Bülow beigegebene Kartenskizze 3 (Lage am 9.
um 10 Uhr vormittags) gibt die Lage nicht richtig wieder. Noch am Abend
des 9. waren die Engländer bei weitem nicht so weit vorgekommen. Auch
wurde die Marne von uns keineswegs nur durch Kavallerie verteidigt. Vor
allem stehen sich in der Kartenskizze 3 in der Schlacht am Ourcq Franzosen
und Deutsche frontal gegenüber, während tatsächlich der linke französische
Flügel völlig umfaßt und im Rücken angegriffen wurde.

Es kann keinem Zweifel unterliegen, daß die Lage der 1. Armee
am 8. und 9. beim A.O.K. 2 als äußerst ungünstig be=
trachtet wurde. Dies bestätigte auch der vom A. O. K. 1 am 9. zum
Oberkommando der 2. Armee gesandte Hauptmann Bührmann. Man
sprach ,dort von der geschlagenen und kaum noch verwendungsfähigen
1. Armee.

Auch die O. H. L. hat die Lage der 1. Armee als sehr bedenklich an=
gesehen. So erklärt sich der Auftrag, der dem Oberstleutnant Hentsch
erteilt wurde, und die Art, wie er ihn ausführte. Gewiß war die 1. Armee
in große Gefahr geraten, aber sie hat sich ihrer erwehrt. Noch längere Zeit
nachher bestand die Ansicht, die 1. Armee hätte am Ourcq eine Niederlage
erlitten. Am 14. September 1914 war der Generalquartiermeister, General=

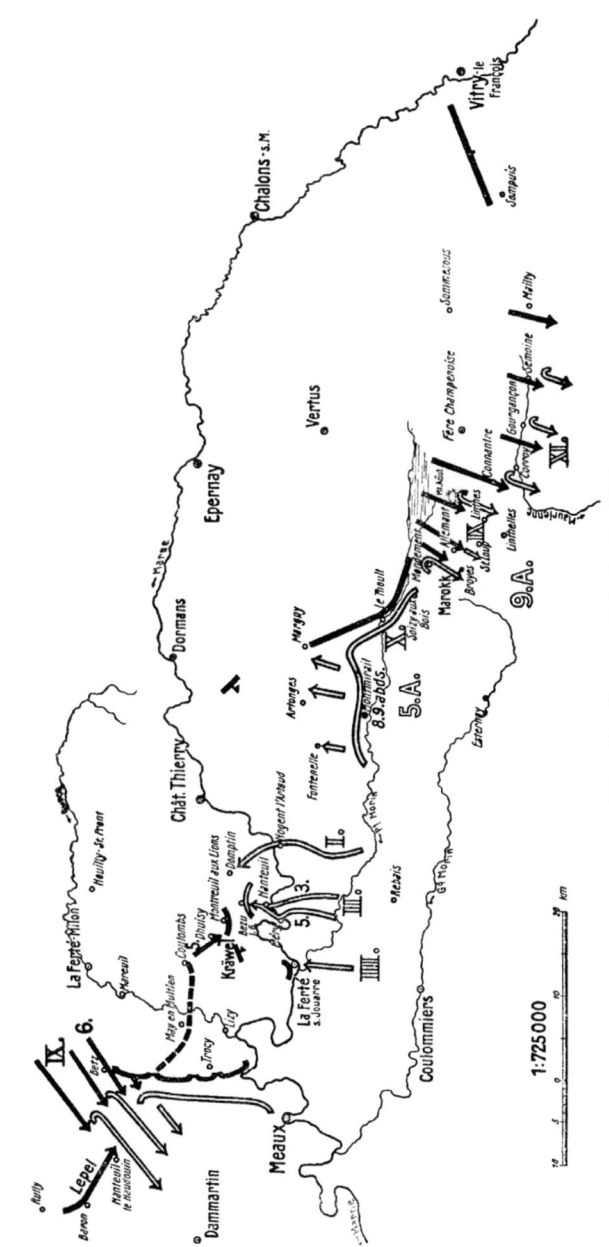

Skizze 18. **Lage am 9. September 1914.**

1:725000

leutnant v. Stein, im A. H. Qu. der 1. Armee in Vauxaillon, traf mich aber nicht an und hinterließ einen Brief, aus dem hervorging, daß um diese Zeit die O. H. L. noch der Ansicht war, das IV. R. K. sei vor Paris geschlagen worden und die Schlacht am Ourcq habe zum mindesten auf dem linken Flügel keinen guten Verlauf genommen. Noch im Oktober 1914 wurde von der O. H. L. angefragt, ob wir 120 Geschütze verloren hätten. Tat= sächlich sind beim Rückzug an die Aisne bei einem Korps 9 Geschütze stehen= geblieben, bei einem anderen Korps sind infolge Geräteverlust aus 12 Batte= rien 11 gebildet worden. Im übrigen ist ein Dutzend Bagage=, Munitions= und Schmiedewagen verlorengegangen.

Über den **Auftrag,** den **Oberstleutnant Hentsch** erhalten hat, ist viel ge= stritten worden. Leider ist er ihm nicht schriftlich erteilt worden, was in einem so überaus wichtigen Falle unbedingt nötig gewesen wäre. Oberst= leutnant Hentsch hat ihn nur ungern übernommen und war sich der großen Verantwortung bewußt. Keineswegs neigte er aus Ehrgeiz zu selbsttätigem Handeln oder zu Übergriffen. Er war mir aus jahrelangem dienstlichen Zu= sammenwirken als ein sehr kluger, vorsichtiger und zurückhaltender General= stabsoffizier bekannt, auf den man sich unbedingt verlassen konnte. General= leutnant Tappen (a. a. O. S. 24) gibt an, daß er den Auftrag gehabt habe, sich über die Lage bei den Armeen zu unterrichten. F ü r   d e n   F a l l , d a ß   b e r e i t s   r ü c k g ä n g i g e   B e w e g u n g e n   v o n   d e n   A r m e e = o b e r k o m m a n d o s   a n g e o r d n e t   w o r d e n   s e i e n ,   h a t t e   e r d a h i n   z u   w i r k e n ,   d a ß   d e r   Z u s a m m e n h a l t   d e r   A r m e e n u n t e r e i n a n d e r   w i e d e r h e r g e s t e l l t   w ü r d e .   Für die 1. A r m e e käme dann die R i c h t u n g   S o i s s o n s in Frage. General= leutnant Tappen erwähnt, daß der Entsendung eine eingehende Besprechung der Lage voraufgegangen sei, bei der betont wurde, daß es jetzt darauf ankomme, auszuharren und jede rückgängige Bewegung zu verhindern. Es wird dies von anderer Seite bestätigt. Generalleutnant Tappen stellt fest, daß Oberstleutnant Hentsch keinen Auftrag gehabt habe, rückgängige Be= wegungen im Namen der O. H. L. anzuordnen. Generaloberst v. Moltke äußert sich wie folgt dazu: „Oberstleutnant Hentsch hatte nur den Auftrag, der 1. Armee zu sagen, daß, w e n n ihr Rückzug nötig werden sollte, sie in die Linie Soissons—Fismes zurückgehen sollte, um so den Anschluß an die 2. Armee wiederzugewinnen. Er hatte keineswegs den Auftrag zu sagen, daß der Rückzug unvermeidlich sei." Oberstleutnant Hentsch selbst gibt den ihm erteilten Auftrag folgendermaßen wieder: „Ich habe den Auftrag gehabt, i m N o t f a l l den Rückzug des gesamten Heeres in die Linie St. Menehould—Reims—Soissons—Fismes anzuordnen. Mir ist ausdrücklich volle Vollmacht gegeben worden, im Namen der O. H. L. Befehle zu erteilen."

Zusammenfassend kann hiernach folgendes festgestellt werden: Nach der Absicht der O. H. L. sollte auf den rechten Heeresflügel in dem Sinne eingewirkt werden, daß standzuhalten sei. Sie rechnete jedoch mit der Möglichkeit, daß der Rückzug notwendig werde, und gab für diesen Fall bereits für die 1. Armee die Richtung auf Soissons an. Waren von einer Armee schon rückgängige Bewegungen angeordnet, so hatte Oberstleutnant Hentsch für den Zusammenhang zu sorgen und die entsprechenden Anordnungen zu erteilen. Dieser Fall trat ein. Ohne solche Voraussetzungen selbständig irgendeiner Armee den Rückzug zu befehlen, war er nicht befugt. Er hat dies auch nicht getan und nicht behauptet, eine solche Befugnis gehabt zu haben.

Bei der 3. Armee am 8. September eingetroffen, fand er die Lage günstig und meldete dementsprechend an die O. H. L. (S. 211).

Anders bei der 2. Armee. Als er in Montmort am 8. September abends ankam, traf er die Bagage des A. O. K. marschbereit zur Abfahrt. Der Rückzug war offenbar bereits erwogen, aber noch nicht beschlossen. Um 10 Uhr 30 Min. abends meldete er der O. H. L.: „Lage auf dem rechten Flügel der 2. Armee ernst, aber nicht aussichtslos." Am 9. morgens entschloß sich Generaloberst v. Bülow zum Rückzug. Bestimmend hierfür waren die Lage der 1. Armee, die beim A. O. K. 2 als äußerst gefährdet angesehen wurde, die übertrieben ungünstige Auffassung von den Verhältnissen auf dem eigenen rechten Flügel und die zwischen 1. und 2. Armee klaffende Lücke. Es wird von keiner Seite berichtet, daß Oberstleutnant Hentsch seinen Einfluß im Sinne seines Auftrages in der entgegengesetzten Richtung zur Geltung brachte und zum Standhalten aufforderte. Er sah die Lage so an, wie sie ihm dort geschildert wurde, und schloß sich der Ansicht des Generalobersten v. Bülow an, ohne die Unterlagen des Entschlusses prüfen zu können.

Als er sich am 9. September vormittags von Montmort auf die Fahrt nach Mareuil begab, stand es fest, daß die 2. Armee nachmittags den Rückzug beginnen würde. In Übereinstimmung mit dem Generaloberst v. Bülow war Oberstleutnant Hentsch von der Notwendigkeit des Rückzuges der 1. Armee auf Soissons—Fismes überzeugt.

Erst gegen 12 Uhr 30 Min. nachmittags traf er beim A. O. K. 1 ein, nachdem er unterwegs infolge Verstopfung der Straßen Aufenthalt gehabt und einen großen Umweg hatte machen müssen. Die Besprechung in Mareuil dauerte bis gegen 2 Uhr nachmittags. Hier trat ihm unerwartet eine ganz andere Auffassung entgegen. Des Ernstes der Lage war sich das Oberkommando der 1. Armee bewußt, die Gefährlichkeit der Lücke zwischen 1. und 2. Armee wurde keineswegs unterschätzt. Aber gerade am Vormittag des 9. September begann sich der völlige Umschwung in der Schlacht am Durcq zu unseren Gunsten zu vollziehen. Die Engländer hofften wir durch die getroffenen Maßnahmen hinreichend aufhalten zu können. Alles konnte zum guten Ende geführt werden, wenn die 2. Armee noch kurze Zeit stand=hielt. Unter diesen Umständen weigerte ich mich entschieden, dem Befehl zum Rückzug nachzukommen, und gab erst nach langen Verhandlungen aus den angeführten Gründen (S. 219) nach. Um mich von der Notwendig=keit des Rückzuges zu überzeugen, hat Oberstleutnant Hentsch bei der Schilderung des Zustandes der 2. Armee die Farben zu stark aufgetragen. Seine Angaben hierüber entsprachen nicht den Tatsachen.

Es muß hiernach festgestellt werden, daß Oberstleutnant Hentsch seinen Auftrag nicht überschritten hat. Nachdem der Rückzug der 2. Armee beschlossen und eingeleitet war, hatte er den Zu=sammenhang herzustellen. Anders als durch den Rückzug der 1. Armee war dies nicht möglich. Für diesen Fall hatte die O. H. L. die Richtung auf Soissons—Fismes vorgeschrieben. Er war daher befugt, der 1. Armee den Rückzug in dieser Richtung zu befehlen. Er hat sich keines unberechtig=ten Eingriffs in die Entschließungen der Oberkommandos schuldig gemacht und nicht den Rückzug in der Marneschlacht verschuldet. Die Verantwortung für das, was geschehen ist, trägt der Auftraggeber, der ihm in der schwersten Stunde des Feldzuges die Entscheidung übertrug.

Generalleutnant Tappen gibt an, Oberstleutnant Hentsch habe später bestritten, an irgendein Oberkommando eine Anordnung zum Rückzug ge=geben zu haben. Als er beim Oberkommando der 1. Armee eingetroffen sei, seien die Befehle für den Rückzug vom A. O. K. 1 bereits erlassen gewesen. Es liegt hier zweifellos ein Irrtum des Generalleutnants Tappen vor. Oberstleutnant Hentsch hat dies in seinem Bericht nicht behauptet, vielmehr sagt er selbst: „Ich habe der 1. Armee gegenüber auf meinen mir er=teilten Befehl hingewiesen und den Rückzug im Namen der O. H. L angeordnet."

Eine andere Frage ist es, ob Oberstleutnant Hentsch den vom General=oberst v. Bülow selbständig gefaßten Entschluß vom Standpunkt der O. H. L. billigen oder entsprechend seiner Anweisung zu verhindern suchen mußte. Die wirkliche Lage der 1. Armee war ihm nicht bekannt, als er bei A. O. K. 2 eintraf. Er hat sie so angesehen, wie sie dort angenommen wurde. Seiner Natur nach neigte er ohnedies dazu, die Dinge schwer zu nehmen. Es ist zu bedauern, daß er seine Besprechung nicht bei der 1. und 2. Armee be=gonnen hat, auf die es ankam, statt tagelang über alle Armeen vom linken Flügel an bis zum rechten zu fahren. Noch mehr ist zu beklagen, daß es an diesen Tagen an einer höheren Vermittlung zwischen den auseinander=

gehenden Ansichten der beiden Oberkommandos 1 und 2 gefehlt hat. Der Oberbefehlshaber einer Heeresgruppe würde, wie es später in ähnlichen Fällen stets geschehen ist, durch persönliche Rücksprache bei beiden Armeen die Lage schnell geklärt haben. Generaloberst v. Bülow würde dann eine zutreffende Anschauung von dem Stand des Kampfes bei der 1. Armee gehabt haben.

Die Lage bei der 2. Armee hätte am 9. September einen Rückzug nicht erforderlich gemacht. Der zurückgenommene rechte Flügel wurde am 9. bis zum Beginn des Rückzuges gar nicht angegriffen. Die 13. Division hatte ihre neue Stellung in aller Ruhe einnehmen und verstärken können. Dann holte sie den versäumten Nachtschlaf nach. Zwei Bataillone und zwei schwere Feldhaubitzbatterien trafen zur Verstärkung ein. Offenbar war den Franzosen ihr örtlicher Erfolg am 8. abends nicht zum Bewußtsein gekommen. Sie hatten am Morgen des 9. die Fühlung mit der 13. Division verloren. Die Flanke der Division war nicht bedroht. „Der Befehl zum Rückzug über die Marne schlug wie eine Bombe bei Führern und Truppe ein. Es war keine leichte Aufgabe, ihn mit Gründen über Rückschläge an anderer Stelle der Truppe mundgerecht zu machen. Mit der eigenen Lage konnte er nicht erklärt werden." Der Führer, Generalleutnant v. dem Borne, ist der Ansicht gewesen, daß er seine Stellung am 10. gegen jeden feindlichen Angriff hätte halten können. Beim Abmarsch ließ er fast seine ganze Infanterie vorbeimarschieren; sie war in tadelloser Ordnung (Mitteilung des Generals der Infanterie v. dem Borne). „Schlacke" war diese Truppe nicht, das hat sie in den nächsten Tagen bewiesen.

Oberst v. Caprivi, damals ältester Generalstabsoffizier beim Generalkommando VII. A. K., und Major v. Platen, damals Generalstabsoffizier bei der 13. Division, bestätigen die vorstehende Schilderung. Der Kommandierende General des VII. A. K., General der Kavallerie v. Einem, besichtigte morgens zu Pferde die 13. Division, als sie bei hellem Tage schanzte. Die Division sah nicht im geringsten wie eine geschlagene Truppe aus, sondern machte einen frischen Eindruck. „Sie hätte sich am 9. und später gegen einen feindlichen Angriff sicher ebensogut gehalten, wie am 8. den ganzen Tag über. Aber es kam kein Feind, an keiner Stelle fand eine Berührung mit ihm statt. Um 1 Uhr 30 Min. nachmittags kam der Armeebefehl zum Abmarsch hinter die Marne. Wir waren aufs äußerste betroffen, hatten wir doch von den Erfolgen des linken Flügels der Armee gehört. Während des Rückzuges erhielten wir nur Artilleriefernfeuer. Der Feind folgte abends nur bis zum Verdonelleabschnitt." (Major v. Platen.)

Am 10. wurde die Marne beiderseits von Epernay überschritten.

Der linke Flügel der 2. Armee und der rechte der
3. errangen am 9. September einen glänzenden Sieg.
Von der 3. Armee wurde Mailly genommen und der Gegner über den
Abschnitt des Mauriennebaches Corroy—Semoine zurückgeworfen, während
sich der linke Flügel der 3. Armee bei Sompuis und östlich behauptete.
Währenddessen war der linke Flügel der 2. Armee bis Connantre und La
Colombière vorgedrungen. Der Mont d'Août wurde erstürmt, Allemant
erreicht, Mondement genommen.

Ein Mitkämpfer der 2. Armee, Oberstleutnant Dieterich, schildert an-
schaulich die glänzende Lage um die Mittagszeit (Militär=Wochenblatt 1920,
Nr. 10): „Der Feind strömte in haftigem Rückzuge vom Mont d'Août her-
unter nach Westen und Südwesten zu, französische Batterien jagten in eili-
ger Gangart davon, sie erhielten dabei Schrapnellfeuer von drei Seiten.
Der Sieg des linken Flügels der deutschen 2. Armee im Verein mit dem
rechten Flügel der 3., der Durchbruch durch die Armee des Marschalls Foch
zeichnete sich deutlich ab, war anscheinend schon vollendet. Da kam der
Ordonnanzoffizier des Regimentsstabes mit ernstem, bleichem Gesicht zu uns
und brachte uns die Nachricht: »Um 4 Uhr wird der Rückzug angetreten.«
Wir wollten ihm nicht glauben, wir wollten ihn auslachen, wir zeigten ihm
das vor uns ausgebreitete Bild des fortschreitenden Sieges. Aber bald
empfanden wir mit dumpfem Staunen und bitterem Schmerz, daß seine
Botschaft ernst war."

Generaloberst Frhr. v. Hausen ist der Über=
zeugung, daß er im Begriff war, einen Durchbruch
durch die feindliche Front zu erkämpfen, als bei ihm
unerwartet die Mitteilung der 2. Armee eintraf, daß sie den Rückzug
einleite. Nachmittags um 5 Uhr 30 Min. folgte ein um 2 Uhr 45 Min. auf=
gegebener Funkspruch der 2. Armee: „1. Armee geht zurück. 2. einleitet
Rückmarsch Dormans—Tours. Rückzugsbefehl an Kirchbach ist ergangen."
Der Rückzug der 1. Armee ist als maßgebend vorangestellt. General
v. Kirchbach, der den im Anschluß an die 2. Armee kämpfenden rechten
Flügel der 3. Armee befehligte, hatte unmittelbar vom A. O. K. 2 den
Befehl zum Rückzug erhalten. Schweren Herzens entschloß sich General=
oberst Frhr. v. Hausen, den Abmarsch anzutreten.

Bei der 4. und 5. Armee wurden keine wesentlichen Fortschritte
am 9. September erreicht. Doch schien gegenüber der 4. Armee der Feind
zu erlahmen.

Die französischen Berichte über den Verlauf des 9. Sep=
tember bei der 6. französischen Armee sind lückenhaft. Sie geben aber alle

die schwer bedrängte Lage der Armee zu. Der linke Flügel wurde ge=
schlagen und weit über Villers St. Genest und Nanteuil le Haudouin hinaus
auf Silly le Long zurückgeworfen. Das Vorgehen einer deutschen Kolonne
über Baron gegen den Rücken der Franzosen beschleunigte den Rückzug.
Der rechte französische Flügel litt schwer unter dem starken deutschen Ar=
tilleriefeuer. Maunoury erlitt somit auch nach der fran=
zösischen Darstellung eine schwere Niederlage. Der
rechte Flügel war offenbar kaum noch kampffähig,
der linke völlig geschlagen. Deutlich ist zu erkennen,
daß es nur noch eines letzten Druckes bedurfte, um
Maunoury endgültig aus dem Felde zu schlagen.
„Endlich kam die Nacht, eine bange Nacht. Was wird am anderen Morgen?
Die Truppen sind erschöpft. Den menschlichen Kräften sind Grenzen gesetzt."
(Fabreguettes a. a. O.)
      Die 6. Armee stand abends in Linie Chambry—Etrépilly—Puisieux—
Silly le Long. Der rechte Flügel war somit nach dem Abzug des deutschen
linken Flügels stehengeblieben. Der Abzug ist offenbar gar nicht bemerkt
worden. Die 8. Division, die am 8. noch auf dem linken englischen Flügel
südwestlich La Ferté s. Jouarre vorgegangen war, soll am 9. nach dem
linken Flügel Maunourys herangezogen worden sein. Sie hätte dazu zwei
Tage marschieren müssen und konnte auch mit der Bahn nicht mehr recht=
zeitig eintreffen. Die Division kam somit weder südlich noch nördlich der
Marne zur Wirkung. Weitere Verstärkungen waren für Maunoury nicht
mehr verfügbar. Es blieb nichts übrig, als „sich an das Gelände anzu=
klammern" und sich, wenn nötig, „auf dem Platz töten zu lassen". Die
Truppe hatte schwere Verluste und war erschöpft, sie war „am Ende ihrer
Kräfte". Ihre Lage wäre äußerst bedenklich gewesen, wenn sie am Morgen
des 10. nochmals angegriffen worden wäre. Mit größter Sorge sah Mau=
noury dem 10. September entgegen, „er atmete erleichtert auf, als er am
Morgen die Gewißheit erhielt, daß die Deutschen während der Nacht ab=
gezogen waren".
      Eine anschauliche Schilderung der Lage Maunourys brachte das
Journal des Débats vom 28. November 1914. Zeitungsberichterstatter
hatten unter amtlicher Führung das Schlachtfeld am Ourcq besucht. Dabei
war ihnen ein Vortrag über den Verlauf der Schlacht von militärischer
Seite gehalten worden. Die Ereignisse am 5. und 6. werden kurz geschildert.
Das deutsche IV. R. K. leistete starken Widerstand in der Front, während
andere deutsche Korps wieder über die Marne an den Ourcq zurückkehrten,
ohne von den nur langsam vorgehenden Engländern daran gehindert zu
werden. „Am 7. wurde das VII. französische Korps bei Acy en Multien

geschlagen und auch der linke Flügel bei Etavigny energisch angegriffen und auf Bouillancy und Villers St. Genest zurückgeworfen. General Maunoury zog alle seine Reserven an dieser Stelle zusammen. Allein am 8. abends war es klar, daß die Bewegung nach Osten mißglückt war. Der linke Flügel mußte die Front nach Norden nehmen. General Maunoury erhielt zwar noch das IV. A. K. zur Verstärkung, mußte aber eine Division an die Eng= länder abgeben, die glaubten, sehr überlegene Kräfte sich gegenüber zu haben. Anstatt den rechten deutschen Flügel zu umfassen, mußte Maunoury besorgen, selbst umfaßt zu werden. Alle noch verfügbaren Truppen des IV. A. K. wurden mit der Eisenbahn, mit Kraftwagen, die zum Teil in Paris beigetrieben worden waren, und durch Fußmarsch nach Nanteuil le Haudouin herangezogen. Unterdessen wurde der Feind in einer Richtung gemeldet, die noch größere Besorgnis erregte: eine deutsche Kolonne wurde auf der Straße von Nanteuil nach Senlis bei Baron gemeldet. Man erfuhr von gefangenen Deutschen, daß es sich um Landwehrtruppen handelte, die weiter nördlich die Verbindung gesichert hatten, in diesem kritischen Augen= blick aber an die Front gezogen wurden. Am Nachmittag des 9. mußte das IV. A. K. bei Nanteuil zurückgehen. Man fragte sich, wie die Lage am anderen Morgen sein würde. Indessen ersuchte der Oberbefehlshaber, um jeden Preis standzuhalten, damit der Erfolg der ganzen Marneschlacht nicht verlorengehe. General Boëlle, der Führer des IV. A. K., befahl, daß man sich lieber auf dem Platze töten lassen, als weichen solle. Die Aufstellung des linken Flügels war jedoch ungünstig, sie lag auf einer Ebene, auf der die Truppen keine Deckung und keinen Stützpunkt fanden. Aber am 10. morgens traf man nur noch auf feindliche Nachhuten."

Noch ungünstiger wird die Lage der Franzosen von englischer Seite geschildert. General Maurice (a. a. O.) berichtet, General v. Kluck habe am 9. September die Umfassung Maunourys erstrebt, „um die Niederlage der Franzosen zu vollenden, bevor die Engländer eingreifen konnten". Über Betz vordringend, nahmen die Deutschen Nanteuil. „Es war nur eine Frage von Stunden, ob der deutsche Plan in dieser Hinsicht Erfolg hatte oder nicht." Verstärkungen, Landwehrtruppen aus dem be= setzten Gebiet, trafen ein. „Maunourys Truppen waren so erschöpft wie die Klucks. Dieser schloß den französischen linken Flügel rund herum ein. Noch ein paar Stunden energischer Anstrengung konnten ihm einen solchen Sieg bringen, daß dadurch alle Gefahren, in die ihn sein rascher Vormarsch über die Marne gebracht hatte, behoben wurden." General Maurice behauptet, daß der Rückzug bereits für unvermeidlich gehalten worden sei und daß die letzten, in aller Hast von Gallieni vor=

geschickten Truppen nur zur Deckung des Rückzuges hätten dienen sollen. „Zur Zeit als wir die Marne überschritten, war die französische Armee hart an der Grenze ihrer Ausdauer angelangt. Gallieni hatte bereits be= gonnen, die erforderlichen Maßnahmen zur Vorbereitung des Rückzuges zu treffen." Der englische Vormarsch habe den deutschen Rückzug veranlaßt und „Maunoury in dem Augenblick gerettet, als er in ernster Gefahr schwebte".

Die Engländer waren es freilich nicht, die Maunoury gerettet haben. Nach französischen Angaben hatte die 5. französische Armee am 8. abends Bauchamps (I. A. K.), Montmirail (III. A. K.) und Marchais (XVIII. A. K.) erreicht. Das X. A. K. hatte Front nach Osten, zur Unter= stützung der 9. Armee, gemacht.

Am 9. abends soll nach dem Abzug der 2. Armee das XVIII. A. K. bis in die Gegend Biffort—Essises, das III. A. K. bis Montigny—Le Breuil gelangt sein, während das I. A. K. anscheinend nicht vorwärts kam, sondern bei Fromentières zur Unterstützung des X. A. K. festgehalten wurde. Dieses Korps wurde vom General Foch dazu verwendet, um auf seinem linken Flügel die 42. Division abzulösen.

Am 9. September blieb der linke Flügel der deutschen 2. Armee und der rechte Flügel der 3. Armee in unaufhaltsamem Vorgehen. Auf dem rechten Flügel der französischen 9. Armee wurde das XI. A. K. weiter über Semoine, Gourgançon, Corroy und Connantre zurückgeworfen. In der Mitte wurde das IX. dadurch in die Flanke bedroht und wich nachmittags über den Mont d'Août auf Linthes zurück. Mondement, der Stützpunkt der französischen Mitte, ging verloren. Poincaré schildert die Lage in einer Rede, die er am 5. Februar 1920 bei der Aufnahme des Marschalls Foch in die französische Akademie hielt, folgendermaßen: Der rechte Flügel, XI. A. K., räumt Fère Champenoise; das IX. A. K., in der Mitte und im Rücken bedroht, weicht. Da soll General Foch dem Oberbefehlshaber ge= meldet haben: „Mein rechter Flügel ist stark bedrängt, meine Mitte weicht, es ist mir unmöglich, mich zu bewegen. Die Lage ist ausgezeichnet: ich greife an." Nun aber wirft die Garde die marokkanische Division und nimmt Mondement. „Noch ein letzter Druck des Feindes, und die Bresche ist geöffnet." In diesem Augenblick trifft auf dem rechten Flügel der 9. Armee die 42. Infanteriedivision ein, die General Foch von seinem linken Flügel herangezogen hat.

An dieses Auftreten der 42. Division hat sich eine Legende geknüpft. Es wird als eines der kühnsten und genialsten Manöver ge= priesen, das im entscheidenden Augenblick die Lage gewendet habe. Ein glänzendes militärisches Bild wird entrollt: unter dem Hagel der Artillerie=

geschosse marschiert die 42. Division hinter der ganzen Front vom linken zum rechten Flügel. Im Attackenschritt stößt sie in die Flanke der über= raschten feindlichen Massen. Auch General Maurice schildert das Eingreifen der Division ähnlich: die 42. Division wirft den Feind zurück, die ganze Linie der 9. Armee geht zum Angriff über und schlägt den Gegner. Foch hat den schwachen Punkt des Feindes und den richtigen Augenblick erfaßt, er hat eine schlimme Lage in einen völligen Sieg verwandelt.

Die eigene französische kriegswissenschaftliche Darstellung hat diese Le= gende zerstört. (De Civrieux a. a. O.) Die tatsächlichen Vorgänge ent= sprachen dem schönen Bilde nicht im geringsten. Dank der Unterstützung der 5. Armee konnte General Foch in der Nacht 8./9. September die 42. Division auf seinem linken Flügel aus der Front ziehen. Die Ablösung durch das X. A. K. zog sich bis in den Vormittag des 9. hin. Dann mar= schierte die 42. Division von Soizy auf Bois hinter der Front über Broyes, St. Loup nach Linthelles, wo sie abends völlig erschöpft ankam, nachdem die Deutschen abgezogen waren. Zu einem Angriff war sie nicht mehr imstande; sie biwakierte bei Linthelles und Pleurs. Das Geschick der 9. Armee hätte sie nicht mehr zu wenden vermocht. „Am 10. morgens war kein Zweifel, daß der Feind zurückgegangen war. Freudig überrascht, setzten sich die Truppen in Marsch."

Bekanntlich hatte das deutsche A. O. K. 2 gleichzeitig mit dem eigenen Entschluß zum Rückzug auch dem den rechten Flügel der 3. Armee befehli= genden General v. Kirchbach am Nachmittag des 9. bereits den Befehl zum Rückzug erteilt.

So sind wir hier eines sicheren, großen Erfolges verlustig gegangen, der seine Einwirkung auf das Vorgehen der 5. französischen und der englischen Armee nicht verfehlen konnte.

Die Lage bei Fère Champenoise äußerte ihre Wirkung auch auf die 4. Armee, die ihren linken Flügel zurückbog.

Der Versuch der 3. Armee, die deutsche Flanke anzugreifen, war gänzlich mißlungen. Aber Sarrail hielt auch am 9. stand.

„Am Abend des 9. September", schreibt der französische Militärschrift= steller de Civrieux („Illustration" vom 4. September 1920), „war die Lage an den beiden Brennpunkten des Kampfes folgende: Maunoury, erschöpft und in großer Sorge um seine linke Flanke, legt sich die Frage vor, ob er nicht den Rückzug nach Paris anordnen soll. Nur auf dringende Bitten des Oberbefehlshabers schiebt er diese Entscheidung auf. Foch hat Fère Champenoise verloren und die 42. Division von seinem linken Flügel auf den rechten gezogen, um das XI. A. K. zu unterstützen, das zum Teil zertrümmert ist. Er weiß nicht, was ihm der nächste Morgen bringen wird.

Als dieser Morgen anbrach, war aber der Feind vom Kampfplatz ver=
schwunden, wo er wenige Stunden vorher hartnäckig und mit Erfolg an=
gegriffen hatte." Der Rückzug sei „allen unerwartet" gekommen.

Das Hauptquartier der englischen Armee war am 9. in Coulommiers.
Die Armee marschierte mit dem I. A. K. über Sablonnières und La Tré=
toire auf Nogent l'Artaud—Charly, mit dem II. A. K. über Orly und St.
Ouen auf Nanteuil s. M. und Méry, mit dem III. A.K. westlich davon
auf La Ferté s. Jouarre. Die englischen Berichte schildern die Vorgänge am
9. September wie folgt:

Die Kavallerie Allenby ging voraus, legte die Hand auf die Brücken
bei Charly und deckte den Übergang des I. A. K.

Der Mitte gelang es vormittags, über die Marne zu kommen. Die
3. Division überschritt sie bei Nanteuil, die 5. bei Méry. Der Vormarsch
wurde aber aufgehalten durch deutsche Artillerie nordwestlich Montreuil
aux Lions. Da die beiden Flügelkorps aber noch abhingen und die Marne
noch nicht überschritten hatten, trug French Bedenken, das II. A. K. ver=
einzelt vormarschieren zu lassen. Smith=Dorrien wurde angewiesen, anzu=
halten. Abends hat das II. A. K. mit den vordersten Teilen Bezu le Guéry
erreicht.

Das I. A. K. ging nur zögernd vor. French will Nachrichten über
starke feindliche Massen zwischen Château=Thierry und Margny gehabt
haben. Man habe sie allerdings für starke Nachhuten gehalten, da Ko=
lonnen im Marsch nach Norden gemeldet wurden. Jedenfalls wurde French
durch diese Nachricht um seine Flanke besorgt gemacht. General Maurice
bestätigt, daß das I. A. K. bis Nachmittag aufgehalten wurde, weil man
einen Angriff von Château=Thierry her befürchtete. Man mußte nicht, daß
der dort gemeldete Feind nur aus dem Kavalleriekorps Richthofen bestand.
Solange man in der Flanke nicht gesichert war, habe man den Übergang
nicht wagen können. Das I. Korps soll abends mit dem Anfang Domptin
erreicht haben.

Auf dem linken Flügel vermochte das III. A. K. die Marne am 9.
überhaupt nicht zu überschreiten. French begab sich dorthin und stellte fest,
daß alle Versuche, über die Marne zu kommen, an der feindlichen Artillerie
scheiterten. Erst am 10. früh, nachdem wir längst abmarschiert waren,
konnte das Korps die Marne überschreiten.

Der Versuch, durch das Vorsenden einer Division des II. A. K. auf
Dhuisy in den Rücken des Verteidigers den Übergang bei La Ferté s. Jou=
arre zu öffnen, mißlang. „Die dazu bestimmte 5. Division konnte den
feindlichen Widerstand nicht überwinden." Es handelt sich hierbei offenbar
um die Kämpfe mit der Brigade Kräwel, der anmarschierenden 5. In=

fanteriedivision und mit H. K. K. 2. Auch General Maurice bestätigt, daß
General Kluck Zeit gehabt habe, eilig die Verteidigung der Marne zwischen
Château=Thierry und Lizy einzurichten und Verstärkungen heranzuziehen.
Mit diesen hätten nachmittags schwere Kämpfe stattgefunden. Auch das
Kavalleriekorps Richthofen sei zu Hilfe gekommen. Er tadelt, daß die
Brücke bei Château=Thierry unversehrt geblieben und gar nicht verteidigt
worden sei, obwohl das Gelände sehr günstig dafür gewesen sei.

Frendy verwahrt sich dagegen, daß er Maunoury um Unterstützung
gebeten und dadurch Veranlassung dazu gegeben habe, daß die 8. fran=
zösische Division bei den Kämpfen völlig ausfiel. Im Gegenteil habe Mau=
noury ihn im Laufe des 9. September zweimal dringend gebeten, ihn von
dem Druck zu entlasten, den die Deutschen auf ihn ausübten. Gallieni hat
aber bezeugt, daß ohne die Entsendung der 8. Division French nicht zum
Vorgehen bewogen werden konnte (S. 194).

Zweifellos sind d i e E n g l ä n d e r, wie in den vorhergehenden
Tagen, auch a m 9. S e p t e m b e r n u r m i t ä u ß e r s t e r V o r s i c h t
v o r g e g a n g e n. General Maurice meint, es sei ein Mißgeschick ge=
wesen, daß nicht mehr Truppen am 9. über die Marne zu bringen waren.
„Das sind Zufälle im Kriege." Ein Zufall war es nicht, aber ein starker
Ausfall auf der feindlichen Seite. Die Franzosen schieben dem zaudernden
Vormarsch der Engländer die Schuld daran zu, daß Generaloberst v. Kluck
fast seine ganze Armee gegen Maunoury heranziehen konnte.

Rückblick.

Der große französisch=englische Angriff hatte den deutschen rechten
Heeresflügel in ungünstiger Lage getroffen. Die Flanke war nicht genügend
gesichert. Diese Sicherung war von der O. H. L. der 1. Armee aufgetragen
worden, die hierzu gestaffelt hatte folgen sollen. Die 1. Armee hielt den
Gegner auf der ganzen Heeresfront, auch im Osten an der Mosel, durch
unseren Angriff für gefesselt und glaubte die Flanke hinreichend zu decken,
wenn sie in sich gestaffelt blieb. Eine Umfassung und Abdrängung der nach
den Meldungen der 2. Armee entscheidend geschlagenen, fliehenden Fran=
zosen war nur durch die 1. Armee möglich. Dieses Ziel, auf dem der ganze
Feldzugsplan beruhte, suchte die 1. Armee noch im letzten Augenblick zu
erreichen.

Die O. H. L. änderte ihre Absicht, nachdem es der 6. und 7. Armee nicht
gelungen war, über die Mosel durchzustoßen. Sie erkannte die bei Paris
drohende Gefahr, als die französischen Transporte nach dem Westen bekannt
wurden.

Die Umfassung wurde aufgegeben, die 1. und 2. Armee sollten beider=
seits der Marne die Front gegen Paris nehmen. Wie wäre die Lage am
6. September gewesen, wenn die 1. Armee seit dem 3. gestaffelt zurück=
geblieben wäre? Um die Staffelung zu erreichen, hätte die 1. Armee am
3. und 4. stehenbleiben müssen. Am 5. wäre sie voraussichtlich bis zur
Marne vorgerückt. Der Zusammenstoß des IV. R. K. mit Maunoury am 5.
wäre ebensowenig erfolgt wie der allgemeine Angriff der Franzosen am
6. September. Dieser ist hauptsächlich dem Drängen Galliénis zu danken,
der am 3. und 4. September den Abmarsch der 1. Armee nach Südosten an
Paris vorbei erkannte. Joffre hätte also voraussichtlich die Fortsetzung
des Abmarsches hinter die Seine angeordnet. Die Anordnungen der
O. H. L. konnten ausgeführt werden. Die 1. und 2. Armee nahmen die
Front gegen Paris. Zweifellos waren wir in besserer Lage, wenn später
ein Angriff von Paris erfolgte. Unsere Flanke war hinreichend gedeckt.
Aber es ist schwer abzusehen, wie unsere Operation hätte weitergeführt
werden sollen, um eine baldige große Entscheidung zu erreichen (S. 135).
Der Feldzugsplan war gescheitert.

So wie nun die Ereignisse bis zum 5. September tatsächlich verliefen,
trat eine schwere Krisis auf dem rechten Heeresflügel ein. Will man die
Entschlüsse der 1. Armee von diesem Augenblick an beurteilen, so muß man
nicht von der heutigen Kenntnis, sondern von der damaligen Lage und
ihrer allmählichen Entwicklung ausgehen. Die 1. Armee war im Begriff,
am 6. auf Befehl der O. H. L. den Rückmarsch auf das nördliche Marne=
ufer zu beginnen, um feindlichen Unternehmungen von Paris o f f e n s i v
entgegenzutreten. Dieser Fall trat schon in der Nacht 5./6. September ein;
das IV. R. K. war auf den Feind gestoßen. Sollte die 1. Armee daraufhin
sofort in die V e r t e i d i g u n g zurückfallen? Von einer allgemeinen
Offensive der Franzosen auf der ganzen Front war um diese Zeit nichts
bekannt, weder bei der O. H. L. noch bei der 1. und 2. Armee. Noch am 6.
mittags wurden die Franzosen von der 2. Armee im vollen Rückzug hinter
die Seine angenommen. Die 2. Armee leitete die Schwenkung gegen Paris
ein. Die Offensive der 1. Armee wurde durch die Lage geboten.

Durch eine Verteidigung hätte die Aufgabe auch gar nicht gelöst werden
können. Eine Stellung am Ourcq kam nicht in Betracht. Sie lag zu weit
vorwärts und konnte leicht umfaßt werden. Zu ihrer Einrichtung fehlte es
an Zeit. Nahm man am Ourcq den Kampf an, so konnte dies nur offensiv
geschehen.

Noch weniger konnte man es unternehmen, die 1. Armee auf den
rechten Flügel der 2. Armee, etwa in die Linie Montmirail—Château=
Thierry und nördlich, zurückzuführen, also eine Defensivflanke zu bilden.

Aus der Linie Coulommiers—Esternay hatte die 1. Armee bis dahin zwei starke Märsche zurückzulegen. Die Kolonnen und Trains mußten voraus= geschoben, die Bewegungen bis zum 8. am Ourcq gedeckt werden. Das schwache IV. R. K. war dazu außerstande. Es hätte mindestens durch ein Korps verstärkt werden müssen, ohne daß eine Sicherheit erreicht wurde. Wurden die Deckungstruppen am Ourcq geworfen, während die Armee in dem engen Raum dahinter in der Flankenbewegung und mit Teilen im Übergang über die Marne begriffen war, so konnte die 1. Armee die schwerste Niederlage erleiden. Wahrscheinlich hätte die Lage am Ourcq dazu gezwungen, gegen die Absicht die Truppen dort nach und nach zu verstärken.

Aber selbst wenn die Bewegung gelang, wurde keine Sicherheit der Flanke erreicht. Die französische 6. Armee ging nördlich der Marne vor und konnte ausholen; die Engländer wären in diesem Fall südlich der Marne gefolgt. Unser rechter Heeresflügel wurde umfaßt.

Demgegenüber war der A n g r i f f d a s s i c h e r s t e M i t t e l z u m F l a n k e n s c h u t z. Der Hieb ist die beste Parade. Fester Wille, das Streben nach einem klaren Ziel, schnelle und einheitliche Bewegungen konnten den Erfolg verbürgen.

Von neuem trat die Frage am 7. September an das A. O. K. 1 heran, als es sich als notwendig erwies, auch das III. und IX. A. K. nach dem Ourcq heranzuziehen. Diese Maßnahme, die von entscheidender Bedeutung für den Verlauf der Marneschlacht gewesen ist und den rechten Flügel der 2. Armee in ernste Gefahr gebracht hat, ist von der Kritik vielfach ange= griffen worden.

Generalfeldmarschall v. Bülow (a. a. O. S. 56) billigt den Entschluß, mit dem II., IV. A. K. und IV. R. K. dem Feind über den Ourcq entgegen= zugehen, nicht, weil die Lücke zwischen 1. und 2. Armee dadurch erweitert wurde. Noch weniger hätten das III. und IX. A. K. dorthin gezogen werden dürfen. Wenn der 1. Armee am 7. September westlich des Ourcq so starke Kräfte gegenüberstanden, daß das II., IV. A. K. und IV. R. K. ohne das Eingreifen des III. und IX. A. K. mit dem Gegner nicht fertig werden konnten, so wäre es noch am 7. September besser gewesen, mit den drei rechten Flügelkorps das Gefecht westlich des Ourcq abzubrechen, um den Anschluß an die 2. Armee, etwa bei Château=Thierry, zu ge= winnen. Das III. und IX. A. K. konnten dann hinter den Dollau geführt werden. Die 1. Armee hätte damit, meint der Generalfeldmarschall, auf die Möglichkeit eines taktischen Erfolges verzichtet, der bei der Nähe von Paris doch nicht hätte ausgebeutet werden können. Aber ihre Haupt= aufgabe, die rechte Heeresflanke zu sichern, hätte sie erfüllt. Der Gegner hätte vor einer einheitlichen Front gestanden, die er weder zu durchbrechen noch zu überflügeln imstande war.

Ob der Vorschlag taktisch ausführbar war, muß dahingestellt bleiben. Das III. und IX. A.K. hätte man am 7. September leicht hinter den Dollauabschnitt zurückführen können. Die drei anderen Korps aber in der Nacht 7./8. und am 8. aus der Schlacht heraus über den tief eingeschnitte= nen Ourcq nach der Gegend nördlich Château=Thierry zurückzuziehen, wäre ein großes Wagnis gewesen und hätte die schwerste Gefahr heraufbeschwo= ren. Zum mindesten hätte es den feindlichen Siegeswillen gestärkt und auf unsere Truppen niederdrückend gewirkt.

Wenn aber die drei Korps vorwärts des Ourcq, im Angriff und mit der Aussicht, unterstützt zu werden, dem Feinde nicht gewachsen waren, so wären sie es noch weniger nach dem Rückzug in der Verteidigung nördlich Château=Thierry gewesen. Die nachdrängende Armee Maunoury, durch den Erfolg belebt, würde sie nördlich umfaßt haben, während die Eng= länder den linken Flügel südlich Château=Thierry angriffen. Auf alle Fälle wurde die Lage des rechten Heeresflügels gefährlich. Es ist schwer zu sagen, wie die Operationen hätten weitergeführt werden sollen.

Von einer anderen Auffassung der Lage ausgehend, kommt der un= genannte Verfasser der „Kritik des Weltkrieges" zu der Ansicht, daß die 1. Armee des III. und IX. A.K. für ihren Kampf mit Maunoury gar nicht bedurft hätte. Bereits am Abend des 1. Schlachttages, am 6. September, sei die Krise beschworen gewesen. „Die Armee Maunoury lag in opfer= vollem Ringen hoffnungslos festgefahren. . . . Das Zünglein der Wage schlug bereits zugunsten Klucks." Durch das Heranziehen des III. und IX. A.K. habe sich auf dem nördlichen Flügel der westlichen Abwehr= flanke eine Übermacht gebildet, die dem lediglich defensiven Auftrag nicht mehr entsprach. Am 7. September sei die 1. Armee aus erfolgreicher Ab= wehr zu strategisch überflüssiger Offensive vorgegangen. Der Kritiker des Weltkrieges legt den Schwerpunkt der deutschen Operation auf den erfolg= verheißenden Durchbruch bei Mailly. Auf dem rechten Flügel von der 1. Armee verlassen, von der französischen 5. Armee bei Montmirail mit überlegenen Kräften angegriffen, habe die 2. Armee auf ihrem linken Flügel nicht mehr die Kraft zum entscheidenden Angriff gehabt. Der Ent= scheidungsstoß sei zum Entlastungsstoß bei Fère Champenoise geworden. Die 3. Armee, statt in der Lücke bei Mailly durchzubrechen, sei zur Unter= stützung der 2. Armee in westlicher Richtung abgezogen worden. Am 9. sei die 2. Armee, die bereits zur „Schlacke" geworden, ihrer Aufgabe, rechts einen starken Angriff abzuwehren, links selbst anzugreifen, erlegen. Der

Durchbruch bei Mailly, der bei genügender Massierung der 2. und 3. Armee
gelungen wäre, „blieb Möglichkeit".

Der Verfasser gibt freilich zu, daß die 1. Armee durchaus richtig im
Rahmen ihres Auftrages gehandelt habe. Sie habe nicht übersehen können,
daß inzwischen die 2. Armee stark durch den französischen Angriff gebunden,
der Befehl der O. H. L. vom 5. September gegenstandslos geworden und
das III. und IX. A. K. nicht herangezogen werden konnten. Der 1. Armee
sei nunmehr die Aufgabe des Flankenschutzes nördlich u n d südlich der
Marne zugefallen. Das alles habe nur die O. H. L. beurteilen können.
Ich glaube aber, daß der Kritiker die Lage bei Mailly und am Ourcq sowie
den Zustand der 2. Armee, die keineswegs Schlacke war, nicht zutreffend
einschätzt. Der Durchbruch bei Fère Champenoise wäre nicht „Möglichkeit"
geblieben, sondern Wirklichkeit geworden, wenn wir die Schlacht nicht
abgebrochen hätten. Gewiß wäre er früher und in erheblich wirksamerer
Richtung eingetreten, wenn die 3. Armee nicht zur Unzeit so geschwächt
worden wäre. Sie hätte dann nicht nur den rechten Flügel der Armee Foch
werfen, sondern von vornherein in der Lücke bei Mailly durchstoßen können.
Der Sieg bei Fère Champenoise war aber am 8. und 9. September trotzdem
zweifellos errungen und wäre bei Fortsetzung der Schlacht von größter
Bedeutung gewesen.

Demgegenüber darf die Schwere und Tragweite des Kampfes am
Ourcq nicht in den Hintergrund treten. Daß am 6. September die Armee
Maunoury schon hoffnungslos festgefahren gewesen sei und der Kampf
sich zugunsten Klucks gewendet habe, entspricht nicht den Tatsachen. Das
A. O. K. 1 war am 6. abends in großer Sorge und sah dem Eintreffen des
IV. A. K. dringend entgegen. Die ungünstige Auffassung der Lage auf dem
rechten Flügel, die am 7. abends beim A. O. K. wie beim Generalkommando
IV. A. K. herrschte, ist dargelegt worden. In der Mitte und auf dem linken
Flügel hielten sich das schwache IV. R. K. und die stark bedrängte 3. In=
fanteriedivision nur mit Mühe. Das A. O. K. mußte sich der geringfügigen
Bedeckung des Hauptquartiers zur Unterstützung entäußern. Die sorgen=
volle Nacht 7./8. September in Vendrest ist mir unvergeßlich. Es war
offensichtlich, daß General Joffre unseren rechten Heeresflügel umfassen
wollte und die 6. Armee von Tag zu Tag verstärkte. Die ungeheure Gefahr
stand uns vor Augen, die unserem Heere drohte, wenn die 1. Armee ge=
worfen wurde. Von einem „Überfluß am Ourcq" war keine Rede. Ohne
das III. und IX. A. K. waren wir dem Gegner nicht gewachsen. Das ist
auch heute noch meine Überzeugung und wird von jedem Führer bestätigt,
der in diesen schweren Tagen bei Vareddes, Trocy und Acy en Multien aus=
harren mußte, sehnsüchtig auf Verstärkung wartend. Am 9. September

vormittags ſtanden in der Schlacht am Ourcq 8½ franzöſiſchen Infanterie-
diviſionen und 4 Kavalleriediviſionen auf deutſcher Seite 8 Infanterie-
diviſionen und 1 Kavalleriediviſion gegenüber. An Verſtärkungen waren
für Maunoury die 8. Infanteriediviſion, für die 1. Armee die Reſerve-
brigade Lepel und die 10. Landwehrbrigade im Anmarſch. 1½ deutſche
Diviſionen und 2 Kavalleriediviſionen wurden an der Marne gegenüber
den Engländern verwendet. Zogen wir das III. und IX. Korps heran,
ſo war es beſſer, ſie zum Angriff als zur Verteidigung zu verwenden. Ein
ſchneller Schlag ſollte uns Luft machen. Die Offenſive war nicht „ſtrategiſch
überflüſſig".

So ſehe ich auch heute noch das beſte Mittel, um der Gefahr in der
Flanke zu begegnen, darin, die 1. Armee zum Angriff nach
Weſten herumzuwerfen. Die hierdurch entſtandene
Kriſis auf dem rechten Flügel der 2. Armee hätte bis
zum 10. durchgehalten werden können. An dieſem
Tage morgens war nach menſchlichem Ermeſſen der
Sieg bei Fère Champenoiſe und am Ourcq ent-
ſchieden, während die Engländer ſolange aufge-
halten wurden.

Wurde Maunoury auf Paris zurückgeworfen, ſo waren die Verbindungen der Engländer aufs äußerſte bedroht. Aller Wahrſcheinlichkeit nach wären ſie zurückgegangen.

Der entſcheidende Punkt war bei Montmirail. Hier
fielen die Würfel über das Schickſal der Marneſchlacht. Wer war in der
gefährlicheren Lage: die deutſche 2. Armee, deren rechter Flügel gefährdet,
deren linker im ſiegreichen Fortſchreiten war, oder General Franchet
d'Eſpérey, der links den Weg offen fand, während rechts die Deutſchen,
hinter der geſchlagenen 9. Armee nachdrängend, ſeinen Rücken bedrohten?
Gingen die Engländer zurück, und machte ſich das Vorgehen von Teilen der
1. Armee gegen die Marne bemerkbar, ſo konnte der 5. franzöſiſchen Armee
nochmals, wie bei Namur und St. Quentin, ein Cannä drohen, um ſo mehr,
je weiter ſie vorgekommen war. Ob die 5. franzöſiſche Armee dieſer Lage
gewachſen war, muß ſtark bezweifelt werden, ſeitdem der Zuſtand bekannt
geworden iſt, in dem ſie ſich zur Zeit des Beginnes der franzöſiſchen Offenſive befand (S. 176).

Tatſächlich iſt Franchet d'Eſpérey erſt im Laufe des 10., nach dem Abzug der 2. Armee, bis zur Marne gelangt. Die 1. Armee mußte allerdings
noch die Kraft beſitzen, mit dem linken Flügel nochmals gegen die Marne in
die offene Flanke der 5. Armee zu marſchieren, während der linke Flügel der
2. und der rechte Flügel der 3. Armee ihre ſiegreiche Offenſive fortſetzten. Die

16*

1. Armee hat unmittelbar aus der fünftägigen Schlacht heraus in der Nacht 9./10. den Rückzug angetreten und in starken Märschen in einem Zuge bis hinter die Aisne fortgesetzt, wo sie am 12. September schwer ermüdet, aber kampfbereit stand. Sie hätte nach einem Siege im Angriff sicher noch den Schwung besessen, den Marsch auf Château=Thierry zu leisten. Es ist zu beachten, daß nach dem am 9. mittags angeordneten Zurücknehmen des linken Armeeflügels Linsingen in die Linie May en Multien—Coulombs die Gruppen Gronau und Trossel (22. Reserve= und 3. Infanteriedivision) auf dem linken Ourcqufer bei Fussy—Crotigny—Coulombs nach siegreichem Ausgang der Schlacht bereitstanden, in Verbindung mit H.K.K. 2, der 5. Infanteriedivision und der Brigade Krämel zum Angriff, sei es gegen die Engländer, sei es in die Flanke und den Rücken der 5. französischen Armee, vorzugehen (Skizze 18, S. 227).

Somit war auf beiden Seiten am 9. September eine Krisis vorhanden. Die Dinge standen auf der Spitze. Wer die Krisis zu seinen Gunsten lösen wollte, mußte die stärkeren Nerven haben. Gewiß war es ein großes Wagnis, den Kampf bis zur Entscheidung durchzuführen. Aber der Preis war dessen wert. Wir hätten es wagen müssen. Schlimmer konnte es nicht kommen, als es uns nach vier schweren Kriegsjahren ergangen ist.

Von einer Leitung der Marneschlacht durch die O.H.L. kann man nicht sprechen. Auf dem rechten Heeresflügel griff sie überhaupt nicht ein. Sie konnte es von Luxemburg aus gar nicht. Ausreichende Ver= bindung bestand nicht, Verbindungsoffiziere der O.H.L. waren nicht bei uns. Daß uns der Sieg in der Marneschlacht zugefallen wäre, wenn das XI. und Gardereservekorps nicht nach dem Osten befördert worden wären, steht außer jedem Zweifel. Die 3. Armee wäre mit Hilfe des XI. A.K. bei Mailly sicher durchgestoßen, während das Gardereservekorps auf dem rechten Flügel der 2. Armee die Lücke wenigstens bis zur Marne schließen konnte. Ja, eine einzige Division am Dollauabschnitt hätte dies wohl ge= leistet. Leider fehlte der 13. Infanteriedivision die vor Maubeuge zurück= gelassene verstärkte 26. Infanteriebrigade. Die 1. Armee wäre mit der 6. Armee und den Engländern allein fertig geworden.

Selbst wenn nur das Oberkommando einer Heeresgruppe vorhanden gewesen wäre, um auf dem rechten Flügel die Unstimmigkeiten in den An= schauungen und Maßnahmen der Armeen durch Befehl zu beseitigen, eine einheitliche Verteidigung der Marne zwischen beiden Armeen einzurichten und die Gefahren der Lücke zu mindern, konnte alles zum guten Ende geführt werden. Gegenseitige Verhandlungen zwischen A.O.K. 1 und 2 vermochten diesen Mangel nicht zu ersetzen.

In einem vortrefflichen Aufſatz in „Wiſſen und Wehr" (1920, 4. Heft, S. 377) wird „der rege und verſtändnisvolle Gedankenaustauſch der beiden auf verantwortungsvolle Poſten geſtellten Führer vermißt". Eine perſön= liche Beſprechung der Oberbefehlshaber war ausgeſchloſſen. Die Chefs des Generalſtabes konnten ihren Poſten Tag und Nacht nicht einen Augenblick verlaſſen. Unaufhörlich drängten ſich im Hauptquartier Meldungen und Nachrichten, Entſchlüſſe und Befehle. Die Verbindung durch Fernſprecher zu den Korps war unzureichend. Die meiſten Generalſtabsoffiziere des Stabes waren unterwegs. Zwiſchen den Oberkommandos der 1. und 2. Armee beſtand nur Funkverbindung. Wer dem Betrieb im Hauptquartier in dieſen Tagen zugeſehen hat, kann ſich einen Begriff von der Überlaſtung des Stabes machen. Die Übermüdung war oft ſo groß, daß einzelne Offi= ziere verſagten oder einſchliefen. Während der kritiſchen Tage wurden fort= geſetzt Generalſtabsoffiziere von beiden Oberkommandos abgeſandt, um ſich gegenſeitig über die Lage und Abſichten zu unterrichten. Es gelang ihnen aber vielfach nicht, eine Übereinſtimmung zu erreichen.

In taktiſcher Beziehung können an der Leitung der Schlacht am Ourcq durch das Oberkommando der 1. Armee Aus= ſtellungen gemacht werden. Die Gefechtsführung konnte nicht vorbildlich ſein, wenn man die Entſtehung und Entwicklung der Schlacht berückſichtigt. Die Vermiſchung der Verbände war durchaus unerwünſcht, ließ ſich aber nicht vermeiden, da der Einſatz der Truppen nur nach und nach an den jeweils am meiſten bedrohten Punkten erfolgen konnte. Die Kom= mandierenden Generale waren ſehr ungehalten darüber, daß ihnen ſtatt ihrer geſchloſſenen Korps alle möglichen Verbände unterſtellt wurden. Das Oberkommando hielt dauernd den leitenden Gedanken der Umfaſſung feſt und ſuchte die Hauptkräfte auf den entſcheidenden rechten Flügel zu bringen. Vorbedingung war, daß Mitte und linker Flügel ausharrten, bis die Um= faſſung wirkſam wurde. Zum erſtenmal ſtanden unſere Truppen hier tage= lang faſt deckungslos im ſtarken feindlichen Artilleriefeuer. Das ſchwache IV. R. K. mußte unmittelbar geſtützt werden. Sonſt hätte das IV. A. K. von vornherein geſchloſſen auf dem rechten Flügel eingeſetzt werden können. Auch vom III. A. K. wurde eine Diviſion durch die bedrohliche Lage am linken Flügel dorthin abgezogen.

Die Gruppeneinteilung war ein notwendiges Übel. Die zunächſt eintreffenden Verſtärkungen wurden nebſt dem IV. R. K. dem Kommandierenden General des II. A. K., General v. Linſingen, unterſtellt, der allmählich das IV. R. K., II. und IV. A. K. befehligte. Auch dies ließ ſich zunächſt nicht anders regeln. Das Oberkommando war anfangs durch die geſamte Lage, die Anordnungen für die Truppen ſüdlich der

Marne, die Verhandlungen mit der 2. Armee, demnächst durch die Maß=
nahmen zur Verteidigung der Marne in der entstehenden Lücke, zu sehr in
Anspruch genommen, als daß es die Einzelheiten des Kampfes am Ourcq
regeln konnte. Dazu mußten die gesamten Bewegungen der Kolonnen und
Trains vom Oberkommando aus geleitet werden, wenn nicht eine heillose
Verwirrung entstehen sollte. General v. Linsingen nahm seinen Standpunkt
sehr weit vorne in Beauvoir au Beauval. Es mag sein, daß er hier zu sehr
unter dem unmittelbaren Eindruck der schweren Kämpfe in der Front stand
und bestrebt war, sie zu verstärken. Doch muß das Oberkommando die Ver=
antwortung dafür übernehmen, da es ihm die Leitung der Schlacht bis
zum 8. übertrug. Nach dem Einsatz des III. A. K. behielt General v. Lin=
singen die Leitung des linken Armeeflügels (Gruppen v. Lochow, v. Gronau
und v. Trossel). Es war dem A. O. K. nicht möglich, die verworrenen
Fäden hier selbst in die Hand zu nehmen. Es verlegte den Schwerpunkt
seiner Leitung auf das Ansetzen der rechts anschließenden Gruppen der
Generale Sixt v. Armin und v. Quast zum umfassenden Angriff.

Auf die ausschlaggebende Bedeutung der Umfassung in der Schlacht
am Ourcq ist schon hingewiesen worden. Anderseits war an der Marne für
den Gegner und bei Mailly für uns ein Durchbruch erfolgversprechend.
Die Möglichkeit des Durchbruchs beruhte in beiden Fällen darauf, daß in
der feindlichen Front eine Lücke vorhanden war. Der drohende Durch=
bruch der Engländer und der 5. französischen Armee brachte die Ent=
scheidung in der Marneschlacht.

Unsere Heereskavallerie war am richtigen Punkt. Es wäre
sehr erwünscht gewesen, wenn sich auf dem rechten Flügel in der Gegend
von Crépy en Valois mehr Kavallerie als die 4. Kavalleriedivision befunden
hätte. Der Gegner verfügte hier über erheblich überlegene Kavallerie, aber
sie war verbraucht. Für uns war es wichtiger, an der Marne starke Ka=
vallerie zu haben. Hier fanden sich H. K. K. 1 und 2 zusammen. Die
1. Armee operierte auf der inneren Linie zwischen den Engländern und der
6. französischen Armee. Der Raum für eine solche Operation war sehr eng,
die beiden Feinde waren zu nahe. Alles kam darauf an, daß die englische
Armee an der Marne lange genug aufgehalten wurde.

In der Verteidigung der Marne ist nicht das geleistet
worden, was man erwarten konnte. Das Oberkommando hatte mit stärke=
rem Widerstand gerechnet. Die Marne ist ein bedeutendes Hindernis, die
Ufer sind von bewaldeten Höhen eingerahmt, die eine günstige Verwendung
der Artillerie und Infanterie des Verteidigers ermöglichen. Zur Verteidi=
gung standen H. K. K. 2 mit vier Jägerbataillonen, am 8. abends die Bri=
gade v. Krämel, am 9. nachmittags die 5. Infanteriedivision zur Verfügung.

Es fehlte hier an der einheitlichen Leitung. Spätestens am 7., nachdem der Entschluß zum Heranziehen des III. und IX. A. K. gefaßt war, hätten die Vorbereitungen zum Zerstören der Marnebrücken vom A. O. K. angeordnet werden müssen. Die Verteidigung der Marne bei La Ferté f. Jouarre und westlich wurde H. K. K. 2, zwischen La Ferté und Chézy der Brigade Krämel übertragen. Beide wurden am 8. September auf die Wichtigkeit der Marneverteidigung hingewiesen und beauftragt, die Brücken zu zer= stören. Nachträglich wurde die Brigade Krämel wie auch die 5. Infanterie= division H. K. K. 2 unterstellt. Es hätte dies von vornherein geschehen müssen. Auch mußten die nötigen technischen Kräfte und Mittel H. K. K. 2 rechtzeitig zur Verfügung gestellt werden. Dann konnte die Verteidigung derartig eingerichtet werden, daß an den wichtigsten Stellen, bei La Ferté f. Jouarre, Nanteuil f. M., gegenüber Nogent l'Artaud und Chézy, Detache= ments sowohl zur Sprengung wie zur örtlichen Verteidigung standen. Da= hinter mußten eine oder zwei Reserven bereitgehalten werden, für den Fall, daß der Gegner irgendwo durchbrach. Es handelte sich vorwiegend um ört= liche Verteidigung, um Aufenthalt des Gegners und Zeitgewinn, nicht um eine dauernde Flußverteidigung und um ein Schlagen des Gegners. Ein Zusammenhalten der Kräfte und eine offensive Verteidigung, indem man dem übergehenden Feind entgegenging, kam hier weniger in Frage. Gelang es am 9. und 10., dem Gegner den Übergang zu verwehren, so war der Zweck erreicht. Das Kavalleriekorps mußte, nachdem es die Marne über= schritten hatte, vorwiegend infanteristisch und mit Hilfe seiner Artillerie tätig werden.

Der Verlauf entsprach dem nicht. Nur die Brücke bei La Ferté f. Jou= arre, die von den Engländern beim Rückzug zerstört, später von unserem IV. A. K. behelfsmäßig wiederhergestellt worden war, wurde rechtzeitig gesprengt. Welchen Aufenthalt dies dem Gegner verursachte, haben wir ge= sehen. Erst am 10. gelang es ihm, hier die Marne zu überschreiten, obwohl — entgegen der englischen Darstellung — keineswegs starke Kräfte, sondern einige Kavallerie und Jäger Widerstand leisteten. Alle anderen Brücken fielen unversehrt in des Feindes Hand. Kein Engländer wäre sonst vor dem 10. über die Marne gekommen.

Die Brigade Krämel war zu schwach, um durch offensives Vorgehen aus einer Zentralstellung gegen den übergehenden Feind die Marnelinie zu behaupten. Tatsächlich blieb sie am 9. stehen. Die 5. Infanteriedivision traf erst am 9. nachmittags zu einer Zeit ein, als eine andere Lösung, als Angriff gegen den übergegangenen Gegner, nicht mehr möglich war.

Ein Fehler war es, daß die 9. Kavalleriedivision nach der Gegend von Lizy entsendet wurde.

Die am 9. September morgens eingehenden Nachrichten über die unzu=
reichende Verteidigung der Marne und über das starke Zurückbiegen des
rechten Flügels der 2. Armee veranlaßten das Oberkommando der 1. Armee
am 9. mittags, den l i n k e n F l ü g e l d e r A r m e e z u r ü c k z u =
b i e g e n. Vom damaligen Standpunkt aus war die Maßnahme geboten.
Es wäre verwegen gewesen, mit dem linken Flügel bei Congis stehenzu=
bleiben, wenn die Engländer im Rücken des Heeres in breiter Front die
Marne überschritten und die 5. französische Armee etwa auf Château=
Thierry vordrang. Die Maßnahme ist ohne Einfluß auf den Verlauf
des 9. gewesen, da die Bewegungen erst nachmittags angetreten wurden,
zu einer Zeit, als der Rückzug der ganzen Armee bereits entschieden war.
Sie hätte aber von Bedeutung werden können, wenn die Schlacht bis zur
Entscheidung durchgekämpft worden wäre. Der Erfolg der Umfassung
mußte gesteigert werden, wenn der Gegner durch unseren linken Flügel auch
in der Front angegriffen wurde. General v. Gronau schildert die Er=
wartung, als der Armeebefehl zum allgemeinen Angriff am 9. früh eintraf.
Alle Vorbereitungen wurden getroffen. Die Feuertätigkeit des Gegners
gegenüber war nur noch matt. „Ich gewann immer mehr den Eindruck, daß
der befohlene Angriff zu einem vollen Siege führen würde.“ Da kam der
Befehl zum Abmarsch. Für einen allgemeinen Angriff auf der ganzen
Front wären übrigens nur die Gruppen v. Gronau und v. Trossel aus=
gefallen. Die Gruppe v. Lochow, die auf dem rechten Ourcqufer bei May
en Multien verblieb, wäre in der Lage gewesen, sich dem Angriff anzu=
schließen. Auf Grund der nachträglichen Kenntnis der Ereignisse an der
Marne im Laufe des 9. bedauere ich das Zurückbiegen doch. Der kühne Ge=
danke der 1. Armee, durch einen entscheidenden Sieg über Maunoury die
Engländer zum Rückzug zu zwingen, um sich dann gegen die 5. französische
Armee zu wenden, hätte letzten Endes dazu führen können, alles wie ein ver=
wegener Spieler auf diese eine Karte zu setzen, um das Spiel mit einem
großen Schlage zu gewinnen — oder aber zusammenzubrechen.

Hätte nun derselbe Gedanke am 9. September mittags den Oberbefehls=
haber der 1. Armee veranlassen können, g e g e n ü b e r d e m v o m
O b e r s t l e u t n a n t H e n t s c h ü b e r b r a c h t e n B e f e h l d e n G e =
h o r s a m z u v e r w e i g e r n u n d d e n A n g r i f f r ü c k s i c h t s =
l o s b i s z u r E n t s c h e i d u n g d u r c h z u f ü h r e n? Mehrfach ist
dies behauptet worden. General v. François („Marneschlacht und Tannen=
berg“, Berlin 1920, Scherl, S. 109 f.) sagt: „Die Truppen der 1. Armee
hatten bisher überragendes geleistet im Marschieren und Kämpfen, und
General v. Kluck konnte mit berechtigtem Stolz auf die meisterhafte Leitung
der Ourcqschlacht zurückblicken, die in der Kriegsgeschichte ein Schulbeispiel

bleiben wird für die Umgestaltung des Umfaßtseins in einen umfassenden
Angriff. Er würde der Held der Marneschlacht geworden sein, wenn er die
Annahme des Rückzugsbefehls aus dem Munde des Oberstleutnants Hentsch
verweigert, diesen vielmehr veranlaßt hätte, den Rückzug der 2. Armee an=
zuhalten, bis der Allerhöchste Kriegsherr selbst die Entscheidung getroffen
habe. Dadurch wäre die Zeit gewonnen worden, die nötig war, um die
Siegeshoffnungen zu erfüllen, die bei der 1., 3., 4. und 5. Armee mit Recht
auf die angesetzten bzw. vorbereiteten Angriffe gesetzt wurden."

Generaloberst v. Kluck würde sich nicht gescheut haben, dem Befehl
widersprechend zu handeln, wenn sich irgendeine Möglichkeit geboten hätte.
A n z u h a l t e n w a r d e r R ü c k z u g d e r 2. A r m e e n i c h t m e h r.
Dies wurde in der Unterredung mit Hentsch festgestellt. Er war, wie
erwähnt, mit großer Verspätung in Mareuil angekommen. Mittlerweile
war es Nachmittag geworden, die 2. Armee war im Abmarsch. Mit ihr
bestand nur Funkerverbindung, die Stunden in Anspruch nahm und keinen
Gedankenaustausch ermöglichte. Wir wissen heute, daß Generaloberst
v. Bülow auch dem rechten Flügel der 3. Armee den Befehl zum Rückzug
unmittelbar erteilt hatte, was wiederum Generaloberst Frhr. v. Hausen
veranlaßte, sich mit den übrigen Teilen der 3. Armee dem anzuschließen.
Wie sollte das alles rückgängig gemacht, wie sollten die Befehle rechtzeitig
zu den marschierenden Truppen durchgebracht werden? Es war unmöglich,
daß die 1. Armee stehenblieb, wenn die 2. und 3. zurückgingen. Die Ent=
scheidung der O. H. L. anzurufen, war mit Rücksicht auf die mangelhafte
Verbindung ausgeschlossen (S. 28).

In seinem Buch über die Marneschlacht, dem weitaus besten, das
darüber geschrieben worden ist, sagt Oberstleutnant Müller=Loebnitz („Der
Wendepunkt des Weltkrieges", Berlin, Mittler & Sohn, 1921, S. 58), es
habe zwischen 11 und 12 Uhr am 9. September tatsächlich noch für
A. O. K. 1 die Möglichkeit bestanden, durch einen energischen Funkspruch
das A. O. K. 2 zur Zurücknahme seines Rückzugsentschlusses zu veranlassen.
Um diese Zeit kannte aber A. O. K. 1 diesen Entschluß noch gar nicht. Wir
erfuhren ihn erst durch Oberstleutnant Hentsch. Daß es danach nicht mehr
möglich war, im Gegensatz zu der Ansicht und den Weisungen des Oberst=
leutnants Hentsch den Rückzug der 2. Armee rückgängig zu machen, geht
aus vorstehenden Darlegungen hervor (S. 219).

Der Streit, wer die Verantwortung für den Rückzug der 1. Armee zu
tragen habe, ob A. O. K. 1 oder Oberstleutnant Hentsch, ist müßig. Zweifel=
los hat dieser den Befehl zum Rückzug im Namen der O. H. L. erteilt. Das
Oberkommando ist dem Befehl nachgekommen, weil ihm nichts anderes
übrigblieb. Die Entscheidung ist in Montmort, nicht in Mareuil, gefallen.

Der Rückblick über die Ereignisse in der Marneschlacht auf deutscher Seite kann nicht schließen, ohne der **wunderbaren Leistungen der Truppe** bei allen Armeen zu gedenken. Waren bei den Armeen des schwenkenden rechten Flügels die Marschleistungen größer, so hatte der linke Heeresflügel in fast ununterbrochenen Kämpfen sich über starke Abschnitte und in schwierigstem Gelände vorwärtsarbeiten müssen. Keine Armee stand der anderen nach.

Die 1. Armee trat nach ununterbrochenen, unerhörten Marschleistungen in den Kampf am Ourcq. Größtenteils durch Nachtmärsche von erstaun= licher Ausdehnung erreichten die Korps das Gefechtsfeld. Alle Korps sind in gleicher Weise zu nennen: das tapfere IV. R. K., das sich mit seinen schwachen Truppen fünf Tage lang an den Boden anklammerte und 163 Offiziere und 4000 Mann verlor; das II. A. K., das in der Nacht vom 5. zum 6. herbeieilte und sich in der schwierigsten Lage auf dem linken Flügel behauptete; das IV. und III. A. K., die einen riesigen Anmarsch Tag und Nacht hindurch zurückzulegen hatten. Geradezu staunenerregend ist die Leistung des IX. A. K., das von Esternay im Laufe des 7. und 8. über Château=Thierry und La Ferté Milon marschierte und am 9. den Gegner siegreich über Nanteuil le Haudouin zurückwarf. Man weiß nicht, was man mehr bewundern soll, die Energie der Truppenführer oder die bedingungs= lose Hergabe der letzten Kräfte durch die brave Truppe.

Der **Verlauf der Schlacht auf französischer Seite** entsprach nicht den Erwartungen Joffres. Ein Cannä wurde die Schlacht an der Marne nicht. Der Flankenangriff Maunourys entbehrte der Ge= schlossenheit. Das Zusammenwirken mit den Engländern fehlte. Die 6. Armee war zu schwach, um die ihr zugedachte entscheidende Aufgabe zu erfüllen. Sie war noch nicht versammelt, als der Angriff, früher als geplant war, begann. Die Verstärkungen trafen erst nach und nach ein. Der vor= zeitige Zusammenstoß am 5. September verhinderte die Überraschung. Gallieni hat sich später beklagt, daß der Plan, den rechten deutschen Flügel zu umfassen, gescheitert sei, weil die 6. Armee nicht genügende Unter= stützung fand. Die Armee ist aber auch nicht geschickt geführt worden. Von vornherein war sie rechts massiert, obwohl hier die Marne eine Aus= dehnung des Flügels und eine Umfassung des Gegners verhinderte. Der linke Flügel, der umfassen sollte, war zu schwach und wurde erst nach und nach verstärkt. Demgegenüber hielt Generaloberst v. Kluck vom 6. bis 9. September unbeirrt an dem Gedanken fest, auf dem an die Marne an= gelehnten linken Flügel sich mit schwächeren Kräften zu verteidigen, die Hauptkräfte trotz aller entgegenstehenden Schwierigkeiten zum umfassenden Gegenstoß nach dem rechten Flügel heranzuführen. Trotzdem Maunoury

am 9. September der am Ourcq kämpfenden 1. Armee im ganzen überlegen
war (S. 243), war er am entscheidenden Punkt der Schwächere.

Die Engländer haben offenkundig versagt. Die 3. französische Armee
war nicht imstande, die deutsche linke Flanke anzugreifen. Sie war selbst
im Rücken gefährdet. Die 9. Armee Foch war geschlagen.

In dieser Lage bot sich Joffre unerwartet die Lücke in der deutschen
Schlachtfront westlich Montmirail. Statt der geplanten Um =
fassung führte der beginnende Durchbruch zum Ziel
und wendete die sonst durchweg ungünstige Lage wider alles Erwarten.
Das ist das „Wunder der Marneschlacht".

Das Ergebnis war ein großer französischer Erfolg. Es ist ein müßiger
Streit, ob die Franzosen berechtigt sind, ihn als Sieg zu bezeichnen. Wir
haben das Schlachtfeld geräumt. Der wesentliche Nachteil der Schlacht an
der Marne war für uns der Stoß, den unser militärisches Ansehen erlitt.
Frankreich atmete auf, im Augenblick als es zu unterliegen drohte. Von
da ab beginnt die Erstarkung seiner Widerstandskraft, der Glaube an den
Endsieg.

9. Der deutsche Rückzug nach der Marneschlacht vom 10. bis 13. September.

Die O. H. L. hatte am 9. September noch die Absicht, mit der
Mitte des Heeres die Offensive fortzusetzen, und befahl
abends, daß die 3. Armee südlich Châlons verbleiben sollte, bereit zu neuer
Offensive. Die 5. Armee sollte in der Nacht 9./10. und die 4. Armee, wenn
Aussicht auf Erfolg, ebenfalls angreifen und sich hierzu mit der 3. Armee
in Verbindung setzen. Am 10. September jedoch, nachdem Oberst=
leutnant Hentsch in das Große Hauptquartier zurückgekehrt war und über
den Rückzug der 1. und 2. Armee berichtet hatte, entschloß sich die O. H. L.,
auch die übrigen Armeen zurückzunehmen. Die 1. Armee
wurde dem Generaloberst v. Bülow unterstellt, die 2. Armee sollte hinter die
Vesle, linker Flügel bei Thuizy, die 3. Armee hinter die Marne in die Linie
Mourmelon le Petit—Francheville zurückgehen, die 4. Armee im Anschluß
an die 3. Armee sich nördlich des Rhein—Marne-Kanals bis Gegend Re=
vigny aufstellen, die 5. Armee in den erreichten Stellungen verbleiben. Die
Armeen sollten ihre Stellungen befestigen und behaupten.

Die 2. Armee überschritt am 10. die Marne beiderseits Epernay. Nach=
huten verblieben südlich des Flusses. A. O. K. 2 befahl der 1. Armee, hinter

die Aisne zurückzugehen und sich dahinter an den rechten Flügel der 2. Armee heranzuziehen. Ohne gedrängt zu werden, erreichte die 1. Armee an diesem Tage mit Nachhuten die Gegend von Villers=Cotterêts. Die 3. Armee hatte auf die Mitteilung vom Rückzug der 2. Armee ursprünglich am 10. über Châlons hinter die Marne zurückgehen wollen, erhielt jedoch am 9. abends den Befehl der O. H. L., südlich Châlons zu verbleiben und die Offensive am 10. sobald als möglich wieder aufzunehmen. Die Armee paßte daher ihre Bewegung der 2. Armee derart an, daß sie am 10. sich zwischen Vertus und Vitry le François bereitstellte. Das Loslösen vom Gegner erfolgte ohne besondere Schwierigkeit. Nur der stehenbleibende linke Flügel westlich Vitry le François wurde nachmittags angegriffen.

Am 11. September kam die 2. Armee zur Ansicht, daß der Gegner, in östlicher Richtung marschierend, einen Durchbruch gegenüber der 3. Armee versuche. Eine längere feindliche Kolonne war am 10. abends im Marsch auf der Straße Champaubert—Bergères beobachtet worden. A. O. K. 2 meldete am 11. durch Funkspruch, daß „anscheinend ein Durchbruch des Feindes gegen die 3. Armee bevorstehe". Generalleutnant Tappen berichtet, daß durch einen solchen Durchbruch die 4. und namentlich der rechte Flügel der 5. Armee gegen die Festung Verdun gedrückt und dadurch der Ver= nichtung ausgesetzt werden konnten. Das hätte den Verlust des ganzen Krieges bedeutet. Die O. H. L. entschloß sich daraufhin, die 3., 4. und 5. Armee in eine einheitliche Stellung zurückzunehmen. Die Notwendigkeit dieser Maßnahme sei in einer Besprechung mit dem Generaloberst v. Bülow in Reims, wohin sich Generaloberst v. Moltke begab, bestätigt worden.

Die O. H. L. erließ daher am 11. September nachmittags einen ab= ändernden Befehl, wonach die 3. Armee die Linie Thuizy—Suippes, die 4. Armee die Linie Suippes—Ste. Menehould, die 5. Armee die Gegend Ste. Menehould und östlich erreichen sollten. Die Stellungen waren auszu= bauen und zu halten.

Ob auf die genannten Meldungen hin ein derartiger Rückzug und eine solche Preisgabe des eroberten Geländes geboten war, mag dahingestellt bleiben. Aus der Darstellung des Generalobersten Frhr. v. Hausen geht lediglich hervor, daß das Vorgehen starker feindlicher Kräfte auf Vitry le François sowie das breite Vormarsch des Feindes über Fère en Tarde= nois—Damery—Mareuil in nordöstlicher Richtung gegen die 2. und 3. Armee nur einen Versuch des Feindes, durchzubrechen, m ö g l i c h er= scheinen ließen, nicht aber, daß der Durchbruch bereits bevorstand.

Die 1. Armee überschritt am 11. September mit dem Gros die Aisne zwischen Soissons und Attichy und beließ starke Nachhuten südlich des Flusses. Erst spät nachmittags erschienen vorsichtig feindliche Vorhuten vor unserer Front.

Die völlig durcheinandergewürfelte Armee zu ordnen, war ebenso dringlich wie schwierig. Die verschiedensten Vorschläge wurden gemacht. Wir halfen uns so, daß am 11. südlich der Aisne von den einzelnen Gruppen als Nachhuten einige einigermaßen geschlossene Verbände zurückblieben, während die übrigen Teile nördlich der Aisne so verschoben wurden, daß die Korpsverbände notdürftig hergestellt wurden. Dann marschierten am 12. die Nachhuten über die Aisne und traten dort zu ihren Korps. Skizzen mit Angabe der Sammelpunkte wurden für vereinzelte kleinere Verbände an allen Übergängen und Wegekreuzungen bereitgehalten. So gelang es, die Armee schleunigst, hinreichend geordnet, zu neuem Kampf an der Aisne bereitzustellen. Den Anschluß an die 2. Armee durch eine Linksschiebung zu gewinnen, war jedoch nicht möglich. Es blieb eine beträchtliche Lücke. Bereits am 12. nachmittags wurde die Armee in der Stellung Attichy—Soissons angegriffen.

Die 2. Armee besetzte am 12. die erkundete Stellung an der Vesle beiderseits Reims.

Am 13. September behauptete sich die 1. Armee in ihren Stellungen und dehnte ihren linken Flügel bis Bailly aus. In die Lücke zwischen 1. und 2. Armee konnten die eintreffenden ersten Teile der 7. Armee, das VII. R. K. und XV. A. K., eingeschoben werden. Insbesondere war es dem VII. R. K., das nach einer gewaltigen Marschleistung gerade rechtzeitig am 13. September auf dem linken Flügel der 1. Armee eintraf, zu verdanken, daß diese von einer schweren Gefahr befreit wurde.

Die 3. Armee überschritt am 11. September, den neuen Anweisungen der O. H. L. entsprechend, beiderseits Châlons die Marne, zerstörte die Übergänge hinter sich und setzte ihre Bewegungen nördlich vom Fluß ungestört fort. Am 13. erreichte sie die ihr nunmehr zugewiesene Stellung Prosnes—Souain, an die links die 4. Armee anschloß.

So standen nun die Armeen zur Abwehr bereit. Nachdem dann die Kämpfe um die westliche Flanke und das „Rennen nach dem Meere" zur Verlängerung der Front bis zum Kanal geführt hatten, erstarrte im Westen die ganze Front im Stellungskriege.

10. Die Kämpfe der 6. und 7. Armee an der Mosel.

Von größter Bedeutung für den Verlauf des Marnefeldzuges wurden die Operationen, die sich während der geschilderten Ereignisse auf unserem linken Heeresflügel in Elsaß-Lothringen abspielten. Die Bedenken, die gegen Stärke, Gruppierung und Aufgabe der 6. und 7. Armee bestanden, sind erörtert worden (S. 13). Es mußte sich zeigen, ob es diesen Armeen gelang, durch die ihnen aufgetragene Offensive gegen die Mosel unterhalb Frouard und gegen die Meurthe die hier vermuteten starken französischen Truppen zu fesseln oder aber den Franzosen eine entscheidende Niederlage beizubringen, wenn sie ihrerseits mit starken Kräften zwischen Vogesen und Metz zum Angriff vorgingen. Es mußte sich ferner erweisen, ob die in Elsaß-Lothringen verwendeten Truppen nicht auf dem rechten Flügel im entscheidenden Augenblick fehlen würden oder ob es gelingen würde, sie nach Erfüllung ihrer Aufgabe rechtzeitig dorthin zu verschieben.

Der Verlauf der Ereignisse auf dem rechten Flügel hat bereits erkennen lassen, daß sich die Erwartungen nicht erfüllt haben, die man auf die Ope= rationen der 6. und 7. Armee gesetzt hatte.

Als die Franzosen mit dem VII. A. K. und der 8. Kavalleriedivision von Belfort auf Mülhausen vorgingen und diese Stadt am 8. August be= setzten, stieß Generaloberst v. Heeringen mit dem XV. A. K. von Kolmar und dem XIV. von Neubreisach und Neuenburg aus dagegen vor und warf sie am 9. und 10. auf Belfort zurück. Der an sich erfreuliche Erfolg zog die Armee recht weit ab und verzögerte eine gemeinschaftliche Operation mit der 6. Armee. Erst am 19. war die 7. Armee an die 6. herangezogen. Am 9. war inzwischen die 7. Armee Seiner Königlichen Hoheit dem Kronprinzen Rupprecht von Bayern, dem Führer der 6. Armee, unterstellt worden.

Das Gefecht bei Lagarde am 11. August und sonstige Nachrichten ließen den Anmarsch der 2. französischen Armee in Lothringen erkennen. Kron= prinz Rupprecht beabsichtigte, seine Aufgabe, wenn möglich, offensiv zu lösen, wollte aber zuerst etwa in der Linie südöstlich Metz—Delme—Château Salins—Blamont—Cirey das Eintreffen der 7. Armee erwarten, die bei Zabern—Molsheim bereitgestellt werden sollte.

Bis zum 13. August glaubte man jedoch zu erkennen, daß sich in der Linie Raon l'Etape—Pont à Mousson sehr starke feindliche Truppen, vielleicht die feindlichen Hauptkräfte, versammelten. Eine große Offensive der Franzosen zwischen Metz und Vogesen stand zu erwarten. Hier konnte die Entscheidung des Krieges liegen. Ein vorzeitiger Angriff gegen stark überlegenen Feind mußte vermieden werden. Die Masse des Heeres, 1. bis 5. Armee, konnte erst am 18. antreten und zur Mitwirkung bereit sein. Dem gemeinschaftlichen Oberbefehlshaber der 6. und 7. Armee wurde daher von der O. H. L. am 13. August mitgeteilt, daß ein Vorgehen beider Armeen zwischen Metz und Frouard und über die Meurthe nicht in den Absichten der O. H. L. liege. Ein solches Vorgehen komme erst in Frage, wenn starke Teile des Gegners abbefördert würden oder abmarschierten. Vor einem stark überlegenen Gegner müsse die 6. Armee ausweichen.

Offenbar plante Generaloberst von Moltke im Fall, daß die feindlichen Hauptkräfte in Lothringen vorgingen, hierhin den Schwerpunkt zu verlegen und hier die Entscheidung zu suchen. Die 4. Armee wurde benachrichtigt, daß ihre Mitwirkung vorbehalten sei, falls sich die Ansicht vom Feinde be=stätige. Die 5. Armee sollte in diesem Falle über Metz und die Niedstellung eingreifen. Sogar die verfügbaren Ersatzdivisionen wurden hinter die 6. Armee herangezogen. Hier trat bereits eine Abweichung in den ope=rativen Anschauungen des Generalobersten v. Moltke gegenüber dem Grafen Schlieffen hervor. Diesem war ein französischer Gegenangriff in Loth=ringen erwünscht erschienen. Nicht mehr als 4½ Korps wollte er außer Kavallerie, Festungsbesatzungen und Landwehr in Elsaß=Lothringen ver=wenden. Die Umgehung durch Belgien sollte durchgeführt werden, auch wenn die Franzosen in Lothringen zum Angriff vorgingen. Graf Schlieffen nahm an, daß sie umkehren würden. Generaloberst v. Moltke wollte den Gegner in diesem Falle schlagen. Auf einer Großen Generalstabsreise hatte es General v. Moltke bei der Schlußbesprechung als Ziel der großen Um=gehung durch Belgien bezeichnet, die Franzosen außerhalb ihrer Festungen im freien Felde anzugreifen. Kämen uns die Franzosen durch ihren Angriff in Lothringen entgegen, so sei dies Ziel bereits erreicht. Er tadelte es, daß der deutsche Führer in diesem Falle trotzdem die Bewegung in Belgien fort=gesetzt hatte: er hätte einschwenken und zur Entscheidung heranmarschieren müssen. Eine solche Lage schien im August 1914 einzutreten.

Mitte August begann die 6. Armee in Richtung auf Saarbrücken—Saargemünd—Saarburg i. L. zurückzuschwenken, stellte aber ihre Be=wegung in der Linie Sanry—Han an der Nied—Finstingen—Saarburg i. L. ein, als die eingehenden Nachrichten erkennen ließen, daß nicht die feindlichen Hauptkräfte in Lothringen versammelt waren. Die O. H. L. er=wartete nicht mehr die Entscheidung in Lothringen, sondern durch die Um=gehung durch Belgien. Der 6. Armee fiel in diesem Falle die Aufgabe zu, die Flanke des Heeres zu sichern. Ob diese Aufgabe offensiv oder defensiv zu lösen war, blieb Kronprinz Rupprecht überlassen. In diesem Sinne wurde am 17. von der O. H. L. an ihn befohlen.

Immer noch war aber mit starken Kräften des Gegners in Lothringen zu rechnen. Vor ihnen auszuweichen, wenn sie zum Angriff vorgingen, erschien mißlich. Es war fraglich, ob sie folgen würden, wenn man ihnen zwischen Metz und Niedstellung einerseits und der in den Nordvogesen bereitgestellten 7. Armee anderseits eine Falle stellte. Kronprinz Rupprecht entschloß sich, seine Aufgabe offensiv zu lösen und dem Gegner entgegenzu=gehen. Der Erfolg hat ihm recht gegeben.

Am 20. August trat die 6. Armee aus der Linie Wallersberg—Lauter=

fingen, die 7. Armee aus der Gegend von Pfalzburg und südlich sowie von
Schirmeck in Richtung auf Baccarat—Raon l'Étape an. Sie trafen auf die
Mitte August ebenfalls zum Angriff vorgehende französische 1. und 2. Armee
(S. 57 ff.). Der Gegner wurde in der Schlacht in Lothringen am 20. bis
22. August geschlagen und von der 6. Armee in der Richtung auf Luné=
ville bis zur Grenze verfolgt.

Kronprinz Rupprecht hatte seine Aufgabe erfüllt, die linke Flanke des
Heeres war gesichert. Jetzt war der späteste Zeitpunkt gekommen, um die
Verschiebung von Kräften nach dem rechten Heeresflügel noch vorzunehmen,
die ursprünglich im Plan gelegen hatte. Generalleutnant Tappen führt
dagegen an, daß die Zerstörung der belgischen Bahnen eine solche Ver=
schiebung unmöglich gemacht hätte. Daß diese Bahnen zerstört werden
würden, war vorauszusehen. Wenn daher diese Kräfte jetzt nicht auf den
rechten Flügel gebracht werden konnten und dort fehlten, dann war der
Aufmarsch nicht richtig gewesen. Es war aber doch wohl möglich, auch jetzt
noch mit der Bahn starke Teile nach Aachen zu verschieben und sie als
Staffel nachfolgen zu lassen (S. 98 f.).

Die O. H. L. faßte den verhängnisvollen Entschluß, die Verfolgung in
Lothringen mit allen Kräften fortzusetzen, um, dem geschlagenen Gegner
auf dem Fuße folgend, an der oberen Mosel durchzubrechen. Die entgegen=
stehenden französischen Sperrbefestigungen glaubte man nach den gegen=
über den Lütticher Forts gemachten Erfahrungen bald überwältigen zu
können. Gelang der Durchbruch, so konnte in Verbindung mit der Um=
gehung durch Belgien eine Umfassung beider feindlicher Flügel, eine völlige
Einkreisung, ein Cannä, erreicht werden. Eine baldige Beendigung des
Krieges stand dann in Aussicht. Generalleutnant Tappen meint, man
habe bei diesem Entschluß an dem ursprünglichen Plan völlig festgehalten.
Ich meine, man gab ihn dadurch völlig preis.

Weniger die Sperrbefestigungen, als die natürliche Stärke des
Abschnittes zwischen Toul und Epinal und die Anlehnung beider Flügel
an die großen befestigten Abschnitte von Toul—Nancy einerseits, Epinal
anderseits machten das Gelingen eines Durchbruchs durchaus unwahrschein=
lich. Es ist dies keine nachträgliche Behauptung. Daß der Angriff über
die Mosel zwischen Epinal und Toul, die Trouée de Charmes, nicht durch=
führbar sei, war im Frieden bekannt. Mit Absicht war dieser Abschnitt
seinerzeit von den Franzosen nicht befestigt worden. Auf Grund persönlicher
Anschauung lag mehrere Jahre vor dem Kriege folgendes Gutachten hier=
über im Generalstabe vor:

Es ist ein außerordentlich starker Abschnitt. Der ansehnliche Fluß
bildet im Verein mit dem danebenher laufenden breiten und tiefen Kanal

ein doppeltes, schwieriges Hindernis. Das Tal der Mosel ist 1 bis 2 km breit, zum Teil völlig eben und deckungslos. Auf dem linken Ufer ist das Gelände günstiger für den Verteidiger als auf dem rechten Ufer für den Angreifer. Beide Flügel des Verteidigers sind an große Festungen an= gelehnt. Der Angreifer ist auf den frontalen Angriff beschränkt, seine Flanken sind von den Festungen her bedroht. „Nach den Erfahrungen des russisch=japanischen Krieges würde der rein frontale Angriff gegen eine solche Stellung zum mindesten äußerst zeitraubend sein. Der Krieg würde den Charakter des Stellungskampfes annehmen." In bezug auf den ganzen Moselabschnitt Belfort—Epinal—Toul urteilte das Gutachten: „Die An= griffsrichtung wäre den Franzosen erwünscht. Das Landesverteidigungs= system kommt zur vollen Geltung. Die Befestigungen wirken mit der natür= lichen Stärke des Abschnittes zusammen, um den Angreifer zu zwingen, vom Bewegungskrieg zum Stellungskrieg überzugehen. Die Franzosen hoffen dann, hinter diesem Abschnitt und gedeckt durch die Befestigungen ihre Kräfte so verschieben zu können, daß sie an einer oder der anderen Stelle mit überlegenen Kräften zum Angriff übergehen können."

Am 24. August setzte auf Anweisung der O. H. L. die 6. Armee unter Deckung gegen Nancy die Verfolgung in Richtung auf Lunéville, die 7. Armee mit dem linken Flügel auf St. Dié fort. Daß es sich nicht um eine Verfolgung wie nach Jena und Waterloo handele, wie die O. H. L. anzunehmen scheine, meldete der Chef des Generalstabes der 6. Armee, Generalleutnant Krafft v. Dellmensingen, bereits am 24. Man komme nur langsam vorwärts, die Heereskavallerie könne hier nicht viel leisten, die Korps seien stark angestrengt. Der Angriff kam rechts nicht wesentlich über die Mortagne hinaus, links bis in Gegend von St. Dié vorwärts. Der Gegner leistete starken Widerstand, machte einen Gegenstoß von Nancy aus und griff auch den linken deutschen Flügel von Süden her an.

Der Angriff war also nicht nach Wunsch geglückt. Ende des Monats entstand die Frage, was weiter geschehen sollte. Die 6. Armee meldete am 31. August, sie habe bis jetzt noch nicht feststellen können, daß der Feind vor ihrer Front abziehe oder abtransportiere. Es sei daher noch nicht er= forderlich, daß man den Vormarsch gegen die Mosel antreten müsse, um den Feind festzuhalten. Die Truppen hätten starke Verluste, der Feind sicher aber auch. Frische Kräfte ständen ihm kaum zur Verfügung. „Deshalb möchte das A. O. K. auch den Angriff über die Mosel zwischen Nancy und Epinal noch keineswegs für aussichtslos halten." Auch am 1. September meldete A. O. K. 6, daß nach dem Eindruck, den es habe, noch starke Kräfte vor der Armee ständen. Die Vorbereitungen für die Fortsetzung der Offen= sive würden fortgesetzt.

Die O. H. L. entschied, wie Generalleutnant Tappen berichtet, nach ein=
gehenden Besprechungen mit dem Oberkommando der 6. Armee für die
Fortsetzung des Angriffs, in der Hoffnung, daß der Durchbruch doch noch
gelingen könne oder daß man wenigstens starke Teile des französischen
Heeres fesseln würde. Unter Heranziehung von schwerer Artillerie sollte
der rechte Flügel der 6. Armee die vorgeschobenen Befestigungen von Nancy
angreifen, während der linke Flügel den Durchbruch in der allgemeinen
Richtung auf Bayon versuchte. Die 7. Armee hatte hierbei mitzuwirken und
die linke Flanke gegen Epinal zu decken. Am 4. September begann der
Angriff.

Der 1. und 2. französischen Armee war nach Beginn des Rückzuges
des französischen Heeres durch den Heeresbefehl vom 25. August (S. 142)
eine lediglich defensive Aufgabe zugewiesen worden. Sie hatten den gegen=
überstehenden Feind festzuhalten, während das Heer zunächst vom Feinde
losgelöst und unterdessen eine starke Angriffsgruppe auf dem äußersten
linken Flügel gebildet wurde. Die 1. und 2. Armee hatten ihre Aufgabe bis
jetzt gelöst, wenn auch ihre Operationen der Einheitlichkeit ermangelten.
Um dieselbe Zeit etwa, als auf deutscher Seite der Entschluß zur Fort=
setzung des Angriffs gegen die Mosel gefaßt wurde, glaubte die französische
Heeresleitung, Kräfte von der Mosel hinweg nach der übrigen Front ziehen
zu können. Am 1. September wurde damit begonnen.

Auf deutscher Seite konnte dies nicht sofort bemerkt werden. Noch am
3. September abends meldete die 6. Armee: „Keine rückgängigen Be=
wegungen vor der Front festgestellt, auch keine Eisenbahntransporte, da=
gegen noch starke Massen und viel Artillerie wie gestern in und hinter der
feindlichen Stellung.“

Der Angriff auf Nancy begann am 4. September, zu einer Zeit, als
sich die O. H. L. schon darüber klar war, daß französische Truppentransporte
vom Osten nach dem Westen stattfanden. Die befestigten Stellungen
auf den Höhen im großen Bogen um Nancy nennen die Franzosen
le Grand Couronné de Nancy. An ihnen war schon seit Jahren gearbeitet
worden. Der Angriff hiergegen kam nur langsam vorwärts. Auch die
7. Armee näherte sich am 5. erst der Gegend von Rambervillers.

Am 5. September entschloß sich die O. H. L., das Oberkommando der
7. Armee, die 7. Kavalleriedivision, das XV. A. K. und ein Armeekorps der
6. Armee aus der Front zu ziehen und nach dem rechten Heeresflügel zu
befördern. Es war am Vorabend der Marneschlacht. Die belgischen Bahnen
waren inzwischen hinreichend hergestellt. Die Beförderung der 7. Ka=
valleriedivision begann am 7., die des XV. A. K. am 8. September über
Lüttich—Brüssel—Mons.

Der Angriff gegen Nancy wurde zunächst fortgesetzt, konnte aber nur noch den Zweck haben, den Gegner zu fesseln. Nur die 4. und 5. Armee hätten durch Vordringen nach Süden der 6. Armee den Weg über die Mosel öffnen können. Am 8. September stellte sich die Notwendigkeit heraus, weitere Kräfte aus der 6. und 7. Armee zur Verstärkung des rechten Heeresflügels herauszuziehen. Mit einem Vordringen der 4. und 5. Armee auf dem linken Maasufer war nicht mehr zu rechnen. Es fand zu diesem Zwecke am 8. eine Besprechung der O. H. L. mit dem Oberbefehlshaber der 6. Armee statt. Das Oberkommando der 6. Armee hätte es vorgezogen, den Angriff noch fortzusetzen. Die bisherigen Verluste waren sehr groß gewesen. Nach solchen Opfern den Angriff aufzugeben, kam einer Nieder= lage gleich. Die O. H. L. entschloß sich jedoch, mit Rücksicht auf die gesamte Lage den Angriff einzustellen. Sie befahl am 8. September, das I. baye= rische A. K. am 9. zur Verladung bereitzustellen. Weiteres Herausziehen starker Kräfte wurde angekündigt. Am 9. erging der Befehl an die 6. Armee: „Angriff gegen vorgeschobene Stellung bei Nancy ist nicht durch= zuführen. Es kommt darauf an, möglichst schnell alle entbehrlichen Teile der 6. Armee zu anderer Verwendung verfügbar zu machen. Vorbereitun= gen zur Besetzung einer rückwärtigen Verteidigungsstellung sind daher sofort zu treffen." Auch hier begann der Stellungskrieg.

Es ist interessant, daß nach der Darstellung bei Palat vom 5. Sep= tember ab auf französischer Seite die Lage bei Nancy doch sehr ernst auf= gefaßt wurde. Die 2. Armee verfügte nach den Abgaben außer über Re= servedivisionen nur über zwei aktive Korps. Joffre und der Führer der 2. Armee, General de Castelnau, hätten in Erwägung gezogen, ob man Nancy aufgeben und in die befestigten Stellungen vom Wald von Haye vorwärts Toul zurückgehen solle. Man habe aber beschlossen, Nancy zunächst noch zu halten. Mangin (a. a. O.) bestätigt das. Nach heftigen Kämpfen am 6. und 7. September seien die Deutschen, wenn auch unter großen Verlusten, vorwärts gekommen. Man habe sich mit dem Gedanken getragen, hinter die Meurthe und Mortagne zurückzugehen.

Die Abgaben, die der rechte französische Heeresflügel zu leisten hatte, verteilen sich auf die einzelnen Armeen folgendermaßen:

Zuerst wurde die Elsässer Armee am 28. August aufgelöst (S. 62). Das VII. A. K. (14. Infanteriedivision und 63. Reservedivision) wurde zur neu zu bildenden 6. Armee (S. 144), die 8. Kavalleriedivision am 30. August nach Châlons s. Marne befördert, wo sie zum 2. Kavalleriekorps Conneau trat.

Die 1. Armee, die ursprünglich das VIII., XIII., XXI., XIV. A. K. und die 6. Kavalleriedivision umfaßte, mußte am 2. September ein Armee=

torps, das XXI., abgeben, das am 4. in der Gegend von Brunères und Epinal verladen und zur 4. Armee befördert wurde. Am 7. September wurde die 6. Kavalleriedivision abgegeben, am 11. das XIII., später das VIII. A. K.

Zur 2. Armee gehörten anfangs das XVIII., XX., IX., XV., XVI. A. K. Davon waren das XVIII. bereits Mitte August zur 5. Armee getreten, ½ IX. A. K. am 18. August in die Lücke zwischen 4. und 5. Armee geschoben worden. Am 1. September wurde der Abtransport der 10. Kavalleriedivision angeordnet, die zum Kavalleriekorps Conneau trat. Am 2. September erging Befehl, das XV. A. K. und den Rest des IX. A. K. abzubefördern. Das XV. A. K. marschierte am 3. September, um den Abmarsch zu verbergen, größtenteils in der Nacht über Bayon—Haroué in anstrengenden Märschen ab, um zur 3. Armee zu treten. Die Teile des IX. A. K. gingen in der Nacht 2./3. September nach Nancy zurück und wurden nach Arcis f. Aube befördert, um zur 9. Armee zu treten, bei der sich die übrigen Teile des IX. A. K. befanden.

Von der Lothringer Armee wurden die 55. und 56. Reservedivision an die 6. Armee abgegeben und am 29. und 30. August südlich Montdidier ausgeladen.

Das IV. A. K., das vom 6. September ab bei der 6. Armee eintraf, kam von der 3. Armee.

Wir sehen somit, daß auf französischer Seite frühzeitig eine bedeutende Verschiebung der Kräfte vom rechten zum linken Heeresflügel stattfand. Wir begannen zu spät zu verschieben und verfügten bei weitem nicht über solche Transportlinien wie die Franzosen. Das konnten wir voraus wissen, wir mußten uns von vornherein beim Aufmarsch entsprechend gruppieren.

Schluß.

Dem Rückblick auf die deutschen Operationen vom Beginn des Feldzuges bis zur Marneschlacht kann man den Ausspruch Moltkes voranstellen, daß Fehler im Aufmarsch im ganzen Verlaufe des Feldzuges kaum wieder gutzumachen sind. Der rechte Heeresflügel blieb zu schwach, der linke zu stark.

Die Stärke des linken Flügels verleitete zu dem Versuch eines frontalen Durchbruchs durch die befestigte französische Nordostgrenze, einem Unternehmen, das wir gerade durch die Umgehung über Belgien hatten vermeiden wollen.

Auf dem rechten Flügel reichten die Kräfte nicht aus, um den Feind, wie es Graf Schlieffen gewollt hatte, zu umfaſſen, mochte er ſtehen, wo er wollte. Je weiter die Offenſive uns in Feindesland hineinführte, um ſo größer wurden die Abgaben zur Sicherung der Verbindungen und zur Be= lagerung der feindlichen Feſtungen, ohne daß Truppen in zweiter Linie nachgeführt wurden. Eile ſollte erſetzen, was uns an Kräften abging. Manches wurde notgedrungen übereilt. Zwiſchen den äußerſten Gegen= ſätzen ſchwankten die Operationen hin und her. Bald ſollte der rechte Flügel nach Südweſten bis zur unteren Seine ausgeſpannt werden, bald ſollte er nach Südoſten an Paris vorbei einſchwenken, bis ſchließlich am 5. Sep= tember der ganze Feldzugsplan zuſammenfiel. Wir ſtanden vor Paris und wußten uns nicht damit abzufinden.

Es hat im allgemeinen nicht viel Zweck, nach Schluß des Krieges zu fragen, was alles eingetreten wäre, wenn dies und jenes geſchehen wäre. Im vorliegenden Falle handelt es ſich aber um den Beweis, daß d a s d e u t ſ c h e H e e r 1914 n i c h t s u n t e r n o m m e n h a t, w a s ü b e r ſ e i n e K r ä f t e g i n g.

Wäre der Aufmarſch folgerichtig nach dem Schlieffenſchen Plan durch= geführt worden, ſo hätte der Erfolg nach menſchlichem Ermeſſen nicht aus= bleiben können. Der Vormarſch nördlich der Maas überraſchte die Fran= zoſen völlig und warf ihren Feldzugsplan um. Schon die großen Auguſt= ſchlachten hätten die Entſcheidung bringen können, ſicher aber die Schlacht an der Marne oder Seine im September, als Joffre uns durch ſeine Maß= nahmen die glänzende Gelegenheit bot, die Franzoſen nach Südoſten abzu= drängen.

Der Plan des Grafen Schlieffen war nicht veraltet, er war lebens= kräftig, kein „Rezept des toten Schlieffen". Wir haben ihn aber nicht befolgt.

Trotzdem wäre der Feldzug gewonnen worden, wenn wir nicht außer= dem fehlerhafte Maßnahmen ergriffen hätten.

Statt hinter dem rechten Flügel nachzuſchieben, was an Truppen irgend verfügbar war, wurden zwei Korps weggezogen. Die Erſatz= diviſionen wurden nach dem linken Flügel herangeführt, der Landſturm zu ſpät aufgeboten. Am 23. Auguſt, ja noch am 30. wäre es Zeit geweſen, vom linken zum rechten Flügel umzugruppieren.

Es fehlte die Leitung von der oberſten Stelle. Von Koblenz und Luxemburg aus war es nicht möglich, die Zügel zu führen. Die Verbindung war völlig unzureichend, ein Gedankenaustauſch ausgeſchloſſen. Lange, ſchriftliche Befehle waren beim Eintreffen überholt. Die Armeeober= kommandos waren vielfach ſich ſelbſt überlaſſen und wurden auf gegenſeitige

Verständigung angewiesen. Mit welchem Erfolg, hat der Verlauf ergeben.
Sie handelten so gut, wie sie es von ihrem Standpunkt übersehen konnten,
aber nicht immer im Einklang mit den Nachbarn und im Rahmen der
großen operativen Lage. Die Oberste Heeresleitung ließ sich treiben und griff
vielfach nicht ein, wenn die Armeen andere Wege einschlugen, sondern
billigte ihr Verfahren nachträglich.

So wurde am 23. August an der Sambre und Maas, am 29. und 30.
an der Oise die Gelegenheit zu einem großen Schlag verpaßt. An der
Marne gingen die 1. und 2. Armee auseinander.

Die Marneschlacht hätten wir nicht verloren, wenn wir nur durchge=
halten hätten. Der Sieg am Ourcq, der Durchbruch bei Fère Champenoise
überwogen die Schwierigkeit der Lage bei Montmirail und an der Marne.

Nach den Augustschlachten hätte ein zweiter Sieg an der Marne, wie
die Franzosen zugeben, die größte Tragweite gehabt und auf die Stimmung
in Frankreich niederschmetternd gewirkt. Paris und Verdun, die beiden
Eckpfeiler der französischen Aufstellung, wären voraussichtlich gefallen.

Wären wir danach imstande gewesen, die Operationen fortzusetzen?
Gewiß nicht sofort und nicht in dem bisherigen Zeitmaß. Wir mußten um=
gruppieren, die Verbindungen regeln und die Versorgung des Heeres sicher=
stellen. Dann konnte die Offensive weitergeführt werden.

Die Munitionslage bei der 1. Armee war während des schnellen Vor=
marsches manchmal schwierig, vereinzelt bedenklich, niemals aber so kritisch,
daß die Operationen dadurch ernstlich gefährdet wurden. Dem vortrefflichen
Zusammenwirken der im Oberkommando für die Versorgung verantwort=
lichen Offiziere mit der ausgezeichnet arbeitenden Etappe, den hervorragen=
den Leistungen der Kolonnen ist es zu danken, daß ein Munitionsmangel
nicht eingetreten ist. Insbesondere ist in der Schlacht am Ourcq genügend
Munition vorhanden gewesen.

Die Eisenbahnen in Belgien und Nordfrankreich waren infolge unseres
schnellen Vormarsches nicht in dem Umfang zerstört, wie man hätte erwarten
sollen. Zahlreiche Eisenbahnbaukompagnien waren in vorausschauender
Weise vom Feldeisenbahnchef hinter der 1. und 2. Armee angesetzt worden.
Trotzdem war die Eisenbahnlage Anfang September ungünstig, da die
Zufuhrlinie Aachen—Lüttich für alle Anforderungen der Armeen und
Etappen nicht ausreichte, und auf ihr Landwehr, das IX. Reservekorps, Ar=
tillerie gegen Antwerpen usw. gefahren werden mußten.

Die Bedürfnisse der an der Front kämpfenden Truppen waren aber,
abgesehen von der Munition, zum Glück nicht allzu groß. Die Ernte war
reif, Hafer und anderes Getreide stand in Mieten oder Garben auf den
Feldern. Vieh aller Art war reichlich vorhanden. Es fehlte der Truppe

nur die Zeit und die Erfahrung, um die Vorräte sachgemäß auszunutzen. Die großen Kavalleriemassen litten allerdings mehrfach ernstlich unter Hafermangel. In Kurland, Wolhynien und Mazedonien sind aber im Laufe des Krieges viel schwierigere Nachschublagen entstanden, die doch überwunden wurden.

Wenn nun selbst eine volle Ausnutzung des Sieges nicht möglich gewesen wäre, wenn es sogar zum Stellungskrieg gekommen wäre, so wäre unsere Lage ungleich günstiger gewesen als die tatsächlich später eingetretene. Vor allem wäre der Besitz der Kanalhäfen von der größten Bedeutung gewesen.

Beachtenswert ist die Beurteilung, die unsere Operationen in den französischen und englischen Darstellungen des Feldzuges erfahren haben.

General Maurice sagt: „Der deutsche Feldzugsplan war in seinem Entwurf kühn, einfach und auf das sorgfältigste Studium des Krieges begründet. Wäre er auf dem Schlachtfelde mit demselben Geschick durchgeführt worden, mit dem er in den Arbeitszimmern des Generalstabes aufgestellt worden war, so hätte er die vollständige Vernichtung unserer ersten fünf Divisionen, den Fall von Paris und den Verlust von Nordfrankreich zur Folge gehabt." Allerdings meint General Maurice, daß selbst ein solcher Erfolg nicht den endgültigen Sieg der Deutschen herbeigeführt hätte. Er tadelt an dem Plan, daß der Durchmarsch durch Belgien uns die ganze Welt zu Feinden gemacht hätte. Als ob England nicht ohnedies entschlossen gewesen wäre, in den Kampf einzutreten.

Über die deutsche Führung im Marnefeldzug hat sich Marschall Foch in einer Unterredung mit dem Berichterstatter einer Pariser Zeitung („Petit Parisien" vom 7. September 1920) geäußert. Er meint, der deutsche Operationsplan sei starr gewesen und habe unvorhergesehenen Wendungen nicht Rechnung getragen. Marschall Foch verwechselt hierbei den Plan mit der Ausführung. Er sagt, die O. H. L. habe jeden ihrer Generale seinen eigenen Weg gehen lassen, keiner habe sich um den Nachbarn gekümmert. Die Berliner Strategen hätten es als selbstverständlich angenommen, daß alles sich ohne Störung wie auf dem Papier abspiele. General v. Kluck, der den Auftrag gehabt habe, den feindlichen Flügel zu umfassen, sei in erstaunlichen Märschen und mit unerhörter Schnelligkeit bis vor Paris vorgedrungen, ohne auf Gallieni zu achten. Plötzlich sei dieser mitten im schönsten Manöver in der Flanke aufgetreten. In diesem Augenblick habe es nur ein Mittel für die deutsche Heeresleitung gegeben: die Zügel, die ihr entglitten waren, straff in die Hand zu nehmen und die schwankenden Armeen fest zu leiten. Statt dessen sei die O. H. L. in Luxemburg verblieben und habe den Überblick verloren, die Unsicherheit habe sich auf die Führer übertragen, bis die Verwirrung vollständig wurde.

Über die Tatsache, daß seine eigene Armee am 8. und 9. September geschlagen wurde, gleitet der Marschall mit den Worten hinweg, es habe harte Stunden gegeben. Er habe am 9. abends den Angriff befohlen, ihn aber auf den anderen Morgen verschieben müssen, als plötzlich die gänzlich unerwartete Meldung vom deutschen Rückzug gekommen sei.

Der deutschen Truppe zollt er uneingeschränkte Anerkennung: „Diese deutsche Armee von 1914! Sie war ein herrliches Werkzeug. Niemals hat Deutschland danach wieder eine solche stahlharte Armee gehabt."

De Thomasson verurteilt den Gedanken, mit der 6. und 7. Armee über die Mosel durchbrechen zu wollen. Wir hätten nun doch die Festungsfront angegriffen, die wir umgehen wollten. Dann hätten wir besser, wie der alte Moltke, von vornherein den rechten französischen Flügel umfassen sollen, um die Franzosen auf Belgien, statt ins Innere des Landes zurückzudrängen. Wenn nötig, hätten wir den Durchmarsch durch die Schweiz zu Hilfe nehmen können. Wir haben gute Gründe gehabt, hiervon Abstand zu nehmen.

Die Urteile, die Hanotaux über die Operationen der 1. Armee ausspricht, sind meist kaum ernst zu nehmen. Nur ab und zu findet sich ein brauchbarer Gedanke unter den vielen Märchen, die er dem Leser erzählt. Als Beispiel solcher Erzählungen sei erwähnt, daß nach Hanotaux Generaloberst v. Kluck durchaus hat Paris erobern wollen. Eine Fahne von 20 m Breite sei vorbereitet gewesen, um sie auf dem Eiffelturm aufzupflanzen. Auf den 2. September sei der Einzug in Paris angesetzt gewesen. Selbst der sonst maßvolle Palat erzählt, wir hätten vor der Marneschlacht bereits zehn Eisenbahnwagen voll Denkmünzen vorrätig gehabt, die auf den Einzug in Paris geprägt worden wären.

Am 1. September befand sich das Oberkommando der 1. Armee während einiger Stunden in Lassigny. Der Quartierwirt des Generalobersten v. Kluck, Herr Albert Fabre, Rat am Appellationsgerichtshof in Paris, hat über unseren Aufenthalt vor einer Untersuchungskommission Angaben gemacht, die Hanotaux wiedergibt. Ein zuerst ankommender Stabsoffizier habe erklärt, in drei Tagen würden die Deutschen in Paris sein. Die Stadt würde völlig zerstört werden. Dann sei ein Offizier aus dem Kraftwagen gestiegen, in eindrucksvoller Haltung, „groß, majestätisch, mit harten Zügen und schrecklichem Blick. Ich hatte die Erscheinung Attilas vor mir. Es war Kluck." Generaloberst v. Kluck, meint Hanotaux, habe damals geschwankt, ob er Paris einnehmen, oder den Anschluß an Bülow suchen solle. Daß er von Paris abgelassen habe, beweise seinen Mangel an Energie.

Anders urteilt Le Gros darüber. Man habe zu unrecht Kluck getadelt, daß er den Marsch auf Paris nicht fortgesetzt habe, sondern den linken Flügel der Franzosen umfassen wollte. Beides zugleich war nicht möglich. „Er handelte durchaus nach richtigen strategischen Grundsätzen, indem er zunächst mit den operierenden Armeen fertig zu werden suchte, bevor er sich gegen die Festung Paris wandte. Unsere Niederlage im freien Felde hätte auch den schnellen Fall der Festung zur Folge gehabt. Sein Mißgeschick war, daß ihm das Vorhandensein der Armee Maunoury unbekannt war."

Den Grund, weshalb die 1. Armee die Marne vor der 2. überschritt, erkennt Hanotaux kraft seiner Erfindungsgabe in dem Ehrgeiz des General= obersten v. Kluck. Er wollte den Feind vernichten. Nun sollte er plötzlich halten, an die zweite Stelle treten und Bülow vorangehen lassen, der den Erfolg geerntet hätte!

Das schnelle Herumwerfen der 1. Armee nach der Flanke gegen Mau= noury in der Schlacht am Ourcq wird von der französischen Kritik durchweg anerkannt. „Unser Generalstab läßt den geschickten Maßnahmen Klucks volle Gerechtigkeit widerfahren.... Diese Schwenkung nach rückwärts wird, wenn sie erst genauer bekannt sein wird, unter die Zahl der interessantesten Manöver gerechnet werden, die im Kriege ausgeführt worden sind. v. Kluck hat durch seine Entschlossenheit und die Schnelligkeit der Ausführung die Deutschen vor einer Niederlage gerettet." (Fabreguettes a. a. O. S. 45 ff.) Als v. Kluck in der Flanke angegriffen wurde, „zeigte er sich als hervor= ragenden Manövrierer. Seine Energie und Kühnheit verließen ihn in diesen schweren Tagen des 8. und 9. September nicht, als er sich umwandte und die linke Flanke Maunourys eindrückte". (General Malleterre, Un peu de lu= mière sur les batailles d'août-septembre 1914. S. 57.) Auch Hanotaux meint, am 5. September habe v. Kluck seinen Fehler erkannt. „Er findet sich wieder, als das, was er ist, ein erfahrener Führer, kaltblütig und ent= schlossen. Er wurde gewarnt und wandte sich um, bevor wir einen ent= scheidenden Schlag führen konnten." Indem er auf der inneren Linie ope= rierte, habe er die Initiative wiedergewonnen. General Canonge („La bataille de la Marne", Paris 1918) faßt sein Urteil dahin zusammen, daß v. Kluck vielfach zu Unrecht getadelt worden sei. „Seinen Ruf als unter= richteter und energischer General hatte er nicht zu Unrecht."

An den Maßnahmen des Generalobersten v. Bülow hat Hanotaux aus= zusetzen, daß er durch unmittelbares Heranziehen der Nachbararmeen zu seiner Unterstützung die Umfassung beeinträchtigt habe. Außer dieser Ein= wirkung auf den Gang der Operationen wird ihm von Hanotaux eine im Verlaufe des Feldzuges in steigendem Maße sich geltend machende unmittel= bare Beeinflussung der O. H. L. angedichtet. Besonders treffe dies für den

Heeresbefehl vom 4. September zu, durch den die Umfassung endgültig auf=
gegeben wurde. Beweise dafür vermag Hanotaux natürlich nicht beizu=
bringen.

Am 9. September 1914 nachmittags war der Marnefeldzug verloren,
nicht aber der Krieg. Die Hoffnung auf eine schnelle Entscheidung mußten
wir freilich zu Grabe tragen. Der Geist des Heeres aber war ungebrochen
und wäre es bis zum Schluß geblieben, wenn die Heimat dauernd hinter
ihm gestanden hätte.

Unser „System" soll den Verlust des Krieges verschuldet haben. Soweit
das Heer hierbei in Betracht kommt, war das „System" unserer Ausbildung
der Truppe, der Erziehung des Offizierkorps, der Tätigkeit des General=
stabes vortrefflich. Sehen wir von der ungünstigen politischen Einleitung
des Krieges ab, so haben wir den Feldzug 1914 hauptsächlich durch die
Führung verloren. Nicht das System, die führenden Persönlichkeiten haben
versagt.

An dem System soll es aber gelegen haben, daß sich nicht die richtigen
Männer an der richtigen Stelle befanden. König Wilhelm I. hat unter dem=
selben System einen Bismarck, Moltke und Roon gefunden. Ob eine Demo=
kratie die Gewähr gibt, daß die führenden Männer zugleich die Besten des
Volkes sind, bleibt abzuwarten. Zur Zeit ist der Beweis hierfür bei uns
noch nicht erbracht.

Mancher Fehler müssen wir uns in dem geschilderten Feldzuge schuldig
bekennen. Nur die Truppe war fehlerlos. Sie hat nie versagt, sie hat das
Unmögliche möglich gemacht. In ihr lebte die deutsche Treue, von der wir
hoffen, daß sie dereinst wiederkehre. In der Erinnerung an die Taten
unserer Truppe ist die Hoffnung auf eine bessere Zukunft begründet.